普通高等学校体育专业教材

定向运动（第三版）

王翔 朱建清
缪柯 谢浩 主编

高等教育出版社·北京

内容提要

为了顺应定向运动发展的需要，对第二版《定向运动》进行修订。在修订过程中，本教材力求体现理论体系的完整性、课程改革的时代性、教材内容的易读性、以案说理的鲜活性、课程学习的探索性。本教材内容包括定向运动概述，地图、指北针与检查说明，定向运动技术与战术，定向运动课程，定向运动教学，定向运动训练，定向运动竞赛组织与裁判，休闲娱乐性定向活动策划与管理，定向运动路线设计，简易定向地图制作，短距离定向地图制作，野外定向地图制作等。

本书为新形态教材，通过二维码链接多种拓展资源及案例，可作为休闲体育专业和体育教育专业的教材，也可作为社会体育指导与管理专业、运动训练专业和公共体育定向运动课程教材以及体育产业从业者的参考用书。

图书在版编目（CIP）数据

定向运动 / 王翔等主编. -- 3 版. -- 北京 ：高等教育出版社，2023. 2（2025. 12 重印）

ISBN 978-7-04-059091-3

Ⅰ. ①定… Ⅱ. ①王… Ⅲ. ①定向运动 Ⅳ. ①G826

中国版本图书馆 CIP 数据核字（2022）第 131387 号

Dingxiang Yundong

策划编辑　范　峰　　责任编辑　郭　恒　　封面设计　王　琰　　版式设计　杜微言
责任绘图　李沛蓉　　责任校对　刘娟娟　　责任印制　刘弘远

出版发行	高等教育出版社	网　　址	http://www.hep.edu.cn
社　　址	北京市西城区德外大街 4 号		http://www.hep.com.cn
邮政编码	100120	网上订购	http://www.hepmall.com.cn
印　　刷	河北吉祥印务有限公司		http://www.hepmall.com
开　　本	787 mm× 960 mm　1/16		http://www.hepmall.cn
印　　张	30.5	版　　次	2005 年 7 月第 1 版
字　　数	540 千字		2023 年 2 月第 3 版
购书热线	010-58581118	印　　次	2025 年 12 月第 6 次印刷
咨询电话	400-810-0598	定　　价	55.00 元

本书如有缺页、倒页、脱页等质量问题，请到所购图书销售部门联系调换

物 料 号　59091-00
审图号：GS 京（2022）0766 号

编委会

主　编：王　翔　朱建清　缪　柯　谢　浩

副主编：李宝国　李　明　赵锦霞　陈津梁

编　委（以姓氏笔画为序）：

王　翔	韩山师范学院
朱　露	成都体育学院
朱建清	浙江树人大学
刘景宗	韩山师范学院
许嘉天	中山市三角镇光明小学
李　明	西安体育学院
李宝国	石河子大学
杨辛财	长沙市体育训练竞赛管理中心
陈津梁	中国地质大学（北京）
欧阳建飞	中山大学
周　波	珠海市第二中学
冼家图	广州智图体育发展有限公司
赵锦霞	深圳市南山区南头古城幼儿园
胡智勇	长沙市南雅中学
侯建斌	太原工业学院
侯德明	贵州大学
黄　红	深圳市光明区光明中学
谢　浩	浙江财经大学
谢燕真	汕头市林百欣科学技术中等专业学校
赖锦红	深圳市坪山区坪山高级中学
缪　柯	太原工业学院
戴江洪	湖南人文科技学院

前　言

自20世纪90年代末期，定向运动从“迷失”近百年的森林中走出，特别是自2000年，国际定向运动联合会（IOF）发布《莱比尼茨宣言》后，定向运动发生了巨大变化，开始走向公园、城市街区、历史古镇和校园，甚至室内。在全国高等学校体育教学指导委员会和高等教育出版社的关心与支持下，我们紧跟世界定向运动发展的趋势，编写出版了《定向运动》第一版和第二版，并于2016年启动了第三版的编写工作。

2017年至2022年，是我国定向运动进一步改革的启动阶段，也是世界定向运动近20年改革探索总结和收获的阶段。在短短的6年间，国际定向运动联合会对定向运动竞赛规则、国际检查点说明规范和定向运动地图规范等内容进行了较大规模的修订与完善，包括《国际检查点说明规范（2018)》《国际定向运动地图规范》(ISOM 2017、ISOM 2017-2 两个版本)、《国际短距离定向运动地图规范》（ISSprOM 2019、ISSprOM 2019-2 两个版本）和国际定向运动联合会《校园定向地图符号集》（SSSOM 2019）等一系列规范，确立了国际定向运动联合会2019—2022年和2023—2026年战略方向，进一步明确了发展定向运动的愿景、使命、主要目标和价值观，首次提出了“休闲娱乐性定向运动”的概念，发布了《休闲娱乐定向运动概念集》。

与此同时，我国基础教育开启了新一轮前所未有的改革。2016年，《中国学生发展核心素养》发布；2017年，《普通高中体育与健康课程标准（2017年版)》发布，并在该标准中同时发布了《体育与健康学科核心素养》；2020年，中共中央办公厅、国务院办公厅印发了《关于全面加强和改进新时代学校体育工作的意见》，国家体育总局、教育部联合印发了《关于深化体教融合促进青少年健康发展的意见》，教育部印发了《普通高中体育与健康课程标准(2017年版2020年修订)》；2021年，教育部办公厅印发了《〈体育与健康〉教学改革指导纲要（试行)》，2022年，教育部印发了《义务教育体育与健康课程标准（2022年版)》。体育与健康课程的课程理念、课程设计、课程目标、课程内容、课程实施、课程评价和课程管理等必将发生一系列重要的变革。在这样的背景下，定向运动课程建设与教学如何发展？如何更好地发挥定向运动培养学生体育核心素养的项目优势？这些都为第三版《定向运动》的编写提出了新的命题。

随着人们对健康生活的关注，体育产业正成为国家战略产业。2014年，国务院印发《关于加快发展体育产业促进体育消费的若干意见》，给体育产业带来了春天。2016年，中共中央、国务院印发了《“健康中国2030”规划纲要》，强调要重点发展健身休闲体育；同年，国务院办公厅印发《关于加快发展健身休闲产业的指导意见》，又给健身休闲行业带来了政策红利。与此同时，普通高等学校体育专业设置与人才培养趋势也发生了相应的变化，休闲体育专业、体育旅游专业成为国内高校争相设置的热门专业。定向运动作为休闲体育专业主干课程之一，要紧扣休闲体育专业培养目标和社会需求，适应我国体育产业发展对创新型定向运动人才的需要。

为了给读者提供时代性、现实性、科学性、实用性俱佳的教学理念和教材内容，编写组几经讨论，数易其稿，多次延迟教材出版。

在此版的编写过程中，我们力求体现以下五大特色：

(1) 理论体系的完整性。

(2) 课程改革的时代性。

(3) 教材内容的易读性。

(4) 以案说理的鲜活性。

(5) 课程学习的探索性。

在本教材即将付梓之际，恰逢党的二十大胜利召开。党的二十大为新时代新征程党和国家的事业发展制定了大政方针和战略部署，习近平所作的报告对建设教育强国、文化强国、体育强国、健康中国等作出了重要战略部署，重申要落实立德树人根本任务，发展素质教育，促进教育公平，培养德智体美劳全面发展的社会主义建设者和接班人。这些重要论述为新时代定向运动课程建设和定向运动产业发展提供了根本遵循。为了解决教材建设的周期性导致的教材内容更新缓慢的问题，更好、更快地贯彻落实党的二十大精神，本教材在每章增加了动态更新二维码，及时收集整理定向运动教育和实践中贯彻落实党的二十大精神的最新成果和发展趋势，并于每年8月底进行更新，以期坚持“健康第一”的教育理念，落实立德树人根本任务，推进课程改革，为我国的体育教育、国防教育和体育产业发展做出应有的积极贡献。

本版教材由王翔、朱建清、缪柯和谢浩主编，王翔、缪柯、李宝国负责统稿。全书共十二章，具体分工如下：第一章，王翔、缪柯、赵锦霞；第二章，王翔、戴江洪、刘景宗；第三章，王翔、朱露、陈津梁；第四章，李宝国、许嘉天、黄红、赖锦红、谢燕真、赵锦霞；第五章，李宝国、赖锦红、谢燕真、黄红、许嘉天、胡智勇；第六章，李明、侯德明、朱露；第七章，王翔、李明、朱建清；第八章，缪柯、王翔、侯建斌；第九章，杨辛财、王翔、欧阳建飞；第十、十一、十二章，冼家图、谢浩。

在本教材的编写过程中，云南省定向运动协会，陕西宝鸡文理学院体育学院罗光飞，太原工业学院体育系赵赟、马渊源，深圳市南山区南头古城幼儿园连燕、黄斯、朱淑卿、庄海宁、邹柳花、邓常茹、邹庆晓等为本教材提供了大量案例；王烯先生为本教材绘制了部分精美的插图；豆天爽先生为第十二章的编写提供了部分材料；高等教育出版社为编辑出版本教材付出了大量的心血；在此一并表示衷心的感谢！另外，本教材在编写内容上引用了前两版教材的部分内容，凝结了前两版编委的智慧及辛勤劳动的结晶，在此也一并致以衷心的感谢！

在本教材的编写过程中，尽管数易其稿，但难免会有一些疏漏。我们诚恳地希望广大读者提出宝贵的意见，以期在修订时加以完善。

王　翔　朱建清　缪　柯　谢　浩

2022 年 11 月

目　录

第一章　定向运动概述 1

第一节　定向运动的概念 2

第二节　定向运动的基本形态 8

第三节　定向运动的性质和特征 18

第四节　定向运动的休闲功能 23

第五节　定向运动发展概况 24

第二章　地图、指北针与检查点说明 29

第一节　地图概述 29

第二节　定向地图概述 36

第三节　定向地图中特征属性的表达方法 39

第四节　地貌的表达方法与判读 45

第五节　指北针 53

第六节　检查点说明 57

第三章　定向运动技术与战术 61

第一节　定向运动技术、战术与定向运动思维概述 61

第二节　定向运动基础技术与战术 65

第三节　读图技术与战术 72

第四节　指北针导航技术与战术 79

第五节　路线选择技术与战术 83

第六节　路线执行技术与战术 97

第四章　定向运动课程 110

第一节　定向运动的教育功能和价值 110

第二节　定向运动课程目标 116

第三节　定向运动课程内容 126

第四节　定向运动课程实施 130

第五节　定向运动课程学习评价 136

第五章 定向运动教学 149

第一节 定向运动教学特点、原则与注意事项 149
第二节 小学定向运动教学设计 155
第三节 初中定向运动教学设计 175
第四节 高中定向运动教学设计 190

第六章 定向运动训练 203

第一节 定向运动员取得卓越成就的主要因素 203
第二节 定向运动技能训练 209
第三节 定向运动心理训练 221
第四节 定向运动体能训练 225
第五节 定向运动赛后分析 233

第七章 定向运动竞赛组织与裁判 240

第一节 定向运动竞赛组织 240
第二节 定向运动竞赛安全风险管理 247
第三节 技术代表、安全与环保代表 257
第四节 定向运动竞赛编排 259
第五节 定向运动竞赛裁判工作岗位设置 263
第六节 起点区裁判工作 268
第七节 竞赛区裁判工作 273
第八节 竞赛中心裁判工作 278

第八章 休闲娱乐性定向活动策划与管理 287

第一节 休闲娱乐性定向活动概述 287
第二节 休闲娱乐性定向活动策划 290
第三节 休闲娱乐性定向活动管理 299
第四节 休闲娱乐性定向活动策划案例 306

第九章 定向运动路线设计 330

第一节 定向运动路线设计原则 330
第二节 定向运动路线难度 340
第三节 定向运动路线设计工作流程 354
第四节 OCAD 软件路线设计模块基本操作方法 359

第五节　定向运动色级代码路线设计　371
第六节　积分定向赛和团队定向赛路线设计　379
第七节　短距离、中距离和长距离定向赛路线设计　385
第八节　接力赛路线设计　392

第十章　简易定向地图制作　401

第一节　简易定向地图制作概述　401
第二节　底图准备　403
第三节　现场勘测　407
第四节　地图绘制　410
第五节　地图整饰、验收与输出　416
第六节　国际定联校园定向地图符号集要点解读　418

第十一章　短距离定向地图制作　424

第一节　短距离定向运动地图制作概述　424
第二节　短距离定向地图现场勘测　436
第三节　OCAD 软件定向地图模块应用基础与技巧　444
第四节　国际短距离定向运动地图制图规范 2019-2 解读　449

第十二章　野外定向地图制作　453

第一节　野外定向地图制作概述　453
第二节　野外定向地图现场勘测　457
第三节　OCAD 在野外定向地图绘制中的应用　465
第四节　国际定向运动地图规范 2017-2 解读　468

参考文献　474

第一章　定向运动概述

本章导读

定向运动是一类基于地图和指北针导航能力而开展的，涉及多种心理因素的耐力性运动项目。自 19 世纪 90 年代诞生以来，定向运动不断与其他项目相融合，已由最初的徒步定向发展为包括众多运动形态的定向运动项目群。但徒步定向仍然是其中影响力最大、普及率最高、适应性和适用性最广的项目。本章阐述徒步定向运动的概念和基本形态，介绍其特征并重点分析其文化特征。以此为基础探讨定向运动的休闲功能，最后介绍定向运动的发展概况。

学习目标

1. 掌握定向运动的概念和基本形态。
2. 理解定向运动的特征，掌握定向运动的文化特征。
3. 了解定向运动的休闲功能。
4. 了解国际和国内定向运动的发展概况。

定向运动（Orienteering），简称“定向”，最初是一个军事术语，用来描述“借助地图和指北针穿越未知地带”的军事科目。自 19 世纪 90 年代诞生以来，随着借助地图和指北针徒步穿越未知地带的技能不断与其他运动技能融合，定向运动已由最初的徒步定向发展为包括众多运动形态的定向运动项目群，如滑雪定向、山地自行车定向、沿径定向、乐健运动（Rogaining）、山地马拉松、冬季两项定向（射击定向）、水下定向、汽车定向、骑马定向、皮划艇定向等。其中，影响力最大、普及率最高、适应性和适用性最广的仍然是徒步定向。国际定向运动联合会（简称“国际定联”，英文缩写为“IOF”）。通常用定向运动指代徒步定向运动（图 1-1）。“定向运动”几乎已成为徒步定向运动的代名词，在我国亦是如此。本教材为“徒步定向运动”教材，教材中凡涉及“定向运动”或“定向”，如果没有特别说明，均指“徒步定向运动”。

图 1-1　国际定联徒步定向运动 LOGO

第一节　定向运动的概念

定向运动的概念可以从定向运动的定义、定向运动路线、定向运动器材、定向运动装备和定向运动过程五个方面来理解。

一、定向运动的定义

国际定联徒步定向运动展示视频（2013 年芬兰武奥卡蒂山世锦赛）

定向运动是基于地图和指北针导航能力而开展的运动项目群，又称定向越野，简称定向。其基本规则是：① 借助地图和指北针独立导航，在尽可能短的时间内徒步访问若干标示在实地中的检查点；② 只能用地图和指北针导航；③ 定向运动路线由检查点（起点、检查点和终点）的位置定义；④ 在所有的参赛者出发之前，定向路线必须保密。该定义应从以下几个方面进行理解：

其一，定向运动是“奔跑中导航”的竞速性体育运动。

其二，定向运动中必须使用地图导航，且只能使用地图和指北针独立导航。因此，当使用移动设备中的地图作为定向运动的导航工具时，应该禁用其上的所有位置服务功能。定向运动中，地图是主要的导航工具，指北针主要起辅助导航的作用，如标定地图、确定目标方向。在某些地形中指北针也会成为主要的导航工具，如地物特征少或相似地物特征多的地形中。

其三，定向运动场地中设置有带有标识的检查点，参赛者必须按一定的规则徒步独立导航寻访这些点，并取得寻访记录。

其四，定向运动中，为保证公平竞赛，除组织者公布的起点、终点、最后一个检查点和有利于公平竞赛的任何检查点信息外，所有参赛者在出发前不能获取任何检查点信息。

只有能同时满足以上四点要求的活动才能被称为定向运动。

二、定向运动路线

（一）定向运动路线的定义

定向运动路线，简称“定向路线”或“路线”，是定向运动的核心元素，是指由起点、检查点和终点位置定义的定向运动赛道。图 1-2（左）中是一条典型的点对点式定向路线。路线用紫红色的路线符号标绘的在地图上，起点、终点和检查点分别用等边三角形、两个同心圆和圆表示，符号的几何中心是它们的准确位置。从起点开始到最后一个检查点，按规定的寻访顺序用实线段“连线”将检查点连起，并在检查点旁用数字标明其序号，前后两个点之间是参赛者必须“定向跑”的区域——“路段”。最后一个检查点与终点通常用虚线连起来。虚线表示地面有引导标记，必须沿着其行进的标记路线、规定路线或必经路线，即从最后一个点开始，参赛者必须沿着引导标识到达终点。检查点是路线的结构单位，路段是路线的功能单位。

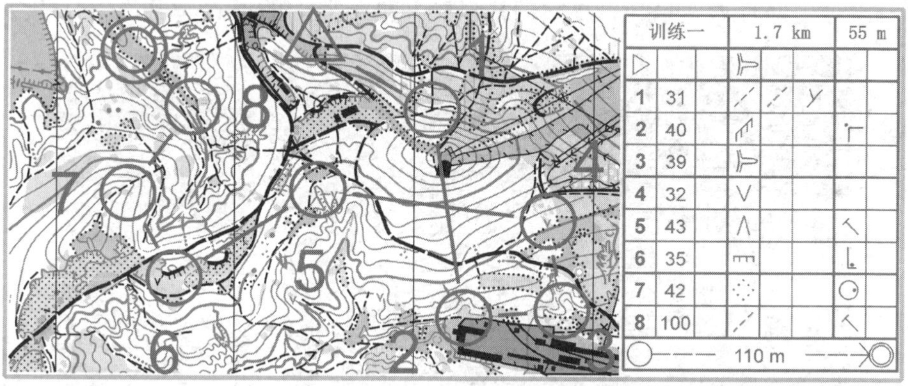

图 1-2　点对点定向路线（左）及其检查点说明表（右）示意图

查看本图彩图

（二）检查点

检查点是路线的结构单位，是参赛者必须按规则要求寻访并打卡取得寻访记录的点，用紫色的检查点圆圈标示在地图上，由检查点特征和检查点器材两部分构成。

1. 检查点特征

检查点特征是参赛者必须按规则要求寻访的地理要素，该要素可以是竞赛场地中自然存在的，也可以是因路线设计需要而临时人工设置的。在地图上，检查点特征或其局部位于定义检查点位置的检查点圆圈的中心，如图 1-2（左）中第 1 个检查点中的小路的交会，第 5 个检查点中的冲沟的上部。

2. 检查点器材

检查点器材是用来设置检查点的设备，包括点标旗、打卡器和检查点代码（图 1-3）。

（1）点标旗。点标旗是一种设置在检查点特征上或检查点特征旁用来标示检查点的标识。国际定联规则采用由三个规格为 30 cm×30 cm 的正方形构成的空心三棱形标志作为点标旗，每个正方形沿对角线划分为左上部的白色和右下部的橙色。

（2）打卡器。打卡器是设置在点标旗旁用来供参赛者打卡取得寻访记录的设备。正式比赛必须同时配置电子打卡和机械打卡系统，机械打卡系统作为备用系统。

（3）检查点代码。检查点代码是用来标识检查点身份的代码或标签。国际定联采用数字不小于 31，高 3～10 cm，线划粗 5～10 mm 大小的白底黑色数字作为代码。在比赛中，检查点代码通常以单独固定在打卡器支架上和/或贴在打卡器上两种形式呈现，更多的是以贴在打卡器上的形式呈现。

查看本图彩图

A 为检查点特征（突出树）、点标旗、机械（针孔打卡器）和电子打卡器及贴在电子打卡器上的检查点代码；B 为用针孔打卡器在检查点访问记录卡（检查卡）上打卡；C 为针孔打卡器上的钢针。

图 1-3　检查点示意图

（三）路段

路段是路线的功能单位。按其主要功能，路段可以分为技术路段、辅助路段和冲刺路段三种类型。

1. 技术路段

技术路段是指向运动员提出技术挑战，检验其定向技能的路段，主要包括强调读图和导航的读图路段与强调路线选择和导航的路线选择路段两种类型。

2. 辅助路段

辅助路段是指为完善路段或路线的功能和质量而设计的路段，主要包括引导运动员到达换图点，引导运动员经通过点、通过区或其他指定位置通过某一特定区域，如禁区、危险区、公路等的引导路段；调整路段起始检查点位置以创建“好”技术路段的技术调整路段；调整路段方向变化、长度变化和难度变化以优化整个路段的路线调整路段三种类型。

3. 冲刺路段

冲刺路段是指有引导标志的，由最后一个检查点到终点的最后一个路段。

三、定向运动器材

定向器材主要包括标识系统、打卡系统和计时系统。另外，安全监控与展示系统也正在逐渐成为重要的定向器材。

（一）标识系统

标识系统主要包括检查点标识（点标旗、检查点代码）、规定路线引导标识和其他标识（安全警示标识）三类。

除正式的比赛外，点标旗可以采用国际定联规则规定以外其他尺寸的点标旗或彩色图形、图像、空塑料饮料瓶等易于识别的材料；检查点代码可以使用字母、字、词、图形、图像等；还可以将点标旗和检查点代码合二为一用一个标识表示，如在儿童定向中用卡通图片作为某个检查点的标识和代码。

（二）打卡系统

打卡系统主要包括机械打卡器系统、电子打卡器系统和其他打卡器系统，如印章打卡器等三类。常用的机械打卡器主要是针孔打卡器，其上分布有1~9根呈不同排列方式的钢针与检查点代码一一对应（图1-3C），可在参赛者携带的检查点访问记录卡（简称“检查卡”或“任务卡”）上留反映检查点代码信息的针孔（图1-3B）。电子打卡器又称分站或点签器，能在电子检查卡（简称“指卡”）上写入访问检查点的代码及时间。正式比赛中必须同时使用电子打卡和机械打卡两套系统，其中机械打卡系统作为备用系统。

（三）计时系统

计时系统主要包括独立计时系统和打卡计时一体化系统两类。其中独立计时系统包括手动计时系统和电子计时系统两类。电子打卡计时一体化系统利用指卡中记录的访问检查点的时间计时。

四、定向运动装备

定向运动装备主要包括导航装备、检查点访问记录装备、安全装备、服装和鞋袜四类。

（一）导航装备

导航装备主要包括定向地图、指北针及具有辅助读图功能的检查点说明表。

1. 定向地图

定向地图是一类专题地图，不同定向项目使用不同的定向地图。例如，长距离和中距离定向使用按《国际定向运动地图规范》测制的地图，短距离定向使用按《国际短距离定向运动地图规范》测制的地图。在定向教学和休闲活动中也可以使用其他地图或地图类似物，如手绘地图、航空和卫星影像图、街道地图等。

2. 指北针

定向运动中参赛者通常使用专为定向运动开发的拇指指北针、腕式指北针。

3. 检查点说明表

检查点说明表是一张由一行行的检查点说明构成的表，通常附在地图上如图 1-2（右）。有些项目的比赛，还会在准备出发区发放单独的检查点说明表。检查点说明是国际定联制定的一套描述检查点信息的符号体系，能精简地说明检查点序号、代码、检查点特征及其属性，点标旗与检查点特征之间的位置关系等。

检查点说明的应用能有效避免因地图上的检查点信息不明确带来的偶然性，提高比赛的公平性。如图 1-2（左）中从第 5 到第 6 个检查点的路线有两种选择，即沿上面的小路或下面的小路到达检查点，那么哪一条线路更好，仅从地图上难以获取准确信息，路线选择的优劣具有一定的运气成分，但借助检查点说明就能够确认检查点在陡崖下面，所以应选择下面的小路。

（二）检查点访问记录装备

检查点访问记录装备主要用来记录参赛者访问的检查的代码，包括纸质检查点访问记录卡（检查卡）和电子检查点访问记录卡（指卡）两类（图 1-4）。纸质检查卡有独立和附设检查卡两种形式。当使用机械打卡器系统时，使用独立检查卡。当使用电子打卡器系统时，通常在地图上附设有 3 个打卡位置的检查卡作为备用检查卡。当检查点上的电子打卡器失效时，可使用其上的备用机械打卡器。

图 1-4 纸质（左）和电子检查点访问记录卡（右）示意图

（三）安全装备

定向运动参赛者使用的安全装备主要是安全口哨。近十多年来，具有实时定位追踪功能的定位器正在逐渐成为重要的安全装备。

（四）服装和鞋袜

对于一般参赛者而言，服装可选用轻便、透气、不吸汗、快干和有弹性的运动服；袜子可选用合成材料编制的能吸汗排湿，保持脚部干爽，具有保护、减震、防滑和降低摩擦功能的跑步袜；鞋子可选用带有轻便结实的防滑鞋底，具有良好抓地性的越野跑鞋、足球鞋。最好穿着能保护小腿的护胫或绑腿。

专为定向运动设计的长袖或短袖上衣以及长裤、短裤具有轻便、透气、散热快、不吸汗、快干、有弹性、抗撕裂等特点；专为定向运动设计的多数鞋子能良好适应的地形类型有限，且对脚部的缓冲和支撑作用也有限，主要适用于优秀的定向运动员。新型定向运动长袜轻便且带有改良护盾，其作为一种一体化装备正在取代传统的袜子和护胫。

另外，踝关节稳定性较差的参赛者应使用高帮越野跑鞋，必要时还可以使用弹性绷带保护踝关节。女性参赛者应穿着运动文胸。

五、定向运动过程

参赛者完成签到、热身、检录、指卡清除、出发线后就位等常规竞赛流程，取得地图开始定向后，在每个路段都要解决三个主要问题：我在哪里、要去哪里、怎么去，都要完成以下六步基本操作：

第一步，“找北”，即标定地图或给地图定向，使地图上的图示特征与相应实地中的特征方位一致，或者说使地图上的北方位与实地的磁北方位一致。

第二步，“找自己”“我在哪里”，即在地图上确定自己的位置或站立点。

第三步，“找目标”“我要去哪里”，即在地图上找到要寻访的检查点的位置。

第四步，“找路线”“怎么去”，即在地图上找出并选中前往检查点的线路。

第五步，“GO”，执行，即借助地图，必要时辅以指北针导航沿选定的线路定向跑。

第六步，“打卡”，即到达检查点、核对代码、打卡。

完成整个路线通过终点后，还需要在主站上传打卡数据到成绩统计系统。

2012 年世界定向锦标赛女子中距离决赛 3D 模拟掠影

对于点对点定向，如果漏掉或打错了检查点，应该从出错的点重新开始按顺序打卡。例如，到达第 6 个点后发现第 3 个点漏掉或打错了，则应该找到正确的第 3 个点，然后依次在第 3 个、第 4 个、第 5 个、第 6 个检查点打卡。

每条路线都有一个最长比赛时间。如果超过该时间，参赛者还没有完成比赛将被取消比赛资格，成绩无效。该时间称为成绩有效时间，简称“有效时间”。

第二节　定向运动的基本形态

定向运动的基本形态包括定向运动基本出发方式、基本运动形式和基本打卡方式，它们的组合构成了丰富的定向运动形态和项目群。

一、定向运动基本出发方式

定向运动的出发组织形式可以分为间隔出发和集体出发两种基本类型。其中，间隔出发又可以按间隔时间分为等间隔出发和非等间隔出发（追逐出发）两种类型。

（一）等间隔出发（间隔出发）

等间隔出发是指同组运动员按相等的出发间隔时间依次出发。等间隔出发是定向比赛中常用的出发组织形式，通常提到间隔出发就是指等间隔出发。

（二）非等间隔出发（追逐出发）

非等间隔出发是指同组运动员按不同的出发间隔时间依次出发的出发方式。非等间隔出发通常根据前一场比赛的用时排名，或前几场比赛的累积用时排名和相邻名次间的时间差来确定参赛者的出发顺序和间隔。累积用时短者排在前面出发。这样，如果后出发的参赛者追逐并超越了其前面的出发者，则排名在前。因此，非等间隔出发通常被称为追逐出发。追逐出发多用于多程赛的最后一场比赛中，能提高比赛的激烈程度，更好地营造比赛氛围。

在教学实践中，可根据前一名出发学生的实际定向情况，安排后一名学生的出发时间，这样，既可减少跟随现象，提高练习质量，又可提高出发组织的效率。

（三）集体出发

集体出发是指同组的所有运动员同时出发或分批同时出发。集体出发多见于接力赛、淘汰赛和百米定向决赛中。另外，积分赛有时也采用集体出发。

二、定向运动基本运动形式

定向运动有两种基本的检查点寻访方式，即按规定顺序和自选顺序寻访检查点。这两种检查点寻访方式组合形成了限定式（点对点式）、自由式和半自由式三种定向运动形式。

（一）限定式定向（点对点式定向，线式路线）

限定式定向是指参赛者按规定顺序依次寻访路线上的所有检查点，以完成路线的用时判定名次的定向形式。图 1-2（左）所示的路线就是一条典型的限定式定向路线。限定式定向是最基本，也是应用最广泛的定向形式，常见的主要类型有以下五种：

1. 越野定向

定向运动自诞生后有近百年时间都采用典型的限定式路线在野外举行，故典型的限定式定向被称为越野定向。

2. 接力定向

接力定向是参赛者组成接力队一棒接一棒地独立完成一条属于自己的限定式定向路线。每棒的路线由若干赛段组成，每个赛段通常有与接力棒数相同的若干条子路线可以随机分配给某队的某棒运动员。每个队都必须跑完每个赛段的每条路线。如图 1-5 所示的 2 个赛段，每个赛段分别有 A、B、C 和 a、b、c 三条路线。每一棒所跑的路线组合可以有 Aa、Bb、Cc、Ab、Ac、Ba、Bc、Ca、Cb 等，也就是说每棒所跑的路线可能相同也可能不同，但每个队所跑的总的路线组合都相同，都是 ABCabc 共六条子路线。接力赛采用集体出发的方式进行，是一种最富刺激性的限定式定向形式。

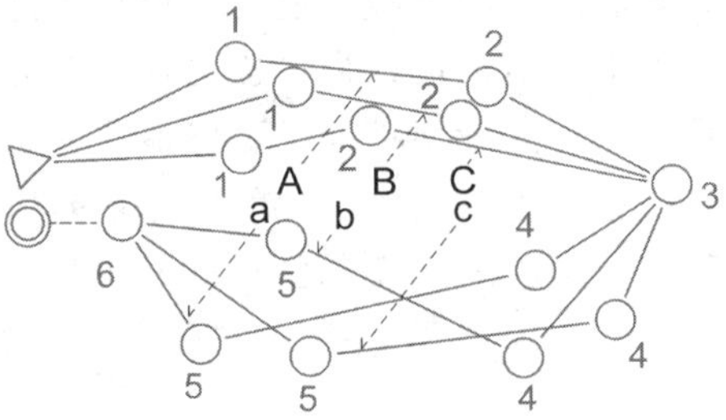

图 1-5 接力定向路线示意图

3. 星形定向

星形定向是将起点、终点合并放在场地中心，检查点放在四周，参赛者每寻访一个或若干个检查点就返回一次终点再次出发，直到完成所有的检查点的限定式定向。星形定向可按每次出发访问的检查点数量或路线的形状分类。按检查点数量分类，可分为单点式、双点式和多点式星形定向等；按路线的形状分类，可分为星芒定向、三叶草定向和蝶形定向等（图 1-6）。

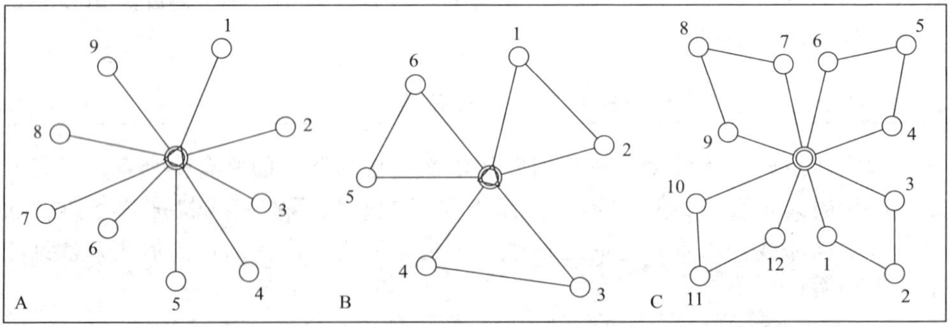

A 为单点式（星芒定向）；B 为双点式（三叶草定向）；C 为三点式（蝶形定向）。

图 1-6 星形定向路线示意图

4. 专线定向

专线定向是参赛者沿标记在地图上的线路行进，并将行进中遇到的检查点的位置准确地标记在地图上的限定式定向。专线定向地图上的线路通常用紫红色的规定路线符号标记，没有检查点。

按标记检查点位置的时间，专线定向可以分为即时式和延时式两种类型。即时式是指即时将遇到检查点的位置标记在地图上，延时式是指在完成专线后或完成若干检查点再凭记忆一次性地将遇到的检查点的位置标记在地图上。专线定向根据参赛者在规定时间内发现的检查点数、检查点位置标记的准确性评分和排名（图1-7）。

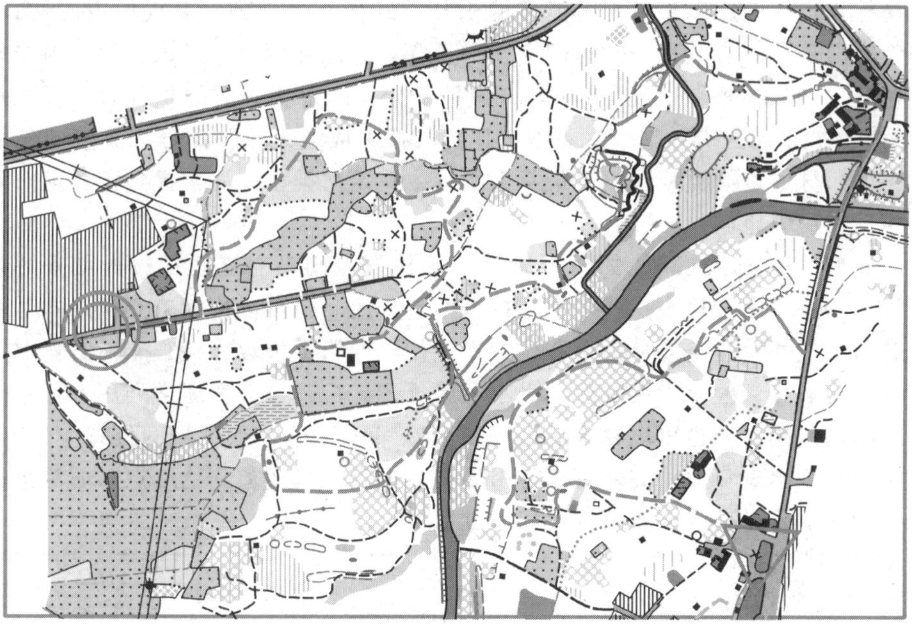

图1-7 专线定向线路示意图

查看本图彩图

5. 沿绳定向

沿绳定向是指用绳子或彩带作为引导标记或扶手，在实地连续或间断性地将路线全程或部分段落标记出来，让参赛者沿标记行进的限定式定向形式。沿绳定向既可用于低龄儿童和初学者，也可以用于经验丰富的定向者。用于低龄儿童，让他们沿着扶手穿过森林的同时享受寻找检查点的乐趣，是引导儿童开始进入森林中安全定向的有效方法。用于经验丰富的定向人，让他们在地图上准确标出绳子或彩带的位置，是发展精确读图能力的有效方法。

(二) 自由式定向

自由式定向是指参赛者按自己选择的顺序寻访路线上的部分或全部检查点，以完成路线的用时、在规定时间内获得的积分或获得规定积分的用时判定名次的定向形式。自由式定向可按是否计算积分分为积分式和散点式，其中积分式可分为计分积分定向和计时积分定向两种类型，散点式可分为个人和团队散点定向两种类型。

1. 计分积分定向（积分定向）

计分积分定向是指给每个检查点赋予一定分值，参赛者在规定时间内自选寻访检查点的顺序以获取尽可能多的积分，以积分多少判定名次的定向形式。规定时间是获取有效积分的时间，如果参赛者的比赛用时超过该时间，则按规则罚分。例如，每超过规定时间 1 min 罚 5 分；如果罚分后的积分为负值，则计为 0。如果超过有效时间，将取消比赛资格，成绩无效。计分积分定向是最常见的积分式定向类型，也是最常见的自由式定向类型。通常提到积分定向就是指计分积分定向。

典型的积分定向路线如图 1-8 所示，检查点间没有连线，检查点旁的数字不再是序号而是检查点代码，方括号中是分值。也可以用检查点代码同时表示分值，如规定检查点分值取 2 位检查点代码的第 1 位数。检查点说明表中检查点没有顺号，检查点按其代码大小顺序排列，检查点分值通常列用方括号括起来附在代码后，也可以在最后一列或列在第一列检查点序号的位置。另外，为避免积分出现负值，同时更好地引导参赛者沿冲刺通道到达终点，通常将位于冲刺通道入口处的检查点的代码和分值都规定为 100。

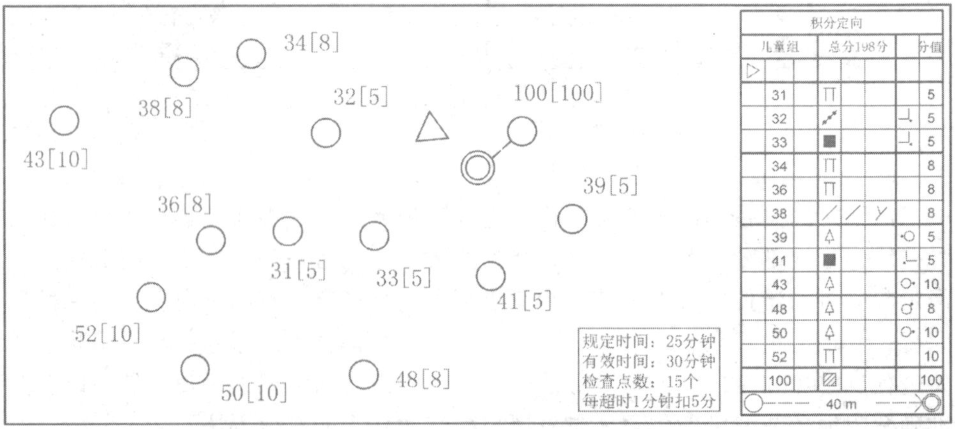

图 1-8 积分定向路线示意图

2. 计时积分定向

计时积分定向是指参赛者在尽可能短的时间内按自选顺序寻访检查点获取积分，以取得规定积分的用时判定名次的定向形式。它还有一种特殊形式——全积分式，参赛者在最短的时间内寻访所有的检查点取得全部积分。

3. 个人散点定向（Scatter）

个人散点式定向是指参赛者在尽可能短的时间内按自选顺序寻访所有检查点，以寻访完所有检查点的用时判定名次的定向形式，是最简单的定向形式。

4. 团队散点定向（开放式团队定向、自由式团队定向）

团队散点定向是指将检查点分为两类，一类是要求参赛团队所有成员均到访的必经点，一类是只要求有一名成员到访的自由点，以最后一名返回终点的团队成员的比赛用时作为团队比赛用时的散点式定向。

（三）半自由式定向

半自由式定向是指参赛者按规定顺序寻访一部分检查点，按自选顺序寻访另一部分检查点，以完成路线的用时判定名次的定向形式。按寻访规定顺序和自选顺序的检查点的方式划分为交替式和穿插式两种主要类型。

1. 交替式

交替式半自由定向是指按规定顺序寻访检查点和按自选顺序寻访检查点交替进行的半自由式定向（图 1-9）。例如，首创山地马拉松（OMM）中的混合

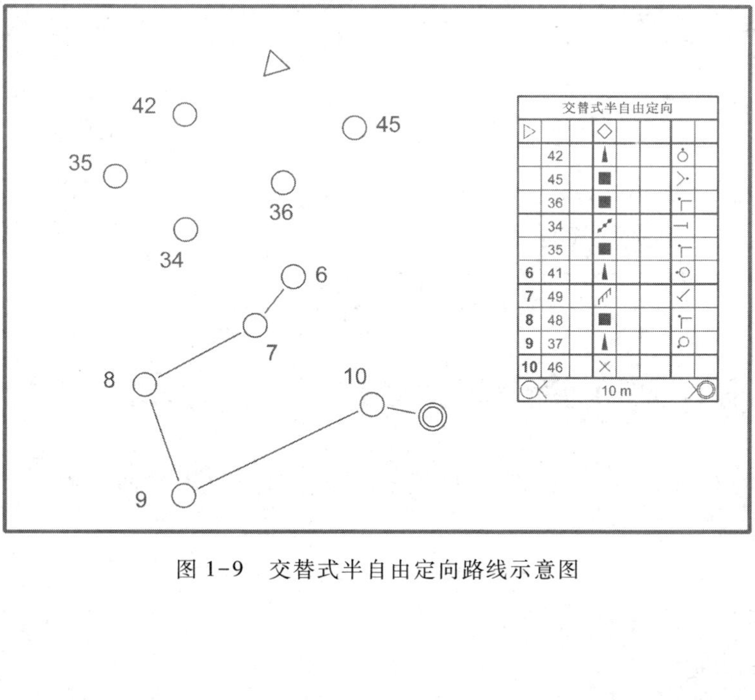

图 1-9　交替式半自由定向路线示意图

路线，参赛者先按规定顺序访问若干检查点完成第一个赛段，接着按自选顺序访问若干检查点完成第二个赛段，最后再按规定顺序访问余下的检查点完成第三个赛段到达终点。

2. 穿插式（团队赛）

穿插式半自由定向是指按规定顺序寻访检查点和按自选顺序寻访检查点相互穿插进行的半自由式定向，如团队赛。

团队赛是指将检查点分为要求参赛团队所有成员均按规定顺序寻访的必经点和只需有一名团队成员按自选顺序寻访的自由点两类，以最后一名返回终点的团队成员的比赛用时作为团队成绩判定名次的半自由式定向形式。团队赛是一种培养和发展团队精神和团队协作能力的定向形式。

典型的团队赛路线如图 1-10 所示，必经点间按寻访顺序用连线相连，用检查点序号或用检查点序号和检查点代码共同标注，两者间用“-”相连；自由点间没有连线，用检查点代码标注。自由点可穿插在必经点之间寻访，反之亦然。检查点说明表中必经点按寻访序号排列，自由点按检查点代码大小顺序排列，序号列为空。

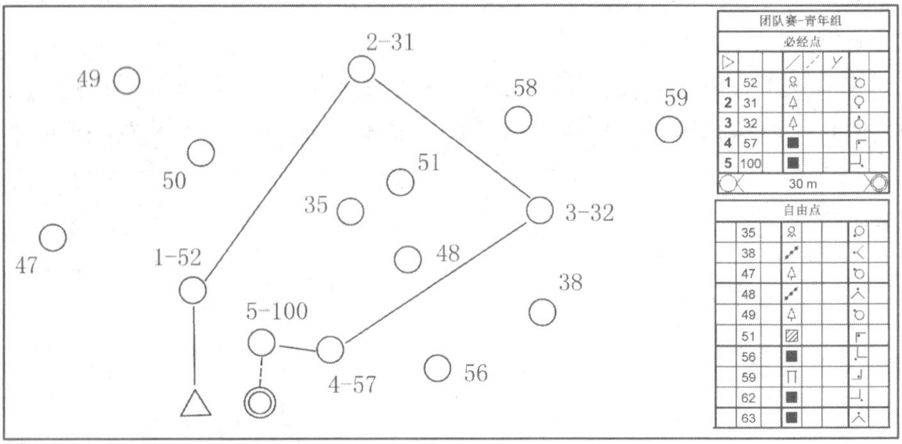

图 1-10　团队赛路线示意图

三、定向运动打卡方式

定向运动的打卡方式可分为直接打卡、间接打卡和闯关打卡三种基本类型。

（一）直接打卡

直接打卡是指参赛者按地图提供的信息访问检查点并打卡，是经典的打卡方式。

（二）间接打卡

间接打卡是指地图上提供的检查点信息不完整，参赛者必须借助其他信息或途径确定检查点的位置并打卡，或在地图上标记出检查点位置的打卡方式。常见的间接打卡方式主要有：

（1）参赛者先根据组织者提供的坐标信息和/或方位信息在地图上标出检查点的准确位置，然后访问检查点打卡，如军事定向。

（2）参赛者沿规定的线路行进，将遇到的检查点准确地标记在地图上，如专线定向。

（三）闯关打卡

闯关打卡是指在路段中或检查点设置闯关任务，参赛者完成闯关任务后才能打卡。闯关任务可以是计时的也可以是计分的。因此，通过闯关任务可以将以用时判定名次的定向形式转换为以积分判定名次的定向形式。该打卡方式常见于休闲娱乐和教学游戏中，是一种可赋予定向运动更多功能和趣味性的打卡形式。

四、定向运动的分类

定向运动可按多种标准分类。本教材从竞技和休闲娱乐两个领域对定向运动进行分类。

（一）竞技领域定向运动的分类

在竞技领域内讨论定向运动的分类，主要是对国际和国内高水平竞技性定向赛事中的项目进行分类（表 1-1）。

表 1-1 竞技领域定向运动的分类

分类依据	常见类型	赛事举例
比赛时间	日赛 夜赛 昼夜连续赛	中国学生定向锦标赛 Jukola（夜间定向接力赛） 世界乐健（Rogaining）锦标赛

续表

分类依据	常见类型	赛事举例
比赛性质	个人赛 接力赛 短距离接力赛 队赛 团队赛	全国青少年定向锦标赛 全国定向锦标赛 中国学生定向锦标赛 首创（Original）山地马拉松 中国学生定向锦标赛
比赛形式	越野赛 积分赛 团队赛	世界定向锦标赛 中国学生定向锦标赛 中国学生定向锦标赛
比赛规格或持续时间	长距离赛 中距离赛 短距离赛 百米定向赛	世界杯 亚洲定向锦标赛 欧洲定向锦标赛 中国学生定向锦标赛
决定最终成绩的方式	单程赛 多程赛 资格赛 淘汰赛	亚洲定向锦标赛 O-Ringen（瑞典五日赛） 世界定向锦标赛 世界定向锦标赛

表1-1中，接力赛、队赛和团队赛都是集体项目，但三个项目中团队成员间的合作关系各不相同。接力赛要求队员一棒接一棒地依次独立完成自己的赛段；队赛要求队员集体访问每个检查点共同完成比赛；团队赛要求队员间分工合作独立或协作完成各自的任务。按比赛规格或持续时间分类的项目中，长距离赛、中距离赛和短距离赛是常见的竞技性项目，百米定向赛则是国内学生定向赛事和校园定向中常见的竞技性项目。需要注意的是，用长距离赛、中距离赛和短距离赛命名这类项目并不贴切。这类项目的比赛规格并没有涉及比赛距离。单程赛以一场比赛成绩作为最终成绩，国内大多数定向比赛属于此类型。多程赛以两场或多场比赛的成绩之和作为最终成绩。资格赛以一场或多场分组预赛的成绩决定决赛资格，以决赛成绩作为最终成绩。淘汰赛是以一场或多场预赛的成绩决定淘汰赛资格，然后由一轮或多轮集体出发的平行比赛逐轮淘汰一部分参赛者，直到余下的参赛者数量符合录取名次的要求，再以一场集体出发的决赛决定最终成绩。

百米定向在中国的传播

（二）休闲娱乐领域定向运动的分类

在休闲娱乐领域内对定向运动分类，主要是根据活动环境、活动目的或性质、活动要素或内容对定向运动实践中存在的定向活动进行分类（表1-2）。

表 1-2 休闲娱乐领域定向运动的分类

分类依据	常见类型
活动环境	野外定向、郊野定向、村落定向、公园定向、景区定向、街区定向、城市定向、校园定向、广场/操场定向、迷宫定向、室内定向、夜间定向、固定路线定向
活动目的或性质	休闲娱乐定向、竞技定向、校园定向、团建定向、军事定向
活动要素或内容	普通定向、专题（主题）定向、跨学科定向

固定路线定向是指在风光美丽的郊野设置若干固定的检查点，并提供若干套固定路线和简易规则供感兴趣的游憩者游玩的定向类型，在我国香港称为均衡定向径。目前固定路线定向已经扩展到景区、公园、街区和校园，并被赋予了更丰富的活动方式。活动要素或内容是指定向活动所涉及的关键能力，其中普通定向指仅涉及导航和奔跑能力的定向。专题定向或主题定向指以普通定向为基础并涉及其他知识、技能或主题的定向，如军事定向、团建定向以及在定向中发展应用数学知识的能力等都可归属于专题定向，跨学科定向指活动要素涉及多个学科的定向。

在 2009 年，我们首先提出了从竞技与休闲两个领域对定向运动进行分类的概念。国际定联在 2019—2022 年战略方向中提出："在各成员协会中确定并分享成功的休闲娱乐定向运动概念"，并将休闲娱乐性定向运动（Recreational orienteering）定义为：聚焦于参与而不是竞争的定向活动。这些活动主要关注健康、享受、乐趣和社会参与，包括地方性定向运动训练、固定路线定向、学校定向运动活动、世界定向日和其他需要定向技能的活动。

一项定向活动是竞技比赛还是休闲娱乐活动主要取决于参与者的目的。如果参与者以休闲娱乐为目的参加竞技性定向比赛，或者说一场竞技性定向比赛带给参与者的体验是休闲娱乐性的，那么，即使是参加世界定向锦标赛，对其而言也是一种休闲娱乐性定向活动。实际上，竞技与休闲娱乐只是定向运动活动连续统一体的两个极端，多数人参加定向和多数定向运动活动的目的都处在这个统一体两端之间的某一点上（图 1-11）。将定向运动划分为竞技和休闲娱乐两个领域只是为了分析和应用上的方便。

图 1-11 竞技与休闲娱乐定向运动连续统一体

第三节 定向运动的性质和特征

定向运动是一项涉及大量心理因素的高策略性耐力运动。在教育领域，定向运动常被称为智慧运动。

一、定向运动的性质

（一）奔跑中思考与导航

定向运动特有的技战术特征是在奔跑中思考与导航、快速判断与快速决策，在尽可能短的时间内找出并沿着最适合自己的线路通过竞赛地形。通常用“在奔跑中导航”来进行刻画。其涉及奔跑中的地图和地形认知能力、距离和速度判断能力、指北针运用能力、在压力下保持专注的能力，对自身技能、体能和身体状态的评估能力，路线快速搜索、快速判断和快速决策能力、规划和时间管理能力以及执行决策的决断力。

（二）在自然地形中奔跑

定向运动的奔跑能力是一种基于自然环境的奔跑能力，包括在不同地貌、地表、植被特征中的走、跑、跳、平衡、钻爬、攀登等最基本的运动能力。研究发现，定向运动对力量和敏捷性要求高，其体能要求与 3 000 m 障碍跑和马拉松跑相似。

（三）以认知技能为主导，与动作技能运用相统一

定向运动被形象地描述为“在奔跑中弈棋”。定向运动“金规”“以能保持清晰思维的速度奔跑”，就是说在定向运动中参赛者运动和认知的心理负荷要达到一种均衡状态。定向中认知技能和动作技能的运用是相互促进和相互制约的，以认知技能的运用为主导，处于一种认知和运动的心理能量协同变化和均衡状态。例如，概略定向时，认知需要的心理能量低，可以提高动作负荷，用更高的速度奔跑；而精确定向时，认知需要的心理能量高，应该减少动作负荷，降低奔跑速度，甚至步行或停下来完成认知任务。

二、定向运动的动力学特征

在定向运动中，参与者的体验主要来自挑战一个又一个导航任务的历奇

感、愉悦感、成就感和由此产生的自我认同和他人认同，包括自信、自尊、互信、互尊和定向运动参与者对自己及他人对自己能力和个性特征的重新认知等。吸引参与者投入到定向运动中的驱动力主要来自具有挑战和历险意义的分段导航。从动力学上看，当在导航过程中融入一些其他元素或主题任务时，或者将分段导航作为一系列任务时，定向运动就成了一项分段导航和多任务分段驱动的身体活动。路线和任务的历奇性、挑战性、趣味性和知识性等决定着定向运动的体验感和吸引力。

三、定向运动的文化特征

运动项目的文化特征是指某个项目作为一种文化现象在身体性、精神性、社会性等方面呈现的具有集合性和一致性的独特特征。每一种运动项目都通过不同的运动方式和规则表达出某种对身体、精神和社会文化的追求，形成其独特的文化特征，吸引和培养持有相同文化需求的人群参与其中，形成特定的文化共同体。这也是任何一种运动项目之所以能够持久发展的文化基础。定向运动的文化特征可以从“身心自我超越，探险、包容分享与融通，诚信自律与自我竞争”三个方面来理解。

（一）“身心自我超越”的理念和追求

导航是我们日常生活的内容之一。当生活中的导航规则化为奔跑中导航的定向运动后，在身体运动上就体现了一种“身心自我超越”的理念和追求，即找到认知与运动之间均衡的身体极限并不断超越。知道自己可以跑多快，仍然能够理解周边环境、成功地选择出最适合自己的路线并完成。前世界定向锦标赛冠军奥尔森说：“定向比赛，就好比一个人在同时进行马拉松和国际象棋比赛”，定向运动“金规”“以能保持清晰思维的速度奔跑”，以及下文讨论的“诚信自律、自我竞争”的竞技理念，它们从不同的角度反映了这种文化特征。

（二）“探险、包容、分享与融通”的理念与追求

1. 探险

国际定联发展定向运动的愿景“定向运动是最具吸引力的探险运动，老幼皆宜”，充分反映了定向运动的这一文化特征。

探险是一种有计划、有准备的冒险。探险精神是一种探索世界的勇气，是一种勇往直前、追求到底和不断追求卓越的精神，也是人类文明发展的内在动力。正是这种不畏艰辛、勇往直前的探索精神，帮助人类实现了从原始到现代

的文明进程。

穿越未知地带是人类早期的探险行为之一。人类起源于非洲东部，人类祖先为了更好地繁衍生息，一次次迈开双腿长途跋涉去寻找和探索更适合生存的地域，如果不是这种勇于探索未知地带的原始冲动，也许就没有迁徙，从而影响人类的进化进程。15—17 世纪的地理大发现，就是人类勇于探索未知地带、推动现代文明发展的典型事例。

定向运动是“借助地图和指北针穿越未知地带”规则化后的一种竞技形式和休闲娱乐方式。在崎岖不平、陌生的森林或凌乱开阔的丘陵中定向奔跑是一种真正意义的探险。即使在熟悉的城市，也会有陌生的区域；在熟悉的区域，也会有陌生的线路。对于儿童，富有故事情境的居家定向也充满着探险精神。定向运动是延续和发扬人类探险精神的现代载体。

2. 包容与分享

包容是能欣赏对方的优点并真诚赞美，能正视对方的缺点并坦然接受。包容是肯定自己也承认他人，是一种善待生活，善待别人的境界。定向运动关注训练和比赛后的复盘、自我评价和分享，强调从自己、从他人的成功与错误中学习的发展理念；定向运动规则对迟到、漏点、打错点的处理的容错理念；团队赛关注建立相互信任和相互尊重的合作关系，理解队友的局限，发挥出每一名队成员的才能和力量的理念都体现了“包容”精神。

定向运动追求性别平等、年龄平等和能力平等。例如，女子可以参加同年龄组男子的比赛，青少年可以参加成年组的比赛，低水平组可以参加高水平组的比赛等。定向运动比赛没有年龄和能力的限制，初次体验者、业余爱好者可以和精英运动员一样在一场赛事中找到适合自己的比赛。例如，瑞典五日赛最小和最大年龄组分别为 10 岁和 95 岁，参赛者实际年龄分布在 3 ~ 95 岁之间。许多定向赛事设有公开组，允许不同年龄、不同性别的新手与初学者在同一个组别内比赛。沿径定向最初是为肢体残障人士开发的，但却创造了一个能让残障人士与正常人同场竞技的独特项目。就活动场地而言，在排除安全风险的前提下，几乎所有的场地都可以用来进行定向活动。几乎可以说，定向运动是一项任何人在任何地方都可以参与的运动。在许多定向运动水平发达的欧洲国家，定向运动横向来说是全民运动，从几岁到几十岁的人都可以参加；纵向来说可以是一个人一生都能从事的运动。

分享是一种追求精神满足的行为，一种自我实现。分享是人们与社会产生联系的一种方式，其本质上是一种互利行为。在互利中，选择、巩固和发展彼此的社会关系。定向运动竞赛过程无法直接观察、非直接竞争与自我竞争和下文讨论的个人体验性等特征是定向赛后分享的主要驱动力。定向运动的广泛适应性、个人体验性和包容性让参赛者每次比赛面临的都是新环境、新路线、新对手、新挑战、新体验和新的朋友，为赛后分享提供了丰富的话题和想象空间。定向比赛间隔出发的组织形式为赛后分享提供了充分的时间和机会。定向运动让参与者与队友、家人，甚至竞争对手分享自己的痛苦、愉悦和感悟，从自己、从他人的成功、错误和感悟中学习。定向运动构建了赛中是协助对方实现自我超越的赛友，赛后是相互分享愉悦和感悟的好友，相互竞争、相互尊重、相互包容和友谊精神这样一种赛后分享文化。这种分享文化也让定向运动成为一种广交朋友的项目。

3. 融通性

定向运动生活化的技能门槛、简单且易于理解的规则和打卡挑战一个又一个检查点的分段导航和多任务分段驱动的运动形式与包容、分享的文化让人们可以方便地将不同的主题或内容要素有机地融合成一个整体，体现了一种文化上的融通性。定向运动的融通性主要体现在三个方面：一是保持导航技能、运动技能和基本运动形式不变，融入其他要素，如军事、科学、文化、心理和游戏等，如许多休闲娱乐和教育、教学定向活动；二是保持导航技能、运动技能和基本运动形式不变，在融入其他要素的同时融入其他运动项目，许多山地户外挑战赛采用的就是这种模式；三是保持导航技能和基本运动形式不变，与其他运动技能融通，不断产生新的定向项目，如水上定向、山地自行车定向、皮划艇定向等。

（三）“诚信自律与自我竞争”的理念和追求

定向运动有一种独特的现象，参赛者的竞赛过程几乎是不可直接观察的。裁判员几乎无法直接观察运动员的竞赛状态，运动员几乎没有机会直接观察到竞争对手的竞赛状态。国际定联的规则没有就竞赛区中裁判员岗位及其职责安排提出具体要求，而是强调公平竞赛，要求赛事利益相关的所有人坚持公平竞赛的态度，具备竞赛道德、友谊和诚实的精神。对竞赛组织者，这意味着更多地关注竞赛组织、公平公正环境的营造而非执裁。对参赛者，这意味着诚信、自觉、自律，跟自己竞争，不断挑战自我、超越自我。因此，定向运动对比赛结果的追求体现了一种“诚信自律、自我竞争”的竞技理念。

四、定向运动的其他特征

（一）个人体验性

定向运动的比赛现场缺乏可视性，只能局部观赏。定向现场的视频直播也受到众多的限制，难以以直观的形式展现在观众面前。即使现场可视，未参加过定向运动的观众也难以理解定向运动比赛的过程；对有一定定向经验，甚至丰富经验的观众而言，如果不能获得足够的地图与路线信息也难以与比赛中的运动员产生共鸣，体验比赛的乐趣。定向运动是一项个人体验性项目，即使是其中的团队赛和接力赛，其比赛过程还是以个人方式进行的，只有亲身参与才能体验其乐趣、价值和收获。参赛者在复杂多变的环境中、在实现一个又一个目标的过程中，体验挫折的沮丧、失败的痛苦，享受刺激并快乐地挑战自我，体验畅爽、感悟人生并超越自我，获得成功的愉悦，满足发展品德和实现自我价值的需要。

如果以休闲为目的，休闲者也可以带着地图和指北针，悠然地在森林中一边观赏郊野风光，享受重返自然的清新和宁静；一边独立思考，满足于寻访检查点的成就感，产生新的人生感悟。

（二）广泛的场地适应性和群体适宜性

1. 广泛的场地适应性

广泛的场地适应性是指定向运动能广泛适应不同的场地、满足不同人群的不同需求。定向运动几乎可以在所有类型的场地上举行，不但可以在自然的场地，也可以在人工模拟的场地上举行；甚至随便找一块小空地，用随身物品模拟地物布置出一块场地就可以进行定向活动。

2. 广泛的群体适宜性

定向运动涉及的基本运动能力、基本知识和基本技能是人们日常生活中的身体活动、生活知识和生活技能，容易入门。定向运动可以根据参与人群的特征和需求分类分级设计路线，还可以在路线中融入定向以外的知识和技能要素或内容以满足不同性别和年龄、不同体能和技能水平以及不同参与目标的群体的需求。例如，为年龄小的参与者和初学者提供简单易行的路线；为高水平运动员提供富有体能、技能及心理挑战的路线；为经验丰富的老年人提供体能要求低，但技能要求高的路线；为军人提供包括军事科目内容的路线；为团建提供包括团建类挑战元素的路线。也就是说，定向运动具有广泛的群体适用性，几乎所有的年龄段和类型的群体都可以在其中找到自己的需要和乐趣。

（三）保密性

定向运动规则对保密性有专门的规定：禁止参赛者获取除组织者以外提供的场地和路线信息，禁止提前熟悉场地，并强调在所有运动员出发之前由检查点定义的比赛路线必须保密。保密性是定向运动的核心要素之一，是定向运动中公平竞赛的基本要求和保障，是保持参赛者好奇心和探险欲，保证比赛结果悬念性的基础，也是提高竞赛的挑战性和刺激性的基础，能给参与者带来更多的畅爽体验和享受。

第四节 定向运动的休闲功能

定向运动的功能可以从四个方面进行理解：一是发展基本生存生活技能，如导航技能、读图技能、在自然环境中的活动技能；二是体育功能；三是国防教育功能；四是定向运动潜移默化的文化功能。本教材主要从教育和休闲的角度讨论定向运动的功能和作用，其中教育功能在第四章讨论，本节仅讨论其休闲功能。

一、户外运动之基

随着休闲时代的到来，户外运动正逐渐成为人们生活的一部分。定向运动不仅是许多户外挑战赛的基本组成部分，而且也是登山、徒步穿越、高山探险、野外露营等经典户外运动的基础技能。另外，定向运动还是一些与户外生存生活技能教育密切相关的课程，如自然和森林教育课程、童子军课程和营地教育课程的基本内容。

2015—2021 年连续 7 年的《中国大陆登山户外运动事故分析报告》中指出：迷路是占首位的登山户外运动事故，其连续 7 年的发生率均达到或超过了 45%，除 2020 年外呈现事故人数和/或事故比例逐年增高的趋势，其中 2019 年和 2021 年的发生率分别为 49.6% 和 55.0%，并且于 2019 年首次出现了导航迷路的事故类型。这也反映了定向运动在户外运动中的基础地位和重要性。

二、体验畅爽

体验畅爽是休闲体育的首要目标之一。在空气清新、环境优美的田野山村中奔跑，首先就获得了一种人与自然融合的身心愉悦感。专注于路线选择、寻访目标，参与者在享受一次次挑战成功的兴奋中，定向以外的自我意识很快消失，甚至感觉不到时间的存在，完全陶醉于其中，即使挑战中遇到挫折、失败、艰辛和痛苦也毫不在乎。这就是畅爽体验，畅爽体验是人们在参与某项活动时最佳的心理状态。在能够充分发挥自己技能水平的挑战活动中，人们最容易达到全神贯注的心理状态，获得畅爽体验。众多研究已经证实：如果仅仅将体育运动作为增进健康的手段鼓励人们投入其中，是很难长期坚持的。人们参加体育运动更多的是在乎项目是否好玩，是否能有持续激发自我兴趣的因素。定向对于休闲的魅力在于变化，不用拘泥于某个固定的场所，人们在校园、公园、山野乡村、森林荒野都可以拿着地图欢快地奔跑。虽然是同样的起点和终点，但每个人行进的路线都会不同，每一次目标的判断，每一次路线的选择，都是一次对未知世界的探索之旅，在此过程中自我得到充分的展现，激发出自我充分的自由感和充实感。定向的休闲乐趣就在于奔跑中获得的畅爽体验，而亲身参与其中是享受定向的最佳方式。

三、保持大脑功能

20 世纪 90 年代，一系列神经科学的颠覆性发现表明，成年人的大脑具有可塑性，可以产生新的神经元。从那以后，许多研究已经证实，体育锻炼对人类的大脑也有积极的影响，尤其是随着年龄的增长，体育锻炼甚至可能有助于降低阿尔茨海默病和其他神经退行性疾病的风险。

体育锻炼对人的大脑，包括成人的大脑会产生有益的改变，包括产生新的神经元，增加现有神经元之间的联系。已有发现表明，体育活动似乎是通过增加一种叫作脑源性神经营养因子（BDNF）的蛋白质的产生来诱导神经可塑性的，这种蛋白质可以促进神经元的生长和存活。近年来的研究表明，在体育活动中，大脑的认知参与增强了这一过程。认知参与和有氧运动相结合可能是使大脑产生有益改变的一种途径。在人体衰老过程中，认知参与锻炼诱发大脑的可塑性，在锻炼的同时锻炼身体和大脑，有助于保持思维敏捷。显然，定向运动正是这样一类运动。

第五节 定向运动发展概况

像许多现代体育项目一样，定向运动的出现也是工业革命的产物。定向运动的产生和发展受许多因素的影响，科学技术的发展，特别是地图测绘和指北针制造技术的发展，社会经济水平的发展，军事的需要，自然环境和人文环境都影响着定向运动的产生和发展。

利用地图和指北针进行定向的思想，源远流长。公元前 25—23 世纪巴比伦人绘制在陶片上的地图表明，4 500 年前人们就开始用各种方式，对自己周围的环境进行原始的描述。

中国是世界上地图出现最早的国家之一。中国有记载的最古老的地图可以追溯到 4 000 年前夏禹的九鼎，其上铸有表示山川的原始地图。而湖南长沙马王堆汉墓出土的公元前 168 年以前编制的地形图，是国际公认的世界上最早且测绘技术较高的地形图。中国历史上荆轲刺秦王记载的就是荆轲以向秦王献地图为名，用藏于木匣子里一幅绢制地图中的匕首行刺秦王，体现了当时的人们对地图的重视。中国明代航海家郑和下西洋留下的《郑和航海图》是世界上现存最早的航海图集。

中国历史上有一批如裴秀、贾耽、沈括、朱思本、罗洪先等有影响的地图学家。古代希腊的托勒密（公元 90—168 年）的《地图学指南》和我国裴秀（公元 224—271 年）的《禹贡地域图》标志着上古时代地图学的总结性成就，反映了东西方文化不同的发展特点，奠定了古代地图学的基石，对于后来的地图制图产生过长期而深远的影响。

在战国时期，中国人已经发现磁石指南北的特性，并用天然磁石制造“司南之勺”“其柄指南”，即最早的指北针“司南”（图 1-12）。司南是世界上最早的导航装置。如公元前 4 世纪的《鬼谷子 · 谋篇》记载道：“郑子取玉，必载司南，为其不惑也”，记载了郑人外出采玉时带上司南，以防迷失方向的情景。

图 1-12　战国时期的司南（模型）

中国人很早就通过观测日月星辰测定方位和确定船舶航行的位置。郑和下西洋船队把航海天文定位与导航指北针的应用结合起来发明了“牵星术”，提高了测定船位和航向的精确度，这项技术代表了那个时代天文导航的世界先进水平。郑和七下西洋是 15 世纪初叶世界航海史上的空前壮举，也是 15 世纪末欧洲地理大发现的航行以前世界历史上规模最大的一系列海上探险，其航海时间、船队规模以及航海技术诸方面均是哥伦布等人的航海活动所望尘莫及的。我国发明的指北针、火药、造纸和印刷术等传入欧洲，对西方航海和测绘的发展起过重要作用。

当今世界，随着科学技术的发展产生了各种各样的指北针和定位新技术，如卫星导航系统，其在定向运动中也扮演着重要的角色。中国自主研发的北斗卫星导航系统是全球四大卫星导航系统之一。

一、国际定向运动发展概况

定向运动发源于斯堪的纳维亚半岛，其发源与早期的发展与军事上的需要密切相关。1886 年“Orientering”（瑞典语“定向”）作为一个军事术语首次出现在瑞典卡尔伯格军事学院的课程说明中，用来描述读图和野外定向训练科目，意思是“借助地图和指北针穿越未知地带”。同年，Orientering 进入奥斯陆的军校课程中。几年后，越野跑与读图技能相结合产生了“Orienteringslöpning”（瑞典语“定向跑”）。1893 年 5 月 28 日，定向跑首次作为比赛项目出现在每年举行的斯德哥尔摩驻军运动会上。1895 年，定向跑成为斯德哥尔摩和奥斯陆驻军综合运动会比赛项目。

1897 年 10 月，挪威的蒂阿弗运动俱乐部在奥斯陆北部的努尔马卡举行了一场邀请赛，有 8 人参加比赛。这场比赛是世界上第一场公开的定向比赛，被看成是定向运动历史上的第一座里程碑，标志着定向运动的诞生。1897 年也被国际定联认定为定向运动元年。1899 年 2 月，在挪威还举行了世界上第一场滑雪定向比赛，有 12 名参赛者参加了比赛。1901 年 3 月，瑞典松德比贝里（Sundbybergs）运动俱乐部举办了瑞典的第一场公开的定向比赛。

20 世纪初，斯德哥尔摩体育联合会主席、瑞典童子军领袖吉兰特（Ernst Killander）（图 1-13）开始尝试将定向运动改造成一种大众化的运动形式。当时，田径运动在瑞典开始衰落，参加田径运动的年轻人越来越少，吉兰特想利用自然的乡村风光激发年轻人的跑步热情。为了使这种在自然环境中的越野跑变得更有吸引力，吉兰特将借助地图和指北针进行定向的原理结合到越野跑训练和比赛中，让运动员利用地图和指北针自己选择路线来进行训练和比赛。1912 年，在吉兰特的倡导下，定向运动成为瑞典的竞技运动项目。

定向运动由挪威向瑞典的传播

图 1-13　“现代定向运动之父”吉兰特

1919 年 3 月 25 日，吉兰特在斯德哥尔摩南部纳卡的索尔歇伯丁镇组织了世界上第一场大型定向公开赛。后来，这次比赛被看成是定向运动历史上的第二座里程碑，标志着现代定向运动的正式开始。人们因此将索尔歇伯丁镇作为现代定向运动的诞生地。吉兰特为定向运动制定了基本原则，包括规则、路线分类、检查点位置的选择、按年龄分组的竞赛方法和竞赛组织机构等。吉兰特创造并奠定了现代定向运动的基础，为现代定向运动的推广和发展作出了巨大的贡献，被人们尊称为“现代定向运动之父”。

1946 年，瑞典、芬兰、挪威和丹麦成立了世界上第一个定向运动合作组织——北欧定向理事会。1959 年，在瑞典召开了有 11 个国家参加的国际会议，就成立国际定向运动联合会进行了讨论。1961 年，在北欧定向理事会的推动下，国际定向运动联合会（IOF）在丹麦首都哥本哈根正式宣告成立，成员国包括瑞典、芬兰、丹麦、挪威、瑞士、东德、西德、捷克、匈牙利、保加利亚十个国家。由于德语是该次会议的官方语言，结果德语 Orientierungs Lauf（定向跑）的缩写“OL”就成为定向运动的缩写。1977 年，IOF 得到国际奥委会承认，定向运动被接纳为奥林匹克体育运动项目。截至 2022 年 6 月，IOF 共有 75 个会员。

二、中国定向运动发展概况

中国定向运动的发展最早始于香港特别行政区。20 世纪 70 年代，定向运动传入中国香港。1978 年 12 月，香港野外定向会筹备小组成立并在白沙澳举行了首次定向活动。1979 年 8 月，香港野外定向会正式成立。1981 年 3 月，香港野外定向会在沙田九肚山举行了首届香港野外定向大赛。1982 年，香港野外定向总会成立。同年底，中国香港成为国际定联会员。

中国台湾地区定向运动的起步几乎与香港同步。20 世纪 70 年代中后期，台湾的一些户外运动杂志上相继出现了一些介绍定向运动的文章，1978 年 4 月，“实践家政专科学校”学生社团“实践绿野社”组织了首次学生定向运动训练，1982 年 5 月，实践绿野社举办了中国台湾第一次正式的定向运动比赛。1996 年，中国台湾定向越野协会成立。1998 年，中国台湾定向越野协会以中国台北的名义成为国际定联会员。

中国定向运动的发展始于军队。20 世纪 70 年代，国内体育报刊相继出现了一些介绍国际定向运动的文章。1983 年 3 月，中国人民解放军体育学院在广州白云山举行了国内首次名为“定向越野实验比赛”的定向比赛。1985 年 9 月，国内首个地方定向运动协会“深圳市定向运动协会”成立，并举办了国内首次国际性定向比赛——“港深杯野外定向 85 比赛”。1991 年 12 月，国家体育运动委员会批准中国无线电运动协会下设中国定向运动委员会。1992 年 7 月，中国定向运动委员会成为国际定联会员。1995 年，“中国定向运动委员会”更名为“中国定向运动协会”，2004 年，中国定向运动协会正式成立。2018 年，中国定向协会与中国无线电运动协会合并，并于 2018 年 12 月更名

国际和国内主要定向运动赛事

为“中国无线电和定向运动协会”。

复习、思考与实践

1. 将一个运动项目归属于定向运动的主要依据是什么？

2. 定向运动有几种基本形式，它们的主要特点和主要区别是什么？

3. 掌握定向运动的性质和特征对定向运动的教学、训练、竞赛和活动策划有什么指导意义？

本章小结（思维导图）

本章动态更新

第二章　地图、指北针与检查点说明

本章导读

在定向运动中，地图是主要的导航工具，指北针主要起辅助导航的作用，检查点说明是辅助读图的工具。在某些地形中指北针也是主要的导航工具，能明显提高导航的效率。本章在地图概述的基础上，阐述定向地图的定义和特点，重点分析定向地图的表达方法。进而阐述指北针的工作原理及其在定向运动中的主要功能，并阐述检查点说明的结构和功能。

学习目标

1. 了解地图的定义、基本构成要素和地图的分类，理解地图的基本性质。
2. 理解读图工具，掌握给地图定向的定义和作用。
3. 理解地理要素空间分布特征与地图符号类型间的关系。
4. 理解定向地图的定义和特征，掌握定向地图中地物的表达方法。
5. 理解定向地图中等高线表示地貌的原理，初步掌握地貌判读的方法。
6. 理解指北针的工作原理及其在定向运动中的主要作用。
7. 理解检查点说明的功能，掌握检查点说明的结构和常见符号。

第一节　地图概述

随着科学技术的发展，地图的概念也在不断发生变化，出现了电子地图、数字地图等新的地图类型。本节根据理解定向地图的需要，基于纸质地图对地图进行概述。

一、地图的定义

地图是按照一定的数学法则，用特定的符号、颜色和文字注记，将地球表面的自然和社会现象，经过一定的制图综合测绘于平面上的图。简单地说，地图是“地球表面（或局部）的缩绘图”。

二、地图的基本性质

（一）地图是按一定数学法则建立的图形

地图是根据地图投影、地图比例尺和地图定向等数学法则建立的图形。

（二）地图是通过地图语言——符号系统直观地表达的图形

地图表达各种复杂的自然和社会现象是通过地图特有的语言——地图符号系统来实现的。阅读地图（以下简称“读图”）就是通过地图符号系统来理解、分析地图所反映的自然和社会现象。只要理解地图符号系统，甚至只要读懂反映地图符号系统的图例，就可直观地读出地图所反映的事物及其属性。

（三）地图是经过制图综合的图形

地图不可能表示地球表面上所有现象，只能根据地图的用途有选择地表示某些主要内容。随着比例尺的缩小，同单位地图内的地理特征会越来越多。为了保持地图清晰易读，必须根据地图的用途和比例尺对表示在地图上的内容按照一类专门的法则进行选取、化简和概括，舍去、简化次要特征和减少分类层级，保留或突出，甚至夸大与地图用途密切相关的主要的、本质的特征。这类法则称为制图综合法则，它构成了地图地理内容的基础。上述按制图综合法则确定地图地理内容的过程称为制图综合或称地图概括。

三、地图的基本构成要素

地图的基本构成要素包括数学要素、地理要素和辅助要素。

（一）数学要素

数学要素是构成地图数学基础的数学法则在地图上的表现形式，主要包括坐标网、地图比例尺、测量控制点等。

1. 坐标网

坐标网是绘制地图内容的图形控制网，使用地图时可以根据它们确定地面点的位置和进行各种量算。坐标网分为地理坐标网和平面直角坐标网。地理坐标网又称经纬线网，用于确定地面点的地理坐标。平面直角坐标网主要用在大比例尺地图上准确指示点位，根据地图传达命令，快速测量方向和计算距离。

2. 比例尺

比例尺是指地图相对于实地的缩小倍数，通过比例尺才能将地图上测量的距离换算为实地距离。比例尺在地图制作和应用过程中必不可少。

3. 测量控制点

测量控制点是测图和制图的控制基础，用来保证地球自然表面投影在平面上时，地图上的地理要素在对应的坐标网中具有正确的位置。

（二）地理要素

地理要素是表示在地图上的地理现象，在地图上用地图符号和注记符号表示。地理要素是地图的主体，地图的用途不同，其所要重点表达的地理要素也不同。在中国，地理要素通常分为自然要素和社会经济要素两个部分。

1. 自然要素

自然地理要素指地理景观和自然条件，如水系、地貌和土质、植被。

2. 社会经济要素

社会经济要素指由人类活动所形成的经济、文化以及与此相关的各种社会现象，如居民地、交通运输网、境界及行政中心、历史和文化。

（三）辅助要素

辅助要素是为了方便地图使用而在地图上附加的文字和工具性资料，分为读图工具，如图例、图解比例尺、定向指标线和参考资料，如图名、制图单位、制图时间和制图依据等。

四、读图工具

读图工具主要包括图例、图解比例尺、定向指标线等。

（一）图例

图例是指在地图上某一位置集中列出的地图中使用的各种地图符号和注记

所代表的地理要素的说明表。

（二）地图比例尺

1. 地图比例尺的定义

地图比例尺是指地图上一直线段的长度与地面上相应直线距离水平投影长度之比，用分子为 1，分母 M 为整数的分数表示。分母越小，地图比例尺越大。即：

比例尺 = 图上长度/实地相应直线距离的水平投影长度 = 1/M

地图比例尺的大小决定了地图内容的详细程度和地图测量的精度。地图的比例尺越大，地图内容越详细，地图测量的精度越高。

2. 地图比例尺的形式

地图比例尺常见的形式有数字式、文字式和图解式三种。

（1）数字式。它是用阿拉伯数字表示的比例尺。一般用分子为 1 的分数形式表示，如 1/10 000，1∶10 000，1∶1 万。

（2）文字式。它是用文字注解表示的比例尺，如万分之一；图上 1 cm 代表实地 100 m。

（3）图解式。图解式是用图形加注记的形式表示的比例尺。图解式比例尺包括直线比例尺、斜分比例尺和复式比例尺三种，其中直线比例尺是常见的图解式比例尺。

直线比例尺是呈直线图形的比例尺（图 2-1）。用直线比例尺直接量出长度值能避免因图纸伸缩引起的误差。

图 2-1　直线比例尺示意图

（三）定向指标线

定向指标线是指地图上用来表示方向的三北方向线——真北方向线、坐标北方向线和磁北方向线（图 2-2）。定向指标线有助于在地图上确定地理要素的位置，在实地使用指北针标定地图的方位。

1. 真北方向线

通过地面上任意一点指向北极的方向称真北。其方向线称真北方向线或真子午线。地图中通常把图中中央经线的北方方向作为该幅地图的真北方向。

2. 坐标北方向线

地图中直角坐标网中的坐标纵线所指的方向称坐标北。其方向线称坐标北方向线。大多数情况下，坐标北与真北方向不完全一致，两者之间的夹角称子午线收敛角。

3. 磁北方向线

实地上指北针所指的磁北极的方向称磁北。其方向线称磁北方向线或磁子午线，简称磁北线。磁北方向与真北方向并不一致，两者之间的夹角称为磁偏角。

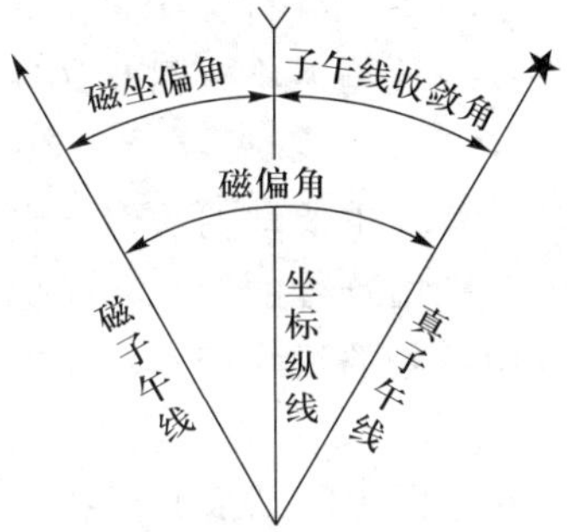

(a) 三北方向

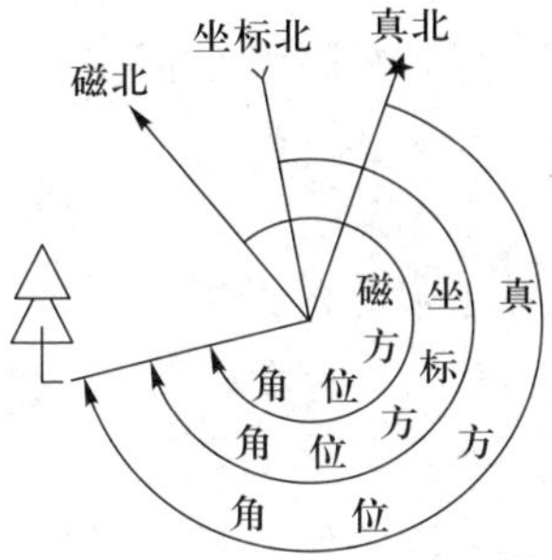

(b) 某地物方位角

图 2-2　三北方向及三个偏角示意图

五、地图定向与给地图定向

地图定向是指确定地图上图形的地理方向，使地图上的地理要素图示与相应实地的地理要素方位一致，是使用地图开展工作的基础。使用地形图在实地从事任何一项工作，都必须使地形图与实地的空间关系保持一致，以便正确地读图和用图。这就要求在实地使用地图开展工作之前给地图定向。给地图定向是实现地图定向的操作过程，又称标定地图。

国际上统一以三北方向线作为地图定向的依据，采用北方定向。如果采用真北定向，用真北方向线作为地图定向的依据，则在地图上使地图的中央经线与地图的南北图廓线垂直。定向运动地图采用磁北定向，用磁北方向线作为地图定向的依据，则在地图上使地图的磁北方向线与地图的南北图廓线垂直。

六、地理要素的空间分布特征与地图符号的分类

地理要素按其空间分布特征分为点状要素、线状要素、面状要素三类。对

应地，表征地理要素空间分布特征的地图符号也分为点状符号、线状符号、面状符号三类。

1. 点状要素与点状符号

实地中真正呈点状分布的地物很少，一般都占有一定的范围，只是大小不同而已。在地图上点状要素指那些实地面积较小，不能依比例尺表示，但又要按点定位的小面积地物。当地图符号所代表的地理要素在一定尺度下可以认为是定位于实地上的点时，称为点状符号，如石头、巨石、独立树等。点状符号具有定位特征，但符号大小不按地图比例反映地物大小，因此又称为不依比例尺符号。

点状符号具有说明点状要素的类别、位置及重要性的功能，在应用中对判定方位、指示目标具有重要意义。要素的类别用符号的形状和颜色表示，位置用符号的定位表示，重要性等级或数量级用符号的尺寸表示。

2. 线状要素与线状符号

实地中呈线状分布的地理要素很多。在地图上线状要素是指沿某一方向延伸分布的地物。当地图符号所代表的地理要素可以认为是定位于实地上的线时，称为线状符号，如河流、沟渠、围墙、道路等。线状符号沿某一方向延伸且其长度按地图比例尺反映地物长度，但其粗细往往夸大表示，因此又称半依比例尺符号。

线状符号具有说明线状要素的类别、位置特征及等级的功能，其拐弯点、交叉点位置准确，常用来判定方位和确定位置。地理要素的类别用符号的形状或线型（如实线、长虚线、短虚线、齿线、斜齿线、珠线等）和颜色表示，位置用符号的中心线表示，等级（如路的宽度、小路明显或不明显、陡崖可通过或不可通过、水道可通过或不可通过等）用符号的形状和/或粗细表示。

要注意的是，后续讨论的等高线尽管几何特征是线状的，但并不是具体线状要素的表示符号，而是一种假想的等值线。

3. 面状要素与面状符号

实地中呈面状分布的地物很多，其分布状态可以分为两类：一类是分布界限、具体位置明确的地物，如耕地；一类是分布较零乱，分布界限、具体位置很难确定的地物，如石块地。在地图上，面状要素是指呈面状延伸分布的地物。当地图符号所代表的地理要素可以认为是定位于实地上的面时，称为面状符号，如开阔地、森林、湖泊、耕地、铺装地面等。面状符号涉及的范围按地图比例反映地物的面积，因此又称依比例尺符号。

面状符号具有说明面状要素的类别、性质和分布范围的功能。当面状符号表示分布界限、具体位置明确的地物时，其符号拐弯点位置准确，常用以判定方位、确定位置和指示目标等。当面状符号表示分布较零乱，分布界限、具体位置很难确定的地物时，其符号只能表示实地中达到一定分布密度的地物的范围，不能表示具体位置。地理要素的类别和性质用符号内部颜色的色相和饱和度、网纹或点状符号的变化表示，分布范围用符号外围的轮廓线表示。

七、地图的分类

地图按其反映的自然和社会现象的种类、性质和完备程度，分为普通地图和专题地图两类。其中普通地图又可按比例尺分为平面图、地理图和地形图三类。

1. 普通地图

普通地图是指以相对均衡的详细程度综合反映地表各种自然和社会现象一般特征的地图，主要包括以下三种类型：

（1）平面图。平面图是将小块区域地表当作水平面，将地物按铅垂线投影到水平面上得到的地图。平面图是一种大比例尺地图，涵盖的地表范围小，主要用于工程施工和编制详细的规划。

（2）地理图。比例尺小于 1∶100 万，涵盖实地范围很大，以高度概括的形式反映地表地理事物和区域的重要特征的地图。地理图主要用于研究区域的自然地理和社会经济的一般情况，了解其概貌，故又称为一览图。

（3）地形图。地形是地貌和地物的总称。地貌是指地面上高低起伏的状态，如山峰、土崖、陡崖等。地物是指地面上有明显轮廓的、天然或者人工建造的各种固定物体，如森林、江河、道路、房屋等。地形图是将地面上各种地物和地貌沿垂直方向投影到水平面上，并按照国家统一规范、比例尺系列和符号测制的比例尺大于或等于 1∶100 万的普通地图。地形图的比例尺从 1∶500 到 1∶100 万共有 11 种比例尺。其中比例尺大于或等于 1∶10 万的为大比例尺地图；1∶25 万和 1∶50 万的为中比例尺地图；1∶100 万的为小比例尺地图。

地形图是国家各项建设的规划与施工、军事指挥和科学参考用图，也是制作其他地图的基本资料。

2. 专题地图

专题地图是以普通地图为地理基础，着重表示制图区内某一种或几种地理要素的地图。专题地图的显著特点是：对地图的主题内容进行详细表示，其他地理基础内容则服从于反映主题的需要，有选择地表示。

第二节　定向地图概述

定向运动地图简称定向地图，是一类专为定向运动设计与制作的专题地图，具有国际统一的地图规范，有其独特的表达方式。

一、定向地图的定义

定向地图是一类按照国际统一的定向运动地图规范测制，用磁北方向定向，详细描述所有可能影响读图、路线选择和对导航有重要意义的地理要素及其属性，包括地面定位信息，通过性、可跑性和通视性信息，阻碍和妨碍通行信息等，在奔跑中清晰易读的详细的地形图（图 2-3）。

比例尺：1∶10 000　等高距：5 m

图 2-3　定向地图示例

查看本图彩图

二、定向地图的特征

（一）数学要素

定向地图采用直角坐标网和磁北方向定向，基本比例尺为 1∶15 000、1∶4 000 和 1∶1 000，其他常用比例尺包括 1∶10 000、1∶3 000、1∶2 500、1∶2 000、1∶750 和 1∶500。定向地图的基本等高距为 5 m、2.5 m 或者 2 m。

（二）符号体系

定向地图有三套适用于不同地形和项目的符号体系。

1.《国际定向运动地图规范》（缩写为 ISOM）

该套符号适用于在野外和郊野地形中举行的长距离赛、中距离赛和接力赛。其最新版本为 2017-2 版，缩写为 ISOM 2017-2。

国际定向运动地图规范 2017-2 图例

2.《国际短距离定向运动地图规范》（缩写为 ISSprOM）

该套符号适用于在村落、城市街区和公园、校园等地形中举行的短距离赛、短距离接力赛和淘汰赛。其最新版本为 2019-2 版，缩写为 ISSprOM 2019-2。

3. 国际定联《校园定向地图符号集》（缩写为 SSSOM）

该套符号适用于中小学校园定向活动。SSSOM 是一套基于 ISSprOM 的符号系统，在将所有 ISSprOM 符号放大到 125%的基础上，增加了六个专门符号，并对铺筑地符号进行了重新定义。其最新的版本为 2019-2 版。

国际短距离定向地图规范 2019-2 和国际定联校园定向地图符号集 2019-2 图例

（三）颜色体系

定向地图采用 6 色体系，其中棕、黑、蓝、黄、绿 5 种颜色表示地理要素和技术符号，紫色表示路线符号。

棕色表示地貌和人造特征中的铺筑地面、包括部分道路。在《国际短距离定向运动地图规范》中，30%的棕色表示交通和行人稀疏的铺筑区，50%表示交通繁忙和行人密集的铺筑区。50%的棕色还表示塑胶跑道。

黑色表示岩石和石块、人造地物以及技术符号磁北线。其中灰色表示露岩地、房屋。不同深浅的灰色还可表示建筑物的通过性。

蓝色表示水系和沼泽、技术符号磁北线。不同深浅的蓝色还可表示水体的通过性。

黄色和绿色表示植被。另外，定向地图中白色也用来表示植被——可跑树林。黄色与绿色的混合色——果绿色表示禁止进入的区域，如私宅、铁路周边区域等。

紫色表示路线及其相关要素，包括危险区。

（四）符号的最小尺寸与制图综合

定向地图有一套专门的制图综合法则，它规定了地图符号的最小尺寸和地理要素选取的最小尺寸，地理要素尺寸与表达方式的关系，地图上地理要素概化、占位和移位的处理等基本法则。

定向地图的符号都有基于印刷技术和易读性的要求而规定的最小尺寸。实地中的地理要素是否表达在地图上主要取决于其在定位和导航中的重要性、与符号间的比例关系及尺度。

1. 面状符号与面状地物

在地图上，面状符号的面积随面状地物的面积依比例尺变化。当地物面积依比例小于面状符号的最小面积时，其符号在地图上的占位面积超过该地物的在实地的占位，通常要舍去。如果该地物具有重要的定位和导航意义，则要不依比例尺夸大表示。例如，在 1∶15 000 比例尺下，不可通过建筑物符号的最小尺寸为 0.5 mm×0.5 mm，对应建筑物尺寸为 7.5 m×7.5 m。当实地中建筑物小于该尺寸时应该舍去，或不依比例尺用最小尺寸的符号表示。

2. 线状符号与线状地物

在地图上，线状符号的长度随线状地物长度依比例尺变化。当地物长度依比例小于线状符号的最小长度时，其符号在地图上的占位长度超过该地物在实地的占位，通常都要舍去。另外，那些有最小高度、深度和宽度规定的线状地物，如果没有达到最小尺度通常要舍去，如果这些地物具有重要的定位与导航意义，则要夸大表示。

3. 点状符号与点状地物

不依比例尺变化的点状符号在地图上的占位超过其代表的点状特征在实地的面积。但由于这些地物通常在定位与导航中具有重要意义，那些在尺度上达到最小直径、最小高度、最小长度和宽度要求的点状地物通常要夸大地表示在地图上。

（五）地理要素

在定向中通常将地理要素称为“特征”。定向地图中的特征分为地貌、岩石和石头、水体和沼泽、植被、人造特征五类。

(六) 辅助要素

定向地图中必备的辅助要素包括比例尺、等高距、南北图廓和具有三个打卡位置的备用检查卡。教学或给初学者用的地图通常带有磁北方向箭头、图例和直线比例尺。其他常见要素有图名、发行人、制图时间、执行规范、制图员姓名等。

三、定向运动中常用地图的分类

定向运动中常用的地图可以按是否执行了相应的地图规范分为规范定向地图、准规范定向地图和其他“地图”三类。

(一) 规范定向地图

规范定向地图是指严格按定向运动地图规范测制的地图。这类地图可用于各种规格的定向运动竞赛和教学与训练。

(二) 准规范定向地图

准规范定向地图是指参照定向运动地图规范，对比例尺，或对比例尺和符号进行放大处理，甚至增加了一些自定义符号的定向地图。这类地图主要用于中低规格的定向运动竞赛、娱乐性定向活动和定向运动教学与训练。当将其用于高规格定向比赛时，可能会引起一些有关竞赛公平公正性的争议。

(三) 其他“地图”

其他“地图”指定向运动教学和休闲娱乐定向活动中使用的街道地图、导游图、手绘实景图、手绘平面图、网格地图、航空和卫星影像图等。这类地图的制作和准备没有参考定向运动制图规范，有些甚至只是地图的类似物，如手绘实景图、手绘平面图、导航图和影像图等。

第三节　定向地图中特征属性的表达方法

定向地图中，特征属性是指地理要素的通过性、可跑性和通视性。

一、通过性的表达方法

通过性是指地表障碍物是否可翻越、跨越、穿越或涉水通过等（表 2-1）。

（一）线状特征的通过性的表达方法

线状地貌、岩面/陡崖、人造特征的通过性主要通过线状符号的线型和/或粗细变化来表示。

（二）面状特征的通过性的表达方法

面状特征的通过性主要通过面状符号颜色的深浅并配合边线的粗细和/或颜色变化来表示。例如，蓝色配以黑色粗边表示不可涉水通过，小面积蓝色或大面积浅蓝色配以蓝色边线表示可涉水通过。深灰色配以黑色粗边表示建筑物不可通过，浅灰色配以黑色细边表示建筑物可通过，而浅灰色某侧配以黑色粗边则表示建筑物该侧不可通过。

表 2-1 彩图

耕地的可通过性随季节和耕作物的种类而变化。在定向中通常通过路线设计避开耕地区域。如果无法避开，耕地应该用其他适宜的符号表示通过性，如用开阔地、稀树开阔地，或在耕地符号上叠印路线符号——禁区等表示通过性。

表 2-1　常见表示通过性的符号

特征		土崖	岩面陡崖	墙	挡土墙	栅栏	显眼线状特征	水体	沼泽	建筑物
通过性	可通过									
	不可通过									

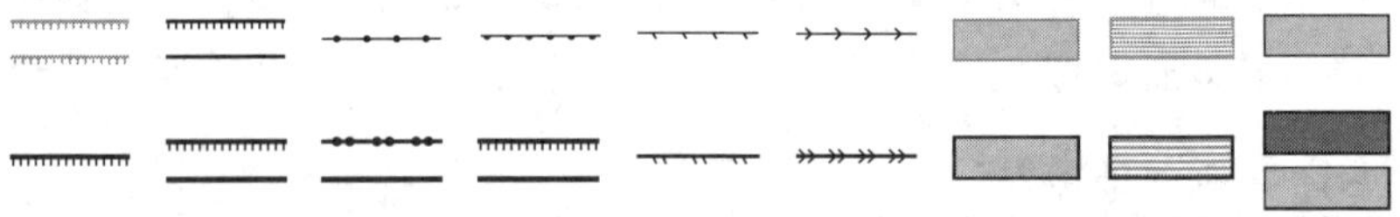

二、可跑性的表达方法

可跑性是指地表易跑的程度。定向地图规范以 4 min/km 的速度通过平坦、易跑树林为标准跑速（100%跑速）来划分跑速或可跑性。

（一）可跑性的划分

可跑性主要取决于地表植被特征、其他妨碍通行的特征和地表形态三个方面。按地表植被特征、其他妨碍通行的特征对跑速的影响，ISOM 2017-2 将地表的可跑性划分为五个等级（表 2-2）。当绿色植被符号与碎石地符号组合在一起时，则表示可跑性比其中任意一种符号所表示的更差。地面的坡度越陡，可跑性越低。

表 2-2　ISOM 2017-2 的平坦地表可跑性划分标准

等级	百分比	说明	实例	速度/(min·km^{-1})
1	>100%	好跑	草坪、铺筑地、道路	<4
2	80%~100%	正常跑速	半开阔地，易跑林	<5
3	60%~80%	慢跑	慢跑碎石地、较密植被	5~6:40
4	20%~60%	走/难跑	可行走碎石地、浓密植被	6:40~20
5	<20%	难通行	难通行碎石地，非常浓密植被	>20

（二）绿色植被的可跑性

ISOM 2017-2 和 ISSprOM 2019-2 将绿色植被的可跑性划分为四个等级（表 2-3）。值得注意的是，ISOM 2017-2 和 ISSprOM 2019-2 对难通行植被的定义不同。ISOM 2017-2 将难通行植被定义为跑速低于 20% 正常跑速的植被，而 ISOM 2019-2 将难通行植被定义为跑速几乎为 0 的植被。另外，ISSprOM 2019-2 还定义了一个不得通行植被符号，表示穿越时私人财产或植被本身可能被破坏的植被区，与植被实际的可通行性无关，用深绿色表示，并禁止通行。

表 2-3　ISOM 2017-2 和 ISSprOM 2019-2 绿色植被可跑性划分标准

<table>
<tr><th>等级</th><th>百分比</th><th>说明</th><th>实例</th><th>速度/(min·km^{-1})</th></tr>
<tr><td>1</td><td>80%~100%</td><td>正常跑速</td><td>易跑林，白色</td><td><5</td></tr>
<tr><td>2</td><td>60%~80%</td><td>慢跑</td><td>慢跑植被（30%绿）、
慢跑底层植被</td><td>5~6:40</td></tr>
<tr><td>3</td><td>20%~60%</td><td>走/难跑</td><td>步行植被（60%绿）、
步行底层植被</td><td>6:40~20</td></tr>
<tr><td rowspan="2">4</td><td><20%</td><td>难通行
(ISOM 2017-2)</td><td>难通行浓密植被
(100%绿)</td><td>>20</td></tr>
<tr><td>≈0</td><td>难通行
(ISSprOM 2019-2)</td><td>不可通行植被
(100%绿)</td><td>∞</td></tr>
<tr><td></td><td></td><td>禁止通行
(ISSprOM 2019-2)</td><td>穿越时私人财产或植被
本身可能被破坏的植被</td><td></td></tr>
</table>

（三）黄色植被及其与绿色植被组合的可跑性

开阔地/草坪的可跑性超过易跑林，凌乱开阔地可跑性与易跑林相同，开阔地符号与高通视慢跑植被、难跑植被符号组合降低可跑性，其降低的程度如

图 2-4 所示。

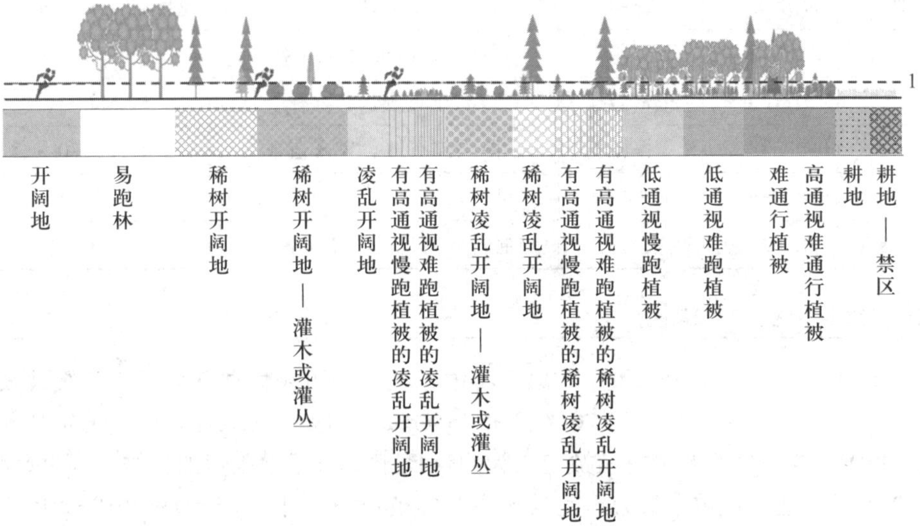

查看本图彩图

图 2-4 植被的可跑性和通视性示意图

(四) 碎石地、石块地和坑洼地的可跑性

表 2-4 彩图

ISOM 2017-2 将碎石地分为慢跑（60%～80%标准跑速）、可行走或难跑（20%～60%标准跑速）、难通行（<20%标准跑速）三个等级（表 2-2，表 2-4）。石块地和坑洼地分为正常和降低两个等级。

ISSprOM 2019 只定义了碎石地和石块地降低可跑性，但未明确坑洼地对可跑性的影响（表 2-4）。

表 2-4 碎石地、石块地和坑洼地的可跑性示意图

规范	ISOM 2017-2							ISSprOM 2019-2		
地表特征	碎石地			石块地		坑洼地		碎石块	石块地	坑洼地
可跑性	慢跑	难跑	难通行	正常	降低	正常	降低	降低	降低	未明确
符号										

(五) 石块地和坑洼地的可跑性

ISOM 2017-2 将石块地和坑洼地分为易跑和降低可跑性两类。ISSprOM 2019 只定义了石块地影响可跑性，但未明确影响程度。

ISSprOM 2019 未定义坑洼地的可跑性。

（六）沙地的可跑性

ISOM 2017-2 将沙地定义为可跑性为 80%标准跑速的软沙地。ISSprOM 2019 将沙地定义为降低可跑性的沙地或沙砾地，如果沙地好跑应该表示为开阔地或铺装地面表示。

（七）铺装地面的可跑性

ISSprOM 2019-2 按铺装地面上人流或交通对通行的妨碍程度将铺装地面分为两类：30%棕色表示车辆和/或行人稀少；50%棕色表示车辆和/或行人拥挤。另外，50%棕色在《校园定向地图符号集》中还表示塑胶跑道。

（八）双层平面的可跑性

ISSprOM 2019-2 要求表示双层平面的可跑性，并详细表示其中的一个可跑平面。在城市中，诸如天桥、天篷、地下通道或建筑物下的可达区域等复杂双层结构是常见结构，当两个可跑平面对运动员都有重要意义时，两个平面上的通道（如地下通道、有照明的隧道、桥梁）都要表示在地图上。ISSprOM 2019-2 中有三个符号涉及双层平面的可跑性。

1. 较低的铺筑地面的台阶或边缘（符号 501.2）

当大面积的铺筑地面中有两个高低不同的铺筑面时，用该符号表示较低的铺筑面的台阶或边缘。

2. 桥梁或隧道入口（符号 512.1）

该符号用来表示可从其下面通过的桥梁或类似结构。如果桥下不能通过，则应该用不能通过的墙表示。

3. 双层可通行区域（符号 512.3）

该符号用来表示可以通行平面的上层结构。

双层平面可跑性表达示意图

三、通视性的表达方法

通视性是指地表特征对视线遮挡的程度。通视性主要取决于植被特征、地貌形态及一些不可通过的特征。

（一）植被的通视性

地图规范中，依通视性植被符号划分为三类。一是高通视植被，如开阔地、稀树开阔地、易跑树林、凌乱开阔地、凌乱稀树开阔地、高通视慢跑植被和高通视难跑植被符号；二是低通视植被，如低通视慢跑植被和低通视难跑植被符号；三是无通视性信息的植被符号，如难通行或不能通过植被符号（图 2-4）。

（二）地貌形态对通视性的影响

地貌形态对通视性的影响主要取决站立点与观察点之间地貌的高程和距离，站立点与观察点所在斜面的形态及所在位置，如凸形斜面和波形斜面可能会影响通视性（图 2-8）。

（三）不可通过的障碍对通视性的影响

不可通过的障碍对通视性的影响取决于障碍物、站立点与观察点三者之间的位置关系。可能影响通视性的不可通过障碍主要有不可通过围墙、挡土墙、围墙、陡崖和土崖等。

四、双色组合符号

植被特征的空间分布常常呈现出一种分层现象，如开阔地与其中的稀树和灌木丛、易跑林与其中的底层植被。定向地图通过双色组合符号表示植被特征的分层现象，如底色黄色开阔地符号与绿色底层植被符号组合表示有稀灌木丛分布的开阔地，白色易跑林符号与绿色底层植被符号组合表示分布有下层植被的易跑林等。常见双色组合符号如表 2-5 所示。

表 2-5 双色组合符号

颜色组合	说明
黄+白	稀树开阔地、稀树凌乱开阔地
黄+绿	稀灌木开阔地、稀灌木凌乱开阔地、果园、葡萄园或类似植被 开阔地中的高通视慢跑植被、难跑植被 凌乱开阔地中的高通视慢跑植被、难跑植被
黄+黑	耕地
白+绿	易跑林中的底层慢跑灌木丛、难跑灌木丛
棕+白	可通行双层铺装地地面的上层、稀树铺装地面

另外，人造特征的分层分布现象和人造特征与其上植被特征间的空间分布关系在定向地图中也用双色组合符号表示，如可通行双层铺装地面中在空间上

的重叠区域用棕色的铺装地面符号加与其轴线呈45°的白色条纹表示，稀树铺装地面用浅棕色铺装地面符号加表示可跑林的白色圆点表示。

五、路线符号

路线符号为透明的紫色符号，其主要功能为：一是表示路线及其相关的要素，包括起点、取图点、检查点、检查点序号、连线、终点、标记线路、规定的通过点、规定的通过区、急救站、水站等；二是在地图无法更新的情况下对场地变化进行补充说明，包括禁止通过的边界、禁区、临时建筑和临时封闭区等。

第四节　地貌的表达方法与判读

定向地图中用棕色的等高线和等高线注记表示地貌。不适合用等高线表示的地貌，或因为太小不能用等高线表示的微地貌用棕色的地貌符号表示。

一、等高线

（一）等高线表示地貌的原理

等高线是地图上高程相同的相邻各点连接形成的光滑的闭合曲线。如图2-5所示，假设把一座山从底往顶按相等的高度，一层一层地水平切割会在山

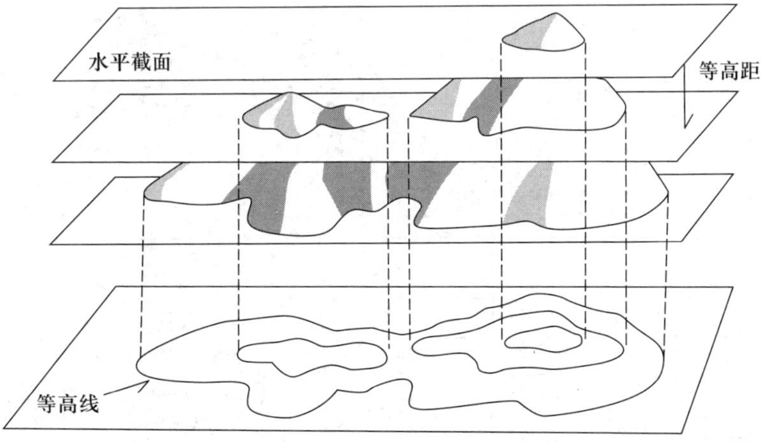

图2-5　等高线表现地貌的原理图

的表面形成若干不同形状的截口线，把这些截口线垂直投影到同一平面上，便形成了若干圈曲线，这些曲线的数目、形态与实地地貌的高度和起伏状况一致。如果按一定的比例缩绘在平面上，就形成一张用等高线表示地面起伏形态的地图。其中相邻两等高线之间的高差称为等高距，相邻等高线之间的水平距离叫等高线平距。同一张地图上，等高线平距越大，高程变化越平缓。

（二）等高线的类型及示坡线（图 2-6）

1. 等高线（基本等高线）

等高线是地图中按注明等高距所绘的细实线。等高线显示了地貌的基本形态。在定向运动地图中，绝对高程并不重要。为了更好地表示相邻地貌间的高差，等高线的位置可有上下不超过 1/4 等高线的偏移。

2. 计曲线（加粗等高线）

计曲线是为方便概略判读地貌、计算高程对等高线进行加粗以突出显示的等高线。通常每隔 4 条（每 5 条）等高线用一条加粗的计曲线代替等高线。这样，相邻两条计曲线线间的高程为 5 倍等高距。在定向地图中，在细节很多的区域计曲线可以表示为一条普通的等高线，山丘和凹地通常不使用加粗等高线来表示。

3. 细节等高线

细节等高线是定向运动地图特有的一种等高线，是一种用在相邻两条等高线之间表示等高线不能反映的重要的局部起伏状态的细长虚线。细节等高线通常为非闭合的曲线，表示的高程在 1/4~3/4 等高距之间，有时甚至可以在 1/5 等高距之间。两条等高线间之间只能有一条细节等高线。

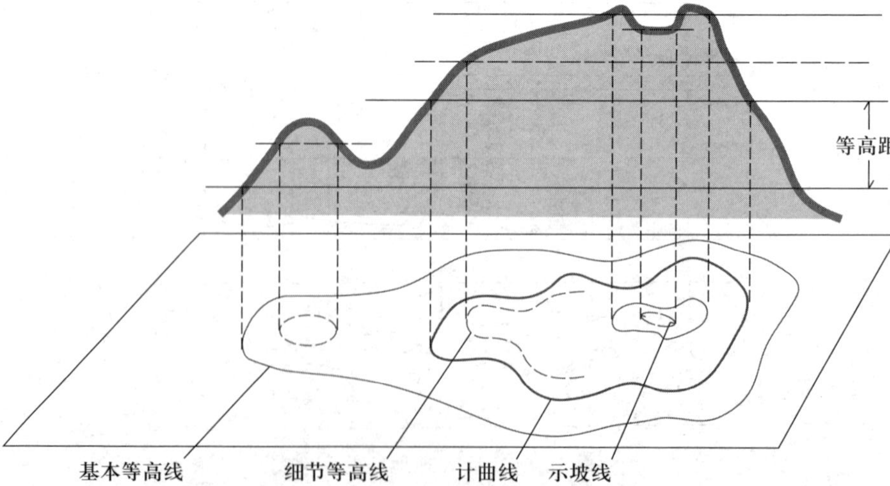

图 2-6 等高线的类型及示坡线

4. 示坡线

示坡线是一种与等高线垂直相交的用来指示斜坡方向的短线，短线与等高线相连的一端指向上坡方向，另一端指向下坡方向。在定向地图中，凹地至少要画一条示坡线，且必须画在凹角位置。

（三）等高线表示地貌的特点

1. 等高性

同一条等高线上，各点的高程相等。

2. 闭合性

等高线为连续闭合的曲线。

3. 密陡稀缓性

同一幅地图上，等高线越密（等高线平距越小），坡度越陡；等高线越稀（等高线平距越大），坡度越平缓。

4. 相似性

等高线的弯曲形状与其表示的地貌形态相似。

5. 正交性

等高线与山脊线、山背线（分水线）、山谷线（合水线）等地貌特征线正交。当等高线穿过河流时，与河流的岸线正交，并逐渐折向河流上游。

二、地貌符号

根据要表达的地貌不同，ISOM 和 ISSprOM 既有一些共同的地貌符号，又有一些不同的地貌符号，常见的地貌符号如表 2-6 所示。

表 2-6 常见地貌符号

类型	规范	地貌符号	备注
点	ISOM/ISSprOM	土坑、小凹地、小土丘、小长土丘 突出地貌特征	注意 ISOM 和 ISSprOM 对地貌最小高度和深度定义的异同
线	ISOM/ISSprOM ISOM ISSprOM	土崖、冲沟、小冲沟 土墙、破土墙 小土墙、高土崖	
面	ISOM ISSprOM	坑洼地面、非常坑洼地面 坑洼地面	

三、地貌判读

（一）基本地貌形态与地貌特征线、特征点

地表起伏的自然形态主要由山、丘陵及独立丘组成。山和丘陵由山顶、山脚、山背、山谷、鞍部、凹地等基本地貌形态构成（图 2-7）。掌握地貌的判读首先就是要掌握这些地貌基本形态的判读。

图 2-7 地貌的基本形态与特征线示意图

地表形态可以看作是由一些不同的斜面组成的形态，两相邻倾斜面相交的棱线称为地貌特征线或地性线，如山顶沿山背或山谷向四周山脚、谷底伸展形成的山脊线、山背线和山谷线等。地貌特征线上地面起伏变化比较显著的点，如山的顶点、洼地的中心点、鞍部的最低点、山谷的谷口点和谷底点，或斜坡上坡度和方向的变换点等称为地貌特征点。地貌特征线和特征点构成了地貌形态的骨架。抓住了地貌特征线和特征点就掌握了地貌分析和判读的基础。

1. 山顶

山顶指山的最高部分，表示山顶的等高线呈闭合环。

2. 山脚、山背、山脊与山背线、山脊线

山脚指山体下接平地的最下部。山背指从山顶到山脚的凸起部分。表示山背的等高线呈现为以山顶为准向外凸出。山脊是山背上的凸棱部分，山脊最高点的连线称为山背线（分水线），连续的山背线构成山脊线（图 2-7）。通常，地图中不会标示山脊线。

3. 山谷、谷底与山谷线

山谷是相邻两山背之间低凹的部分。谷底是山谷下接平地或谷地的最下部。表示山谷的等高线以山顶或鞍部为准向里凹入或向高处凸出。山谷最低点的连线构成山谷线（合水线）（图 2-7）。通常，地图中不会标示山谷线。

4. 鞍部

鞍部是两个山脊呈马鞍形的会合处，又称山垭。鞍部通常由一对表示山背和一对表示山谷的等高线表示（图 2-7）。

5. 凹地

凹地是比周围地面低，且经常无水的低地。通常大面积的低地称盆地，小面积的低地称凹（洼）地。凹地用一条或数条呈环形的等高线，并在环内加示坡线表示。

（二）斜面、斜面上的特征点及斜面的通视性

斜面是从山顶到山脚的倾斜面，也叫斜坡或山坡。斜面按其起伏和纵剖面的形态分为等齐斜面、凸形斜面、凹形斜面和波形斜面四种基本斜面（图 2-8）。斜面上反映斜面起伏、坡度交叉变化的特征点称倾斜变换点。

1. 等齐斜面

等齐斜面指坡度基本一致的斜面，表示等齐斜面的等高线间隔基本相等。等齐斜面上所有地段均可通视。

2. 凸形斜面

凸形斜面指坡度上缓下陡的斜面，表示凸形斜面的等高线上稀下密，其稀

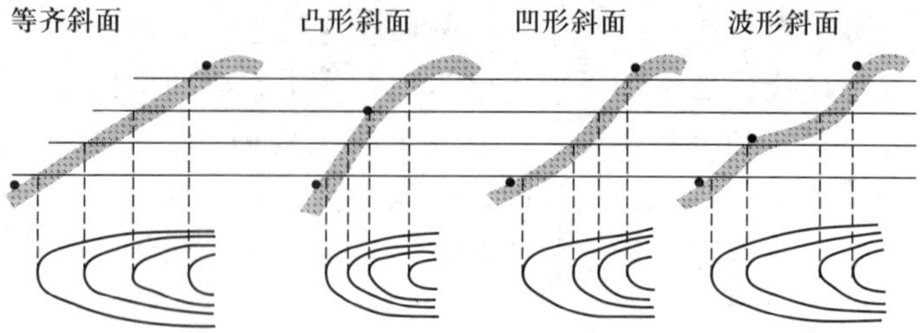

图 2-8 各种形态的斜面及其等高线

密变换处即为倾斜变换点的位置。凸形斜面上的倾斜变换点是通视状态最好的观察位置。在倾斜变化点的以上位置或以下位置，均有部分地段不能通视，形成观察的死角。

3. 凹形斜面

凹形斜面指坡度上陡下缓的斜面，表示凹形斜面的等高线上密下稀。凹形斜面的所有地段均可通视。

4. 波形斜面

波形斜面为以上三种斜面组合，指坡度交叉变换、陡缓不一的斜面，表示波形斜面的等高线疏密不一，没有规律，其稀密变换处为倾斜变换点。由于变换点的存在，波形斜面上会出现若干不能通视的地段，形成观察的死角。

（三）独立丘

独立丘是分布在山或丘陵之间，或分布在斜面上较平缓区域以及平山顶上的隆起。在地图上，独立丘通常由一或两条等高线表示（图 2-9）。

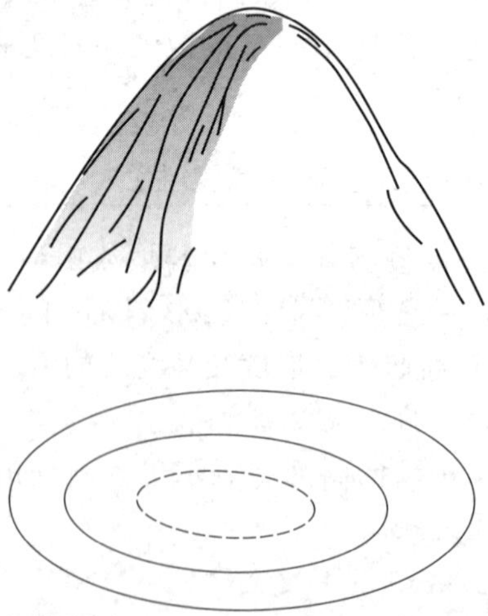

图 2-9 独立丘及其等高线

(四) 斜面上小地貌形态

斜面上的一些小地貌形态用等高线和地形线表示，它们在定向中具有重要的导航意义，而且常常被用作检查点特征。

1. 山凸、山嘴

山凸指地面上的“鼻状”突起部分，又称为小山脊（图 2-10A 和 B）。山嘴指山脚突出的尖端。

A：山凸，B：狭长山凸，C：台地，D：山凹

图 2-10　斜面上的小地貌形态及其等高线

2. 台地

台地是山坡上平的或接近于平的部位（图 2-10C）。

3. 山凹

山凹是斜面上的小山谷（图 2-10D）。

四、行进方向上地表起伏状态判读

行进方向上地表起伏状态判读是指在地图上沿行进方向预测和判定地表的起伏状态状。行进方向上地表起伏状态的判读对路线选择及路线执行技战术的选择具有重要意义。地表起伏状态的判读要结合地貌基本形态、地貌特征线和特征点的判读进行，通过识别行进路线上的地貌形态、地貌特征线和特征点及其与行进路线的关系来判定地面的起伏。例如，等高线呈闭合环状的是山顶，环内带有示坡线的是凹地。沿着山背（分水线）和山谷（合水线）为下坡，逆山背和山谷为上坡。行进路线与等高线平行为平地，与等高线相交为上坡或下坡（图 2-11）。另外，对于地貌细节多、等高线复杂的局部起伏状态的判读要善于利用示坡线、小地貌形态，如陡崖、土崖等提供的线索，以它们为参照来判读起伏状态。

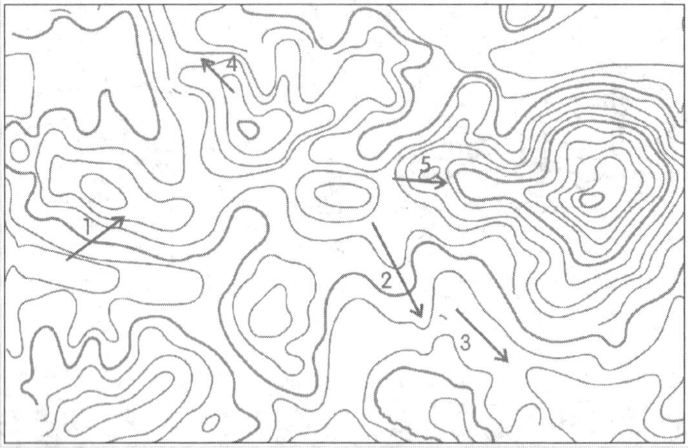

1：上坡，2：下坡，3：平地，4：下坡，5：上坡

图 2-11 地表起伏状态判读示意图

对建筑物较多、等高线较少的平缓区域要善于利用陡崖和土崖的齿线，阶梯与地物的关系，如阶梯与围墙、岩面、陡崖、土崖、建筑物间的关系来判读起伏状态。

五、行进方向上通视状态判读

行进方向上通视状态判读是指在地图上沿行进方向预测和判定两点间的通视状态。行进方向上通视状态判读对路线选择及路线执行技战术的选择具有重要意义。通视状态的判定首先是行进方向上地貌通视状态判断。通过判读站立点与观察点间的地貌特征点或不可通行障碍是否会阻断运动员的视线判定通视状态。

植被的通视性是影响通视状态的关键因素之一，在完成地貌通视状态判读后，要结合植被的通视状态对行进方向上的通视状态作出最终判定。

第五节　指　北　针

在定向运动中，指北针是辅助读的主要工具，在某些地形环境中，指北针也是主要的导航工具。几乎所有的便携式指北针都可以用于定向运动，但要获得良好的定向体验，还是要使用专门的定向运动指北针。

一、指北针的工作原理

（一）磁北线与磁针

指北针利用地球磁场来指示方向。地球是一个大磁体，其两个磁极的位置分别靠近地球的南极、北极，靠近南极的称为地磁南极，靠近北极的称为地磁北极。两个磁极间的磁感应线称为磁北线。

指北针的磁针是一根细长的条形或针形悬浮磁体，可以在水平面内自由旋转。根据磁场中同极相斥、异极性相吸的原理，指北针磁针静止时两个磁极总是分别指向北方和南方，并与磁针所在位置的磁北线保持平行。指向北的称为北极（N），通常用红色标示；指向南的称为南极（S），通常用白色标示。

（二）磁子午线和磁方位角

磁子午线是在地面某点上，指北针水平静止时所指的南北方向线。以磁子午线为准，从某点的磁子午线北端起，顺时针方向到某目标的方向线之间的夹角称磁方位角（图 2-12）。指北针以磁针所指的北为起始方向，标定为 0°和 360°，按顺时针方向在该度盘上等分方位角的度数，依方位角来指示方向。

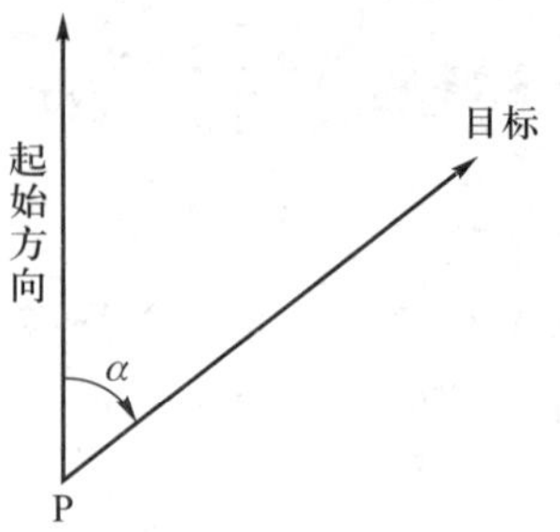

图 2-12　磁方位角

二、定向运动中常用指北针的类型和结构

（一）定向指北针的类型

定向运动中常见的指北针主要有四种类型：基板和/或刻度盘指北针（图 2-13A）、拇指指北针（图 2-13B）、制图指北针（图 2-13C）和腕式指北针（图 2-13D）。其中基板、拇指和腕式指北针又细分为专业型、适合初学者使用的简易型。拇指指北针还细分为左手型和右手型。近几年来，还出现了一类带刻度盘的拇指指北针。

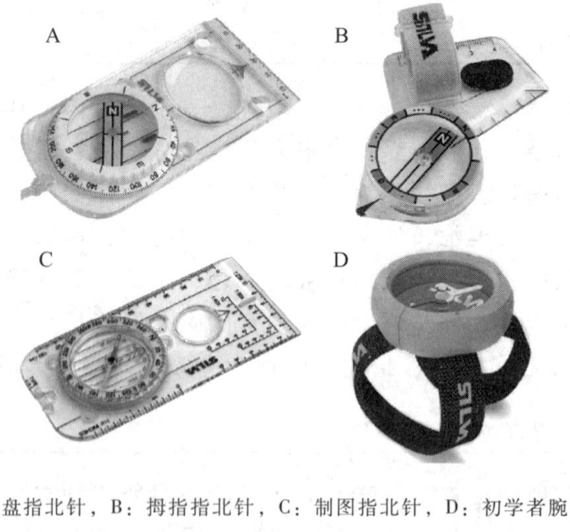

A：刻度盘指北针，B：拇指指北针，C：制图指北针，D：初学者腕式指北针

图 2-13　常见定向运动指北针

刻度盘指北针或基板指北针具有方位角测定准确性较高，透明基板不影响读图，可以放在地图上配合地图一起使用等优点，但在奔跑时只能与地图分

开，拿在不同的手中。拇指指北针很好地解决了这一问题。在奔跑中，指北针和地图放在同一只手中，戴在拇指上的指北针可以很方便地压在地图上随拇指的移动而移动，另一只手可以用来辅助身体移动。另外，拇指指北针操作更简单，更省时。拇指指北针也有缺点，一是其前端可能遮盖地图细节，在复杂环境可能影响读图；二是其精度一般低于刻度盘指北针，在需要利用精确的方位导航时偏差相对较大。

初学者腕式指北针是专为儿童初学者开发的定向运动指北针。初学者腕式指北针结构小巧，适合儿童的小手，腕带能将指北针稳定地固定在手上，让儿童可以专注于读图和前进方向。初学者腕式指北针由充液磁针盒和腕带两部分构成。充液磁针盒内有红色端指向磁北方向，白色端指向磁南方向的磁针（图 2-13D）。

（二）定向运动指北针的结构

以下用刻度盘指北针来说明定向运动指北针的结构。如图 2-14 所示，刻度盘指北针主要由透明基板、可旋转的充液磁针盒两部分组成。

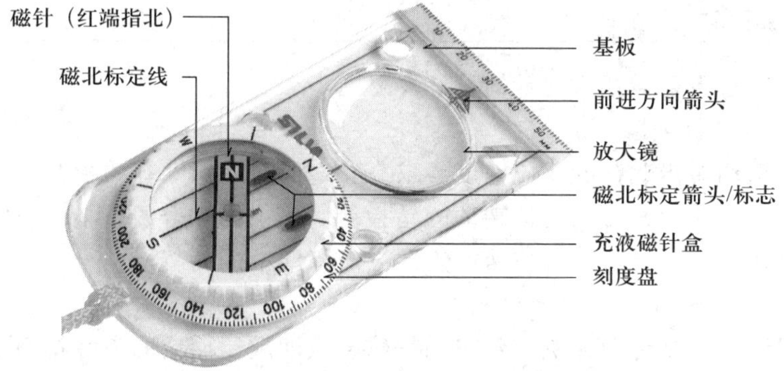

图 2-14　基板指北针主要结构示意图

透明基板便于将指北针放在地图上判读方向。基板上刻有指示方向的线，该线从磁针盒的边缘向基板前端延伸成为一个箭头，称为前进方向箭头，用来指出目标的方位。基板侧边与前进方向箭头平行。基板的侧边和/或前端还有用来测量的标尺，这些标尺为毫米尺和/或比例尺。有些指北针基板上还有放大镜。

可旋转的磁针盒固定在基板上，磁针盒内有磁针、磁针轴承和阻尼油，外围为带有刻度的圆盘。磁针的北极通常标成红色来指出磁北方向，磁针轴承和阻尼油用来保护磁针，避免磁针碰撞针盒和在判读方向时减低磁针的摆动量。

磁针盒上标有四个基本方位，即东、南、西、北，在此基础上划分出刻度线。刻度线通常以 2°为间隔，每 20°的刻度线上标有数字，从 20°标到 360°。盒底部标有指向北的红色箭头或类似标志。这个箭头或类似标志称为磁北标定箭头或标志。旋转磁针盒让磁北标定箭头指向磁北极，这时磁针红色端（北端）停在磁北标定箭头之间，指向磁针盒边缘的 N 字母。在磁针盒底刻有若干条与磁北标定箭头平行的线，称为磁北标定线。磁北标定线可作为指北针标定地图的辅助线。

三、指北针在定向运动中的作用

指北针在定向运动中的作用主要体现在标定地图、测量方位角、确定行进方向并沿该方向导航行进和确定返回到原来位置的方向四个方面。

四、影响指北针准确性、稳定性和灵敏性的因素

（一）内部因素

内部因素主要包括指北针的设计及材质。

1. 磁针磁性强度

定向运动对指北针的反应速度要求高。定向运动指北针的指针一般是非金属不带磁性的薄片，带动指针转动的是指针底下中央黏合的一小块强磁体。轻指针强磁体的设计具有反应快速，磁北方向指向准确的特点。

2. 阻尼油质量

阻尼油是由高纯度无机稠化剂和特殊合成油配制而成的一种新型阻尼、缓冲、密封用的高质量宽温润滑油。良好的阻尼油可以使磁针在奔跑的震动中保持力矩稳定，转动平稳。

3. 磁针稳定片

为了减小磁倾角对指针的影响，专业定向指北针将磁针设计成条形或者在细磁针上附加圆形薄片，加大对抗磁倾角的阻力，也有助于指针的转动平稳。

（二）外部因素

全球磁区分布图

外部因素主要包括地球磁场和工作环境。

1. 磁倾角

指北针使用时必须保持水平状态，磁针才能灵活地随磁力线变化转动。但

是，地球磁场与地表面多数情况下存在一定的夹角。这个夹角称为磁倾角。不同纬度的磁倾角不同，如地磁赤道处的磁倾角为 0°，地磁两极处的磁倾角为 90°。通常根据磁倾角将全球分为 5 个磁区。同一个指北针在不同纬度使用时不可能都保持水平状态。为保证指北针的灵敏性和准确性，在不同磁区应该使用专为该磁区设计的指北针。

2. 电和含铁金属

指北针的磁针容易受电和金属体吸引，使用时太靠近高压线、含铁的物体将会影响其灵敏性和准确性。另外，在雷雨时和磁铁矿、磁力异常地区，指北针通常不能正常工作。

第六节　检查点说明

检查点说明是国际定联为参赛者提供的一套无需语言就能够准确理解检查点有关信息的符号体系。目前使用的《国际检查点说明规范（2018）》是 2018 年发布的版本。

一、检查点说明的功能、形式与结构

（一）检查点说明的功能

检查点说明是读图的辅助工具，能够在地图的基础上为检查点特征、点标旗与检查点特征间的位置关系提供更精确的精简说明，帮助参赛者更准确、详细地预判检查点的情况，做出更合理的决策。

（二）检查点说明的形式

检查点说明主要有符号、文字两种形式，正式比赛采用符号形式（图 2-16）。为儿童提供的检查点说明还可以采用图形图像形式。

（三）检查点说明的结构

1. 符号型检查点说明的结构

检查点说明由 8 栏或 8 个方格组成，由左至右用字母表示。每三栏有一条加粗的竖线，用来分割不同属性的说明（图 2-15）。

A 栏：检查点序号，如图 2-15 中的 1。积分赛中该栏为空或用来描述检查点分值。团队赛的自由点该栏为空。

B 栏：检查点代码，如图 2-15 中的 31。

C 栏：相似特征中的哪一个。当检查点圆圈中有两个或多个与检查点相似的特征时，对检查点特征进行说明。如图 2-15 中 C 栏指出检查点特征是检查点圆圈内东南边的那个空地。

D 栏：检查点特征。检查点特征是位于检查点圆圈中心或其局部位于圆圈中心的特征。如图 2-15 中的林中空地。

E 栏：外观。在需要时，对检查点特征的属性做进一步描述，帮助参赛者更好地对检查点可视化。如图 2-15 中的外观符号——草木丛生的，说明林中空地中草木丛生。如果检查点位于两个特征的交叉、交汇或之间时，该栏用来描述第二个检查点特征。

F 栏：检查点大小、组合或转弯。当检查点特征在地图上由不依比例尺符号表示时，应该在本列给出特征的尺寸。如图 2-15 中林中空地的平面尺寸为 8 m×4 m。当检查点特征由两个检查点特征构成时，该栏用来描述两个特征间的交叉或交汇关系。当检查点特征位于线状特征拐弯处时，也用该栏进行说明。

G 栏：点标旗相对于检查点特征的位置。如图 2-15 中点标旗位于林中空地西拐角外侧。

H 栏：其他说明。对其他重要的信息进行补充说明，如图 2-15 中 H 栏指出检查点有人管理。积分赛中，常用该栏描述检查点分值。

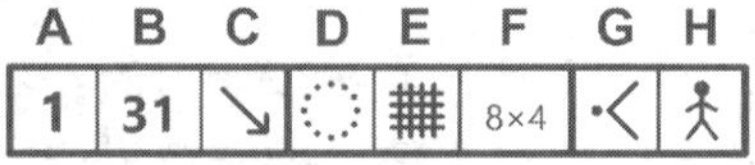

图 2-15 检查点说明的结构示例

2. 文字型检查点说明的结构

文字型检查点说明由 3 栏组成（图 2-16 右）。

第一栏：检查点序号，如图 2-16 右中第一行检查点说明中的 1。积分赛中该栏可以用来说明检查点分值或为空。

第二栏：检查点代码，如图 2-16 右中第一行检查点说明中的 37。

第三栏：检查点的其他信息，包括检查点特征及其外观、尺寸、组合等属性信息，点标旗相对于检查点特征的位置信息，以及检查点圆圈中有多个相似特征时，检查点特征是其中的哪一个等信息。如图 2-16 右中第二行检查点说明中的“西北边那个高 1 m 的石头东侧”。

二、检查点说明表及其结构

检查点说明表是检查点说明按一定的顺序排列构成的一条比赛路线的说明表。检查点说明表从上至下由表头、起点位置、表体和表尾四部分组成。如图 2-16 所示。

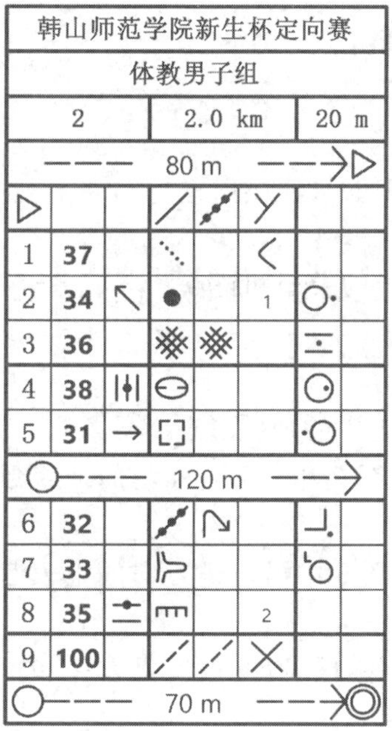

韩山师范学院新生杯定向赛		
体教男子组		
2	2.0 km	20 m
80 m		
▷		路和围墙交汇处
1	37	细沼拐弯处
2	34	西北边那个高1 m的石头东侧
3	36	两块难通行植被之间
4	38	中间那个凹地的东部
5	31	东边那个废墟的西侧
离开检查点沿引导带行进120 m		
6	32	毁坏石墙的东南拐角外侧
7	33	山凸的西北脚下
8	35	上面那个比高2 m的陡崖下面
9	100	小路交叉处
70 m		

左：符号说明表；右：文字说明表

图 2-16　检查点说明表示例

（一）表头

表头通常由三行组成，由上至下依次为赛事名称（可选），组别（可选）、路线基本信息。路线基本信息由左至右依次为路线代码、由计时开始点起计的路线长度和爬高量。路线长度精确到 0.1 km，爬高量精确到 5 m。

（二）起点位置行

起点位置行排在第一行，用描述检查点特征的方式对起点位置进行描述。如果计时开始位置与起点位置间有一定距离，可在起点位置行前加一行对该距离进行说明。

常见检查点说明符号

（三）表体

表体由各检查点说明组成，其间可插入对检查点间规定路线及其属性进行描述的特殊说明。检查点说明按到访顺序排列。如果自选访问顺序，可按检查点代码大小排列。表体中，每三行说明的下边框和特殊说明的上下边框加粗。

（四）表尾

最后一个检查点至终点的路线及其属性说明。

常见检查点说明手绘实景对照图

复习、思考与实践

1. 简述地图的构成要素及其在定向地图中的具体体现。

2. 简述定向地图的特征。

3. 简述等高线表示地貌的原理以及等高线的类型和特点。

4. 简述影响定向指北针工作的主要因素。

5. 简述检查点说明和检查点说明表的结构。

6. 地图判读，将二维码“练习用图”图 1 中的地貌形态对号入座。

7. 地图判读，指出二维码“练习用图”图 2 中“×”标示的地貌形态的名称。

8. 地图判读，指出二维码“练习用图”图 3 中沿行进方向的地表起伏状态变化。

9. 将二维码“练习用表”中检查点说明表 1、检查点说明表 2 和检查点说明表 3 的检查点说明改为文字检查点说明。

练习用图

练习用表

本章小结（思维导图）

本章动态更新

第三章　定向运动技术与战术

本章导读

本章首先对定向运动技术、战术、技能和定向运动思维的概念进行界定，然后按实用的原则将定向运动技战术体系分为基础技战术、读图技战术、指北针导航技战术、路线选择技战术、路线执行技战术和赛后分析以及定向思维等内容，并从操作步骤、应用情境、应用策略和常见问题等方面对各项技战术进行讨论，以期让学习者获得对定向运动技战术全面而深刻的理解。

学习目标

1. 了解定向运动技术、战术、技能和定向运动思维的概念及主要定向运动技战术类型。
2. 理解定向运动主要技战术的定义、操作步骤、应用情境。
3. 了解定向运动常见技战术问题的原因及其预防措施。
4. 理解主要的定向运动思维策略。
5. 理解定向运动金规。

第一节　定向运动技术、战术与定向运动思维概述

定向技术是解决定向问题的操作程序，定向战术是运用定向技术解决定向问题的规则，而定向思维则是高效解决定向问题的思维方式。只有通过反复练习和实践，将三者融合为一体，才能获得能够在定向比赛中高效解决定向问题的定向技能。

一、定向运动技术和战术的概念

（一）定向运动技术

定向运动技术（以下简称定向技术）是指合理、有效地解决某种具体定向运动问题的身体运动模式和/或认知方法或程序，如标定地图、拇指辅行技术。

（二）定向运动战术

定向运动战术（以下简称定向战术）是指合理、有效地运用定向技术，以及协调、统一定向技术中认知与动作技术成分的方法，或者说是何时、何地以及如何应用定向技术的方法，是运用定向技术的规则，如从上方接近检查点、从下方接近检查点。

定向战术可以分为四个层次：一是路段层次，是完成某一技术、某个路段或路段的某个段落的战术；二是路线层次，指完成一条路线的战术；三是临场层次，指围绕一项赛事或一场比赛就交通、食宿、赛前准备、赛后分析和恢复等进行的整体战术安排；四是发展层次，指运动员或爱好者参加定向运动的中长期目标及其实现目标的战术安排（图 3-1）。

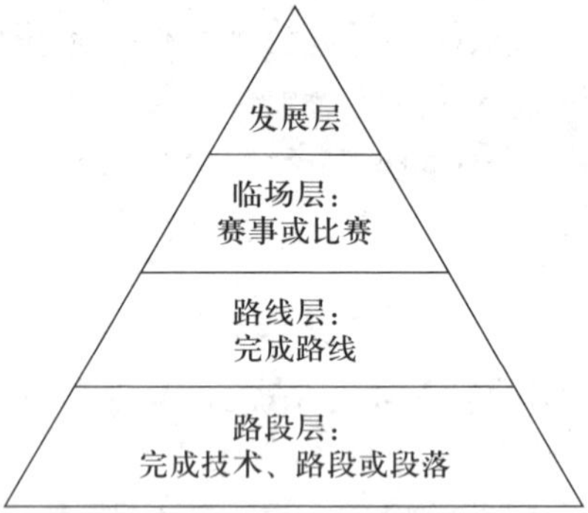

图 3-1　定向战术的层次结构

（三）定向运动战略

定向运动战略（以下简称定向战略）是指为获得期望的比赛结果，参赛者根据定向运动竞赛规则、定向运动竞赛规律而预设的目标、策略、计划和行动。具体地说就是根据对项目特点、比赛地形和路线难度的预设，使参赛者的体能、技能、心理和智力合理地组合起来，在比赛时达到最佳状态，充分发挥出自己的竞技水平，取得优异的比赛成绩，以及使自己竞技水平不断提高的战略。定向战略涉及不同时空，可分为中长期战略、短期或阶段战略。

二、定向运动思维的概念

定向运动思维（以下简称“定向思维”）是指高水平定向运动员解决定向问题时常用的思维策略，属于认知策略的范畴。定向思维的一个基本概念是，“将自己感知为一个运动着的点”。这个概念可形象地描述为：“人在地上走，心（点）在图中移”。其他主要的定向思维还有提前思维、系统化、逆向-正向推理、简化（检查点放大、路段分割）等。

三、定向运动技能的概念

定向运动技能（以下简称“定向技能”）是指个体在其遗传或成熟的基础上，经由环境中的训练习得的按定向技术和战术要求，利用认知过程和身体动作顺利解决定向问题的能力。本质上，定向技能是在环境中训练而获得的一套程序性知识并按这套程序去办事的能力。

定向技能的结构包括两个层次，第一个层次是执行层次，即定向技战术的执行能力。该层次包括两个成分，一是知道何时、何地以及如何应用定向技术的能力，或者说根据比赛情境正确应用定向技术的能力；二是按技战术要求顺利完成技术操作的能力。第二个层次是调控层次，即对定向技战术执行过程进行调控的能力。该层次是定向技能的认知策略部分，是按照某种概念和规则对内调控自己认知加工活动，使定向技能中的动作技能与认知技能协调、统一的能力，如专注、提前读图等（图 3-2）。

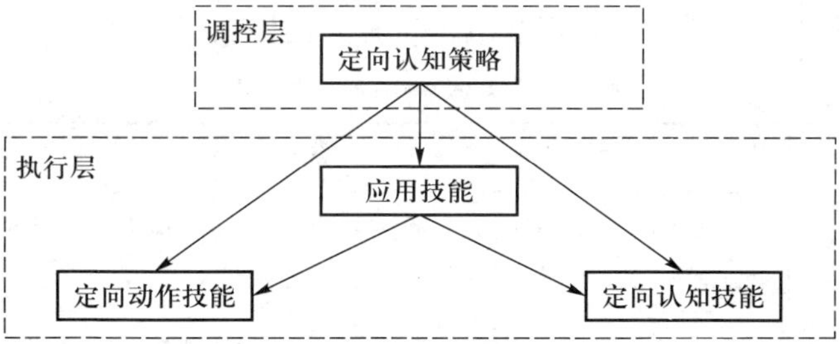

图 3-2　定向技能的层次结构

四、定向运动技术与战术分类

（一）定向运动技术分类

定向技术可以根据不同的标准、原则或视角进行分类。按实用原则，即便于在教学、训练和竞赛中应用的原则可以作如表 3-1 所示的分类。

表 3-1 定向运动技术分类表

类别	技术
基础技术	理解基本的地图语言和地形、确定站立点、标定地图、确定目标方位、拇指辅行、折叠地图、对照读图
跑的技术	各种地表上跑、各种地形中跑、变速变向跑
读图技术	理解地图语言和制图综合原则、精确读图、概略读图、地貌判读
指北针导航技术	指北针概略导航、指北针精确导航
路线选择技术	理解检查点说明、图上距离判断、扶手、攻击点、走捷径、偏向瞄准、核对沿途特征（收集特征）、拦截（捕捉）、归一化
路线执行技术	步测（实地距离判断）、相对距离估计、打卡、重新定位
赛后分析技术	复图、竞赛笔记、自评量表、技术分析、分享与反思

（二）定向运动战术的分类

定向运动战术的分类与定向运动技术的分类相对应。根据表 3-1 的分类框架，定向运动战术可作如表 3-2 所示的分类。表中专门化是指针对特定项目、特定路段的战术，如短距离赛战术、开始路段战术等。

表 3-2 定向运动战术分类表

对象	战术
基础战术	理解简单地图和地形、确定站立点、标定地图、确定目标方位、拇指辅行、折叠地图、对照读图、图地关联
读图战术	提前读图、精确读图、概略读图、地貌判读
指北针导航战术	指北针概略导航、指北针精确导航

续表

对象	战术
路线选择战术	提前计划、检查点判读、走捷径（走直线）、利用小路、翻越与绕行、穿越与绕行、沿等高线行进、从上方接近检查点、从下方接近检查点 路线选择原则、路线选择系统化、路段专门化、项目专门化
路线执行战术	距离判断、打卡、重新定位系统化、概略定向、精确定向、速度控制与调整（红绿灯）、专注与放松、体能分配、认知分配、体能-认知协调、项目专门化、路段专门化、错误预防
赛后分析战术	复图、竞赛笔记、自评量表、技术分析、分享与反思
定向运动思维	将自己感知为一个运动着的点、提前思维、系统化、逆向-正向推理、简化（检查点放大、路段分割）
定向运动金规	只能在能够保持清晰思维的速度下奔跑、只能以能够清晰读图并随时精确把握站立点的速度行进、只能以随时都可以准确确定站立点的速度跑、永远不要跑得比读图的速度快；只有在能读懂地图的情境下，才能越跑越快

第二节　定向运动基础技术与战术

定向运动基础技术是指在不同的定向情境中都必须不断应用的技术，包括理解基本的地图语言和地形、标定地图、确定目标方位、确定站立点、拇指辅行、折叠地图、对照读图等。

一、理解基本的地图语言与地形

定向技能的核心是读图，所有的定向技能都必须建立在读图的基础上，即建立在正确理解定向地图符号及其表达基本地形的原理和方法的基础上。因此，学习和掌握定向技能的前提是对定向地图语言和地形的理解与掌握。

二、标定地图和确定目标方位

标定地图，又称给地图定向，是指使地图与实地的空间关系保持一致的技术，即使地图上的图示特征与相应实地中的地形特征方位一致的技术。标定地图是正确使用地图的前提，在定向运动中必须随时保持地图处于标定状态。标定地图技术包括利用地形标定地图和利用指北针标定地图。

（一）利用地形标定地图和确定目标方位

利用地形标定地图主要有三种方法，它们分别对应于三种应用情境：

1. 原地转动地图标定地图

当身体朝向或行进方向已经确定时，站在已知点，在实地两个不同方向上分别找出一个与地图上图示符号相对应的明显地形特征，如山顶、建筑物，然后在站立点上水平转动地图，使视线通过图上符号瞄准实地相应地形特征，当两个方向上都瞄准好时，地图就与实地空间位置关系取得了一致（图 3-3）。

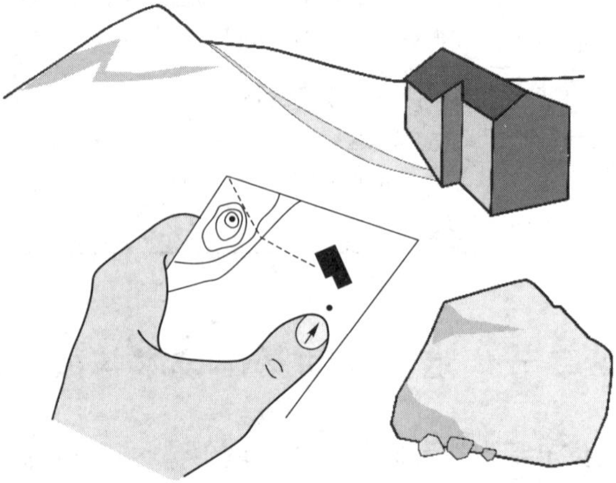

图 3-3 用地形标定地图示意图

（改编自：Lowry R，Sidney K. Orienteering-Skills and Strateies. Orienteering Ontario，1985.）

2. 原地转动身体标定地图和确定目标方位

当身体或行进方向还没有确定，需要确定目标方位时，站在已知点，在地图上目标方向两侧分别找到一个明显的地形符号，然后水平持握地图，将站立点、目标与目标间的连线置于身体正前方，且目标位于身体远端，转动身体在实地中找到两个与地图上图示符号相对应的地形特征，并使视线通过图上符号瞄准它们。当两个方向上都瞄准好时，地图就与实地空间位置关系取得一致了。这时，身体正前方就是目标所在的方位。

3. 在行进中标定地图

在行进中标定地图是指在改变行进方向时保持地图的标定状态，有以下两种操作技术：

（1）转动身体改变前进方向时，保持地图方位不变。

（2）转动身体改变前进方向时地图先随身体转动，然后再向相反方向旋转并保证两者的转动角度一致。

4. 利用地形标定地图常见错误与预防

标定地图错误是许多定向错误的主要根源，如 180°错误、90°错误、平行错误等。其主要原因是标定地图时参照特征选择不当。选择参照特征时应注意以下细节：

（1）两个参照特征与站立点间的夹角最好控制在 60°～120°之间。

（2）在相似特征较多的区域，要用第三个特征来核对、校准地图标定的状态。

（3）用直长地物作为主要参照特征标定地图时要注意两个问题：一是必须找到一个能为直长地物提供方位信息的参照特征；二是在直长地物丰富的区域要注意区别相似且平行或呈 90°交叉分布的直长地物，否则标定地图时容易犯 180°错误或 90°错误。

（二）利用指北针标定地图和确定目标方位

1. 用刻度盘指北针标定地图

用刻度盘指北针标定地图主要有两种方法，对应于两种应用场景：

（1）原地转动地图标定地图。

① 当身体朝向或前进方向已经确定时，将指北针放在地图上，前进方向箭头指向前方。

② 水平旋转地图，使地图磁北线与磁针平行且方向一致，地图即被标定。

（2）转动身体标定地图和确定目标方位。

① 身体朝向或前进方向还没有确定时，将指北针长边沿站立点和目标间的连线固定，前进方向箭头指向目标。

② 转动刻度盘使其磁北标定线与地图的磁北线平行且方向一致。

③ 水平持握指北针与地图，将连线置于身体正前方且目标位于身体远端，然后旋转身体（此过程可以拿开地图）直到磁针与磁北标定线平行且方向一致，地图即被标定。这时，身体正前方就是目标所在的方位。

2. 用拇指指北针标定地图和确定目标方位

将指北针长边沿站立点和目标间的连线固定，前端指向目标；水平持握指北针与地图，将连线置于身体正前方且目标位于身体远端（图 3-4 上），然后旋转身体直到磁针与磁北线平行且方向一致，地图即被标定。这时，身体正前方就是目标所在的方位（图 3-4 下）。

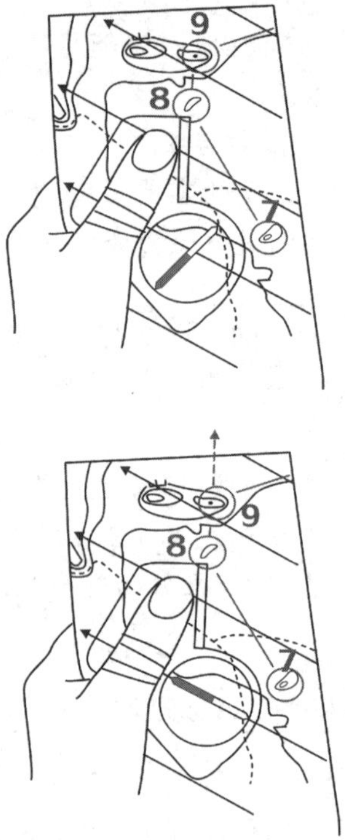

图 3-4 用拇指指北针确定从路的交汇到第 8 号检查点的方位示意图

（改编自：Lowry R，Sidney K. Orienteering-Skills and Strateies. Orienteering Ontario，1985.）

3. 用指北针确定目标方位时的常见问题和错误

（1）指北针的边缘或前进方向箭头的延长线与站立点到目标点的连线不平行，结果得到一个错误的目标方位。

（2）站立点不正确，结果得到一个错误的前进方位。

（3）在有干扰的环境，如高压电缆下或靠近金属物使用指北针，导致方位偏差。

三、确定站立点

确定站立点是指在地图上确定自己当前位置的技术，在日常生活和工作中，实地使用地图必须首先确定站立点，并在用图过程中保持站立点，即必须能随时确定站立点。确定站立点的技术包括根据地形和利用后方交会法确站立点两种技术。

（一）根据地形确定站立点

根据地形确定站立点是指根据自己当前地点附近明显的地貌特征点和/或明显地物，对照地图上的等高线和/或与相应地物间的空间关系，确定站立点。

（二）利用后方交会法确定站立点

当自己当前位置附近没有明显地貌或地物时，可以利用后方交会法根据远处的明显地貌和/或地物确定站立点。首先用指北针标定地图，然后用指北针长边或直尺分别靠在地图上的两三个已知点，向远方相应地貌或地物瞄准，并画出方向线，方向线的交点即自己当前的站立点。

（三）确定站立点与图地关联、重新定位

在定向运动中，参赛者出发时的站立点是已知的，出发后只需要通过对照读图保持地图与实地间的联系，即保持图地关联，不需要一开始就应用确定站立点的技术。只有当其因技战术失误而失去了图地关联或丢失了站立点，即“迷路”了才需要重新确定站立点。因此，在定向运动中，并没有确定站立点这一术语，与确定站立点相关的定向运动术语是图地关联和重新定位。本质上，重新定位技术是确定站立点技术在定向运动中的表现形式，而图地关联是一种在动态中随时保持站立点状态的能力。图地关联是“将自己感知为一个运动着的点”的概念的技能基础。“将自己感知为一个运动着的点”的概念是定向运动的基本思维策略。“运动着的点”本质上就是运动着的站立点。

确定站立点的技能是日常生活和工作中与寻路和导航密切相关的基本生存生活技能，目前已经成为中国定向界惯用的一个术语。考虑到这一习惯，为了帮助理解，我们在描述地图关联、重新定位等相关操作时交替或混合使用确定站立点这一国内惯用语。

四、拇指辅行与折叠地图

（一）拇指辅行

1. 拇指辅行技术

拇指辅行技术是指将拇指指尖或拇指型指北针前端内侧顶角定位在当前站立点的后面，并随着身体在实地的连续移动，使拇指或拇指型指北针在地图上进行相应的跳跃式移动，从一个导航特征移动到另一个导航特征的技术

（图 3-5）。拇指辅行技术能帮助参赛者保持实地与地图的联系，即随时确定自己的站立点，让参赛者在地图上和实地中齐步并进。拇指辅行是定向思维“将自己感知为一个运动着的点”的具体体现。

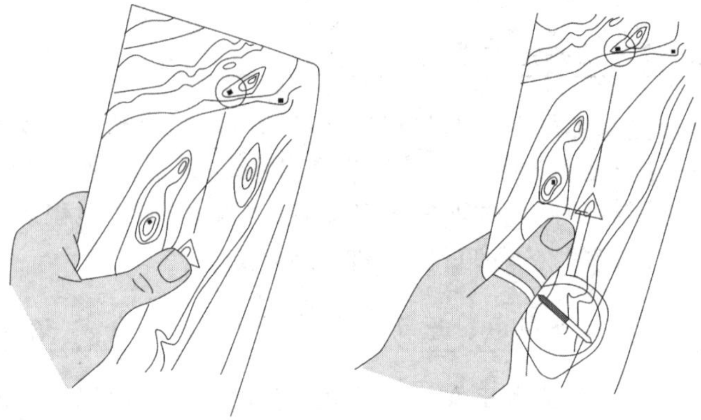

图 3-5 拇指辅行示意图

2. 拇指辅行战术

拇指辅行战术关注的是“何时移动拇指”。一般认为，离开当前特征到达下一个特征后才能将拇指从当前位置移动到新的特征处。也就是说，拇指必须放在参赛者能准确确认其位置的最后一个点上。这样做能为重新定位奠定良好的基础。高水平运动员通常在看到目标特征时就将拇指移动到该特征，以保持良好的定向节奏和流畅感。

（二）折叠地图

折叠地图是指以当前路段为中心，将地图折叠成只需用一只手就可以方便地应用拇指辅行技术和专注于读图的技术。折叠地图时应注意以下三点：

1. 折叠后的地图大小要适宜

折叠后的地图既要有足够的可视区域，又要便于拇指辅行，还要考虑项目特征和路段特征。例如，长距离赛的长路段，折叠后的可视区至少应包含当前路段的检查点及其连线两侧宽度相当于二分之一连线长度的区域；积分定向地图折叠后的可视区应包括更多的检查点，以便整体规划访问检查点的顺序。

2. 地图折叠方向

初学者应沿平行或垂直于磁北线的方向折叠地图，且以一折为宜。高水平运动员通常沿当前路段的连线平行折叠地图，折叠方式可以是一折，也可以是两折，取决于路段长度和个人习惯。

3. 折叠地图对读图的干扰

折叠地图可能会干扰检查点说明的读取，在没有单独的检查点说明时会导致一定的时间浪费，且可能导致检查点信息的误读。折叠地图还可能影响磁北方向的获取，这时可利用地图上的检查点序号、代码或文字朝北定向的特点辅助标定地图。

五、对照读图

对照读图包括图-地对照和地-图对照读图技术。

（一）图-地对照读图技术

图-地对照是指根据站立点周围的地貌和地物符号与实地对照，找出实地中相应的地貌和地物特征，建立地图与实地关联的技术。

（二）地-图对照读图技术

地-图对照是指根据实地看到的已知站立点附近的地貌和地物特征，在地图上找出它们的符号和位置，建立地图与实地关联的技术。

（三）对照读图战术与图地关联技能

图-地对照和地-图对照是建立地图与实地关联，即图地关联基础。图地关联是指在定向中或者在行进中知道自己当前在（地图上）哪里，将（在实地）看到的特征与地图关联起来的技能。图地关联是定向思维“将自己感知为一个运动着的点”的概念的具体体现。在实践中，这两种技术通常联合运用。完成一个路段时，通常先用图-地对照技术找出实地中相应的地形特征，然后观测这些特征附近，特别是沿行进方向附近的特征，再用地-图对照技术在地图上找出它们的符号和位置。如此反复对照读图直到到达检查点。但在读图技能发展的不同阶段，图-地对照和地-图对照技能的功能和地位有所不同。在技能发展的初期两种技能处于平等的地位，然后会逐步转向以图-地对照为主，地-图对照为辅，提前读图技能得到发展后更是如此。对照读图时要注意以下几点：

1. 以醒目特征为核心和主线进行系统化观察

（1）观察实地环境时，应选择醒目的地形特征，最好是以独特的醒目特征为核心和主线，同时用目测法观测特征的方位、距离以及特征之间的位置关系，要遵循从左到右、由近及远、先主后次的观察原则。

（2）应注意地貌和地物间的相互关系，将地物放在地貌背景中或放在更大的地物背景中去对照读图。

（3）应注意观察实地与地图不一致的地方。

2. 关注相似特征间的空间关系

要重点注意相似特征间的空间关系，特别是呈平行分布的相似特征间的空间关系。平行特征是指行进方向上导航特征附近与导航特征相似且呈平行分布的特征。在地图标定不准确的情况下，在现地它们可能被误认为是与地图上导航特征对应的特征。如图 3-6 中，低通视慢跑植被 A1 和 A2，小路交汇 B1 和 B2 是两对平行特征。执行路线选择，途经 A1 左侧到达小路，沿小路向前到达 B1，再沿左侧小路到达路弯处即可找到检查点。当地图标定不准确时，可能将现地的 A2 看成图上的 A1，途径 A2 左侧到达小路，沿小路向前到达 B2，再沿左侧小路行进就会找不到路弯和检查点。

查看本图彩图

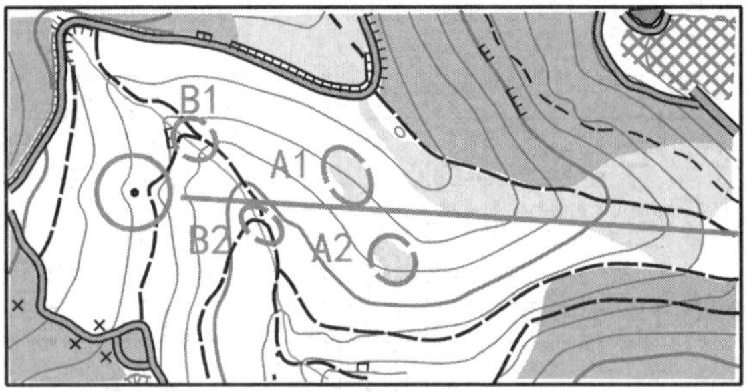

图 3-6　平行特征示意图

第三节　读图技术与战术

读图技术是指在地图与实地地形之间建立关联的技术，包括理解地图语言和地形、理解制图综合的原则、用地形标定地图、对照读图、精确读图、概略读图、等高线判读等技术以及一些精英运动员的个性化技术，如可视区技术。其中，理解基本的地图语言和地形，标定地图，对照读图，属于基础技术。

从认知过程来看，读图是一个将地图的二维信息与实地的三维信息间相互对照的过程，即将地图上的二维平面信息转换成为大脑中有关实地地形的言语信息、二维或三维图像并与实地地形对照的过程；或者反过来，将实地三维形态转换为三维图像、二维图像或言语信息与地图对照的过程。也就是说读图有三种认知方式，具体采用哪种或联合采用哪些认知方式，主要取决于个体的认知风格。

一、精确读图与概略读图

（一）精确读图

精确读图是“先尽可能多”地记住沿行进方向及其两侧附近的地形符号或地物和地貌，并在实地中或地图上准确地找出它们的对照读图技术（图 3-7 中）。

（二）概略读图

概略读图是“尽可能少”地记住沿前进方向及其两侧附近独特醒目或大而醒目的地形符号或地物和地貌，并在实地中或地图中准确地找出他们的对照读图技术（图 3-7 右）。

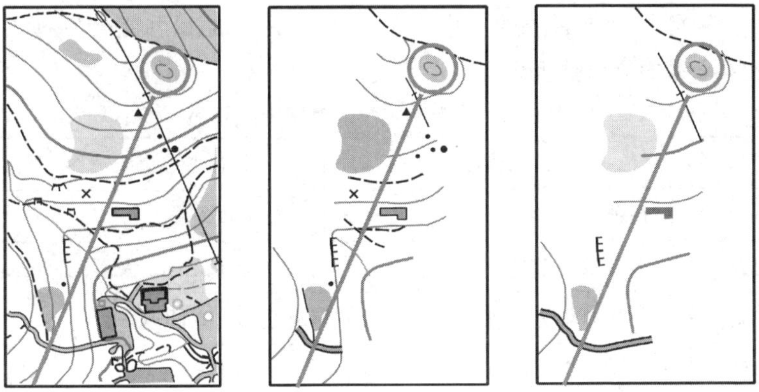

左：原图；中：精确读图；右：概略读图

图 3-7　精确读图和概略读图示意图

查看本图彩图

（三）精确读图和概略读图的关键环节

精确读图与概略读图的关键环节是对“尽可能多”和“尽可能少”的把握。基本原则是充分有效，即读取的地形符号或地形特征要能满足安全和快速导航的需要，且每个符号或特征在导航中都是有用的。“尽可能多”和“尽可能少”是相对的，随读图环境和读图者的技能水平的变化而变化。

随着环境复杂性的增加，概略读图时读取的符号和地形特征会由“少”变“多”，而随着复杂性的降低，精确读图时读取的符号和地形特征会由“多”变“少”。在同样的环境复杂水平，随着读图技能的提高，概略读图和精确读图时读取的符号和地形特征都会由“多”变“少”。

精确读图和概略读图还决定着参赛者读图时的移动速度。一般情况下，读图越精确，速度越慢，读图越概略，速度越快。

（四）精确读图和概略读图的特点

精确读图和概略读图的主要特点如表3-3所示。精确读图和概略读图以提前读图为基础。读图时必须遵循的基本原则是：移动速度必须服从读图难度和读图技能水平，即只能以能够清晰读图并随时精准确定站立点的速度奔跑。该原则是定向金规的一种表述形式。如果违背该原则，图地失联就可能发生。一些高水平运动员认为概略读图只需要“能够随时确定自己大概的站立点”。这是一种存在安全隐患的战术，除非对自己的技能具有充分信心，概略读图时最好同精确读图一样，严格遵循定向金规的要求。

多余的核查是指概略读图时要通过提高读图频率加强对照读图。这样的核查从技术上看可能是不必要的、多余的，但在关键时刻可能会发挥重要作用。因此，从战术上看是必要的。

表3-3 精确读图和概略读图的特点

特点	精确读图	概略读图
战术基础	提前读图	提前读图
读图内容	大多数细节	独特而醒目、大而醒目的地形特征
基本原则	只能以能够清晰读图并随时准确确定站立点的速度行进	
行进速度	慢跑或走，必要时要停下来	常规跑速
其他	寻找易见特征和平行特征	寻找拦截特征和平行特征
	看四周、向远处、向高处看 在开阔环境收缩视野	开阔视野，向远处、向高处看
	跑在高处	跑在高处
		多余的核查

二、读图战术

（一）定向运动金规

定向运动金规是指定向运动中必须遵循的原则或战术，简称定向金规。定向金规可以从不同的角度来表述，从读图的角度可以表述为“只能以能够清晰读图并随时精确把握站立点的速度行进”。

（二）建立地图都是有缺陷的概念

在现实中几乎不存在理想的定向地图。首先，定向地图是时效性很强的工具，但许多地图在制图和用图时间上存在一定的时间差，这通常会导致地图存在一些现势性缺陷，如经济建设导致的场地变化、季节变化导致的场地变化。例如，冬季测制的地图上的植被、水体与夏季现地的植被、水体通常会有较大差异。其次，定向地图是经过制图综合的产品，而制图综合具有较强的个性化色彩，从而导致制图者和参赛者对地图的理解存在差异。再次，制图员和参赛者对定向地图语言和表达方法的理解水平存在差异。最后，地图本身也可能存在错误和缺陷。因此，参赛者读图时必须建立地图都是有缺陷的概念。只有这样，才能以适宜的情绪和方法应对定向中出现的地图问题。

（三）提前读图

提前读图是指先在地图上沿选定的线路记住前方将出现的若干特征及其属性，具体数量取决于读图能力和环境复杂性，提前明了什么特征将在什么距离、什么特征前或后出现在眼前的读图战术。如图 3-8 中，参赛者经过池塘时已经记住了前面的石头和石头后面的建筑物，知道自己前行约 100 m 会经过石头，继续行进将会看到一座房子等。掌握提前读图技能是实施其他读图战术的基础。

图 3-8 提前读图示意图

提前读图和提前计划是第二种定向思维策略“提前思维”的具体体现。提前读图的关键是提前想象自己将看到什么，在什么前后或四周将看到什么，而不是想自己在哪里。定向运动中，如果参赛者偶然发现一个没有建立图地关联的重要特征，将不得不放慢行进速度或停下建立关联。通过提前读图为即将出现的特征做好准备，避免“偶然发现”，参赛者就能随着地形的变化而“流动”，跑得更快、更顺畅。

(四) 地图和实地信息提取

读图实际上是通过有规律地反复扫视，从地图和实地中提取有效信息的过程。在这个过程中，同时完成了地图和地形匹配、简化和记忆。也就是说地图、地形简化和记忆是读图的副产品，而不是一种专门的战术。提取地图和地形有效信息时应遵循以下原则：

1. 从大到小，把握全局

从目标检查点开始向当前站立点逆向扫视整个路段，形成对路段的整体认识。然后再从当前站立点向检查点方向逐步读图。

2. 由面到点、由高到低、由地貌到地物

提取导航特征应遵循由面状、线状，再到点状特征，由高的地形到低的地形特征，由地貌到地物特征的顺序。

3. 把握地物与地貌间关系

地貌信息是地图中最稳定、可靠的基础信息。读图时要养成将地物放在地貌上读、把握地物与地貌间关系的习惯。读图时，要在脑中形成地貌形态后，再将地物信息附加在其上，也就是通常所说的先把等高线“立体化”，再选择其他导航特征。这样地物就会在脑中鲜活起来。如图 3-9 所示，到达建筑物后，如果仅记住检查点特征 A（井）在右前方，实际行进时就可能由于标定地图的偏差而到达检查点左前方的特征 B（水坑），即 90°错误。如果该水坑正好是另一条路线的检查点，而参赛者又没看读检查点说明，打卡错误就自然发生了。如果同时注意到建筑物与井在同一个斜坡的同一高度上，就可以轻易地避免以上错误。

查看本图彩图

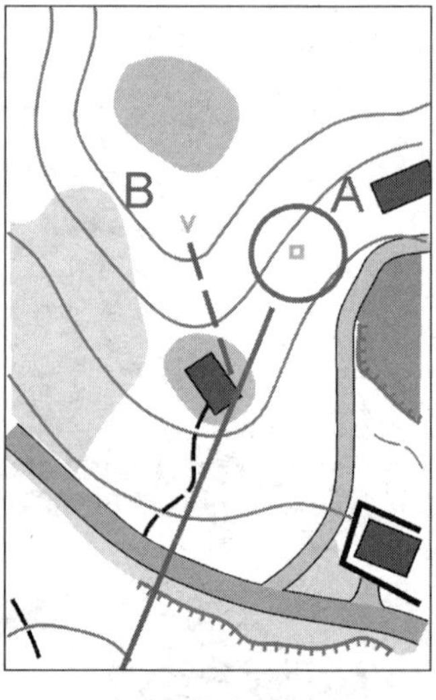

图 3-9　把握地物与地貌关系示意图

4. 忽略重复的特征，抓住独特特征

一个地形特征的重要性关键在于其独特性。

一般情况下，路是一个良好的导航特征。但在图 3-10 中，如果按中图提取信息，结果是小路纵横交错，很难区分；如果按右图提取信息，则一目了然，"检查点就在山背东南侧一个浅山凹中的水池旁"。图 3-10 也同时显示了把握地物与地貌间关系的价值。

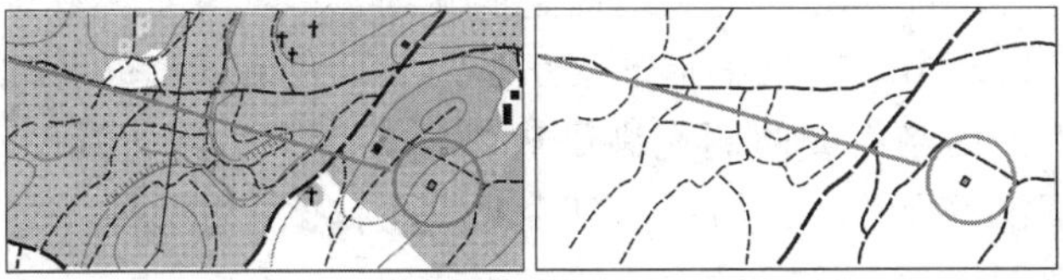

查看本图彩图

左：原图；中：精确读图提取重复特征——路；右：概略读图提取独特特征

图 3-10　忽略重复信息，抓住独特特征示意图

5. 开阔视野

读图时观察四周环境的能力受制于视野。定向时常常容易出现"视野狭窄"和"注意狭窄"的情况，而且有"跑速越高，视野越窄；定向越专注，注意越狭窄"的特点。因此，对照读图时不要将读图限制在一个狭窄的范围内，在实地应尽量开阔视野，观察周围，向前看，向两侧看，向上看，向下看，有时甚至是看后面，并尽量看得远一些。看得越远，就会得到越多的可用于连续标定自己位置的信息。

（五）读图频率、读图时间与地图和地形记忆

高水平运动员的读图有频率高、单次时间短、跑速高、停下来读图的情况少，以及总读图时间少等特点。高水平运动员读图是系统化连续地快速扫视地图并与现地对照的过程，而不是不停地盯着地图的过程，扫视地图的频率为 10~15 次/min，每次仅持续 1~2 s。由于频率足够高，每次的读图区都会有一部分与上一个读图区重叠，从而形成一个不断向前延伸的带有深刻的地图和地形记忆的读图带。

地图记忆能力是指看一眼地图后能从地图上获得的信息量。地形记忆指行进中在现地辨识地图上看到的特征，修改、完善基于读图形成的地形记忆；或在行进中遇到地图上没有的明显特征，修改、完善基于读图形成的地形记忆。地形记忆能为重新定位提供辅助。

提前读图并记住即将来临的特征，将不必慢下来或停下来确定站立点，从而能跑得更快。但是，记忆过多的地图和地形信息会明显增加定向中的认知负荷，因此，记住的信息量必须和顺利导航所需要的信息量相匹配。没有把握时，就要马上读图。如果读图频率和时机适当，不断地读图定向会比记忆地图

定向更加安全有效。

（六）运动中读图的时机

定向行进过程是一个不断从地图、周边和地面提取信息并进行对照的过程，参赛者的注意不断在地图、前进方向上和地面之间转换。因此，把握好读图的时机是跑动中读图的关键环节。高水平运动员虽然注意广度和注意转移能力较强，但也很难在凹凸不平的路面或两侧充满妨碍物的环境下边跑边读图。在环境不好的情况下读图不仅不会节省时间，而且容易发生摔倒、扭伤、刮伤和刺伤等情况。在读图环境不佳时应该尽量少读图或不读图。

在路况良好的上坡中易出现跑得太快，导致过早疲劳而影响后续比赛的情况。这时，可通过提前读图来减缓速度、减少能耗，也同时减少了下坡时的读图需求，进而避免下坡路段出错。越接近坡顶就越要控制速度。

三、读图常见问题

（一）未标定好地图或地图标定错误

（1）主要原因。参照特征辨识错误或参照特征选取不合理。

（2）预防措施。按标定地图的技战术要求选择适宜的参照特征；养成在读图时核查地图标定状态的习惯；养成有规律地用指北针辅助核查、校准地图标定状态的习惯。

（二）平行错误

（1）主要原因。没有标定好地图、没有折叠好地图、没有执行多余的核查、地图错误、注意力分散。

（2）预防措施。确保读图时地图处于标定状态；提前读图并有意识地寻找平行特征；在读图过程中加入一些多余的快速核查；如果觉得没有把握，要停下来寻找更多的特征帮助核查。

（三）图地失联

（1）主要原因。违背读图金规，跑得过快、读图太少，注意力分散，地图错误，没有把握好平行特征。

（2）预防措施。确保读图时地图处于标定状态，严格遵循读图金规的要求、提前读图并寻找平行特征，提高读图频率，增加一些多余的快速核查。一旦发现失联或感觉可能失联，马上停下来重新定位等。

（四）过早停下来和跑过头

（1）主要原因。不了解地图比例尺、没有提前读图、图地失联。另外，跑过头的原因还有读图不够、精确读图时在开阔区域中看得太远。

（2）预防措施。读图前明确地图比例尺，严格遵循读图的金规要求，提前读图并积极寻找大而明显的特征，读图时多自问“沿着这条路应该看到什么”等。

（五）概略定向中跑得太慢

（1）主要原因。读图时提取细节太多、看得太近。

（2）预防措施。提前读图，读大而明显的特征，开阔视野向远处看等。

（六）因地图错误而丢失站立点，失去自信

（1）主要原因。没有建立地图都是有缺陷的概念，不了解地图的现势性信息，地图本身有质量问题。

（2）预防措施。

① 建立地图都是有缺陷的概念，明确地图的现势性信息（制图时间、场地变化等），了解地图制图员的基本信息（经验、风格和水平等）。

② 在开始路段读所有的细节信息，了解制图员的风格和制图质量。

③ 对于现势性差或制图质量不高的地图，读图时应以稳定性较高的大地貌、道路、水体（注意季节性差异）作为框架或背景，减少甚至消除地图错误对读图的影响。

第四节　指北针导航技术与战术

指北针导航技术是指借助指北针向目标方位行进的技术，包括指北针精确导航和概略导航。

一、指北针导航技术

（一）指北针精确导航

指北针精确导航是指用指北针确定目标方位，并借助指北针准确地沿着

目标方位行进的技术。在实际应用中，为了保证导航的精确性，通常沿行进方向寻找若干明显的地形特征，分段导航朝着目标行进（图 3-11）。精确导航时要注意以下几点：

（1）尽量选择远处的目标，以减少行进中的偏差。

（2）在没有其他特征可供参照和校准的情境下，每次沿指北针方位行进的距离不要超过 450 m。

（3）如果使用基板式指北针，要以一定的频率核查指北针是否与地图上的磁北线平行。该频率取决于参赛者的技能水平和经验，一般至少每 100 m 一次。

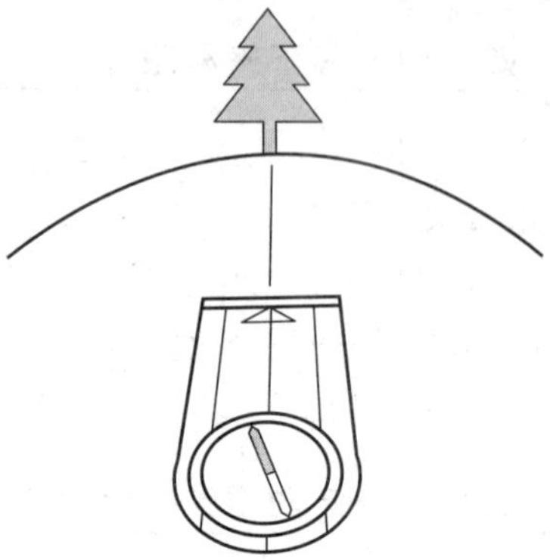

图 3-11　对准前进方向上的地物特征行进示意图

（二）指北针概略导航

指北针概略导航是指用指北针确定目标方位，并以该方位为基准将行进方向控制在向左或向右偏差一定幅度内快速行进的导航技术。如图 3-12 中，检查点特征为位于小山顶上的石块，山体都在前进方向箭头延长线的左侧。为了避免出现行进时右偏而跑过检查点，以站立点至山体左侧的连线为左边界与前进方向箭头延长线构成一个夹角或扇形区域。如果行进时将磁针的摆动控制在该夹角内，就能保持在扇形区内向检查点行进。

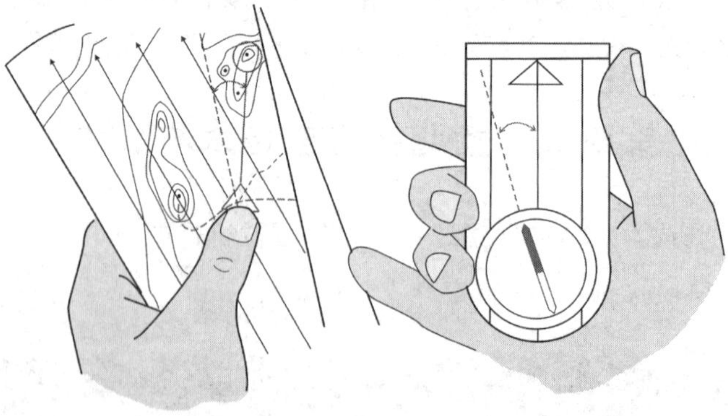

图 3-12　指北针概略导航示意图

（改编自：Lowry R，Sidney K. Orienteering-Skills and Strateies. Orienteering Ontario，1985.）

二、指北针导航战术

（一）指北针导航的准确性

1. 随着距离增加，准确性降低

定向指北针是一种偏差约为 3°的工具，也就是说，根据地图用指北针测得的任何方位都可能有 3°左右的偏差。参赛者沿着该方位前进时，可能不知不觉地再偏离若干度。这些偏差可能相互抵消，但也可能相互累加，使偏差进一步扩大。

2. 横向偏差

按经验法则，在一般森林情境中，横向偏差是行进距离的 5%～10%。如果按 10%计算，沿行进方向行进 200 m，可能偏离行进方向 20 m 左右。除非是穿越开阔的田野并且能够看到远处的一个可见的目标，否则指北针导航的距离一般不应超过 450 m。

（二）用指北针“之”字形线路行进

在前进方向上无其他特征，只能沿指北针方位行进一长段距离的情境中，如果条件允许，可沿行进方向两侧选择若干醒目的特征，将该段距离分成若干具有不同行进方向的“片段”，分段走“之”字形线路行进。走“之”字形线路，总距离会增加，但实际上常会因更安全稳妥而变得更快。

（三）使用指北针导航的主要情境

（1）地形特征很少的环境，如旷野、平坦的地形，平缓的坡地。

（2）通视度不良的情境，如浓密的植被中、较暗的可跑林中、不良的气候（雾和雨）等。

（3）相似地形特征较多或细节特别丰富的区域。

（4）在较复杂的情境中较长时间用地形标定地图时，要用指北针进行校准。通常每 1～2 min 校准一次。

另外，在离开攻击点前往检查点的最后一段线路和对读图技能没有把握的情境中也应该运用指北针来辅助读图。

三、指北针导航的常见问题和错误

（一）指北针方位偏差

（1）主要原因。在指北针没有呈水平位的情况下读取指北针方位。

（2）预防措施。读取指北针时注意指北针是否呈水平状态。

（二）指北针卡死

（1）主要原因。在坡地上使用指北针容易出现磁针“朝下”或“朝上”沿着下坡或上坡方向保持不变的情况，即指北针卡死的情况。

（2）预防措施。在坡地上使用指北针时注意保持指北针处于水平状态。

（三）穿越地形特征稀少的开阔地时偏离航向

（1）主要原因。视野不够开阔，过度依赖指北针。

（2）预防措施。在用指北针确定前进方位后，开阔视野沿着前进方位向前看、向远处看，尽量利用前进方向上可视的目标来导航，减少对指北针的依赖。另外，还要开阔视野往两侧看、往四周看，避免错过目标。

（四）180°错误

（1）主要原因。折叠地图时隐藏了地图的大部分磁北方向标识，导致磁针北端指向地图的南方时被忽略。

（2）预防措施。定向中注意检查磁针是否指向地图的北。利用定向地图中辅助要素朝北定向的特点检查磁针是否指向地图的北。

四、指北针在导航中的作用与地位

对于指北针在定向运动中的作用与地位大致有两类观点：一是认为指北针与地图同等重要；二是认为指北针是辅助读图和导航的工具，在某些情境下指北针也是主要的导航工具。这种观点的形成与参赛者的教师和/或教练员的观念和教育目标、参赛者自身的经验和技能发展水平密切相关。

就标定地图而言，在掌握对照读图、保持图地关联技能的基础上，在行进中通过读图标定和保持地图标定比指北针更有效。这时，指北针的主要作用是核查地图标定的状态。

就导航而言，概略导航可以做到与指北针概略导航同样快，但指北针概略导航必须建立在概略读图的基础上；而精准导航比指北针精确导航更快也更准确。因此，在使用地图能够很好地进行导航时，要减少使用指北针。当然，在重新定位和导航特征稀少、相似特征众多或通视不良等情境中，指北针具有特别重要的作用。

指北针是辅助读图和导航的有效工具，定向时既要养成使用指北针来辅助读图和导航的习惯，又不能过于依赖指北针。

第五节　路线选择技术与战术

路线选择技术是指在两个检查点间规划一至多条合理路线并从中确定一条适宜路线作为行进线路的技术。这个过程包括路线规划、路线比较和评估、路线决策三个环节。

一、路线规划技术与战术

路线规划是指在地图上规划一至多条合理路线的技术或过程，主要有扶手、核对沿途特征或收集特征、拦截或捕捉、攻击点、偏向瞄准技术。

（一）扶手

1. 扶手技术

扶手是指寻找可以轻松、快速地沿着其行进的线状或类似线状特征，如道路、围墙、栅栏、溪流、冲沟、陡崖、植被边界线、电力线等作为路线的路线规划技术。从导航的角度来看，这些可以轻松、快速地沿着其导航行进的特征被形象地称为扶手。图 3-13 中，由 4 号检查点到 5 号检查点用到的扶手包括可通过水道、沼泽、不可通过的水体、斜坡和长山谷的边缘、陡崖等。

2. 扶手战术

扶手技术的本质是概略读图，它将能够沿着其轻松行进的线状特征作为主要读图内容，是一种简单、快速、安全的概略读图技术。沿扶手行进时不需要持续地专注于导航，可以同时执行一些其他定向任务，如提前计划、放松等。

除了线状特征，高水平运动员还常用等高线特征，如山脊、山谷、地貌特征线和特征点、斜面和斜面坡度变化线作为扶手。线状地貌往往是良好的扶手，在相似地物较多或细碎地形区域中“等高线常常是一条高速公路”。将等高线作为扶手保持在同一高度上行进，也是一种有效节约体能的战术。另外，还可以用一些大的点状特征构成虚拟连线等作为扶手。

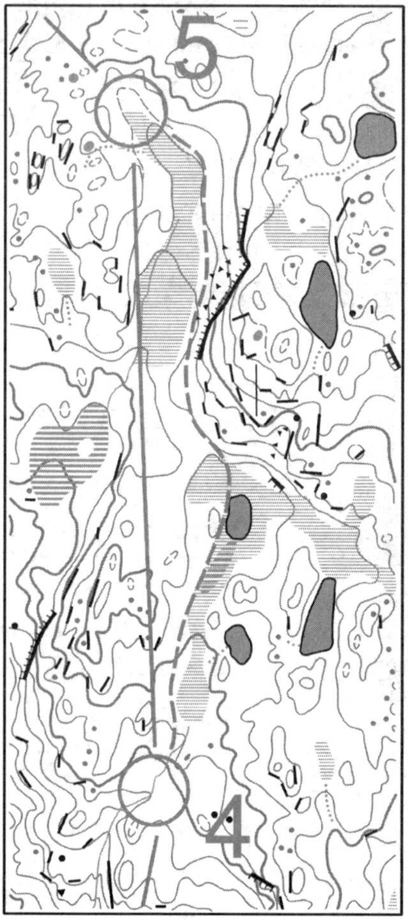

查看本图彩图

图 3-13　扶手示意图

（引自：McNeill C. Orienteering：Skills · Techniques · Training. Wiltshire：The Crowood Press Ltd，2010.）

（二）核对沿途特征或收集特征

1. 核对沿途特征或收集特征技术

核对沿途特征或收集特征是指寻找若干向目标方向延伸分布的地形特征作为路标的路线规划技术。从导航的角度来看，这些分布在路线上或其两侧可以用来导航的行进特征称为沿途特征，核对沿途特征或收集特征就是提前记住沿选定线路或其两侧的一些沿途特征，包括有助于确定站立点、判断距离、重新定位的特征以及变换扶手、变换读图和导航技术的特征，经过沿途特征时，利用拇指辅行核对或“收集”该特征，确认当前站立点。图 3-14 中，核对的沿途特征由 1 至 8 依次为底层植被中的小径、大石、左边下坡侧分布有石块地的山嘴和右边上坡侧分布有下层植被的开阔地、两个小土丘、沼泽环绕的池塘、左边下坡方向的石块地和碎石地、右边的石块、右边的小路等。

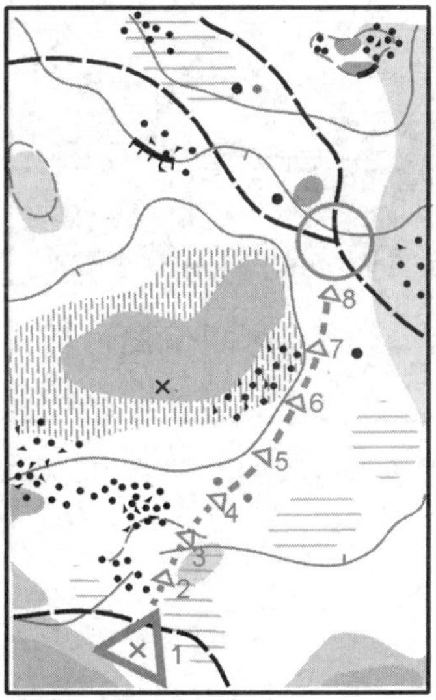

图 3-14　核对沿途特征示意图

（引自：Ferguson C. Discovering Orienteering：Skills，Techniques and Activities. United States：Human Kinetics，2013.）

查看本图彩图

2. 核对沿途特征战术

核对沿途特征技术的本质是精确读图，因此，可以将精确读图的战术作为核对沿途特征的战术来运用。

（三）拦截或捕捉

1. 拦截或捕捉技术

拦截是指在检查点或目标以远寻找一个醒目的线状特征或有较大横向跨度的地貌特征，用来预防利用概略读图或指北针概略导航访问检查点或目标时跑过或偏离检查点或目标太远的路线规划技术。从导航的角度来看，定向中如果偏离了航向，错过了检查点或目标后一定会被该类特征拦截或“捕捉”以避免进一步偏离航向，拦截或捕捉技术因此而得名（图 3-15）。拦截或捕捉所用的特征称为拦截特征或捕捉性特征。拦截或捕捉技术是一种预防性的路线规划和导航技术。

查看本图彩图

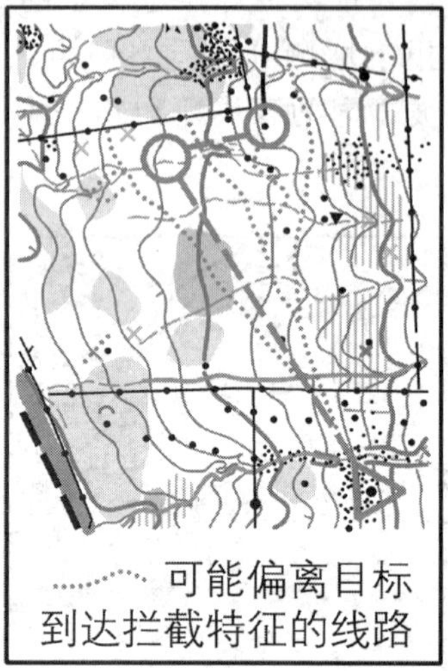

图 3-15　拦截或捕捉技术示意图

（引自：Ferguson C. Discovering Orienteering：Skills，Techniques and Activities. United States：Human Kinetics，2013.）

2. 拦截战术

除线状特征外，检查点以远一些横向跨度较大或较高大的地貌特征，如小山、斜坡也是良好的拦截特征。一些靠近检查点的拦截特征往往也是良好的攻击点。例如，利用概略读图或指北针概略导航快速到达该拦截特征，然后从后面向检查点发起攻击（图 3-16）。

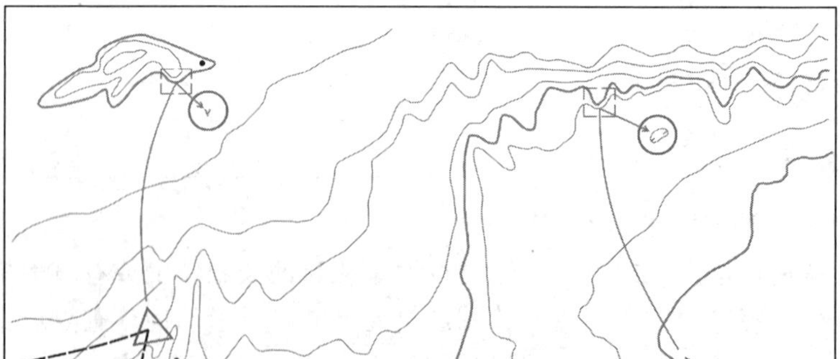

图 3-16　用拦截特征作为攻击点示意图

另外，拦截也可以用在行进线路两侧和路段中，引导参赛者在一个个拦截特征之间快速行进（图 3-17）。

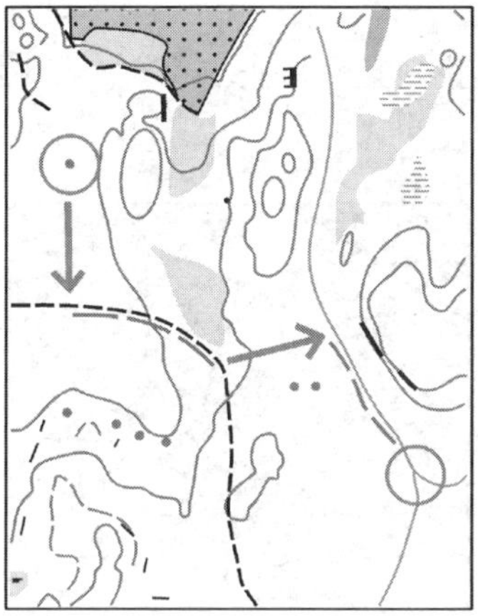

图 3-17 在路段中应用拦截示意图

查看本图彩图

（四）攻击点

1. 攻击点技术

攻击点技术是指当检查点的难度较大时，先在检查点附近找到一个能够快速且顺利到达的中间点，然后从该点出发寻找检查点的路线规划技术。攻击点是一种简化检查点的路线规划技术。从导航的角度来看，中间点是离检查点最近的能够快速而顺利到达检查点的地形特征，也是出发去寻找检查点的最佳方位，因而被称为攻击点。如图 3-18 中 1 号检查点附近的山凸；2 号检查点附近的小路交汇点。检查点后方的明显特征同样可以作为攻击点，如 3 号检查点

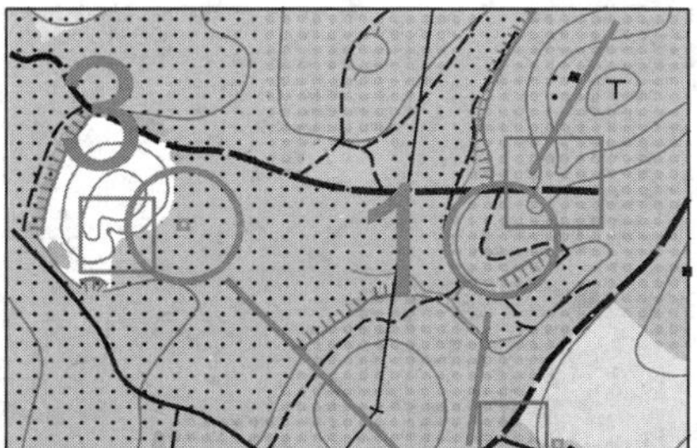

图 3-18 攻击点选择示意图

查看本图彩图

西方的山谷。用检查点后方的特征作为攻击点会增加距离，但可以明显降低出错的概率。

一个好的攻击点具有以下特征：

（1）比检查点更容易找到且离检查点最近，如图 3-19 中的围墙近旁的带有岩面的小山丘。

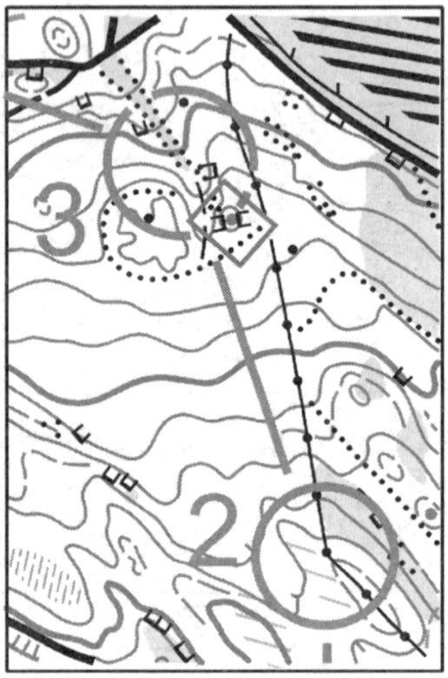

查看本图彩图

图 3-19　检查点圆圈中的攻击点

（改编自：Ferguson C. Discovering Orienteering：Skills，Techniques and Activities. United States：Human Kinetics，2013.）

（2）易于识别。攻击应该是容易清晰识别的特征，如溪流、路的交叉、山凸或山顶都是较好的攻击点类型。最好的攻击点应该是独特而易见的特征。

（3）提供接近检查点的最佳方向。对于斜坡上、凌乱地表、大石和石块分布区中的检查点，攻击点应该是寻找检查点并顺利打卡的最佳位置。

2. 攻击点战术

（1）路段长度与攻击点个数。第一个路段至少要选择一个攻击点。对于简单的短路段，可以把将要离开的检查点作为攻击点。而对于一个长路段，特别是复杂的长路段可以设计多个攻击点。例如，根据难度将路段划分为若干片段，将每个片段的终点作为下一个片段的攻击点。

（2）用高处的特征作为攻击点。当检查点位于起伏的地形，特别是较陡峭的斜坡上时，应考虑选择高处的特征作为攻击点，从高处向下接近检查点（图 3-20）。从高处接近检查点视野开阔，有利于观察地形，找出到达检查点的线路。以高处的特征作为攻击点意味着先爬高，它有助于在寻找检查点时保持清晰思维。

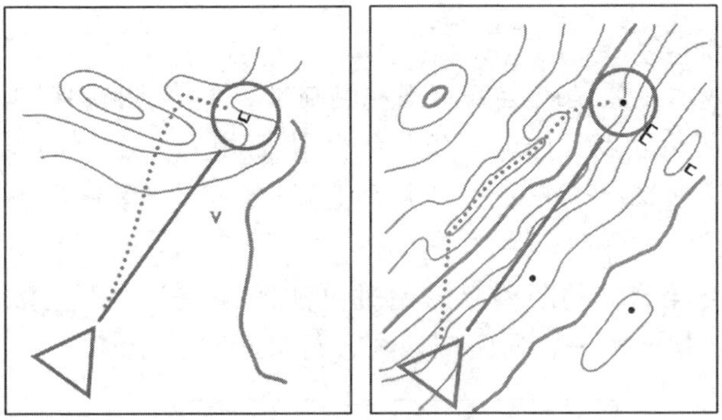

图 3-20　以高处的特征作为攻击点
（改编自：瑞典国家队教练 Goran Andersson 来华讲学讲稿，2005.）

（3）用下方的特征作为攻击点。当检查点特征在陡崖下或者在无法从上往下清晰观察的斜坡上时，应该选择其下面的特征作为攻击点，即后爬高。

先爬高或后爬高主要取决于技能、体能以及路段的位置或比赛的进程。对于一般人，先爬高通常是一种较好的选择，而对于高水平的运动员后爬高可能是一种更好的选择。在比赛的早期，在体力充沛的情况下可以选择后爬高；但在比赛的后期，在疲劳的情况下先爬高可能是更安全的选择。选择爬高时还要考虑能量消耗问题，坡度越大，能量消耗越大；上下坡的频率越高，能量消耗越大。

（五）偏向瞄准

1. 偏向瞄准技术

偏向瞄准是指运用指北针概略导航向位于与前进方向相交的线状特征上或其附近的目标行进时，有意瞄准目标一侧行进的路线规划技术。

由于指北针导航存在偏差，在以上情境中直接瞄准目标行进时会有很大的可能性到达目标的某一侧，而不是目标上。而且，具体在哪一侧往往不易确定。偏向瞄准能有效地解决这个问题。

图 3-21 中，小径的交汇点是一个途中攻击点（C）。为了安全、快速地到达攻击点，用指北针偏向瞄准攻击点右侧（A）或左侧（B）行进到小径，然后以小径为扶手向左或向右到达途中攻击点（C）。偏向瞄准作为路线规划的优势主要体现在以下两个方面：

（1）快速行进。偏向瞄准的目标是一个较长的线状特征，可以用指北针概略导航快速行进。

(2) 安全与自信。到达线状特征后，可以非常自信地以其为扶手快速到达目标特征。

2. 偏向瞄准战术

偏向瞄准战术主要是决定偏向哪一侧瞄准，偏多少瞄准。其经验法则是：

(1) 从当前站立点延伸出一条与线状特征相交并垂直的线，然后瞄准交点所在的一侧。如图 3-21 中相交并垂直的线（D）落在右侧，应该偏向右瞄准。

(2) 瞄准点至目标的距离应该超过可能的偏差，该距离取决于参赛者的指北针概略导航技能水平，通常应该大于行进距离的 10%。

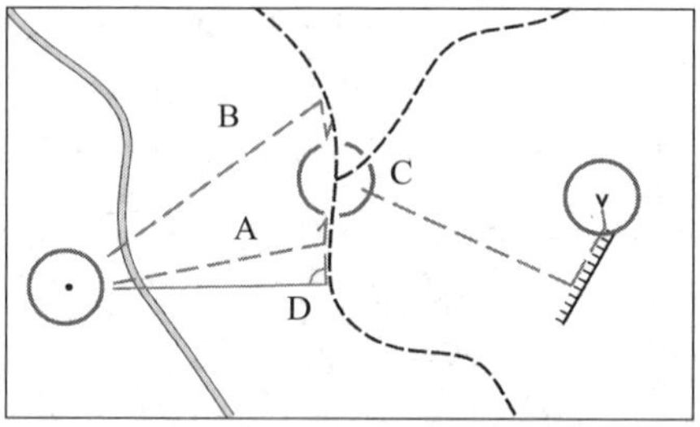

图 3-21 偏向瞄准示意图

二、路线比较与评估

（一）图上距离判断

图上距离判断是路线比较与评估的基础。

1. 图上距离测量技术

图上距离测量是距离判断的第一步，也是培养距离感的基础。图上距离测量包括目测和量尺测量。

(1) 目测。用目测在图上估计距离。

(2) 量尺测量。用指北针的量尺在图上测量距离。指北针的量尺按工作原理可分为距离尺和长度尺。距离尺的单位长度是依比例尺转换得到的距离，如 100 m。因此，距离尺测量可以直接得到图上两点间的现地水平距离。专业基板指北针通常有 1 : 15 000 和 1 : 10 000 的距离尺，有的还带有 1 : 5 000 的距离尺。长度尺有以毫米为单位和厘米为单位两种刻度。基板指北针通常以毫米为单位，拇指指北针通常以 0.5 cm 为单位。长度尺测量得到的是图上两点间的长度，须按比例尺换算才能得到其现地水平距离。

2. 图上距离测量战术

（1）用磁北线间距作为校标，提高目测的准确性。地图上的磁北线间距都有规定的标准，图上距离测量首先要明确地图的比例尺和磁北线间距。例如，在按 ISOM 2017-2 测制的 1∶15 000 和 1∶10 000 的地图上该间离分别为 2 cm 和 3 cm，均表示实地 300 m；在按 ISSprOM 2019 测制的 1∶4 000 和 1∶3 000 地图上该距离分别为 3 cm 和 4 cm，均表示实地 120 m。

（2）利用直线比例尺作为校标，提高目测的准确性。

（二）归一化

归一化是指将影响路线选择的参数，包括距离、速度、爬高转化为一个统一的度量单位进行路线比较与评估技术。

1. 距离归一化

距离归一化通常以检查点间的直线距离作为长度单位，运用目测和经验法则进行。线路的长度主要取决于路线偏离连线的最远点至连线的垂直距离和路线的形状。图 3-22 中，L 相当于二分之一直线距离时，则 L1 是直线线路的 1.4 倍，L2 是 1.6 倍，而 L3 则是 2 倍。比较两条形态相近的路线的长度差异只需要比较它们与连线偏离的垂直距离即可。如果路线多次穿过连线，则比较它们每次穿过连线后偏离距离的累计值。其他相关的经验法则主要有：

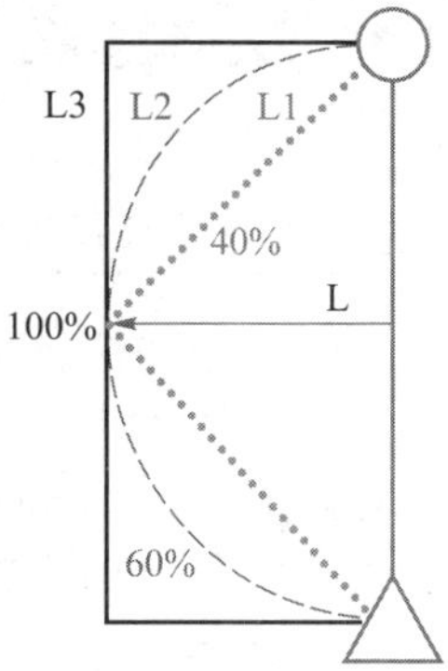

图 3-22　距离比较示意图

（1）越过连线两次意味着长路线。

（2）如果路线偏离连线的距离超过 1/2 路段长度，则该线路只会比翻越大山或穿越难通行区域的路线更快。

2. 速度归一化

速度归一化是以在开阔地、铺筑区或道路上跑相当于路段长度的用时为一个单位时间，则穿越妨碍通行的区域的用时，其经验法则如表 3-4 所示。

表 3-4　穿越不同地表区域的归一化用时比较

地形	可跑性	每千米用时/min	单位用时
开阔地、铺筑区、道路	好跑	<4	1
可跑树林、凌乱开阔地	常规跑速	<5	1～1.25
慢跑碎石地、较浓密植被	慢跑	5～6∶40	1.25～1.7

续表

地形	可跑性	每千米用时/min	单位用时
可行走碎石地、浓密植被	慢行或难跑	6∶40~20	1.7~5
难行走碎石地、非常浓密植被	难行	>20	5 以上

3. 爬高归一化

爬高的归一化是以爬高的用时和能耗为基本单位，每单位爬高相当于在同类地表水平行进的用时和能量消耗。其经验法则如下：

（1）男运动员。1∶8 规则，即 1 m 的爬升相当于 8 m 的水平行程，或 125 m 的爬升相当于水平行进 1 km 的用时和能量消耗。

（2）女运动员。1∶10 规则，即 1 m 的爬升相当于 10 m 的水平行程，或 100 m 的爬升相当于水平行进 1 km 的用时和能量消耗。

三、路线选择的基本原则和策略

（一）路线选择的基本原则

1. 安全和快速

安全和快速主要是指选择的线路在正常情况下能够顺利而快速到达，既不容易失误，又省时间。安全意味着选择一条容易保持图地关联的路线；快速意味着选择一条省时间的路线。

2. 选择适合自己的好路线

选择最适合自己的路线——身体状态对路线选择的影响案例

适合自己的好路线有以下两个方面的要求：

（1）选择能发挥自身优势，避开自身劣势的线路。对自身竞技能力的判断与评估是路线选择的关键环节。其中最重要的一点是对自身竞技能力适应性的理解，不同的气候和天气、项目、时间，不同的比赛阶段，竞技能力都可能不同。

（2）迅速选择一条好的路线。从地图上找到最好的路线很困难，与其不断重复地浪费几秒钟甚至几分钟为每个路段寻找最好的路线，不如迅速地选择一条好路线更合理有效。

（二）路线选择策略——系统化

系统化是指将若干前后连贯的认知过程组合起来反复练习和应用，最终融合为一个自动化的认知过程和认知习惯，从而减少认知负荷，提高决策的合理性和有效性。系统化是定向思维的第三种表现形式，其原理和目标是：简化、合理、高效和自动化。

路线选择系统化策略主要包括两个层次：一是指按照系统化的程序进行路线选择；二是指在定向学习、练习和实践中，在每个路段都执行系统化的路线选择程序，使之成为一种自动化的习惯。系统化路线选择策略由纵向和横向系统化两个维度组成。

1. 纵向系统化

纵向系统化策略由两个思维方向正好相反的阶段组成。第一个阶段为逆向思维，第二阶段为顺向思维。高水平运动员的路线选择以逆向思维为主，正向思维为辅。以逆向思维为主，逆向与顺向思维相结合的方式进行路线选择的策略是定向思维的第四种表现形式。

（1）逆向思维。即检查点（Control)—攻击点（Attack)—路线（Route)—离开（Exit)（缩写为“CAR”或“CARE”）。路线选择的第一步是确定检查点，包括两个步骤，首先是读懂检查点说明，其次是理解检查点特征及其环境，如检查点位于一个地貌特征上或一个更大的其他特征上。接着选择攻击点，最后选择前往攻击点的路线以及离开检查点前往下一个检查点的方向。

（2）顺向思维。即离开（Exit)—路线（Route)—攻击点（Attack)—检查点（Control)（缩写为“RAC”或“ERAC”）。顺向思维主要是对逆向思维的成果进行优化，特别是寻找逆向思维可能忽略的拦截特征。

2. 横向系统化

横向系统化是指在应用纵向系统化进行路线规划的同时，以连线为轴，沿连线左、中、右三个方位规划攻击点、路线、离开方向并进行比较与评估。横向系统关注的主要因素是从哪个攻击点更容易到达检查点。

四、路线选择的一般战术

路线选择的战术主要有提前计划、检查点说明判读、简化与放大检查点、走直线与利用小径、越过与绕过障碍等。

（一）提前计划

如前所述，提前计划是定向思维——提前思维的表现形式之一，指在当前路段的执行过程中规划下一个路段的路线选择或路线选择框架。对于复杂的长路段，一般采用简化战术，按难度将路段划分为几个不同难度的段落分别进行提前计划。高水平运动员通常在看到检查点时已经提前计划好了前往下一个检查点的路线，或者至少计划好了离开检查点前往下一个检查点的方向。

在实践中必须牢记"慢即是快"，即为了更快，需要适当地慢下来做好路线计划。没有清晰计划的盲目前行只会浪费时间。获得一定经验后，路线选择的进程就会变得更快更好。

（二）检查点说明判读

检查点说明在路线选择中具有重要作用。路线选择的第一步就是读懂检查点说明，根据检查点说明有目的地读地图上的检查点，简化或放大检查点。检查点说明判读也有精读和概读之分，如果检查点特征是障碍物，就应该精读。另外，可以先读检查点，再读检查点说明。不论采取哪种顺序，都要进行系统化。

（三）简化

路线选择和执行的关键是简化定向问题。定向的金规，"只有在能读懂地图的情境中，才会越跑越快""只能在能保持清晰思维的速度下奔跑"都说明了定向问题的难度与定向速度的关系。为了提高速度，路线选择过程同时也应该是一个简化定向问题的过程，包括路段简化（路段分割）和检查点放大（检查点简化）。

1. 路段简化（路段分割）

路段简化的基本方法是路段分割，即将一个技术难度大的路段分割为几个难度较小的段落，在每个段落或难度转换处选择一个大或明显特征作为路线关键点，如攻击点、偏向瞄准点、扶手和拦截特征等都是良好的关键点，将大任务分解成一个个小任务来完成。路段分割是定向思维的第五种表现形式，代表了一种解决定向问题的思维策略，即通过分割路段，简化定向问题。

2. 检查点简化（检查点放大）

检查点简化的基本方法是检查点放大，即通过检查点的背景特征或检查点附近的明显特征将检查点圆圈扩大，制造一个比检查点更大的目标来寻找它。攻击点、偏向瞄准、拦截等都是检查点放大战术的具体表现。检查点放大是定向思维的第六种表现形式，代表了一种解决定向问题的思维策略，即通过放大寻找目标，简化定向问题。

（四）走直线、走捷径与利用小径

1. 走直线

攻击点、偏向瞄准和沿等高线行进虽然能安全有效地导航行进，但都会增加行进的距离。因此，在地势较平缓，可跑性较好的地形中，高水平运动员一般会尽量靠近连线进行直线穿越。但是，直线穿越对技能有较高的要求，使用不当反而会浪费时间。

2. 走捷径

走捷径是指经过线状特征拐弯处，或经过一个决策点由一个线状特征拐到另一个时，不经拐弯处或决策点，而是离开线状特征进入森林或开阔地中，切一小部分拐角行进到另一端的线状特征的战术。

从教学和训练的角度来看，走捷径是一种适合“新手”采用的“走直线”战术，或者说是走直线战术的“前置”战术，是一种少儿在掌握指北针导航技能前离开线状特征穿越森林或开阔地采用的主要路线选择战术。当他们掌握了指北针基本技术后，可以将走捷径的概念拓展为借助指北针穿越两个线状特征之间的地形。

3. 利用小径

选择路线时应该充分利用小径。利用小径的优势有：一可以跑得更快；二可以在行进中进行路线选择，查看下一个路段甚至剩下的全部路段；三可以缓解由于长时间专注于读图和直线穿越所积累的身心压力。另外，还可以适当放松全身运动系统。

走直线和走捷径示意图

（五）越过与绕过障碍

1. 翻越与绕行

路线上有小山或山时，首先应通过爬高归一化估计爬高和沿等高线绕行的用时和能量消耗。如果绕行比翻越用时少，且检查点容易找到，通常选择沿等高线绕行，特别是女运动员更应如此。但对于具备较好爬高能力的男运动员，如果翻越与绕行距离差不多或更少，直线翻越可能是一个更好的选择。

2. 穿越与绕行

路线上有影响可跑性的妨碍物，如植被、碎石地时，首先应通过速度归一化估计穿越和绕行的单位用时。如果有适宜的选择，一般应避开能见度低、植被茂密的区域或难跑的碎石区域。另外，在长距离定向中，选择穿越还是绕行还要考虑跑的经济性。例如，草地跑的能耗约是同等地貌中小路跑的 1.4 倍。

3. 沿等高线行进

沿等高线行进是指将由等高线表示的地貌特征线作为扶手保持在同一高度上行进，以减少通往检查点的障碍和爬坡量，并保持图地关联的战术。例如，前往检查点的线路上有深谷时，高水平运动员通常选择沿等高线行进。体能水平越低，在起伏大的难跑地形中沿等高线行进的价值越大。

沿等高线行进易出现越走越低，从而偏离航线的情况，要注意在等高线上寻找一些特征来校准高程。

五、路线选择的专门战术

路线选择的专门战术主要是指与路段属性和与项目属性相关的路线选择战术。

(一) 不同路段的路线选择战术

路段可根据其在路线中的作用划分为技术路段和辅助路段，根据其在路线中的位置划分为开始、中间和收尾路段。不同路段路线选择的专门战术主要是指针对开始和收尾路段中技术路段采用的路线选择战术。

1. 开始路段

开始路段是指路线开始的第 1 个或第 1 至第 3 个路段，具体路段数取决于开始路段战术目标达成情况。通常应该在前两个路段达成该目标。开始路段的完成质量会影响整个比赛的质量。因此，开始路段的战术目标是顺利地进入流畅的比赛状态。所以，路线选择的战术目标是，在没有任何错误的情况下顺利地找到第一个检查点，即安全第一、用时第二。如果在第一检查点没有实现该目标，那么顺延到第二个或第三个检查点。

2. 收尾路段

收尾路段是指不包括冲刺路段在内的最后 1 个或最后 1 至 3 个路段，具体路段数取决于比赛状态。临近比赛结束，机体的身心状态都会降低到较低水平，加之临近终点的兴奋和竞赛中心的干扰，包括观众的干扰，出现失误的可能性增加。因此，收尾路段的战术目标是保持流畅的比赛状态，顺利完成比赛。所以，路线选择目标是能在没有任何错误的情况下顺利地找到每一个检查点，即安全第一、用时第二。

(二) 不同项目的路线选择战术

1. 长距离赛

长距离项目的特点是对耐力要求高，它要求在长时间运动中合理分配体能。长距离路线的特点是有较高的路线选择要求的长路段。因此，长距离赛路线选择的主要战术目标是节省体能，即在耗时与耗能之间要取得平衡。在耗时增加不大，但能明显降低能耗的情况下，优先考虑节省体能。具体操作时要重视对距离、地表可跑性、能量消耗的预测和归一化。

2. 中距离赛

中距离项目的特点是技术难度大，它要求准确导航并寻找检查点。因此，其路线选择的战术目标是安全。路线选择要适合自己的技术水平和选择“好”的攻击点，要重视拦截技术的应用，要防止平行特征的误导和为路线执行做好安全预案。

3. 短距离

短距离的特点是高速、检查点简单。短距离场地中建筑物和障碍物多，通视性不佳，路段短但路线选择难度高。因此，其路线选择的战术目标是完整和简单。完整指必须做好完整的路线计划再行动。简单指路线执行时读图和保持高速奔跑的认知负荷低，即容易在高速奔跑中读懂地图和在高速奔跑中的变速、变向跑的成分少。另外，做计划前读懂检查点说明也是短距离路线选择的关键环节。

中距离赛之王 Thierry Gueorgiou 的一场完美比赛

4. 百米定向赛

百米定向赛的特点是高速和节奏。百米定向赛的场地视野开阔但障碍物多，检查点非常简单，路段短且方向和距离变化大，路线选择难度变化大。因此，其路线选择的战术目标是完整、简单和方向。完整和简单与短距离相似。方向指路线选择应该直指离开和进入检查点的方向，特别是对于路线选择简单的路线尤其应该如此。

第六节 路线执行技术与战术

路线执行技战术是指沿选定线路安全、快速地访问检查点时应用的技战术。路线执行技术主要包括距离判断、打卡、重新定位等技术。路线执行战术主要包括概略定向与精确定向、速度控制与调整、集中与放松、体能分配、认知分配、错误预防、路段专门化和项目专门化等战术。

一、距离判断技术与战术

距离判断技术是指利用目测、步测、量尺、相对距离判断以及经验法则对图上和实地距离进行测量、对比和评估的技术。距离判断的可靠性主要取决于经验的积累，受当时的环境，如地形、外界干扰和身心状态等的影响。

(一) 实地距离测量技术与战术

1. 实地距离测量技术

实地距离测量技术主要指步测技术，包括复步测量、步测参数与地形校正系数三个部分。

（1）复步测量。它是指以复步步长为基本单位，即以两步为一个长度单位，通过计算复步数，即同一只脚着地次数来估计两点间水平距离的技术。

（2）步测参数。它是指在基本平坦的地面上和可跑树林中走、按定向中的正常跑速匀速跑 100 m 的平均复步数等四组数据，是在实地进行步测的基础数据。

（3）地形校正系数。它是指在各种地形环境中每步行或跑 100 m 的平均复步数与步测参数的差值，简称校正系数。校正系数是一个在大量同类地形中测量得到的平均值。例如，在地表特征和坡度相近的上下坡中测得步行与跑的复步数的平均值。定向运动中，应该通过反复练习，掌握不同地形条件中的校正系数。

2. 实地距离测量战术

（1）采用步测参数+地形校正系数计数。在实际应用时，复步测量通常采用步测参数+地形校正系数的方法计数。例如，某人在平坦可跑林中跑的步测参数是 55，在带某类斜坡的可跑林的校正系统为 10，则用 55+10 进行计数操作。

（2）一次性步测不宜超过 200 m。步测的实际效果受到许多因素的限制，如受地表可跑性变化，加减速、上下坡对步幅的影响、读图与计步间的相互影响等而准确性不高。因此，为了保证准确性，一般一次性步测不宜超过 200 m。

（二）相对距离估计技术与战术

1. 相对距离估计技术

相对距离估计是指根据图上特征在路段上的位置目测估计其相对于路段的距离或比例的技术。通过相对距离估计可以判断自己在路段上已经走了多远，应该看到或将要看到什么。例如，路的交汇将某个路段分成长度相近的两个段落，前往路的交汇的半途有一块石块，经过石块再走相同距离就可到达交汇处，到达交汇处就完成了一半路段等。

2. 相对距离估计战术

相对距离估计是初学者常用的距离判断技术，是接触定向后应该尽早学习并养成运用习惯的技术。养成运用相对距离估计的习惯有助于培养距离感、时间感和对自己行程的感知能力。

（三）距离判断战术

1. 养成在定向中进行步测的习惯

距离判断的主要功能包括在路线选择时评估路线选择的合理性，在路线执行时辅助读图以保持图地关联、及时发现和预防潜在的错误、重新定位等。在大细节多或明显特征少的地域，尽管超过 200 m 的步测可靠性较低，但其提供的信息在重新定位中仍然可能发挥重要的辅助作用。因此，要养成在定向中进行步测的习惯。

2. 提高目测准确性

目测准确性是步测有效性的前提。路线执行时，先用目测、相对距离估计，有时也用量尺测量形成对某个路段距离和路段内部距离关系的认知，然后在现地用步测核对完成路段的实际进程，预防可能出现的错误。因此，目测准确性是步测有效性的前提。

3. 长路段距离判断

（1）分段距离判断。利用图上若干明显特征将一个路段分割成若干段落分别进行目测和步测匹配，感知自己的行程和用时，以提高测量的可操作性和准确性。

（2）辅助计数。借助其他辅助手段辅助计数，以避免计数失误。例如，以每 100 m 的复步数为单位，用屈曲手指辅助计数。

4. 相对距离判断

利用一个路段中各部分间的比例关系来提高步测的准确性和效率。如图 3-23，路段 5 和路段 6 中栅栏将两个路段长度分为四个部分，靠近检查点 4 和检查点 5 的两部分的长度相近但略短于栅栏的长度，路段 6 的长度与栅栏相近但存在着一个上坡因而需要花费更多的时间。

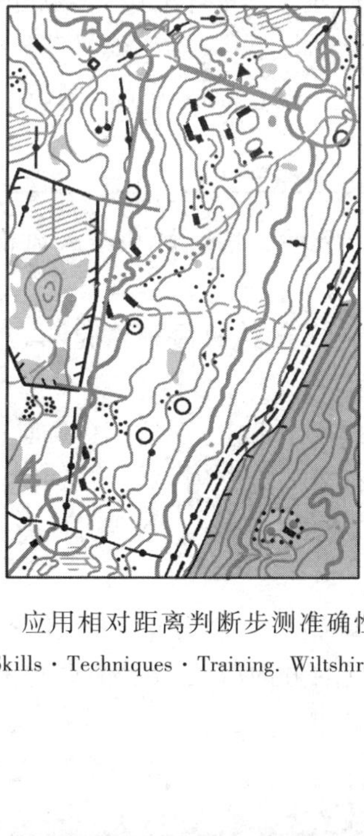

图 3-23 应用相对距离判断步测准确性示意图

（引自：McNeill C. Orienteering：Skills · Techniques · Training. Wiltshire：The Crowood Press Ltd，2010.）

查看本图彩图

二、打卡技术与战术

打卡技术是指从发现点标旗到打卡离开检查点这一过程的程序或步骤，主要包括核查检查点代码、打卡、离开检查点三个主要环节。良好的打卡技术不但可以避免打错点、节省时间、保持整个比赛过程的顺畅性，而且还可以减少被其他运动员干扰的可能性。

（一）打卡技术

1. 基本打卡程序

（1）看见点标旗或检查点特征前，计划好下一路段线路和离开检查点的方向。

（2）看到点标旗或检查点特征，查看检查点说明、重新折叠地图、标定地图、观察离开检查点方向上的特征。

（3）到达检查点，核对检查点代号、打卡。

（4）按计划好的方向离开检查点，并核查方向是否正确。

2. 初学者的打卡程序

（1）看到检查点特征或点标旗，控制好情绪，慢慢跑过去。

（2）在检查点停下来，查看检查点的说明、核对检查点的代码、打卡。

（3）停在检查点旁不影响他人的位置，重新折叠、标定地图，选择下一路段的路线和离开检查点的方向。

（4）核对并确认前往下一检查点的方向，慢慢加速离开检查点。

（二）打卡战术

打卡战术具有明显的层级性、情境性和个人风格。

1. 初学者打卡战术

（1）主要战术目标。确保找到的检查点是自己要找的检查点、预防出错和初步建立系统化的打卡程序。

（2）进入与离开检查点要“慢”。对初学者而言，看到检查点的兴奋和快速打卡的愉悦感常常导致不知不觉打错检查点或以错误的方向离开检查点。因此，进入与离开检查点的关键是“慢”，要控制好情绪和速度，仔细检查代码和方向。

（3）随着经验的积累调整打卡程序。如将重新折叠、标定地图，选择下一路段的路线和离开检查点的方向等步骤逐渐调整到看到检查点后和到达检查点前，再继续调整到看到检查点前。

2. 经验丰富者的打卡战术

经验丰富者打卡的主要战术目标是，有计划地打卡，即在跑向检查点前做好下一路段计划或确定好离开检查点的方向。

3. 高水平运动员的打卡战术

高水平运动员打卡的主要战术目标是顺畅打卡，即在看到检查点特征或点标旗前已经完成了下一路段计划或至少已确定了离开检查点方向及该方向上的明显特征和平行特征。

4. 注意打卡后核对离开方向

经验丰富者和高水平运动员通常会在打卡前提醒自己打卡后核对离开方向，特别是在没有明显的导航特征或有平行特征的环境下，提醒自己离开检查点时用指北针辅助标定地图、核准离开方向。

5. 根据环境采用相应的打卡技术

经验丰富者，甚至高水平运动员在复杂环境中或刚刚从失误中走出时宜采用初学者的打卡技术。

6. 利用打卡调节竞技状态

打卡在定向中具有承前启后的功能和作用。打卡意味着一个路段的圆满结束和一个新路段的开始。因此，打卡不仅仅是获取访问记录，而且具有总结和割断功能，在享受阶段性成功和对自己充满信心的同时，也要割弃其中隐含的负面情绪，重新开始。因此，应该利用打卡调节竞技状态。

三、重新定位技术与战术

（一）重新定位技术

重新定位是指在失去图地关联、丢失站立点后，重新确定站立点、建立图地关联的技术。重新定位技术通常包括停止移动（Stopping）、标定地图（Orienting）、寻找明显的地形特征（Finding）和在地图上找到该特征（Acquiring）四个依次进行的主要环节，缩写为“SOFA”。

1. 停止移动

当感觉到不对或对站立点的准确性没有把握时，立即停止移动。对重新定位而言，停止移动是最重要、最简单也是最艰难的一步。最重要是指及时发现错误，最好是能预计到错误即将或可能发生对重新定位的重要性。错误发现得越早，重新定位启动得就越早，才能避免小错误变成大错误，甚至无法重新定位的致命错误。最简单是指停止移动的操作很简单。最艰难是指要主动作出停止的决定很艰难。当错误的萌芽刚刚出现，即感到不确定时，人们往往不愿意承认出错的可能性，总是想寻找理由继续前行，直到错误变得越来越明显，越来越大。因此，感觉到不确定或没有把握就要果断地停下来。丢失站立点后最大的忌讳就是到处乱转。

2. 标定地图

用指北针标定地图，检查地图是否标定。如果地图仍然保持标定，核对周边特征，确认自己的站立点，判断是否真正出错。如果地图没有保持标定，那么很有可能真的出错了。

3. 寻找明显、易辨识的特征

在地面上寻找明显、易辨识的地形特征。保持地图标定向四周看，向远处看，在地面上找到一个明显且在地图上也应该足够大或容易辨识的特征，最好是独有的特征。如果通视性不佳，在保持地图标定的前提下慢慢移动，直到找到一个适宜的特征。如果能找到两个适宜的特征更好。在这种情况下可以利用后方交汇法确定站立点。

4. 确定站立点

重新定位时确定站立点的方法主要有根据地形确定站立点和用后方交汇法确定站立点两种方法。

（1）根据地形确定站立点。在地图上找到在地面上的明确特征，然后根据所站地形特征与该特征的位置关系确定站立点，并在图上找到其周边的特征与实地对照、核实。

（2）用后方交汇法确定站立点。如果在实地找到了两个适宜的特征，在地图上找到这两个特征，确定它们的方向线，两条方向线的交点即为站立点。确定站立点后要在图上找到其周边的特征与实地对照、核实。

（二）重新定位战术

1. 重新定位系统化

重新定位系统化主要包括两个层次：一是运用系统化的重新定位程序（SOFA）进行重新定位；二是在学习、练习和实践中，每次重新定位都执行系统化的重新定位程序，使之成为一种自动化的习惯。

2. 寻找新的攻击点

寻找新的攻击点是指已经到达检查点附近，能够确定大概的站立点，但不能确定准确的站立点，即感觉到不确定时，如果地图上显示有可以迅速找到并可以作为攻击点的特征，运用 SOFA 移动到该特征并以该特征为新的攻击点再继续寻找检查点的战术。寻找新攻击点是一种预防性的策略。该策略的核心就是感到不确定时果断地停下来，启动 SOFA 系统。

3. 回到上一个已知点

如果 SOFA 失效，无法在现地找到能够在地图上定位的任何特征，这时，应该沿着来的线路返回到上一个已知点。特别是当感觉到不确定，而前方是一片平缓，没有任何明显特征的区域时，回到上一个已知点可能是最好的办法。因此，定向时不但要知道在哪里、去哪里，而且还要知道从哪里来。

（三）重新定位常见问题与预防措施

1. 小错误变成大错误

（1）主要原因。主要原因是感觉到不确定时不会及时停下来，根本原因是认知偏差。

（2）预防措施。培养正确的路线执行观和重新定位策略，理解认知偏差的存在。

2. 出错后无明确目的地四处走动

（1）主要原因。没有理解 SOFA 和情绪控制不当。

（2）预防措施。培养情绪调整能力，掌握 SOFA。

四、路线执行的战术

（一）路线执行的一般战术

1. 做好路线执行计划再行动

路线执行前或者说在路线选择时，应将技术路段按难度分割或简化为若干段落，根据各段落难度做好完整的战术安排，包括技术、速度、认知-体能负荷分配、错误预防等才可行动。一般情况下，提前一个路段做出的计划通常是一个框架性的计划，在执行中需要沿选定路线补充更多的导航特征或其他技术要素，如在什么位置计划下一路段。只有这样，才能保证执行的流畅性。

2. 按选定线路，坚持下去

选定线路后，不能为了追求更好的线路去改变路线计划，要信赖自己，坚持执行下去。但是，也要为选定线路保持足够的弹性，以应对可能遇到的特别问题。如重新定位时发现一个更适合当前环境的攻击点时，就应果断用该点作为新的攻击点。

3. 保持地图标定和站立点

在完成路线的过程中要有规律地核查地图标定和图地关联状态，确保在任何时候地图都保持在标定状态和能够准确确定站立点。

（二）路线执行的一般策略

1. 路线执行金规

路线执行金规是指路线执行时避免错误，顺利完成路线必须遵守的基本准则。该准则有多种表述形式，例如，只能以随时都可以准确确定站立点的速度跑；永远不要跑得比读图的速度快；只有在能读懂地图的情境下，才能越跑越快等。该准则的本质就是保持认知-体能负荷均衡。

2. 速度控制和调整策略

路线执行时的速度控制和调整或配速包括两个层次：一是整个路线中各路段的配速；二是技术路段中各段落的配速。以下讨论路段中各段落的配速。路线中各路段的配速在不同路段和不同项目的路线执行策略中讨论。

路线执行主要有概略定向和精确定向两种战术，不同的定向战术对配速有不同的要求。根据定向战术来调整速度的战术称为交通灯或红绿灯战术。

（1）概略定向。概略定向是指运用扶手、拦截、偏向瞄准、基于概略读图的核对沿途特征等技能，或基于概略读图、指北针概略导航的攻击点技能进行定向的路线执行战术（表 3-5）。

表 3-5 概略定向和精确定向相关技战术

	路线选择或导航	距离估计	地图		指北针		速度
			精确读图	概略读图	精确导航	概略导航	
概略定向	扶手	√		√			快
	拦截	√		√			快
	偏向瞄准	√				√	快
	核对沿途特征	√		√			快
	攻击点	√		√		√	快
精确定向	核对沿途特征	√	√				慢
	攻击点	√	√		√		慢

概略定向时，一般按常规速度行进，但由攻击点出发寻找检查点时应该适当降低速度以保证整个定向过程严格按定向金规的要求进行。

（2）精确定向。精确定向是指运用基于精确读图的核对沿途特征，或基于精确读图、指北针精确导航的攻击点技能进行定向的路线执行战术（表 3-5）。

精确定向时应用较低的速度行进，由攻击点出发寻找检查点应该低速慢跑、走，甚至停下来读图。

另外，速度控制还是爬高的关键战术环节。上坡时不能快跑，以免运动负荷较大，降低认知能力和消耗过多的能量；下坡时也不能快跑，以免漏掉斜坡上的特征。

3. 专注与放松策略

专注在定向中具有重要意义。但是，在中、长距离定向的整个比赛中都保持专注既不可能，也没有必要，甚至还会增加认知负荷，导致过早出现心理疲劳。保持专注的关键是在路线执行时有计划地放松。因此，在做路线选择或执行计划时就要考虑在什么位置放松，甚至有意地选择一条可以提供适当放松的路线。

（三）不同路段的路线执行策略

1. 开始路段

开始路段战术包括出发前战术和出发路段战术。

（1）开始路段的战术目标。开始路段的主要战术目标，一是提前形成对比赛地形、植被和路线特点特别是路线上的检查点难度的整体理解；二是形成对地图质量和制图风格初步了解；三是建立比赛自信。

（2）出发前战术。

① 阅读检查点说明。短距离、中距离和长距离赛通常会提前一天或在比赛当天热身现场提供所有的检查点说明。在出发前 2 分钟向运动员提供其路线的检查点说明。运动员进入准备出发区后应先远眺比赛场地的地形和植被情况，进入 2 分钟待发区后应把握机会，结合远眺比赛场地的地形和植被的结果阅读检查点说明，提前形成对比赛地形、植被和路线上的检查点难度的初步了解。其中，要特别注意强化对第一、第二个检查点，甚至第三个检查点和较复杂的检查点说明的理解。

② 预判第一个检查点的方向。目前国内的许多比赛，出发的位置与起点的位置通常相同，在出发前要留意同组中出发靠前的运动员的出发方向，如果前几位跑的方向相同，拿图后可按相同的方向跑，边跑边读图，特别是在前进方向上的路面情况较好时更应如此。如果方向不同，说明找寻第一个检查点可能有多条路线选择，则出发时不应太快，应仔细地进行路线选择。

当出发点与图上起点不一致时，后面的运动员通常看不到靠前出发的运动员的出发方向。这种情况下，要特别注意拿到地图出发后快速阅读地图。沿引导带到达起点后，快速判断第一个检查点的方向。

（3）出发路段战术。

① 理解地图质量。地图质量应该从制图员的水平、制图风格，特别是制图综合的特点，以及地图实际测制水平三个方面进行理解。前两个方面的信息可以在赛前通过分析制图员的过往作品、他人对制图员作品的评价中获得，最后一个方面的信息必须在开始路段获得。因此，不论开始路段的技术难度如何，都应通过精确读图、距离判断，指北针标定地图等技术，通过读尽可能多的地图细节理解地图质量，尤其是理解地图的准确性，最小特征的取舍标准，特征的可跑性、可通过性、通视性等属性划分标准以及植被分界线、植被中的小路等特征的表达方法。如果地图质量差，则应该采取以下竞赛策略：一是在路线选择和执行时尽量选择较大的路和大的特征导航，少用植被分界线和小路导航；二是少穿越。

② 概览整个路线。概览整个路线的目的是了解路段间技术难度、方向和长度变化情况，了解沿路线的地形变化，做到对比赛路线有一个整体理解。

③ 选择安全的路线、控制跑速。选择安全的路线、控制跑速主要基于两个方面的考虑：一是完成以上①②提出的任务，为顺利完成整个路线奠定基础；二是在不出任何错误的情况下找到第一个检查点，建立比赛信心，在后续的路段中顺利地进入流畅的比赛状态。

2. 中间路段

（1）中间路段的战术目标。根据整个路线难度和地形变化合理分配体能，根据路段和段落难度合理安排配速、平衡体能与认知负荷、专注与放松和排除干扰，保持流畅的比赛状态。

（2）速度控制与调整。在中间赛段，合理分配体能、安排配速、平衡体能和认知负荷是比赛成败的关键。配速不但应考虑路段间和路段中段落的难度变化，也要考虑项目特点、技能、体能、竞技状态、地图质量和季节等因素，还要考虑避免过早地出现疲劳。在任何环境中都应该坚守定向金规，即能够随时准确确定站立点，在能够保持清晰思维的状态中奔跑。另外，还要做到能随时随地知道自己刚刚从哪里来。

（3）技术应用要点。坚持有规律地核查地图标定状态，坚持步测，注意寻找平行和拦截特征。

（4）绿色地域穿越。绿色区域通常是地图上准确性相对较低的区域，如果地图的整体质量不佳，应该放弃穿越绿色区域。在植被生长旺盛的季节，地图的现势性一般较差，要根据现地环境及时调整穿越计划。例如，在地图上读到的是一小块慢行植被，在现地却是非常浓密的底层植被。在这种情况下穿越，很可能走到半路就无法继续前进。如果要继续前进就必须做好勇往直前，决不回头的心理准备，否则就要迅速调整线路。另外，决定是否穿越绿色地域时还要考虑地貌特点，只能选择坡度不大的下坡区域进行穿越。

3. 收尾路段

（1）收尾路段的战术目标。收尾路段的战术目标是对抗疲劳、保持专注、控制情绪、排除干扰、继续保持流畅的竞赛状态，顺利完成比赛。

（2）保持专注。收尾路段，特别是在最后 1 至 3 个检查点，疲劳、接近终点的兴奋以及终点的欢呼声等汇集在一起很容易让人分散注意力，而导致功亏一篑。因此，在收尾路段应保持专注。

（四）不同项目的路线执行策略

1. 长距离赛

（1）项目特点。长距离赛的主要特点是考验耐力，以及长路段的路线选择。长距离赛的场地地形较复杂，通常有 1 至 3 个直线距离超过 1.5 km，且有较多路线选择的长赛段。

（2）整体策略。稳快结合，以稳为主。

（3）关键环节。长距离赛战术的关键环节是体能分配和长路段的战术安排。体能分配要控制好中间路段的爬高和速度，避免过早的能量消耗。长路段的战术安排不但要省时间，还要省体力和省脑力，并体现专注与放松有效结合，避免过早出现身心疲劳。

2. 中距离赛

（1）项目特点。中距离赛的主要特点是考验技术，且跑速较高并有一定的体能要求。中距离赛的场地地形复杂，比赛路线以中等长度和距离较短的技术路段为主，主要考查定向技术的运用能力。

（2）整体策略。稳快结合，以快为主。

（3）关键环节。中距离赛战术的关键环节是技术安排的合理性、有效性和快捷性。在战术安排上要多利地貌特征进行定向。为了省时间，路线选择应该尽量以直线穿越为主，但也要考虑场地中的植被生长状况。如我国南方植被区域灌木较多，可穿越性差，这种环境中要结合现地情况考虑是否绕行。

3. 短距离赛

（1）项目特点。短距离赛的主要特点是高速、胜出时间短。短距离赛中，运动员分布相对集中、观众可沿途观看比赛、比赛环境嘈杂、干扰因素多，环境、观众以及参赛者之间相互影响较大。当比赛在通视度较好的公园和校园中举行时更是如此。

（2）整体策略。以我为主，准确快速。

（3）关键环节。短距离赛战术的关键环节：一是排除干扰，全程专注于自我的发挥；二是在准确的前提下果断决策。短距离赛要求高速奔跑，胜出时间短。速度的增加意味着失误的可能性增加；胜出时间短要求果断决策和失误少，不允许花过多的时间停下解决问题或纠正失误。因此，短距离赛在战术上应该做到准确快速。其中，准确是前提，快速是结果。

4. 百米定向赛

（1）项目特点。百米定向赛的特点是高速和节奏。百米赛的场地视野开阔但障碍物多、检查点非常简单、路段短且方向和距离变化大、路线选择难度变化大。百米定向赛中有一定数量的观众围观且通常配有音乐，比赛环境较嘈杂、干扰因素较多。

（2）整体策略。以我为主，关注细节，准确快速。

（3）关键环节。百米定向赛战术的关键环节除了同短距离赛一样要以我为主、准确快速外，还要关注细节。百米定向赛路线和胜出时间都短，必须关注细节以减少不必要的时间消耗。例如，避免在没有障碍的路段或段落中跑出弧线，避免在离开检查点时跑出弧线，沿切线方向离开检查，避免环绕检查点跑，环绕检查点时贴近检查点特征跑，选择能够沿相同方向进出检查点的攻击点等。

（五）路线执行常见错误与预防

1. 180°错误和90°错误

（1）主要原因。地图标定错误。

（2）预防措施。在定向中有规律地核查地图标定情况，确保任何时候地图都保持标定状态。

2. 平行错误

（1）主要原因。地图标定错误。

（2）预防措施。一是在定向中有规律地核查地图标定情况，确保任何时候地图都保持标定状态；二是读图时有意寻找平行特征，提前发现平行特征。

3. 跑过头

（1）主要原因。图地失联。

（2）预防措施。一是在定向中有规律地核查图地关联情况，确保在任何时候都能够准确确定站立点；二是读图时主动寻找拦截特征。

4. 认知偏差

（1）主要原因。认知偏差是指当发现现地的情况与预期不一致时，扭曲现实将两者间匹配起来。例如，当现地的环境与提前读图想象的环境不完全一致时，不承认存差异的真实存在，而将其解释为地图误差。

（2）预防措施。理解认知偏差和地图误差的客观存在，当发现现地环境与地图表述的不完全一致时应加强核查；读图时不要孤立地提取符号信息，而是要提取符号间的空间关系或者说提取整体环境信息。

复习、思考与实践

1. 简述定向运动技术、战术与技能的关系。
2. 简述定向运动基础技术的定义与战术特点。
3. 简述主要的定向思维策略及其主要表现形式。
4. 简述定向运动金规及其主要表述形式。
5. 假设自己是运动员，请为二维码配套地图中的路段选择路线并注明执行路线时拟采用的战术。
6. 分析二维码配套地图中路线选择的技战术特征，并给出路线执行时的配速建议。

复习、思考与实践题5配套地图

复习、思考与实践题6配套地图

本章小结（思维导图）

本章动态更新

第四章　定向运动课程

本章导读

本章在讨论定向运动教育功能和价值的基础上，介绍了定向运动课程目标、定向运动课程内容与组织、定向运动课程实施、定向运动课程学习评价。并通过二维码链接介绍了幼儿定向运动的价值，幼儿园定向运动课程目标、课程内容与组织。定向运动课程的重点在于课程实施，定向运动课程实施是一个以发展学生核心素养、增进学生身心健康为主要目的的过程，也是一个实现知识传授、能力培养、价值引领的过程。

学习目标

1. 了解定向运动的教育功能和价值。
2. 理解定向运动课程目标、课程内容及课程内容组织。
3. 理解定向运动课程实施框架，把握定向运动课程实施的主要路径。
4. 掌握定向运动课程学习效果的主要评价方法。

第一节　定向运动的教育功能和价值

定向运动是一项与日常生存生活技能密切相关的新兴体育运动项目，也是一项“完美的学校体育运动项目”。就其教育性而言，定向运动具有“在奔跑中导航，多任务分段驱动，探险、包容、分享与融通，诚信自律与自我竞争”等特性，这也使其成为一项可以有机地融入众多教育主题，充满挑战性、探险性和创新性的学校体育运动项目。

定向运动课程的教育功能和价值主要体现在以下几个方面。

一、传授基本生存生活技能，提高运动能力，促进身心健康

（一）发展定向和导航能力

定向和导航是人们日常生活的基本内容。空间定向与导航是人类最基本的生存生活技能之一，是一种用进废退的天赋，其最终发展水平取决于遗传、生活经验和教育干预。定向运动是一种基于生活经验和教育的干预手段，经常参与定向运动，不但能发展参与者的导航技能，而且能改善其空间认知能力。

幼儿定向运动的教育价值

（二）发展读图能力

如今，人们生活在一个充满影像和图表的世界。从某种意义上讲，读图能力正在成为一种新的基本生活技能。根据联合国对文盲标准的重新定义，新世纪的文盲主要分为三类：第一类，不能读书识字的人；第二类，不能识别现代社会符号的人；第三类，不能使用电脑进行学习、交流和管理的人。其中，第二类指的就是不能识别地图、曲线图等常用图表的人，他们被认为是“功能型文盲”，虽然接受过基本的识字教育，但在现代影像和图表信息传播高度发达的社会中生活存在相当大的困难。

生活离不开地图。读图不仅是生活技能，也是经济建设、国防与军事作战、科学研究、休闲娱乐的重要技能。

（三）提高运动能力，促进身心健康

定向运动是一项在自然环境中进行的体育运动项目，对参与者的耐力、力量、柔韧、灵敏、平衡和协调能力等体能要素及关节稳定性都有较高的要求。定向运动在自然环境中奔跑，在奔跑中解决问题的运动模式赋予参与者一种完全不同的感受，能让参与者获得更多奔跑的乐趣，在痛苦与快乐的交替中坚持下来，从而在不知不觉中跑得更久更远，实现了传授定向运动知识和技能的目标，提升了相关的体能，有效地发展了运动能力、相关认知能力，同时促进了身心健康。国内已有许多研究证实，定向运动对学生认知能力，如注意能力、知觉能力和思维操作能力有着良好的影响；定向运动对促进心理健康和社会适应的作用也非常明显，如有助于降低焦虑水平，提高自信心，锻炼意志品质，培养独立和协作工作的能力以及抗压能力，也有助于改善人际关系，提高生活适应和环境适应能力。另外，定向运动对注意缺陷多动障碍儿童的认知能力也有着良好的影响，能够改善其注意分配和注意广度、视觉空间工作记忆能力和

执行功能。

二、发展空间思维能力，促进相关学科的学习和跨学科知识运用，提高问题解决能力

定向运动是高策略性运动，可以有效改善儿童青少年的大脑发育和认知功能。定向运动离不开地图，在读图中，会涉及方位、比例尺、距离、高程与地形判读等与空间感培养和发展密切相关的内容。地图认知理论认为，通过培养地图认知能力，可发展人的空间认知、图形思维、联想思维能力。国内定向教学实践发现，经过悉心指导，4 岁的幼儿，大部分能掌握标定地图的技能，小学四年级的孩子能较好地掌握比例尺的概念，并在定向实践中应用。如果将定向运动中的比例尺、等高线及其应用技能的学习分别置于义务教育第三学段数学课程和初中阶段地图课程相关内容之前或与之同步进行，能够有效地促进数学和地理相关内容的学习。

定向运动在教育活动中有两种主要活动方式：一是以定向运动为本体，即学习“原味”定向运动知识与技能和体验“原味”的定向运动；二是以定向运动为载体或工具，在体验定向运动乐趣的同时，接受其他主题教育，如将定向运动路线的检查点与红军长征路线中的关键结点相结合，并在定向活动中设置相关的闯关任务，即可策划出与长征相关的红色主题教育定向活动项目。从教育的角度来看，定向运动是一个多任务分段驱动的身体活动过程，可以在活动过程中根据需求融入多项其他任务。例如，小学科学课程中物体间相对位置和距离关系、距离测量和磁铁的磁性等内容，小学数学课程中图形的认识与测量、图形与位置以及比例等内容，以及初中地理课程中的跨学科主题学习，均可利用定向运动作为载体来开展学习。另外，许多学校还将定向运动作为团建和社团干部培训课程的载体或工具。2022 年，英国定向运动课程专家发布了基于多年实践迭代的跨学科定向运动课程。该课程将定向运动、语言和数学等课程有机地整合为一体，既可以在定向运动课程中开展，又可以在课间活动中开展，还可以在语言和数学课程中开展。

在定向运动中发展起来的户外运动能力、空间知觉能力、问题解决能力、环境欣赏能力和环境保护意识如果能有效地迁移到地理、数学、生物、建筑和艺术等学科的学习中，将有助于这些学科的学习和能力发展。

三、感悟人生哲理，发展批判性思维，培养探索能力，提高对自然环境的适应能力

（一）感悟生活哲理，形成快速节俭的决策习惯

美国经济学家格里高利·曼昆描述了人们在经济生活中涉及的决策原理：人们面临交替关系；某种东西的成本是为了得到它而放弃的东西；理性人考虑边际量；人们会对激励作出反应。

在定向运动中，路线选择是一种典型的交替关系的取舍过程，取舍的依据就是参赛者为得到它而放弃的东西。例如，一个路段有两条线路，一条距离长、难度低，另一条距离短、难度高。选择距离长的路线，参赛者损失的是一些时间；选择距离短的路线，参赛者可能需要承担无法顺利完成路线的风险，对这种抉择过程的体验就是定向运动特有的魅力所在。

积分定向是最能体现人们对交替关系、取舍、边际思考和激励作出反应的项目。根据地图信息和对自身能力的评估，参赛者制订出访问检查点的计划；在执行计划的过程中，参赛者可能需要根据时间进程对计划进行微调。例如，临近终点时，参赛者发现还有多余的时间，而就近多找一两个点花不了多少时间就能获取更高的积分，这种激励往往会让参赛者改变计划。然而，常见的结果往往是参赛者超时了。因超时导致的罚分常常超过多访问一两个点获得的积分。在定向中，重复此过程，会让参赛者在潜移默化中理解这些基本的生活哲理，学会理解交替关系、权衡、放弃，培养良好的自我控制能力。

人的一生都处在不断决策过程中。合理、有效的决策技能是优势生活技能。德国马克斯·普朗克人类发展研究所发现，人类的理性是一种无法完全与本能和经验割裂开来的“有限理性”。人们对理性的最低要求是能够与现实环境的要求相匹配，这种理性称为“生态理性”。基于有限理性和生态理性，人们在现实环境中的判断和决策往往采用一种快速节俭的简化方式就能取得合理、有效的成果。

经验丰富的定向者选择路线时采用的就是一种快速节俭的系统化方式，如左中右，检查点—攻击点—路线。左中右即以连线为轴，分别从左边、中间和右边选择出一条路线进行比较。检查点—攻击点—路线则是先以逆向思维的方式获取检查点的详细信息，然后选择攻击点，再选其他路线元素，最后通过正向思维补充完善路线要素，确定最终路线。这个过程既折射出一种基本的生活技能，又体现了一种积极、严谨和扎实的生活方式和生活态度。

（二）发展批判性思维

定向运动思维中将自己想象成一个运动着的点、逆向—正向思维相结合、路线的评估和比较、选择最适合自己的路线、路段的分割和简化、系统化和归一化思维等思维特征都是科学思维和批判性思维的体现。定向运动的分享文化也有助于批判性思维能力和习惯的形成。经常参加定向运动，定向运动所要求的科学思维和批判性思维方式将潜移默化地影响参与者的科学思维和批判性思维能力和习惯。

（三）激发冒险和探索精神，培养探索能力和创新意识

定向运动是借助地图和指北针穿越未知地带的运动。这项运动自诞生之日起就充满着冒险精神和探索精神。国际定向运动联合会把定向运动定位为“最具吸引力的探险运动，老幼皆宜”，这充分反映了定向运动文化对冒险精神和探索精神的追求。在崎岖不平的道路、陌生的森林或凌乱开阔的丘陵中定向是一种真正意义的探险，充满着冒险精神和探索精神。即使在熟悉的城市中定向，也会有陌生的区域；在熟悉的区域，也会有陌生的线路。在定向运动实践中获得的丰富的探险体验有助于转换为参与者的探索能力和习惯。有研究指出，探索欲与好奇心关系密切，是创新的驱动力。

（四）感恩自然

自然环境对人类的情绪和行为具有积极作用。定向运动是亲环境运动，奔跑在乡村郊野、公园校园、高山丛林等自然环境中，参与者不仅可以沿途欣赏美景，还可以产生一种“由美生爱”的情愫，树立爱护自然，保护环境的意识。在青少年定向活动中，通过将特定的植物设计成检查点、在定向过程中收集垃圾等方式，可以让青少年加深对自然的认识，让他们学会尊重自然、爱护环境，养成良好的环保行为和习惯。

四、培养体育品德

定向运动中蕴含着许多独特的品德教育价值。

（一）培养独立、坚毅、自尊、自信、自强的良好品质

定向运动是自己与自己竞争的运动。在空寂的野外环境中，定向运动参与者只能依靠自己，在竞赛中控制好自己的情感，排除干扰，集中注意进行综合

分析并迅速做出判断和决策，克服在艰难环境中长时间奔跑带来的身心疲惫和痛苦，在克服一次又一次挫折和失败、解决一个又一个问题，实现一个又一个目标的过程中实现自我超越，体验到成就感，从而重新认识自己，培养独立、坚毅、自尊、自信、自强和积极进取的良好品质。研究发现，中国地质大学的部分学生参加冒险性定向活动“复杂地形穿越”后，93.65%的学生认为自己克服了紧张、恐惧等心理障碍并超越了自我，体会到了成功的喜悦。同时，在经历了“死亡”和“重生”后，56.54%的学生对人生观和价值观有了新的认识和理解。

（二）教导社会规范，增强道德观念，促进人的社会化

定向运动文化体现了一种包容、保密、诚信自律、自我竞争的竞技理念。在定向比赛中，裁判员与其说是执裁者，不如说是竞赛筹备者、竞赛秩序维护者和公平公正竞赛环境的创设者。在定向比赛中，现场的实际情况往往是参赛者间隔出发，在几乎没有裁判监督的环境下自己跟自己比赛。如果迟到，只要不超过规定的截止时间、不影响其他参赛者，在保证计时从预定的时间开始的情况下，参赛者可在裁判员安排下继续参赛。在竞赛筹备过程中，在路线保密的前提下，竞赛组织者会随着筹备进程，逐步发布包括比赛场地在内的全面且详细的技术信息，以保证所有参赛者都能够获得对等的赛事信息。对赛事参与者，定向的保密规则不但意味着要保守秘密，还意味着不要主动去获取知情权以外的信息。

在定向运动中，理解规则、尊重规则意味着将规则内化为参赛者自觉自律的参赛行为，而不是如何“合理”地逃避裁判员的监督去“钻空子”。定向运动中强调的自觉自律的规则意识、保密意识有助于培养定向参与者诚信自律、公平公正的道德品质，自觉遵守社会规范和保护国家安全的行为，从而促进人的社会化。

（三）提高沟通能力，培养团队精神，增进友谊

定向运动是一类体验型项目，倡导包容与运动后分享，强调从自己、他人的成绩与错误中学习提高。在定向运动实践中，教师和教练通常无法直接对运动过程进行监控，只能通过活动后师生间、生生间的分享、复盘和反思，通过学生的自我体验和评价来进行教学，因此定向运动有助于培养参与者的反思能力、自我评价能力和有效沟通能力，从而提高参与者的社会化水平，同时也可以有效增进师生关系和生生关系。

近十年来，在接力赛的基础上，定向运动教育工作者在青少年群体中推广团队赛、开放式团队赛、积分队赛等多种形式的集体项目，弥补了定向运动在激发和培养团队精神、发展团队合作能力和团队领导力方面的缺陷。团队赛分工合作，独立或在队友协助下共同完成整个任务，要求队员之间有效沟通，建

立相互信任和相互尊重的合作关系，强调赛中是协助对方实现自我超越的赛友，赛后是相互分享愉悦和感悟的好友，体现了一种分工合作、相互竞争、相互尊重、相互包容的定向文化。

（四）培养良好的生活态度

人生如定向，定向即生活。我们每时每刻都在对自己、对团队及自己和团队所处的社会环境进行评估，选择方向和发展道路，做出决策并执行。有的人脚踏实地，有的人好高骛远；有的人迅速果断，有的人犹疑不决；有的人锲而不舍，有的人半途而废。定向运动不仅仅是一种身体训练，它还是一种团队训练和心智训练，是一种生活哲学的体验。

定向似人生，生活如定向。青少年在参加定向运动时，可以引导其发现生活就如定向，要有明确的目标和志向，必须根据自己的能力和特点选择实现目标的最佳路线，并一步一步地坚持到达目标。研究发现，经常参加定向运动的青年人，通常都对生活有较明确的渴望和目标，他们勤奋努力，学习和工作既有条理，又有建设性。

五、促进学校、家庭和社区体育一体化

实施学校、家庭与社区体育一体化对青少年体育发展具有重要意义。但是，只有那些需要运用生存生活技能，既能够提供乐趣，又能够提供一定挑战需求的老少皆宜的运动才可能真正实现学校、家庭和社区体育一体化。而定向运动正是这样一项运动。定向运动是一项具有广泛适应性的生活化运动，其需要的技能就是日常的生存和生活技能，没有专门的技术门槛且充满趣味性；其运动强度和运动量易于控制，老少皆宜；场地限制因素少，可以在各种场地中进行。这些都为学校、家庭和社区定向运动一体化的实施奠定了基础。

第二节 定向运动课程目标

定向运动课程目标是定向运动课程的核心要素，是国家相关教育政策、课程标准或指导纲要，以及学校教育理念与定位在定向运动课程中的具体体现，也反映了定向运动课程组织和实施者的教育观及其对定向运动教育价值的理解。对于体育类专业课程体系中的定向运动课程，定向运动课程目标还要为专业培养目标的实现提供支撑。定向运动课程目标引领着定向运动课程内容的选择和组织、定向运动课程实施和评价，是确定定向运动模块、单元和课堂教学目标的基本依据。

一、中小学定向运动课程目标

中小学定向运动课程目标的制定，首先应按照中共中央办公厅、国务院办公厅印发的《关于全面加强和改进新时代学校体育工作的意见》、教育部印发的《〈体育与健康〉教学改革指导纲要（试行）》《义务教育体育与健康课程标准（2022 年版）》和《普通高中体育与健康课程标准（2017 年版 2020 年修订）》确定定向运动课程的基本目标，然后再根据相应学段的课程标准及其地方实施方案，当地定向运动发展状态，学校及其周边定向运动课程资源及其开发条件，课程对象的特征，学习和发展需求及相关课程，如地理和数学课程的安排编制各学段或年龄段的课程目标。

幼儿园定向运动课程目标

（一）定向运动课程的基本目标

定向运动课程的基本目标是以落实立德树人为根本，以社会主义核心价值观为引领，坚持健康第一的教育理念，推动青少年文化学习和体育锻炼协调发展，帮助学生在体育锻炼中享受乐趣、增强体质、健全人格、锤炼意志，培养运动能力、健康行为、体育品德等体育与健康学科核心素养，促进学生身心健康全面发展，增强综合素质。

（二）义务教育阶段定向运动课程目标

《义务教育体育与健康课程标准（2022 年版）》要求专项运动技能课程按大单元设置，即对某个运动项目或项目组合进行 18 课时及以上相对系统和完整的教学。小学 3~6 年级原则上每个学期要开设两个项目的专项运动技能课程，在重点发展学生各项体能的基础上发展多项运动技能；初中 7~8 年级原则上 1 个学期开设 1 个项目的专项运动技能课程，9 年级可以为某个项目开设 1 年的专项运动技能课程，在继续发展学生各项体能的基础上重点发展专项运动技能，保证学生初中毕业时掌握 1~2 项运动技能。结合我国定向运动发展的现状和趋势，围绕着体育与健康学科核心素养，从掌握与运用体能和定向运动技能，提高运动能力；学会运用健康与安全知识和技能，形成健康的生活方式和积极参与体育活动，养成良好的体育品德三个方面提出以下定向运动课程建议目标（表 4-1）。对于定向运动而言，在提高运动能力的课程目标上，学生不但要具备课程标准提出的六个方面的能力，还要具备路线设计和地图制作的能力。由于 2022 年发布的《青少年定向运动技能等级标准》能够全面地衡量相应年龄段学生的定向运动能力水平，我们将该标准作为技能运用的学习目标。

表 4-1 义务教育阶段定向运动课程目标

一、掌握与运用体能和定向运动技能，提高运动能力		
3~4 年级	5~6 年级	初中
1. 基础知识与基本技能 学生初步理解地图的概念，认识定向地图的颜色和常用符号，初步理解检查点说明的基本结构，认识最常用的检查点说明符号；理解我在哪里（起点、检查点、决策点），我要去哪里（检查点、导航特征）的概念；初步掌握用实地地物特征标定地图的方法与技能，初步形成用手指（食指或拇指）辅助定位的意识和习惯，初步了解扶手的概念；体验常见定向游戏和定向运动项目；初步了解定向运动的起源与发展，定向运动对个人发展的价值，特别是健身价值 2. 技战术运用 学生能在游戏和比赛中运用所学的定向运动知识和技能；能在熟悉的环境中完成技术难度相当于《青少年定向运动运动技能等级标准》二级水平的定向路线 3. 专项体能 学生知道定向运动的体能需要和简单的练习方法，体能水平达到相应年龄段《国	1. 基础知识与基本技能 学生初步形成折叠地图，将自己想象成地图上运动着的一个点和拇指辅助定位的意识和习惯，掌握初步的扶手、攻击点、拦截和走捷径技能，初步理解定向运动金规，理解简单的路线选择原则，初步形成提前思考的意识和习惯；能够根据《国家学生体质健康标准（2014 年修订）》测评结果，结合定向运动的健身特点制订相应的体育锻炼计划 2. 技战术运用 学生能在熟悉的环境中完成技术难度相当于《青少年定向运动运动技能等级标准》三级水平的定向路线；能将掌握的定向运动知识和技能运用到其他课程的学习和日常生活中 3. 专项体能 学生能独立进行体能练习，体能水平进一步提高，达到相应年龄段《国家学生体质健康标准（2014 年修订）》的合格及以上水平	1. 基础知识与基本技能 学生能够在简单地形中标定地图，折叠地图和拇指辅行；理解地图符号和颜色与通过性、可跑性、通视性的关系，理解等高线表示地貌的原理；能正确判读简单的等高线特征，利用简单的等高线特征导航，利用指北针和读图进行简单导航；掌握安全方位的概念和到达安全方位的方法；掌握一般地形中主要路线选择技能和路线执行技能；初步形成定向思维的意识和习惯；了解国际和国内定向运动发展现状 2. 技战术运用 学生能在陌生的地形中完成技术难度相当于《青少年定向运动运动技能等级标准》四级水平的定向路线 3. 专项体能 学生能独立组织与开展体能练习，体能水平继续提高并保持，达到相应年龄段《国家学生体质健康标准（2014 年修订）》的合格及以上水平

续表

一、掌握与运用体能和定向运动技能，提高运动能力		
3~4 年级	5~6 年级	初中
家学生体质健康标准（2014 年修订）》的合格及以上水平 4. 展示或比赛 学生敢于在班级内定向运动游戏和比赛中展示运动技能，乐于参加各种形式的定向运动比赛；懂得比赛中的行为礼仪；能在教师的引导下进行赛后分享 5. 路线设计 学生能够手动设计结构完整的路线，包括写出简单的检查点说明，并能为自己的路线设置检查点 6. 规则与裁判方法 学生知道定向运动游戏与比赛的基本规则和要求、裁判的基本术语；能指出定向运动游戏与比赛中违反规则的行为，并尝试进行判罚 7. 观赏与评价 学生知道定向运动比赛的观看方式和途径；每学期通过现场、网络观看不少于 8 场具有可视性的定向运动游戏和比赛	4. 展示或比赛 学生能主动参加班际定向运动游戏和比赛；掌握基本的赛后分析与分享技能 5. 路线设计 学生能够手动设计结构和功能完整的路线，并能准确计算路线和路段长度，设置检查点 6. 地图制作 学生能制作出比例尺不小于 1∶1 000 的简单校园地图 7. 规则与裁判方法 学生能组织或参与组织基本符合公平公正要求的班级定向游戏与比赛 8. 观赏与评价 学生每学期通过现场、网络观看不少于 8 场具有可视性的定向运动比赛，并能对比赛路线和获胜者的路线选择进行初步的评价	4. 展示或比赛 学生掌握基本的参赛知识和技能，主动参加校级定向比赛；能在教师的引导下运用情绪调控的方法缓解比赛中的紧张情绪；能从多个角度进行简单的赛后分析与分享 5. 路线设计 学生能够用路线设计软件设计结构和功能完整，具有一定挑战性的路线 6. 地图制作 学生初步掌握基本的定向地图制图综合理论，能制作出简单的公园、村落定向地图 7. 规则与裁判方法 学生掌握定向运动比赛的主要规则和要求；能组织或参与组织基本符合公平公正要求的班际定向比赛，并胜任裁判工作 8. 观赏与评价 学生每学期通过现场、网络观看不少于 8 场定向运动比赛，并能对活动组织和获胜者的技战术安排进行简单的分析和评价

续表

二、学会运用健康与安全知识和技能，形成健康的生活方式		
3~4 年级	5~6 年级	初中
学生乐于参加体能和定向运动练习、游戏和班内比赛，感受定向的乐趣、挑战与成功，体验参加定向活动的情绪变化，遇到挫折时能注意控制自己的情绪；在定向活动中乐于与他人交往与分享；初步具备一定的定向运动相关安全防护意识和能力；能够适应新的合作环境和自然环境的变化，初步形成一定的环境保护意识和习惯	学生能有规律地进行体育锻炼，特别是以体能和定向运动为形式的体育锻炼；主动参加班际定向活动；在定向活动中主动与他人交往与分享；能描述常见定向运动损伤的预防措施与简单处理方法，并在生活和活动中加以运用；交往与合作能力提升，适应自然环境的能力增强，形成环境保护意识和习惯	学生能在不同的自然环境中坚持锻炼，能在定向运动中运用体育锻炼中的一些自我测评和监控方法；主动参加校级定向活动，在活动中遇到挫折时能积极调控情绪，保持情绪稳定；能注意防范定向运动中的安全隐患，具备一定的定向运动损伤预防能力，能简单处理自己或他人的运动损伤；能描述一些减轻压力、缓解焦虑、预防抑郁等的方法，并在定向运动和生活中运用，表现出积极应对挫折和失败的能力，乐于交往与分享，愉快地生活
三、积极参与体育活动，养成良好的体育品德		
3~4 年级	5~6 年级	初中
学生在体能与定向运动学练和比赛中能够积极向上，遇到困难时能努力克服和继续坚持；具有一定的责任感，爱护和帮助同学；能按要求参加定向游戏与比赛，表现出文明礼貌、乐于助人和保护环境的意识与行为；具有好奇心、求知欲和探险欲	学生在体能与定向运动学练和比赛中自尊自信、意志顽强、积极进取，具有团队精神、集体意识和责任意识，爱护和帮助同学；能在定向游戏和比赛中遵守规则、尊重裁判、尊重对手和自己，接受比赛结果，表现出公平竞争的意识；具有探索精神	学生能在体能与定向运动学练和比赛中保持良好的心态，表现出勇于挑战、超越自我、勇敢顽强、坚忍不拔的体育精神；能诚信自律、公平公正、规则意识强，能正确看待比赛胜负；具有团队精神、集体荣誉感，表现出良好的角色意识、责任意识和包容心；初步形成独立自主、果断决策、知错即改的行为习惯；形成一定的批判性思维意识和习惯

（三）高中阶段定向运动课程目标

按照《普通高中体育与健康课程标准（2017年版2020年修订）》的规定，在高中阶段，定向运动课程属于必修选学模块课程。依据我国学校定向运动发展现状和趋势，大多数学校只适宜开设1~3个定向运动基础性模块。我们以三个模块为基础，围绕着体育与健康核心素养，以发展体能、运动技能和提高运动认知，养成锻炼习惯、情绪调控和适应能力，培养积极进取，遵守规则和良好社会责任感的体育品德为重点，提出定向运动课程模块1、2、3的课程建设目标（表4-2）。

二、大学体育定向运动课程目标

大学体育定向运动课程目标应根据中共中央办公厅、国务院办公厅印发的《关于全面加强和改进新时代学校体育工作的意见》以及教育部印发的《高等学校课程思政建设指导纲要》《高等学校体育工作基本标准》《全国普通高等学校体育课程教学指导纲要》制定。大学体育定向运动课程的基本目标要以落实立德树人为根本，以社会主义核心价值观为引领，坚持健康第一的教育理念，推动大学生文化学习和体育锻炼协调发展，帮助学生在体育锻炼中享受乐趣、增强体质、健全人格、锤炼意志，培养运动能力、健康行为、体育品德等体育与健康学科核心素养，培养学生定向思维与批判性思维习惯和能力，促进学生身心健康全面发展，增强综合素质。大学体育中定向运动课程的具体目标应在基本目标的基础上，根据学校办学定位、办学特色和大学体育课程实施模式、当地定向运动发展状态、学校及其周边定向运动课程资源与开发条件编制。

（一）运动能力目标

学生体能水平全面提高，达到相应年龄段《国家学生体质健康标准（2014年修订）》；能够完成相当于青少年定向运动技能等级标准六级及以上的定向路线；能够独立制订和实施定向运动锻炼计划，并对练习和活动效果做出合理的评价；能独立设计适宜的校园和公园定向路线，制作校园和公园定向地图；能合作完成校园定向比赛的组织和裁判工作；具有一定的定向比赛赛后分析与分享能力；能将掌握的定向技能运用到日常生活和其他课程的学习中。

表 4-2 高中阶段定向运动课程目标

一、运动能力：发展体能、定向运动技能和提高定向运动认知		
模块 1	模块 2	模块 3
1. 基础知识与基本技能 学生能够在陌生的简单地形中熟练地标定地图、折叠地图和拇指辅行，理解地图符号和颜色与通过性、可跑性、通视性的关系，理解等高线表示地貌的原理；能正确判读简单的等高线特征，利用指北针和读图进行简单导航，包括利用简单的等高线特征导航；掌握简单地形中主要路线选择技能和路线执行技能；初步形成定向思维的意识和习惯；了解国际和国内定向运动发展现状 2. 技战术运用 学生能在陌生的地形中完成相当于《青少年定向运动运动技能等级标准》五级水平的定向路线；能将掌握的定向技能运用到日常生活和其他课程的学习中 3. 专项体能 学生能独立组织与开展体能练习，体能水平继续提高并保持，达到相应年龄段《国家学生体质健康标准（2014 年修订）》的合格及以上水平	1. 基础知识与基本技能 学生能够在陌生的一般地形中熟练地标定地图、折叠地图和拇指辅行，根据地图准确地预判现地的地形特征、通过性、可跑性、通视性，寻找出多条有效路线，并合理评估做出路线决策；能够利用指北针概略导航通过短路段到达拦截特征，利用丘陵、山脊、大山凹和山凸短距离导航；形成定向思维的意识和习惯；较全面地了解国际和国内定向运动发展现状 2. 技战术运用 学生能在陌生的地形中完成相当于《青少年定向运动运动技能等级标准》六级水平的定向路线；能将掌握的定向技能熟练地运用到日常生活和其他课程的学习中 3. 专项体能 学生能结合定向运动各项目的体能特征独立组织与开展体能练习，体能水平继续提高并保持，达到相应年龄段《国家学生体质健康标准（2014 年修订）》的合格及以上水平	1. 基础知识与基本技能 学生能够在陌生的地貌和植被特征丰富的地形中熟练地标定地图、折叠地图和拇指辅行，根据地图较准确地预判现地的地形特征、通过性、可跑性、通视性，寻找出多条有效路线，并选择出最适合自己的路线；能够利用指北针概略导航通过短路段到达拦截特征，利用丘陵、山脊、大山凹和山凸短距离导航，正确地运用重新定位技术；具备一定的定向思维能力；理解国际和国内定向运动发展现状 2. 技战术运用 学生能在陌生的地形中完成相当于《青少年定向运动运动技能等级标准》七级水平的定向路线；能在日常生活和其他课程的学习中灵活运用掌握的定向技能 3. 专项体能 学生能根据个人的定向运动发展目标独立设计和实施个人体能发展计划，并对计划实施的效果做出合理的评价；体能水平继续提高并保持，达到相应年龄段《国家

续表

一、运动能力：发展体能、定向运动技能和提高定向运动认知		
模块 1	模块 2	模块 3
4. 展示或比赛 学生能掌握基本的参赛知识和技能，主动参加校级定向运动活动或比赛；能在教师的引导下运用情绪调控的方法缓解比赛中的紧张情绪；能从多个角度进行简单的赛后分析与分享 5. 路线设计 学生能够用路线设计软件设计结构和功能完整，具有一定挑战性的路线 6. 地图制作 学生能理解基本的定向地图制图综合理论，制作出简单的校园定向地图 7. 规则与裁判方法 学生能掌握定向运动比赛的主要规则和要求；能公平公正地组织或参与组织简单的班际定向比赛，并胜任裁判工作 8. 观赏与评价 学生能做到每学期通过现场或多种媒体观看不少于 8 场定向运动比赛，并能对活动组织和获胜者的技战术安排进行简单的分析和评价	4. 展示或比赛 学生能掌握主要的参赛知识和技能，愿意参加校外定向运动活动或比赛，能在教师的引导下运用情绪调控的方法缓解比赛中的紧张情绪；能从个人体验、技战术、体能和心理等多个角度进行简单的赛后分析与分享 5. 路线设计 学生能够设计出难度基本符合《青少年定向运动技能等级标准》五级难度的路线 6. 地图制作 学生能掌握基本的定向地图制图综合理论，制作出简单的公园和村落定向地图 7. 规则与裁判方法 学生能熟练掌握定向运动比赛的主要规则和要求；能公平公正地组织或参与组织简单的校园定向比赛，并胜任裁判工作 8. 观赏与评价 学生每学期通过现场或多种媒体观看不少于 8 场定向运动比赛，并能对活动组织和获胜者的技战术安排进行合理、简单的	学生体质健康标准（2014 年修订）》的合格及以上水平 4. 展示或比赛 学生能掌握主要的参赛知识和技能，主动参加校外定向运动比赛，能主动运用情绪调控的方法缓解比赛中的紧张情绪；能从个人体验、技战术、体能和心理等多个角度进行综性的赛后分析与分享 5. 路线设计 学生能够设计出难度符合《青少年定向运动技能等级标准》六级难度的路线 6. 地图制作 学生能掌握主要的定向地图制图综合理论，制作出质量良好的简单的公园和村落定向地图 7. 规则与裁判方法 学生能够灵活运用定向运动比赛规则；能公平公正地组织或参与组织校园定向比赛，并胜任裁判工作 8. 观赏与评价 学生每学期通过现场或多种媒体观看不

续表

一、运动能力：发展体能、定向运动技能和提高定向运动认知		
模块 1	模块 2	模块 3
	分析和评价	少于 8 场定向运动比赛，并能对活动组织和获胜者的技战术安排进行较全面的分析和评价
二、健康行为：养成定向运动锻炼习惯、情绪调控和适应能力		
模块 1	模块 2	模块 3
学生能在不同的自然环境中坚持定向运动锻炼，能运用体育锻炼中的一些自我测评和监控的方法；主动参加校级定向活动和比赛，在活动中遇到挫折时能积极调控情绪，保持情绪稳定；能注意防范定向运动中的安全隐患，具备一定的定向运动损伤预防能力，能简单处理自己或他人的运动损伤；能描述一些减轻压力、缓解焦虑、预防抑郁等的方法，并在定向运动和生活中运用，表现出积极应对挫折和失败的能力，乐于交往与分享，愉快地生活	学生能在不同的环境中坚持定向运动锻炼，能运用体育锻炼中的一些自我测评和监控的方法；愿意参加校外定向活动和比赛，在活动中主动地调控情绪以有效应对活动中可能遇到挫折；能合理防范定向运动中的安全隐患，科学预防定向运动损伤，能在生活和定向运动中灵活运用一些减轻压力、缓解焦虑、预防抑郁等的方法，表现出不怕挫折和失败，乐观开朗，善于交往与分享能力	学生能在不同环境中科学地进行定向运动锻炼，养成良好的定向运动锻炼习惯和环境保护习惯；能够主动地参与校内外定向运动活动和比赛，形成良好的定向运动安全意识和防范能力，能设计出合理的定向运动安全风险应对预案；能将定向活动中经历的挫折和失败看作进步和通向成功的必然经历，情绪稳定、乐观开朗，善于交往和分享，身心健康状态明显提高，提高生存和生活的能力

续表

三、体育品德：培养积极进取，遵守规则和良好社会责任感的体育品德		
模块 1	模块 2	模块 3
学生在体能与定向运动学练、活动与比赛中能保持良好的心态，表现出勇于挑战、超越自我、勇敢顽强、坚忍不拔的体育精神；诚信自律、公平公正，规则意识强，能正确看待比赛胜负；具有团队精神、集体荣誉感，表现出良好的角色意识、责任意识和包容心；初步形成独立自主、果断决策、知错即改的行为习惯；初步形成一定的批判性思维意识和习惯	学生在体育活动和比赛中能保持良好的心态，表现出勇于挑战、超越自我、勇敢顽强、坚忍不拔的体育精神；诚信自律、公平公正，规则意识强，能正确看待比赛胜负；具有团队精神、集体荣誉感，表现出良好的角色意识、责任意识和包容心；形成独立自主、果断决策、知错即改的行为习惯；形成一定的批判性思维意识和习惯	学生能在体育活动、日常生活和学习中自尊自强，具有积极探索、勇敢顽强、积极进取、挑战自我、追求卓越的精神；遵守规则、诚信自律，具有公平竞争、自我竞争的意识和行为；正确对待成功和失败，表现出团队合作与负责任的行为，包容豁达；文明礼貌，尊重自己、他人和自然环境，能够主动帮助和支持他人；具备一定的批判性思维能力

（二）健康行为目标

案例：大学体育定向运动课程（选项）教学大纲

学生树立健康第一、环保优先的理念，能够积极主动地参与校内外定向运动活动，养成良好的锻炼习惯和环境保护习惯，形成良好的安全意识和防范能力；情绪稳定、包容豁达、乐观开朗、善于交往、乐于分享，具备在不同环境中坚持锻炼的能力；改善身心健康状态，提高生存和生活的能力。

（三）体育品德目标

案例：休闲体育专业定向运动课程教学大纲

学生能够自尊自强，具有积极探索、勇敢顽强、积极进取、挑战自我、追求卓越的精神；遵守竞赛规则、诚信自律，具有公平竞争的意识和行为；正确对待比赛的胜负，以自我竞争的理念参加比赛，并分享比赛过程和比赛结果，表现出团队合作与负责任的行为；文明礼貌、尊重自己、他人和自然环境，能够主动帮助和支持他人；形成批判性思维习惯和能力，能够将课堂中的品德表现转移到日常学习和生活中去。

三、高校体育类专业定向运动课程目标

案例：体育教育专业定向运动课程（选修）教学大纲

案例：运动训练专业定向运动课程教学大纲

高校体育类专业课程定向运动课程目标应根据教育部印发的《高等学校课程思政建设指导纲要》《普通高等学校本科专业类教育质量国家标准》、学校办学定位、学校专业《人才培养方案》和学校定向运动课程资源及其开发条件编制。在设计课程思政目标时，尤其要关注学生职业情怀和教育情怀的培养，帮助学生树立健康第一、环保优先的教育理念和正确的自然观、生命观、职业观；培养学生的职业荣誉感、使命感和顽强拼搏、奋斗有我的信念以及提升全民族身体素质的责任感；使学生养成良好的师德师风以及务实笃行、细心和耐心的学习与工作态度。

第三节 定向运动课程内容

案例：体育旅游管理专业定向运动课程教学大纲

定向运动课程内容是定向运动课程的基本要素，包括课程内容与课程内容的组织两个方面，是定向运动课程目标的具体表达，也是实现定向运动课程目标的手段，影响着课程实施与评价的方式。

一、课程内容

案例：社会体育专业定向运动课程教学大纲

幼儿定向运动课程内容

中小学及大学定向运动课程的内容涉及 8 个方面。定向运动课程具体内容的选取取决于定向运动课程的类型、性质和对象。

(一) 知识和技能板块

定向运动知识、技能与运用，包括基本规则及其运用板块。该板块注重发展学生定向运动能力、培养学生热爱运动、终身锻炼的意识，帮助学生形成批判性思维意识和习惯；引导学生了解世情国情党情民情，增强对党的创新理论的政治认同、思想认同、情感认同，坚定“四个自信”，领悟和自觉践行社会主义核心价值观。

(二) 体能板块

定向运动相关体能知识和体能学练板块。该板块注重发展学生身体素质，提高体能，增强学生体质，培养热爱运动、终身锻炼的意识。

(三) 健康教育板块

定向运动相关健康知识、技能与运用板块。该板块注重引导学生树立健康第一，环保优先的理念，形成安全意识和健康生活方式，培养学生亲社会行为，促进学生身心协调发展。

(四) 路线设计板块

路线设计知识、技能与运用板块。该板块注重培养学生活动策划能力，培养学生自我导向，合理规划未来人生的意识。

(五) 教学板块

定向运动教育教学知识、技能与运用板块。该板块注重职业素养、师德师风教育，引导学生树立落实立德树人根本任务、健康第一的理念，建立环境保护意识，激发学生提升全民族身体素质的责任感。另外，也可以在中小学定向课程中介绍定向运动教学内容，以帮助他们更好地在俱乐部或社团中开展教学。

(六) 训练板块

定向运动训练知识、技能与运用板块。该板块注重爱国主义和集体主义教育，培养学生正确面对成功与失败以及顽强拼搏、奋斗有我的信念。训练板块涉及三个方面：一是专业课程中的训练理论与方法；二是中小学课程中的训练；三是学生学习如何组织训练。

（七）活动组织与裁判板块

定向运动活动组织与裁判知识、技能与运用板块。该板块注重帮助学生牢固树立规则意识和法治观念，学会运用规则、制度和法律解决遇到的问题，提高法治思维和用法治方式维护自身权利的意识和能力，培育和践行社会主义核心价值观。

（八）地图测绘板块

定向地图测绘知识、技能与运用板块。该板块注重中华优秀传统文化教育，培养学生领土意识、主权意识、保密意识、规范意识和工匠精神。

在以上 8 个板块内容的学习中，都要关注学生体育品德培养。

二、课程内容的组织

中小学及大学定向运动课程内容的组织可以从横向和纵向两个维度来考虑。

（一）定向运动课程内容的横向组织

幼儿园定向运动课程内容的组织

定向运动课程内容的横向组织主要是指定向运动课程内容各板块的横向组织结构呈以定向运动知识和技能板块为中心向外辐射的组织结构。图 4-1 中知识技能板块、体能板块、健康教育板块和路线设计板块构成了定向课程内容组织的基本结构。定向运动课程内容的设计应以此为基础，参照该模型构建适合其课程需求的内容组织结构。课堂教学应围绕知识技能板块将体能和健康教育板块的内容整合为一体，并将路线设计板块的内容适当地融入其中。主要的整合路径：一是运用知识技能和健康板块解决定向知识技能学习中遇到的基本运动技能、体能和健康问题，并生成相关课程内容；二是在知识技能板块的教学中，安排适宜的动作和体能发展练习。其他板块根据课程目标和/或学习对象的需求进行安排。教学、训练板块与地图测绘板块的位置和顺序应根据课程的需求特征进行调整。此外，在所有内容板块中都要渗透课程思政。

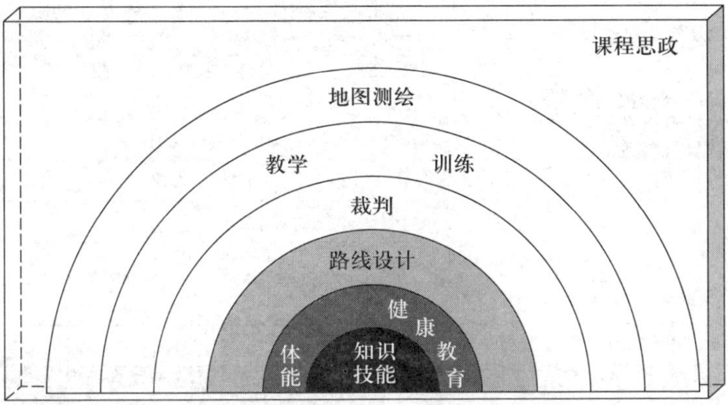

图 4-1 定向运动课程内容板块的横向组织结构模型

(二) 定向运动课程内容的纵向组织

定向运动课程内容的纵向组织主要是指定向运动知识和技能板块的组织结构。该结构中，定向运动知识和技能按进阶方式（即知识和技能学习、发展的顺序与水平）呈阶梯式分层分级结构（图 4-2 上）。该结构按难度水平分为若干层次，用不同的颜色表示，故称为彩色进阶体系（简称“色阶体系”）。色阶体系中每个层次内按技能学习与发展顺序分为若干级，例如，瑞典定向协会根据瑞典国家体育课程目标开发的中小学定向运动课程框架。图 4-2 中定向知识和技能的学习和掌握呈螺旋上升。小学在熟悉的环境中学习和应用技能。初中先在熟悉的环境中学习绿色和白色技能，再在陌生的环境中应用白色技能，然后回到熟悉的环境学习黄色技能，再到陌生的环境中应用技能。高中技能的学习和应用都在陌生的环境中进行。其中，熟悉的地形环境指校园及其邻近区域，陌生的环境指校园附近具有郊野特征的林地环境。

定向运动发达国家开发的定向运动课程内容的纵向组织结构基本相同，主要差异在于技能发展序列分层和分级的精细化程度不同和对最终技能发展水平的期望不同，以及各层次的颜色代码不同。需要注意的是，对于指北针的教学存在着两种明显不同的观点，一种观点主张从小学阶段一开始就介绍用指北针标定地图的方法，另一种观点则主张到初中或初中以后才将用指北针标定地图的方法加入课程中。

另外，定向运动其他板块的内容也可以按进阶结构进行组织，如地图测绘板块的内容可以按简单校园地图测制、短距离定向地图和野外定向地图测制的进阶结构进行组织。

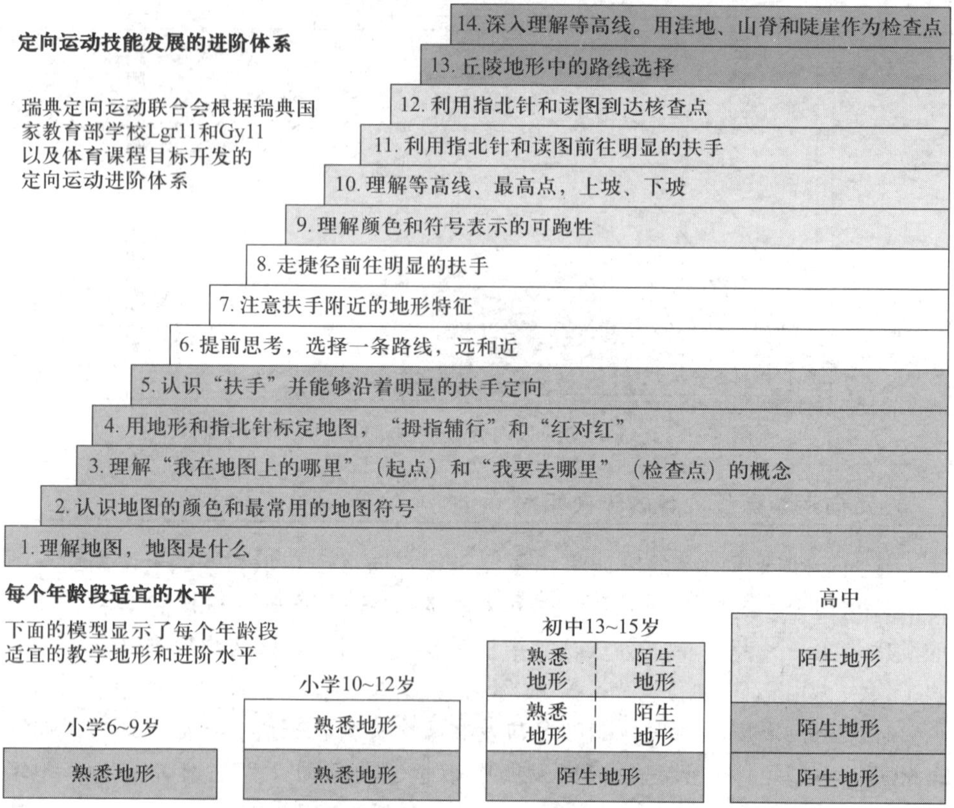

上图：定向运动技能学习与掌握的色阶体系；下图：每个年龄段适宜的水平

图 4-2 瑞典定向运动协会中小学定向运动课程框架

（引自：Andersson G. ORIENTEERING AT SCHOOL AGES 6-15（2th ed）. Australia：Str8 Compasses，www.str8compass.com；Norway：EMIT AS，www.emit.no，2020.）

查看本图彩图

第四节 定向运动课程实施

定向运动课程实施是将定向运动课程方案付诸实践的过程，是实现定向运动课程教育价值的关键与核心。课程的实施是一个动态过程，是一个理解与对话过程。在定向运动课程实施过程中，应根据实际情境对课程目标、内容与组织进行调适、创生。

一、定向运动课程实施的路径

图 4-3 中显示了中小学及大学定向运动课程的实施框架，定向运动课程

实施的主要路径包括定向运动课堂教学和围绕定向运动课堂教学开展的课外定向运动训练、课外（校内、校际和校外）定向活动或比赛、定向运动应用实践，定向运动兴趣班或社团课程、其他课程中的定向运动课程、跨学科定向运动课程、定向运动家庭作业以及隐性的校园定向文化。在课程实施的全过程中都应渗透课程思政。

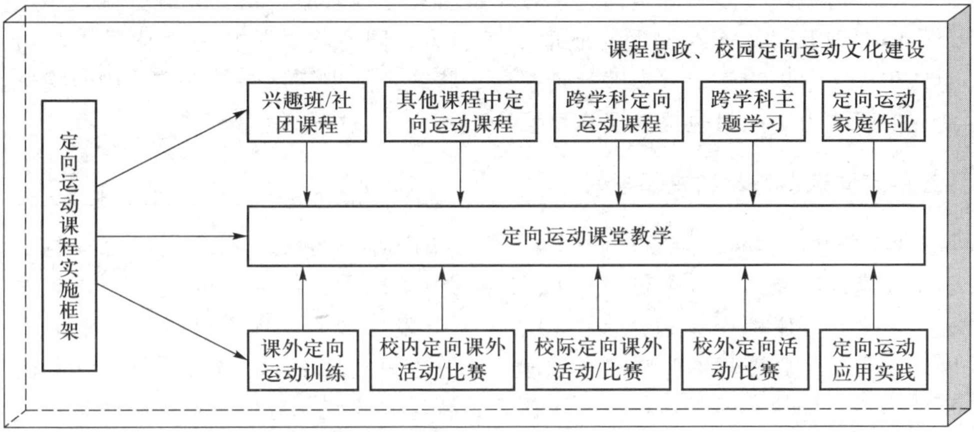

图 4-3　定向运动课程实施框架

（一）定向运动课堂教学

定向运动课堂教学是定向运动课程实施的核心路径。定向运动课堂教学的核心任务是通过学、练、赛，帮助学生掌握定向运动基本知识和技能、相关健康知识和技能，发展体能，培养体育品德。

（二）定向运动兴趣班或社团课程

定向运动兴趣班或社团课程是定向运动课程实施的主要路径，是定向运动课堂教学的有益补充，可以拓展定向运动教学内容，帮助实现分层教学。在课堂教学中难以有效完成的路线设计，地图制作，活动策划、组织和裁判知识与技能的学习和运用以及课余训练，都可以通过定向运动兴趣班或社团课程完成。

（三）课外定向运动训练、比赛或定向活动

课外定向活动主要包括课外定向运动训练、校内和校外定向活动和比赛、班队活动和学生干部培训中的定向活动以及生活活动中的定向技能应用实践。课外定向运动训练可以单独组织，但更多的是以兴趣班、社团或俱乐部课程的形式进行；生活活动中的定向技能应用实践通常以研学和主题活动的形式进

行。课外定向活动的主要任务是，贯通教、学、练、赛、用，掌握定向运动技能，形成运动爱好，为终身定向运动奠定基础。

（四）其他课程中的定向运动活动与教学

指向地理实践力的《定向越野》校本课程开发

其他课程中的定向运动活动与教学主要是地理课程的定向运动教学与活动。如指向地理实践力的定向运动校本课程基于地理学视角，充分挖掘定向运动中的地理元素，培养学生的地理实践能力，同时将学校特色文化融入学习中，积极为学生构建户外实践活动平台，将地理知识活用到自然实践中，提升地理实践能力，同时也提高了在生活中应用定向技能的能力。

（五）定向运动跨学科主题学习

中学定向越野地理实践活动的设计原则及推广策略

《义务教育体育与健康课程标准（2022 年版）》指出，跨学科融合一直是学生提高运动能力、学习健康知识和传承中华优秀传统体育的重要方式和途径。体育与健康课程应融合多门课程，充分发挥育人功能，促进学生全面发展。体育与健康课程的跨学科主题学习部分主要立足于核心素养，结合课程的目标体系，设置有助于实现体育与德育、智育、美育、劳动教育和国防教育相结合的多学科交叉融合的教学内容。定向运动跨学科主题学习可以在课内，也可以在课外进行。课外的路径主要有研学旅行活动、班队活动、学生干部培训、兴趣班课程和社团或俱乐部课程。

（六）跨学科定向运动课程

人在地上走，指在图上移——关于"主题式野外定向运动"的实践与体验

跨学科定向运动课程是将定向运动课程与其他课程结合起来一起实施。如英国有中小学将定向运动课程和数学、语言等课程结合在一起实施，在定向运动课程教学过程中开展数学和语言课堂教学，或在数学、语言等课程教学中开展定向运动教学，还可以在大课间开展跨学科定向运动。

（七）定向运动家庭作业

定向运动家庭作业的主要形式包括路线设计、定向地图测制、参加或观赏定向比赛、分析比赛结果、组织或参与家庭定向运动游戏和比赛等。

二、定向运动课程实施的要求

校园主题定向运动的教学设计与探索

（一）以学生为中心

以学生为中心，是指改变以教师、教材和课堂为中心的传统模式，在定向

课程实施过程中以学生的身心发展、体育与健康学科核心素养发展为中心，以学生的定向运动专项技能的学练和掌握为中心，以学生的学习效果为中心。对于高校体育类专业定向运动课程，以学生为中心还意味着以学生的专业发展为中心。

（二）以培养体育与健康学科核心素养为导向

体育与健康学科核心素养是体育与健康学科育人价值的集中体现，是立德树人根本任务和健康第一指导思想在体育与健康学科的具体化。以培养体育与健康学科核心素养为导向，是指定向运动课程实施应让教会、勤练和常赛成为常态，通过游戏与比赛等竞争要素，让学生享受竞争与表现的乐趣；通过勤练增强体质；通过渗透社会主义核心价值观教育，培养学生的爱国情怀、社会责任感和良好的个人品质；通过全员参与的体育竞赛活动，培养学生的集体荣誉感，塑造活泼开朗、与人为善、团结协助、遵守规则等良好品格，促进学生身心健康与人格健全；通过定向课程实施，帮助学生掌握定向运动技能。培养学生不畏困难、不怕吃苦、不惧失败的意志品质，使学生在知识、能力、行为、健康诸方面得到全面提升。

（三）注重学科融合与课程思政

注重学科融合与课程思政，是指在定向运动课程的实施过程中，应充分发挥定向运动的融通性，通过情境式跨学科主题教育教学活动，以润物细无声的方式塑造学生的价值观，培养学生在生活、学习和实践中运用定向运动技能的能力。

定向运动课程思政教学设计示例

（四）根据学段特征组织课程实施

小学阶段定向运动课程的实施应突出趣味化，融合基本动作技能和基本运动技能的学习和练习，以定向游戏为主要形式。初中学段定向运动课程的实施应考虑引入定向运动社团或俱乐部课程，促进定向运动课程内容的多样化，提高学生的学习兴趣和学习效果。高中学段定向运动课程的实施应通过定向运动社团或俱乐部课程满足学生的运动兴趣和专项化发展需求。大学体育定向运动课程的实施应实现课内课外、校内校外一体化。此外，还需要通过各种方法和途径鼓励各学段的学生积极参加校外定向活动或比赛。

（五）开展多元性评价

在定向运动课程的实施过程中应注重“知识、能力、行为、健康”综合评价指标体系的建立，从语言表达（是否能说出）、动作表现（是否能做对）、能力体现（是否会用）等多方面检验课程实施效果。同时，评价主体和评价形式也应多样化，实现师评、自评、互评相结合，终结性评价、形成性评价和即时评价相结合。

三、定向运动课程实施的注意事项

（一）安全第一，环保优先

定向运动课程的实施始终要把安全放在首位，同时优先考虑尽可能降低对生态环境的伤害。可以采取以下措施降低定向运动课程实施的安全风险和对生态环境的影响。

1. 加强安全和环保教育，提高学生的安全意识、安全技能和环保意识

定向运动课程实施最大的特点是学生的运动状态不可视，教师或活动组织者难以对学生进行安全和环保方面的指导与帮助，安全和环保风险的预防和规避主要取决于学生的安全意识、安全技能和环保意识。因此，在课程实施过程中，应加强学生的安全和环保教育，提高学生的安全意识、安全技能和环保意识。

2. 加强动态管理、闭环管理和安全监控

加强动态管理是指通过各种途径随时把握学生出发、返回、活动的动态信息，及时发现可能出现的安全风险。加强闭环管理是指强化对学生进入和离开活动区的管理，通过签到、检录和出发三个环节准确把握学生的出发信息，通过中途退赛、完赛和签退管理准确把握返回学生的信息，保证不遗漏任何学生。如果有条件，应该为参加活动或比赛的学生配备安全监控设备。

3. 通过路线设计引导学生避开危险区和环境敏感区

在每次活动前，教师应组织学生对活动区的安全风险和环保风险进行评估，明确场地中可能存在安全风险和环保风险的区域，通过路线设计引导学生避开危险区和环境敏感区。

4. 循序渐进组织定向运动课程的实施

循序渐进组织定向运动课程实施是指课程实施环境、组织形式和活动难度都要循序渐进。课程实施的环境应由熟悉的环境逐步拓展到相对熟悉和不熟悉的环境，由校园逐步拓展到公园、村落和野外，由较小的区域逐步扩展到较大的区域；由多人一起活动逐步过渡到独立活动或分工协作活动；活动难度要按技能进阶体系系统地递增，以确保课程实施的安全性。

5. 提供安全方位

安全方位是指可以引导迷路或受伤的定向活动参与者借助指北针直接到达道路、主要小路或有人（当地居民、教师或教练、活动工作人员）的地方的方位或方向。在每次定向活动前都应限定一个明确的活动边界，提供一个明确的安全方位并保证相关信息能准确无误地传达到每一位活动参与者。

（二）重视组织效率

间隔出发是定向运动最常见的出发组织形式，组织效率低。为了保证适宜的运动密度和运动强度，定向运动课程实施可通过以下措施提高出发组织效率。

1. 提供多条短路线

将学生分为多个异质小组，提供多条难度不同的短路线，不但可以缩短组织出发的时间，也可以更好地满足学生的需要。另外，还可以通过正序和逆序路线，提高出发组织效率。

2. 采用集体出发

对既可以采用集体或分批集体出发，又可以采用间隔出发的活动项目，尽可能采用集体出发的方式组织出发。如积分定向采用集体出发，团队定向采用分批集体出发。

（三）保持定向运动的特征

1. 合理安排活动后或赛后分析与分享

活动后或赛后分析与分享应成为定向运动学、练、赛特有的结构要素。在定向运动课程实施中，不能为了提高运动密度、练习密度放弃或减少活动后赛后分析与分享。可利用智慧学习平台、移动终端进行赛后分析与分享。

2. 合理安排等待时间

定向运动活动中，学生等待的时间比较多，要利用这些时间安排一些与定向运动体能特征互补的“补偿性”体能练习。但要注意的是，要注意避免这些体能练习影响学生等待出发时的心理准备过程。

（四）注意与其他课程学习同步

定向运动知识和技能涉及许多其他学科，特别是数学与地理学科的知识和技能，在定向运动课程实施中，应注意与这些学科课程的实施同步，甚至可以以跨学科课程或跨学科主题学习的形式实施。例如，在数学课程中，比例的学习安排在小学高年级，定向运动中有关比例尺技能的学练应该安排在数学课程中比例的学习期间或之后。在此之前，应该以距离尺的概念向学生传授比例尺的概念。又如，在地理学科中，等高线的学习安排在初中，定向运动中有关等高线技能的学练也应该安排在初中。

第五节 定向运动课程学习评价

定向运动课程评价是根据国家相关教育政策、国家课程标准或指导纲要对定向运动课程及其构成要素的价值、适宜性、有效性进行评估的过程，同时也是一个课程实施质量的监控过程。定向运动课程评价是定向运动课程不断迭代改进的基础。本节仅对课程学习效果评价进行讨论。

一、定向运动课程学习评价原则

（一）全面客观原则

全面客观原则是指对学生学习的评价内容要全面系统，评价结果要客观公正。教师要关注学生在学习过程中的出勤情况、体能发展、技能运用、学习态度、努力程度、合作行为、独立精神、探索精神、意志品质、角色胜任、规则意识、环保意识、分享与包容意识等表现，收集学生在学习过程中的多种信息并做好记录，对学生的学业水平给出全面客观的评价。

（二）综合性原则

综合性原则是指评价方法要综合化，只有综合运用多元化的评价结果才能获得对学生全面、客观的评价。在对学生学习评价的过程中，教师应该将表现性评价、过程性评价和终结性评价相结合，静态评价与动态评价相结合，定量评价和定性评价相结合，绝对评价、相对评价和个体差异评价相结合，学生自评、互补与师生共评相结合，即时评价和延时评价相结合。

（三）激励性原则

激励性原则是指评价的主要目的是激励，评价的诊断、导向、反馈和改进功能都应该为激励提供支持。教师应通过口头、即时通信工具、学习评价表和成绩单等多种形式向学生反馈评价结果并给出合理的激励性建议，以激发和强化学生参与定向运动学练和比赛兴趣。

二、定向运动课程学习评价内容的多元化

定向运动课程学习评价内容的多元化是指学习评价内容的选择应围绕体育与健康学科核心素养，从运动能力、健康行为、体育品德三个方面对学生学习过程中的学习态度、学习行为、阶段性学习成果和最终学习成果进行评价（表 4-3）。

表 4-3　定向运动课程学习评价维度与主要内容

学科核心素养	评价内容要点	评价方法
运动能力	一般体能水平和定向运动专项体能水平；定向运动技能掌握水平；在各种运动情境及日常生活情境中运用定向技能的情况，特别是在陌生的生活和工作环境中准确定位自己的能力等	体能测试、青少年定向运动技能等级测试、自我评价法、教师观察等
健康行为	出勤率和练习积极性；着装情况和准备活动习惯；对待比赛胜负的态度和情绪调控能力；对运动情境适应能力和对团队角色的适应与胜任情况；能够在不同的自然和户外环境中开展各种活动等	出勤与表现的平时记录，教师观察、自评、互评与师生共评等
体育品德	独立克服困难的勇气和信心、正确面对挫折和失败，坚持不懈、积极探索的精神；遵守规则、文明礼貌、尊重自己和他人、诚信自律、分享与包容、乐于助人、公平竞争的意识和行为表现；运动中敢于担当，具有责任感等	教师观察与记录、比赛和活动分享记录、自评、互评与师生共评等

三、定向运动学业质量水平建议

学业质量是学生在完成体育与健康课程某一水平学习后的学业成就表现，是以核心素养为主要维度，结合体育与健康课程内容，对学生学业成就具体表现特征的整体刻画，用以反映课程目标的达成度。

（一）义务教育定向运动学业质量水平建议

在义务教育体育与健康课程标准中，学业质量水平标准是学生完成某一水平学习后的合格标准。我们参照新兴体育类运动各水平的学业质量描述提出义务教育定向运动课程各水平学业质量建议，如表 4-4 所示。

表 4-4 义务教育定向运动课程学业质量水平建议

对应水平目标	学业质量建议
水平二	1. 学生能复述定向运动和地图的定义，能识别定向地图的颜色和最常用符号，判读简单的检查点说明表；举例说明我在哪里，我要去哪里的概念；参与班内定向游戏和比赛，并表现出用实地地物特征标定地图，用手指辅助定位的行为；能在教师的引导下进行赛后分享，说出标定地图、手指定位、扶手等术语。 2. 学生能在熟悉的环境中完成相当于《青少年定向运动运动技能等级标准》二级水平的定向路线 3. 学生能复述定向运动的体能需要和简单的练习方法，能在教师指导下参与体能练习，体能达到相应年龄段《国家学生体质健康标准（2014 年修订）》的合格水平 4. 学生能做到每学期通过现场或多种媒体观看不少于 8 场定向运动游戏和比赛 5. 学生能说出定向运动的安全和环保注意事项，具备定向运动的安全和环保意识 6. 乐于参加定向运动的学练，积极与同伴进行交流、分享与合作，表现出稳定的情绪 7. 学生能按照规则和要求参与定向运动游戏和比赛，挑战自我，表现出不畏困难、关心同伴的意志品质和保护环境的意识与行为；能指出定向运动游戏与比赛中违反规则的行为；具有好奇心、求知欲和探险欲 8. 学生能做到每周运用定向运动技能进行 3 次（每次至少 0.5 小时）课外体育锻炼 9. 学生能够手动设计结构完整的路线，包括写出简单的检查点说明，并能为自己的路线设置检查点 10. 学生能说出定向运动的发源和 3 条定向运动对个人发展的价值
水平三	1. 学生能参与班内定向游戏和比赛，并表现出标定地图、折叠地图、拇指辅行的行为；主动进行赛后分享，说出扶手、攻击点、拦截和走捷径、路线选择、定向运动金规、提前思考等术语，能举例说明定向运动金规和简单的路线选择原则。能组织或参与组织基本符合公平公正要求的班级定向游戏和比赛，并胜任裁判工作 2. 学生能在熟悉的环境中完成相当于《青少年定向运动运动技能等级标准》三级水平的定向路线 3. 学生能独立参与体能练习，体能水平进一步提高，达到相应年龄段《国家学生体质健康标准（2014 年修订）》的合格水平

续表

对应水平目标	学业质量建议
水平三	4. 学生能做到每学期通过现场或多种媒体观看不少于 8 场定向运动比赛，并能对比赛路线和获胜者的路线选择进行简要评价 5. 学生能安全和环保地进行定向运动，简单处理运动损伤，具有一定的环境保护意识和习惯 6. 学生能在定向运动活动或比赛中主动与他人交往、合作、分享自己的技术运用过程和体验；遇到挫折和失败时保持情绪稳定；适应活动或比赛环境并表现出较强的环境保护意识和习惯 7. 学生能主动参与体能与定向运动学练、学校或社区定向运动活动或比赛，并表现出自尊自信、意志顽强、积极进取，具有团队精神、集体意识和责任意识、关心同伴的意志品质和保护环境的意识与行为；具有团队精神、集体精神和社会责任感；能在定向游戏和比赛中遵守规则、尊重裁判、尊重对手和自己，接受比赛结果，表现出公平竞争的意识；具有探索精神 8. 学生能做到每周运用定向运动技能进行 3 次（每次 1 小时左右）课外体育锻炼 9. 学生能够手动设计结构和功能完整的路线，并能准确计算路线和路段长度，设置检查点 10. 学生能制作出比例尺不小于 1∶1 000 的简单校园定向地图
水平四	1. 学生能够参与在陌生的简单地形中举行的定向运动活动或比赛，并表现出标定地图、折叠地图和拇指辅行的行为；能主动从多个角度进行简单的赛后分析与分享，使用攻击点、扶手、拦截、可跑性、通视性、逆向思维、提前计划、决策点、指北针导航、等高线导航等术语；能组织或参与组织基本符合公平公正要求的班际定向比赛，并胜任裁判工作 2. 学生能在陌生的地形中完成相当于《青少年定向运动运动技能等级标准》四级水平的定向路线 3. 学生能独立组织与开展体能练习，体能达到相应年龄段《国家学生体质健康标准（2014 年修订）》的合格水平 4. 学生能做到每学期通过现场或多种媒体观看不少于 8 场定向运动比赛，并能对活动组织和获胜者的技战术安排进行简单的分析和评价 5. 学生能在不同的自然环境中参与体能和定向运动学练，并对运动负荷进行自我测评和监控；能注意防范定向运动中的安全隐患，具备一定的定向运动损伤预防能力，能简单处理自己或他人的运动损伤 6. 学生能在教师的引导下运用情绪调控的方法缓解比赛中的紧张情绪；在活

续表

对应水平目标	学业质量建议
水平四	动中遇到挫折时能积极调控情绪，保持情绪稳定，表现出积极应对挫折和失败的能力；能与同伴融洽相处，善于沟通与合作，乐于交往与分享；能从多个角度进行简单的赛后分析与分享 7. 学生能在体能与定向运动学练、学校或社区定向活动或比赛中保持良好的心态，表现出勇于挑战、超越自我、勇敢顽强、坚忍不拔的体育精神；具有团队精神、集体荣誉感，表现出良好的角色意识、责任意识和包容心；表现出独立自主、果断决策、知错即改的行为和一定的批判性思维意识和习惯；能遵守规则、尊重裁判、尊重对手和自己，正确看待比赛胜负，表现出诚信自律、公平公正竞争的意识 8. 学生能做到每周运用定向运动技能进行 3 次（每次 1 小时左右）课外体育锻炼 9. 学生能够用路线设计软件设计结构和功能完整，具有一定挑战性的路线 10. 学生能制作出经过简单取舍的简单校园定向地图

（二）普通高中定向运动学习质量水平建议

在高中体育与健康课程中，必修选学部分的学业质量水平是指学生在选学完运动技能系列内容（共 10 个模块）后应达到的学科核心素养发展要求。学业质量水平划分为五级，水平二是合格要求。我们参照高中体育与健康课程标准中体育与健康学科核心素养水平划分，提出高中定向运动学业质量水平建议，如表 4-5 所示。学完三个模块后，优秀的学生应该可以达到水平三的要求，部分优秀的学生可以达到水平四的要求。

表 4-5 高中定向运动课程学业质量水平建议

水平	学业质量建议
水平一	1. 学生能参与在陌生的简单地形中举行的定向运动活动或比赛，表现出标定地图、折叠地图和拇指辅行的行为；能在教师指导下进行简单的赛后分析与分享 2. 学生能在陌生的地形中完成相当于《青少年定向运动运动技能等级标准》四级水平的定向路线 3. 学生能在教师的指导下参与一般体能和定向运动专项体能练习 4. 学生能做到每学期通过现场或多种媒体观看不少于 4 场定向运动比赛

续表

水平	学业质量建议
水平一	5. 学生能在教师提醒下注意防范定向运动中的安全隐患 6. 学生能在教师的引导下运用情绪调控的方法缓解比赛中的紧张情绪；在活动中遇到挫折时能调控情绪，能保持一定的情绪稳定 7. 学生能在体能与定向运动学练，班内、班际定向活动或比赛中面对困难时，不惧困难；具有团队精神、集体荣誉感和角色意识；能遵守规则，尊重裁判 8. 学生能做到每周运用定向运动技能进行 1 次课外体育锻炼
水平二	1. 学生能够参与在陌生的简单地形中举行的定向运动活动或比赛，并表现出标定地图、折叠地图和拇指辅行的行为；能主动从多个角度进行简单的赛后分析与分享，使用攻击点、扶手、拦截、可跑性、通视性、决策点、指北针导航、等高线导航等术语；能参与组织基本符合公平公正要求的班际定向比赛，并胜任裁判工作 2. 学生能在陌生的地形中完成相当于《青少年定向运动运动技能等级标准》五级水平的定向路线 3. 学生能独立组织与开展体能练习，体能达到相应年龄段《国家学生体质健康标准（2014 年修订）》的合格水平 4. 学生能做到每学期通过现场或多种媒体观看不少于 6 场定向运动比赛，并能对活动组织和获胜者的技战术安排进行简单的分析和评价 5. 学生能在不同的自然环境中参与体能和定向运动学练，并对运动负荷进行自我测评和监控；能注意防范定向运动中的安全隐患，具备一定的定向运动损伤预防能力，能简单处理自己或他人的运动损伤 6. 学生能在教师的引导下运用情绪调控的方法缓解比赛中的紧张情绪；在活动中遇到挫折时能积极调控情绪，保持一定的情绪稳定；能与同伴融洽相处，乐于交往与分享 7. 学生能在体能与定向运动学练、学校定向活动或和比赛中保持良好的心态，表现出勇于挑战的体育精神；具有团队精神、集体荣誉感，表现出一定的角色意识、责任意识和包容心；能遵守规则、尊重裁判、尊重对手和自己，正确看待比赛胜负，表现出诚信自律、公平公正竞争的意识 8. 学生能做到每周运用定向运动技能进行 2 次（每次 1 小时左右）课外体育锻炼 9. 学生能够用路线设计软件设计结构和功能完整，具有一定挑战性的路线 10. 学生能制作出简单校园定向地图

续表

水平	学业质量建议
水平三	1. 学生能参与在陌生的一般地形中举行的定向活动或比赛，并表现出熟练地标定地图、折叠地图和拇指辅行行为；能主动从个人体验、技战术、体能和心理等多个角度进行简单的赛后分析与分享，使用预判地形特征、通过性、可跑性、通视性、用指北针短距离概略导航，用丘陵、山脊、大山凹和山凸短距离导航以及描述定向思维的术语；能组织或参与组织基本符合公平公正要求的班际定向比赛，并胜任裁判工作 2. 学生能在陌生的地形中完成相当于《青少年定向运动运动技能等级标准》六级水平的定向路线 3. 学生能结合定向运动各项目的体能特征独立组织与开展体能练习，体能达到相应年龄段《国家学生体质健康标准（2014 年修订）》的良好水平 4. 学生能做到每学期通过现场或多种媒体观看不少于 8 场定向运动比赛，并能对活动组织和获胜者的技战术安排进行合理的简单的分析和评价 5. 学生能在不同的环境中坚持体能与定向运动学练，并对运动负荷进行自我测评和监控；能合理防范定向运动中的安全隐患，科学预防定向运动损伤，能在定向运动中运用一些减轻压力、缓解焦虑、预防抑郁等方法 6. 学生能主动参与校外定向活动或比赛，主动地调控情绪以有效应对活动中可能遇到的挫折，表现出不怕挫折和失败、乐观开朗、善于交往与分享的能力 7. 学生能在体能与定向运动学练、学校或社区定向活动或比赛中保持良好的心态，表现出勇于挑战、超越自我、勇敢顽强、坚忍不拔的体育精神；具有团队精神、集体荣誉感，表现出良好的角色意识、责任意识和包容心；表现出独立自主、果断决策、知错即改的行为和一定的批判性思维意识和习惯；能遵守规则，尊重裁判，尊重对手和自己，正确看待比赛胜负，表现出诚信自律、公平公正竞争的意识 8. 学生能做到每周运用定向运动技能进行 3 次（每次 1 小时左右）课外体育锻炼 9. 学生能够设计出难度基本符合《青少年定向运动运动技能等级标准》五级难度的路线 10. 学生能制作出简单的公园和村落定向地图
水平四	1. 学生能参与在地貌和植被特征丰富的地形中举行的定向活动或比赛，并表现出熟练地标定地图、折叠地图和拇指辅行的动作行为；能从个人体验、技战术、体能和心理等多个角度进行综合的赛后分析与分享，准确地使用预判地貌特征、通过性、可跑性、通视性，选择最适合自己的路线，用指北针概略导航通过短路段到达拦截特征，用丘陵、山脊、大山凹和山凸短距离导航，能使用红绿灯、重新定位及描述定向思维的术语；能组织或参与组织公平公正的校园定向比赛，并胜任裁判工作

续表

水平	学业质量建议
水平四	2. 学生能在陌生的地形中完成相当于《青少年定向运动运动技能等级标准》七级水平的定向路线 3. 学生能结合定向运动各项目的体能特征独立组织与开展体能练习，体能达到相应年龄段《国家学生体质健康标准（2014 年修订）》的优秀水平 4. 学生能做到每学期通过现场、网络观看不少于 10 场定向运动比赛，并能对活动组织和获胜者的技战术安排进行合理分析和评价 5. 学生能在不同环境中进行科学锻炼，具有良好的定向运动锻炼习惯和环境保护习惯；具有良好的定向运动安全意识和防范能力，能设计出合理的定向运动安全风险应对预案 6. 学生能主动参加校外定向运动比赛，主动运用情绪调控的方法缓解比赛中的紧张情绪；能将定向活动中经历的挫折和失败看作进步和通向成功的必然经历，情绪稳定、乐观开朗，善于交往和分享，身心健康状态明显提高，提高生存和生活的能力 7. 学生能在体能与定向运动学练、校内外定向活动或比赛中表现出自尊自强，具有积极探索、勇敢顽强、挑战自我、追求卓越的精神；遵守规则、诚信自律，具有公平竞争、自我竞争的意识和行为；正确对待成功和失败，表现出团队合作与负责任的行为，包容豁达；文明礼貌，尊重自己、他人和自然环境，能够主动帮助和支持他人；表现出一定的批判性思维能力 8. 学生能做到每周运用定向运动技能进行 4 次（每次 1 小时左右）课外体育锻炼 9. 学生能设计出难度基本符合《青少年定向运动运动技能等级标准》六级难度的路线 10. 学生能制作出简单公园和村落定向地图
水平五	1. 学生能参与在地貌和植被特征丰富的地形中举行的定向活动或比赛，并表现出熟练地标定地图、折叠地图和拇指辅行的行为；能从个人体验、技战术、体能和心理等多个角度进行综性的赛后分析与分享，准确地使用预判地貌特征、通过性、可跑性、通视性，选择最适合自己的路线，用指北针概略导航通过短路段到达拦截特征，用丘陵、山脊、大山凹和山凸短距离导航，能使用红绿灯、重新定位及描述定向思维的术语；能公平公正地组织校园定向比赛，并胜任裁判工作 2. 学生能在陌生的地形中完成相当于《青少年定向运动运动技能等级标准》七级水平的定向路线，成绩达 60 分及以上水平 3. 学生能结合定向运动各项目的体能特征独立组织与开展体能练习，体能达到相应年龄段《国家学生体质健康标准（2014 年修订）》的优秀水平

续表

水平	学业质量建议
水平五	4. 学生能做到每学期通过现场或多种媒体观看不少于 12 场定向运动比赛，并能对活动组织和获胜者的技战术安排进行较全面的合理分析和评价 5. 学生具备在不同环境中进行科学锻炼的能力，具有良好的定向运动锻炼习惯和环境保护习惯；具有良好的定向运动安全意识和防范能力，能设计出合理的定向运动安全风险应对预案 6. 学生能主动参加校外定向运动比赛，主动运用情绪调控的方法缓解比赛中的紧张情绪；能将定向活动中经历的挫折和失败看作进步和通向成功的必然经历，情绪稳定、乐观开朗，善于交往和分享，身心健康状态明显提高，提高生存和生活的能力 7. 学生能在体能与定向运动学练、校内外定向活动或比赛中表现出自尊自强，具有积极探索、勇敢顽强、挑战自我、追求卓越的精神；遵守规则、诚信自律，具有公平竞争、自我竞争的意识和行为；包容豁达，正确对待成功和失败，表现出团队合作与负责任的行为；文明礼貌，尊重自己、他人和自然环境，能够主动帮助和支持他人；表现出一定的批判性思维能力 8. 学生能做到每周运用定向运动技能进行 5 次（每次 1 小时左右）课外体育锻炼 9. 学生能设计出难度符合《青少年定向运动运动技能等级标准》七级难度的路线 10. 学生能制作出质量良好的简单的公园和村落定向地图

四、定向运动课程学习评价方法

（一）定向运动专项体能评价

定向运动专项体能主要是指自然地形中变速变向跑的能力和上下坡跑的能力。一般只需测试第一项，有条件可以同时测试两项。自然地形中变速变向跑的能力测试方案要根据学校的环境设计，然后再逐步优化后固定下来作为课程教学评价的测试规范。在变向跑的路线上要设计一些障碍物使学生改变速度，在跑中加入跨、跳、钻等动作。

（二）定向运动运动技能评价

1. 跟踪评价法

跟踪评价法是指教师通过跟踪正在进行练习或比赛的学生、观察并记录其运动技能运用状况，评价其定向运动技能学习成效的方法。跟踪评价法是根据定向运动的特点开发的评价方法，能够客观地判断教学对象定向技能掌握和运用的情况。运用跟踪评价法时应注意：

（1）教师要预先掌握练习或比赛路线的情况，最好能亲自体验一次，以对完成练习路线所需要的体能、技能有一个清晰的概念。

（2）从两个检查点之间读图和使用指北针情况、进入检查点技能、离开检查技能、检查点流畅性、奔跑技能、速度调整技能、路线选择技能、出错处理技能、重新定向技能及抗干扰能力等多个方面对教学对象进行观察和记录。

（3）如果有条件，应将跟踪评价法和对 GPS 设备记录的轨迹分析结合起来进行评价。

2. 定点评价法

定点评价法是指教师站在某个检查点标附近，观察并记录正在进行练习或比赛学生的定向运动技能运用状况，评价其定向运动技能学习成效的方法。相对于跟踪评价法，定点评价具有更好的可操作性和评价效率，教师可以在同一个时段内对更多的学生进行观察和评价。该方法的缺点是只从一个检查点的观察记录来评价学生的技能水平，可能导致评价的片面性。运用定点评价法时应注意：

（1）重点观察学生打卡技能的流畅性，如果出现卡顿的情况应该记录下来。

（2）教师所处的位置应不易被学生发现，以保证评价的客观性。

（3）对于跟跑和集体打卡的学生，在完成评价后应该进行批评教育。

3. 交流讨论评价法

交流讨论评价法是指教师参与学生练习或比赛后的分享和反思活动，记录学生练习和比赛中技能运用的情况进行技能评价的方法。交流讨论法也是组织学生进行技能自评和互评的重要方法。将该方法与定点评价法相结合，可以较全面地评价学生的定向技能运用水平。运用交流讨论法时应注意：

（1）引导学生将分享的重点放在技战术应用的描述和反思上。

（2）引导学生用定向运动术语进行技战术描述和讨论。

（3）引导学生回顾定向过程中的情感体验，进行体育品德培养。

4. 定向运动技能综合运用能力的标准化评定

标准化评定是指根据定向运动路线难度分级规范，设计技术难度与教学目标匹配的路线，并以完成路线的有效性和千米用时来评定学生定向运动技能综合运用能力的评价方法。路线设计规范和成绩评定方案可以采用全国青少年运动技能等级标准研制组研制的《青少年定向运动运动技能等级标准》，也可以由学校自编标准。

（三）健康行为和体育品德的评定

定向运动中健康行为和体育品德评定有许多难以量化的评价内容，如诚信自律、公平竞争意识、情绪调控，对此，教师应采用观察法，把学生健康行为和体育品德方面的隐性表现转化为显性记录，提高评价的可观测性和可操作性。

（四）综合评定

综合评定可以由教师，也可以由学生自己根据表 4-6 进行评价。使用该表时要以定向运动课程教学目标和要求作为依据。让学生自评时，首先要让学生理解定向运动课程的教学目标和要求，让学生参考表 4-6 反思自己的定向运动课程学习状态，然后进行自我评价，同时制定今后努力的目标。

表 4-6　定向运动学习评价量表（适应于模块课程）

学科核心素养	评价内容	等级		
		优秀	良好	有待提高
运动能力	掌握定向运动专项体能练习方法			
	能够制订和实施个人定向运动专长发展规划			
	基本掌握所学定向运动技战术			
	能运用所掌握的技战术参加定向运动比赛			
	能运用定向思维解决定向问题，并尝试在日常生活中运用			
	理解定向运动竞赛规则、裁判方法，并能在裁判工作中合理运用			
	理解定向活动和比赛组织方法，并能在实践中运用			
	理解路线设计原则，能按难度要求设计出结构和功能完备的路线			
	能测制简单的校园定向地图			
	能在陌生的生活、学习和工作环境中准确定位自己的位置			

续表

学科核心素养	评价内容	等级		
		优秀	良好	有待提高
健康行为	能积极参加各种定向活动，并养成良好的锻炼习惯			
	能够在运动前进行有效热身，运动后积极放松			
	能够预防和处理定向运动中常见的运动损伤和意外情况			
	能正确对待定向运动比赛的胜负，有效调控情绪			
	能正确处理定向运动比赛中的各种人际关系			
	能够迅速适应各种气候下的定向比赛环境			
	能够主动关注环保问题，并养成良好的环保习惯			
	能在不同的自然和户外环境中轻松地开展各种活动			
体育品德	在练习和比赛中表现出正确面对挫折和失败，坚持不懈，挑战自我和积极探索的精神			
	比赛中注重礼仪，遵守规则、尊重裁判、尊重自己和对手			
	比赛中诚信自律，具有公平竞争的意识和行为			
	具有保密意识，主动拒绝接受和提供违背保密规定的帮助			
	能胜任自己在团队、个人和集体项目比赛中的角色，团结队友、相互鼓励、相互支持			
	能够在赛后充分分享自己的经验，包容队友的错误并给以适当鼓励			
	能够表现出负责任、敢担当、善担当的行为			

复习、思考与实践

1. 简述定向运动的教育价值。
2. 简述定向运动课程目标、课程内容和实施方法。
3. 讨论并构建一个自己的定向运动课程实施框架。

4. 应用定向运动学习评价量表对自己的定向运动课堂学习效果进行自评，并对评价量表提出改进意见。

5. 讨论并提出 2~3 个定向运动课程思政挖掘与开发方案。

本章小结（思维导图）

本章动态更新

第五章　定向运动教学

本章导读

本章首先对定向运动教学特点进行了梳理，并以此为基础提出定向运动教学原则和注意事项。然后以案例的形式讨论义务教育阶段定向运动大单元和高中阶段定向运动模块的教学计划、学练方法和手段及教学注意事项，并提供了丰富的中小学定向运动中小单元教学计划和课时教学计划，为开展定向运动教学实践提供参考。此外，本章还通过二维码的链接提供了幼儿园定向运动课程教学案例。

学习目标

1. 理解定向运动教学特点，把握定向运动教学原则和注意事项。
2. 理解义务教育阶段和高中阶段定向运动学期大单元教学计划或模块教学计划的结构和主要内容。
3. 掌握中小学定向运动常用教学方法与手段。
4. 掌握中小学定向运动常用教学评价方法。

第一节　定向运动教学特点、原则与注意事项

将体育教学原理应用于定向运动教学时，应结合定向运动教学特点与教学情境分析定向运动教学规律，提炼出定向运动教学原则指导定向运动教学实践。

一、定向运动教学特点

（一）教学器材的特殊性和自制性

定向运动教学必须配备教学地图，如果教学计划中安排有指北针教学与实

践，还需要配备指北针。教学地图应尽可能采用定向地图，但也可以用其他地图代替，如地形图、卫星图、手绘地图等。如果没有特别的目的和目标，小学和初中定向运动教学可以不安排指北针教学。定向运动专用点标旗、打卡器和检查卡都可以用废旧材料自制或使用替代器材，如可以用卡纸自制平面型点标旗，用可乐瓶代替点标旗，用印章或铅笔代替打卡器。

（二）教学效率两极性

定向运动教学效率从时间利用和空间利用的视角来看呈现出两个极端，即时间利用率低、空间利用率高。

1. 时间利用率低

在定向运动教学活动中，许多项目都要求间隔出发，这通常会导致一堂课中大量的时间被用来组织出发。因此，如何减少教学中组织出发的时间，提高教学时间的利用率是定向运动教学设计必须重点考虑的问题。

2. 空间利用率高

学校空闲的区域都可以用来进行定向运动教学。因此，定向运动教学设计可以考虑避开校园内教学繁忙的体育场馆，充分利用校园中的空闲区域，提高教学空间资源的利用率。

（三）教学场地的开放性和学习过程的非可视性

定向运动教学没有规范的场地，通常在校园中某个区域或整个校园中进行，教学场地具有开放性的特点。教学场地的开放性常常导致学生在学练过程脱离教师的视线，而使学练过程具有非可视性的特点。

（四）自主—自律的体验式学习和教学指导的延迟性

定向运动学习是一种具有自主—自律特点的体验性学习，教师通常无法对学生进行实时的指导和及时的反馈。因此，要求学生具备较高的积极主动性、自觉自律性等品质。定向运动教学的目标之一是培养学习兴趣，让学生自愿投入学习和比赛中，运用所掌握的技能，在开放的环境中进行自我体验。

定向运动要求在教学、训练和比赛后为学生创设分享定向体验的环境和条件，在分享过程中不仅可以让学生互相学习，还可以发展学生的情境记忆能力、自我认知能力和自我反思能力。同时，分享过程也是教师给予适当指导的良好时机。因此，定向运动教学指导具有延迟性。

（五）个体运动密度和运动强度的差异性

定向运动能力发展受到认知、体能和技能等多种因素影响，通常导致定向运动教学中学生的个体运动密度和运动强度呈现出明显的个体差异性。

（六）校内教学资源与教学内容和教学要求的不匹配性

随着定向运动课程的进程，各种难度的等高线和地貌判读内容将被逐步引入中学和大学的定向运动课程教学中。但是，多数学校的校园地形并不能满足等高线和地貌判读教学的要求。

（七）教学组织管理的复杂性

定向运动教学过程常常处于不可监控状况，课堂教学管理具有一定的复杂性。这种复杂性要求教师具备高度的责任心和控制力，在充分分析学情的基础上合理地选择教学内容、设计教学路线和教学组织方式，加强学生安全意识和安全行为习惯以及自我管理能力的培养。

二、定向运动的教学原则

（一）以学生为中心原则

在定向运动教学设计和教学实践中，要以学生为中心，提高课堂教学效率和效果，有效发展学生的运动能力、健康行为、体育品德等体育与健康学科核心素养。

（二）安全第一、环保优先原则

在定向运动教学设计和教学实践中，要把学生的生命安全和身体健康放在第一位，要周全考虑，合理安排，注重学生安全意识和安全行为习惯的培养，提高学生自我保护能力，有效预防安全事故；要优先考虑学练生态环境的保护，加强学生环保意识和习惯的培养。

第一，教师要把握教学场地的现势性，及时根据场地安全和环保因素的变化调整路线设计和安全注记，确保场地的安全信息和环保要求能准确、及时地传递给学生。第二，每次活动或练习之前都要向学生强调安全和环保注意事项，提醒学生关注自身身体状况，要求学生有身体不适时及时向老师报告。第三，在高温、高湿的环境中要以结对或小组的形式组织练习，并提醒学生选择阴凉的路线，必要时，特别是校外教学和活动时应要求学生带上手机，保持与教师的联系。第四，定向运动教学初期的教学活动也应以结对或小组合作练习为主，随着教学的推进，再让进步较快的学生独立进行练习。

另外，在低年级定向运动教学中，教师应严格约束学生的学练空间，将所有学生都置入自己的视线中。

（三）科学性原则

在定向运动教学设计和教学实践中，教学内容、教学进度和运动负荷安排以及教学实施必须遵循学生身心发展规律、定向运动项目特点和定向运动课程教育教学规律，科学组织，按规律开展教学，通过科学的安排提高课堂教学的有效性。

（四）目标导向原则

在定向运动教学设计和教学实践中，要基于体育与健康学科核心素养，从运动能力、健康行为和体育品德三个方面制定明确、具体、可操作、合理的学习目标，根据学习目标和学生特点选编教学内容，组织教学，增强学习的针对性和有效性，提高学生在生活及定向活动或比赛中运用定向运动知识与技能分析问题、解决问题的能力。

（五）学练赛一体化原则

在定向运动教学设计和教学实践中，要将“学、练、赛”有机结合，引导学生在充分动起来的过程中享受定向运动乐趣，形成丰富、深刻的定向运动体验和认知，提高技战术水平和体能水平，培养学生良好的体育精神、体育道德和体育品格。

（六）因材施教原则

在定向运动教学设计和教学实践中，要充分考虑学生的身心发展水平、体质状况、运动基础和个性化需求，精准施教，帮助学生夯实体育与健康基础，为学生个性化发展提供帮助。

（七）因地制宜原则

在定向运动教学设计和教学实践中，要充分考虑当地的气候特点，熟悉学校实际情况与场地现势性，利用校园中的空闲区域，科学选择教学内容和教学形式，灵活选用教学方法与手段，提升教学质量。

(八) 创新性原则

在定向运动教学设计和教学实践中，要不断创新教学方法、教学手段、教学内容和教学组织形式，为学生提供丰富多彩的学习体验，培养学生对定向运动的兴趣，提高学生定向运动学习的有效性。

三、定向运动教学注意事项

(一) 强化学生自我管理能力的培养

学生自我管理能力的培养在定向运动教学设计和教学实践中具有重要意义。定向运动教学中自我管理能力培养的重点在于对学生责任感和自律性的培养。责任感和自律性是贯彻落实安全第一原则的基本保障，是定向运动教学有效性的基本保障。在定向运动教学中教师可通过以下措施来培养学生的责任感和自律性：

(1) 设计难度适宜的定向路线，不断为学生提供适宜难度的挑战，培养学生对定向运动的兴趣和学习激情。

(2) 组织合作学习小组，并制定对责任感和自律性有一定要求的规则，安排各组轮流负责设置、撤除检查点，整理检查点器材，组织出发、计时、核对检查卡。

(3) 让学生用手机记录练习时的活动轨迹，在课后将轨迹分享到网络学习平台中，并点评其他同学的活动轨迹。

(4) 提前将模拟比赛地图发给学生并制定包含自律要求的规则，让学生在规则约束下发展诚信、自律意识。

(二) 确保达到适宜的运动负荷

1. 正确理解课程标准中有关运动负荷的要求

课程标准指出，运动负荷由群体运动密度、个体运动密度和运动强度衡量。群体运动密度是指一节体育实践课所有学生总体运动时间占课堂总时间的比例；个体运动密度是指一节体育实践课单个学生的运动时间占课堂总时间的比例；运动强度是指动作用力的大小和身体的紧张程度，常用心率表示。在实践教学活动中，应尽量减少教师讲解、示范、队形调动等时间，让所有学生充分动起来。每节课群体运动密度应不低于 75%，个体运动密度应不低于 50%；每节课应达到中高运动强度，班级所有学生平均心率原则上在 140~160 次/分。

定向运动学练中影响运动密度的主要因素是出发等待时间和活动后的反思与分享时间。教师可以通过合理的教学手段减少等待出发时间，但必须给学生保留足够的反思和分享时间。也就是说，不能为了追求运动密度的数据达标而违背定向运动的运动规律和教育规律。

课程标准中平均心率原则上要达到140~160次/分的要求是一条最具争议的要求。我们认为，其中的关键是计算平均心率的时间取值。但课程标准并没就这一时间取值给出清晰的操作定义。如果以计算个体运动密度的单个学生的运动时间作为分母计算平均负荷，学生在一节课的运动时间中（个体运动密度取50%时，该时间为20分钟或22.5分钟），平均心率达到140~160次/分是适宜的。但如果以一节课40分钟或计算群体运动密度的时间作为分母则是不适宜的。试计算如下：

设X为目标心率值，个体运动密度取50%，则：

140次/分 = $X_{下}$次/分×20分/40分

160次/分 = $X_{上}$次/分×20分/40分

X = 280~320次/分

或：个体运动密度取50%，群体运动密度取75%，则：

140次/分 = $X_{下}$次/分×20分/30分

160次/分 = $X_{上}$次/分×20分/30分

X = 210~240次/分

显然，在以上两种情况下，学生在运动期间的心率要达到以上指标（X值）是不可能的。

2. 通过合理的教学手段提高运动密度和运动强度

在教学设计与教学中，应注意通过合理的教学手段提高教学时间的利用率，提高运动密度和运动负荷。如为学生提供多条不同难度水平的短路线，让学生分别按正序和逆序完成路线，利用半自由式定向路线和星形定向路线开展教学，采用分批集体出发组织积分定向和团队定向学练等。

另外，还应通过定向运动项目创新和规则创新来提高运动密度和运动负荷。如扑克牌定向、漂动的检查点定向等。

（三）充分利用校园中的空闲区域开展定向运动教学

定向运动教学设计与实践中，应注意避开校园内教学繁忙的体育场馆，充分利用校园中空闲区域开展教学，提高教学空间资源的利用率。

另外，教师还可以通过在校园地图上设置虚拟地形并在实地设置相应标识，甚至可以不设置标识来改变教学地形，改善场地的教学适宜性，同时培养学生诚信、自律的品质。

（四）鼓励学生积极参与校外定向活动或比赛

教师应注意加强与学生和学生家长的沟通，积极为学生提供参加校外定向活动或比赛的信息与机会，鼓励学生积极参与，让学生在熟悉和不熟悉的环境中，特别是具有丰富地貌的环境中学习定向知识和技术，运用和发展定向运动技能，享受定向运动的乐趣，培养学生对定向运动的兴趣。

（五）关注检查点说明的教学

检查点说明是提高教学效率、保证教学质量、发展学生定向能力的约束因素之一。如果条件允许，应尽早将文字和符号检查点说明引入教学，让学生以小组合作的方式通过跟着领头者走和专线定向等练习掌握教学场地中最常用的检查点说明符号，根据检查点说明设置检查点。

（六）应用信息化教育手段和方法组织教学

教师应充分利用智慧教育平台和工具组织线上线下混合教学，通过微课开展定向运动基础知识、裁判理论、路线设计软件和地图测绘软件操作技能的教学并满足学生个性化主动学习的要求；通过讨论板块组织定向活动或比赛后的展示与分享活动，或组织比赛观赏与评价活动。

第二节 小学定向运动教学设计

按照《义务教育体育与健康课程标准（2022 年版）》中课程内容安排的要求，小学定向运动课程应安排在 3 年级及以后，从水平二开始。本节分别从小学 3~4 年级水平二和 5~6 年级水平三两个水平，用案例来说明小学定向运动的教学设计。

一、小学 3~4 年级水平二定向运动教学设计

小学 3~4 年级水平二定向运动教学应聚焦核心素养的培养，在重点发展学生体能的基础上发展定向运动技能。

拓展阅读：幼儿园定向运动教学

（一）小学 3~4 年级定向运动大单元教学设计

根据《义务教育课程方案和课程标准（2022 年版）》《义务教育体育与健康

课程标准（2022 年版）》，小学 3~4 年级体育与健康课程周课时为 3 课时，每个学期要安排体能、健康教育、两个项目的专项运动技能和跨学科主题学习等 4 个方面内容的学习规定和建议，以及地方实施体育与健康课程周课时为 3~4 课时的实际情况，建议小学 3~4 年级定向运动课程大单元教学按 18 课时进行安排。

新课标视域下体育大单元教学的内涵、设计依据与要点

参考案例 5-1 列出了定向运动专项技能的教学内容、教学重点与难点以及专项技能和体育品德方面的学习目标。参考该案例设计 3~4 年级定向运动大单元教学设计时应注意在其中融入体能和健康教育的内容。定向运动教学中的体能练习应以促进学生体能全面发展为目标，考虑整合整个学期的体能教学内容、定向运动发展体能的效果以及小学 3~4 年级学生体能发展敏感期的特点。定向运动教学中的健康教育应重点聚焦帮助学生理解参与定向运动的益处，理解定向运动中的安全注意事项，掌握定向运动学习和活动中常见的运动伤病预防和简单处理方法，主要在预防上。同时，还要引导学生体验一些情绪调控方法，积极与同学进行交流和合作。

另外，在一个学期中，定向运动的学练应集中进行，在完成一个大单元的定向运动学练后再学练另一个项目，或者在完成另一个运动项目的学练后再学练定向运动，不能穿插进行。定向运动技能的学习还应注意与生活技能相结合，特别是与生活哲理的感悟相结合，并关注学生在定向运动学练中的探险体验和包容文化体验。

基于核心素养的体育实践课课时教学设计与实施

案例 5-1 小学 3~4 年级定向运动大单元教学设计

<table>
<tr><td>年级</td><td>3~4</td><td>学期</td><td></td><td>课次</td><td>18</td><td>执教</td><td></td></tr>
<tr><td>大单元学习目标</td><td colspan="5">1. 体验定向运动的乐趣，形成对定向运动的初步认知与兴趣；初步理解地图的概念和常用地图符号；初步理解检查点说明的概念和常用检查点说明符号
2. 初步掌握基本定向运动技能，能应用掌握的定向运动技能在校园和社区附近环境中独立定位
3. 能够手动设计结构完整的路线，并能为自己的路线设置检查点
4. 体能水平，特别是灵敏、力量、速度素质和心肺耐力水平全面提高，达到相应年龄段《国家学生体质健康标准（2014 年修订）》的合格及以上水平
5. 敢于在定向运动游戏和比赛中展示自己，客观评价同学和自己
6. 了解并遵守定向运动基本规则，感受公平公正竞争的体育精神；能够文明参赛，诚信自律，自尊自信，挑战自我，尊重竞争对手；具有一定的竞争、合作与分享意识和能力，具有责任感和团队精神</td><td>教学重点和难点</td><td>重点：
1. 培养定向运动兴趣
2. 根据地形标定地图，折叠地图和手指定位
3. 建立“我在哪里”“我要去哪里”的概念
难点：
初步建立将自己感知为（地图上）一个运动着的点的意识和习惯</td></tr>
</table>

单元	课次	主要教学内容	学习目标	重点与难点	教学策略和方法
1	1—4	1. 定向运动的概念 2. 地图的概念 3. 检查点说明的概念	1. 初步了解地图的概念和校园中常用的地图符号，知道中国是世界上最早出现地图的国家之一 2. 初步了解定向运动概念，建立“我在哪里”“我要去哪里”的概念 3. 初步了解检查点说明的概念和文字检查点说明 4. 初步形成合作意识	1. 知道地图是用符号表示的现实世界的缩写图 2. 认识校园地图中常用的地图符号	1. 用高亮透明色块突出图例中的重点符号和禁止通过的障碍物符号的说明 2. 以结对或小组合作的方式完成体验 3. 组织分享，提高学生的兴趣
2	5—8	基本定向技能：标定地图、折叠地图、手指定位	1. 初步理解标定地图的概念、折叠地图和手指定位的好处和将自己感知为一个运动着的点的概念 2. 初步掌握用地形标定地图、折叠地图和手指定位的技能，初步建立将自己感知为（地图上）一个运动着的点的意识 3. 认识常用检查点说明符号 4. 初步形成合作意识、责任感和团队精神	1. 用地形标定地图 2. 将自己感知为（地图上）一个运动着的点	1. 采用专线定向学练标定地图技能，认识常用检查点说明符号 2. 采用标志盘定向游戏学练基本技术 3. 采用多图循环练习，提供更多的练习机会 4. 采用地图符号接力，巩固对地图符号的记忆，发展体能的同时培养团队精神和责任感以及竞争意识 5. 结对或小组合作练习
3	9—15	1. 常见定向运动游戏和项目 2. 扶手	1. 体验常见定向运动游戏和项目（越野定向、星形定向、迷宫定向、积分定向、打卡接力、星形定向接力、室内定向），形成对定向运动的兴趣	1. 理解扶手的概念	1. 以比赛的形式体验各种定向运动游戏和项目，培养竞争意识

续表

单元	课次	主要教学内容	学习目标	重点与难点	教学策略和方法
3	9—15		2. 初步理解扶手的概念并会在定向活动或比赛中应用扶手 3. 遵守定向运动基本规则，挑战自我，提高自信心，强化竞争意识、合作意识、责任感和团队精神 4. 积极展示，客观评价同学和自己	2. 在各种定向运动游戏和项目中运用基本定向技能 3. 课后反思和分享	2. 通过接力赛，以小组为单位轮流布置检查点，培养团队合作精神与责任感 3. 提供不同难度的路线 4. 为同伴设计路线 5. 通过网络教学平台组织展示、分享和评价
4	16—17	1. 复习 2. 考核	1. 巩固定向运动技能，检查学习效果 2. 挑战自我、自尊自信 3. 文明参赛，遵守规则，诚信自律，尊重竞争对手，感受公平公正的体育精神	组织公平公正的考核	1. 以比赛的形式组织复习和考核 2. 讲解考核规则，严格按规则组织考核 3. 引导学生进行考核后分享
	18	机动			

安全保障	评价方法
1. 教师提前排查校园中的安全隐患 2. 将有安全隐患的区域在地图上设置为禁区，在实地设置警示标志 3. 教师在设计路线时充分考虑路线的安全性，合理避开安全隐患区域 4. 在课的开始部分、基本部分和结束部分反复提醒学生安全注意事项，潜移默化地培养学生的安全意识和安全习惯	路线参数： 总检查点 15~16 个，路线长度 400~500 m，检查点 8~10 个 评价标准： 优秀：检查点正确，完成时间在 12 min 以内 良好：检查点正确，完成时间在 15 min 以内 中等：检查点正确，完成时间在 20 min 以内 可接受：错 1 个检查点，完成时间在 25 min 以内 改进：错 2 个或 2 个以上的检查点

(二) 小学 3~4 年级定向运动教学常用学练方法

1. 标定地图、折叠地图、手指定位游戏（标志盘定向游戏）

（1）场地准备。用 16 个彩色标志盘布置出盘间距 3~5 m 的 4×4 方形网格（图 5-1）。每个网格可同时容纳 12 个学生练习。

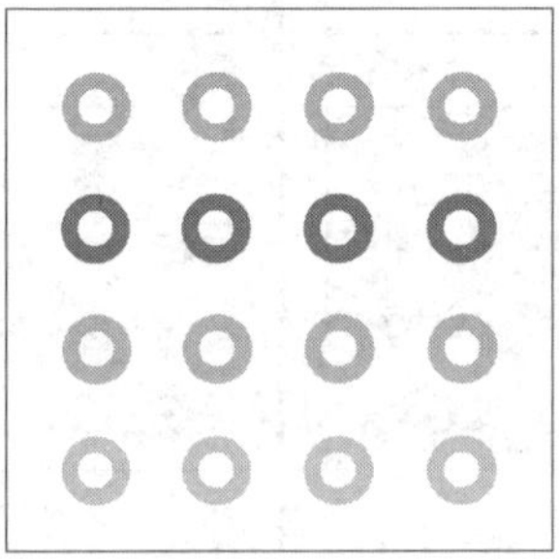

图 5-1　彩色标志盘网格示意图

查看本图彩图

（2）地图。如图 5-2 所示，地图上共有 12 张用字母命名，按字母从 A 到 L 排列的标志盘网格地图。

（3）游戏方法。

① 讲解标定地图、折叠地图、手指定位技术。

② 给每个学生一张地图并指定其中的一个字母，让学生根据该字母的地图找到自己的起点。然后，用地图导航沿紫色的虚线行进到终点。完成路线后，按字母顺序走到下一张地图的起点继续练习，直到完成全部 12 张地图上的路线。

③ 要求学生在整个练习过程中要保持地图标定、折叠地图和运用手指定位。

（4）注意事项。在学生练习的过程中要不断提醒学生标定地图、折叠地图和手指定位。

（5）其他教学组织方式。

① 直接让学生按标定地图的要求游戏，然后讨论如何通过把地图折叠得更小，把食指放在他们所在的地方并通过移动食指来加快速度。

② 让学生结对游戏。当一个人在标志盘网格中游戏时，另一个人在网格外用食指在地图上沿着其伙伴的行进路线移动，并给出必要的提示以确保同伴沿着正确的路线行进。

③ 计时。记录完成指定网格的用时或在指定的时间内完成了多少个网格。

查看本图
彩图

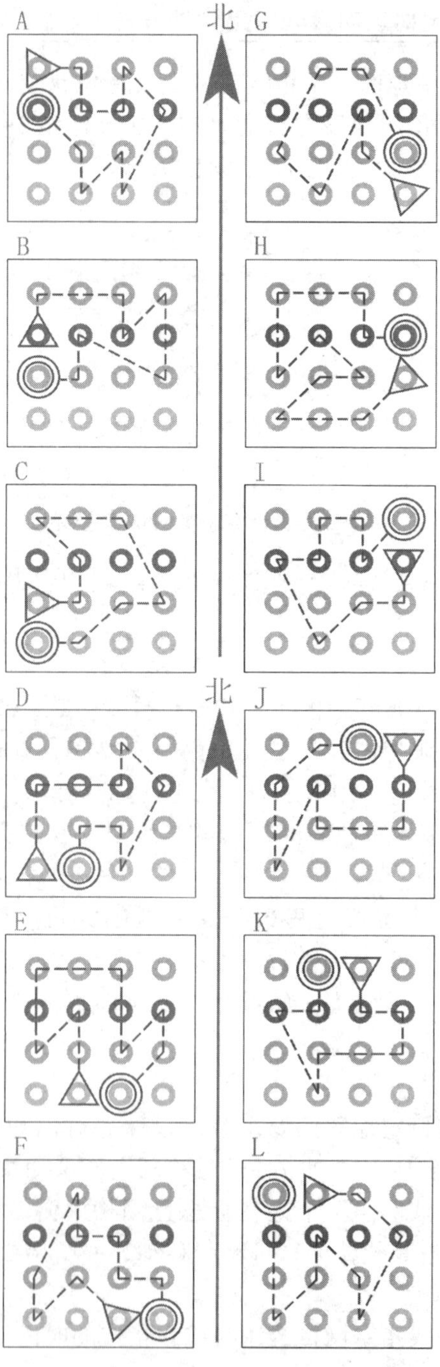

图 5-2　标志盘网格游戏地图

2. 地图符号配对接力

（1）材料准备。

每个通道准备一套符号接力卡，包括符号卡及对应的符号名称或地物图片+符号名称卡。符号数量最好为偶数。

（2）场地布置。

根据场地大小和学生人数将游戏场地划分为若干长度为 10~15 m 的通道。在通道的出发或交接端摆放一叠符号名称卡或地物图片+名称卡，正面朝上。在通道的另一端将对应的地图符号卡正面朝上按 4×4 方形网格或其他网格分散排列。在符号网格前面放一张包含所有游戏符号的图例。在符号卡和名称卡之间布置 3~4 个标志盘或标志锥（图 5-3）。

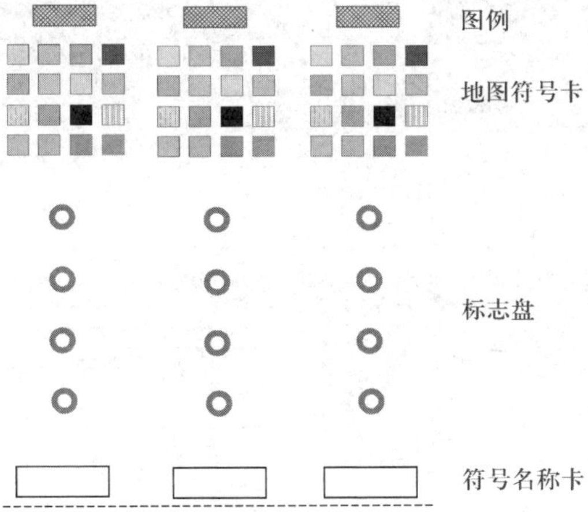

图 5-3　地图符号配对接力游戏场地布置示意图

查看本图彩图

（3）游戏方法。

学生结对或分组游戏。第一名学生在出发线前取一张名称卡，快速绕过标志盘跑到另一端取回相应的符号卡，并将两张卡叠放在出发线后的学生旁边，然后与另一名学生击掌交接。接着，另一名学生取一张名称卡出发。轮流进行游戏，直到所有的卡片配对完毕。教师检查卡片配对是否正确。

3. 专线定向

（1）路线准备。设计两条专线定向路线，其中包括一些要求沿线状特征行进的段落（图 5-4 上）。

（2）场地布置。按专线定向总点图布置场地（图 5-4 下）。

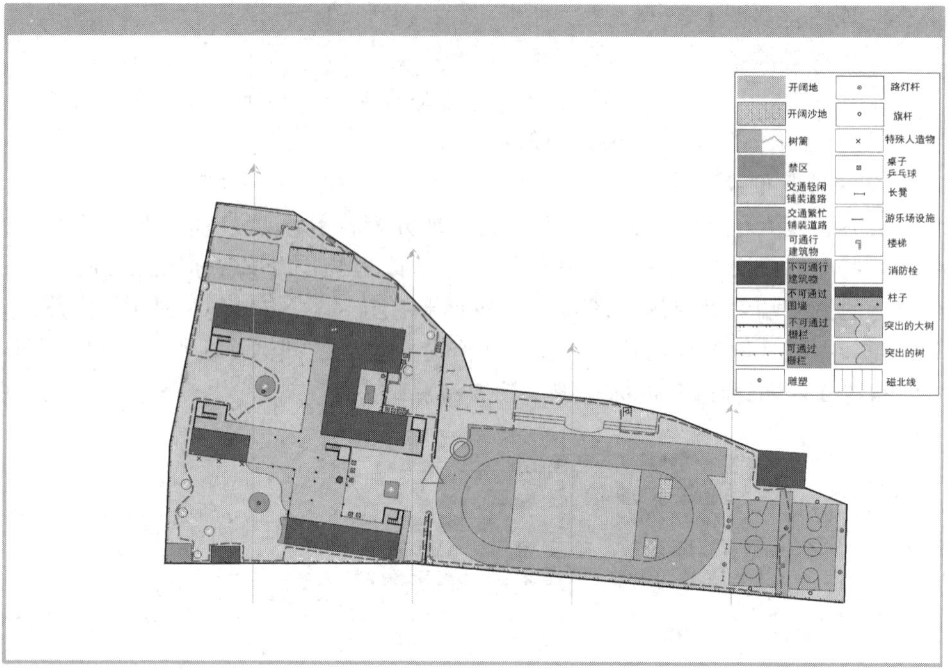

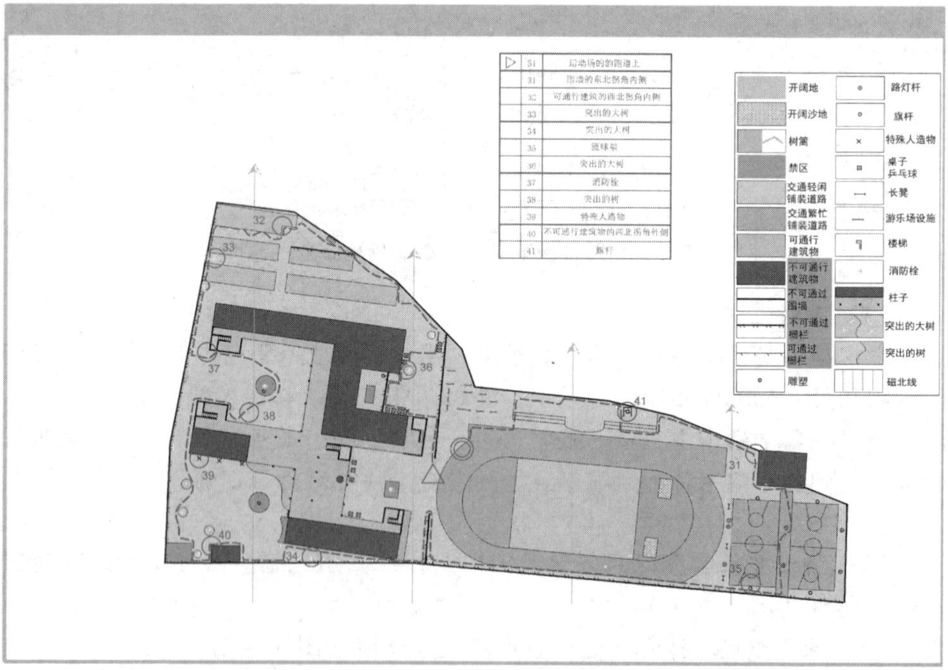

比例尺：1∶1 000

图 5-4 路线示意图（上）和专线定向总点图（下）

查看本图彩图

（3）练习方法。

① 学生结对沿专线行进，将途中遇到的检查点准确地标记在地图上。

② 教师在场地中提醒学生标定地图、折叠地图、手指定位、注意扶手。

③ 教师在某些检查点的位置进行检查并提问，如“我们在哪里”“地图上的这棵小树在哪里”。

4. 打卡接力

（1）材料准备。点标旗及其配套的机械打卡器、检查点代码卡 31 至 40。代码卡固定在点标旗上。每对学生 1 张检查卡（图 5-5）。

打卡接力检查卡

队员1	1-31	2-32	3-33	4-34	5-35	6-36	7-37	8-38	9-39	10-40

队员2	1-31	2-32	3-33	4-34	5-35	6-36	7-37	8-38	9-39	10-40

图 5-5 检查卡示意图

（2）场地布置。根据场地大小在场地的一端将 10 个点标旗及配套的机械打卡器悬挂成一横排或两横排，由左向右代码依次递增，如一横排，依次为 31～40；两横排，第一排依次为 31～35，第二排依次为 36～40。在离点标旗 10～20 m 的另一端处画一条交接线。

（3）游戏方法。学生结对游戏。第一个学生出发跑到第一面点标旗用打卡器在检查卡相应的位置打卡后返回到交接线，将检查卡交给第二个学生，第二个学生跑到第一面点标旗打卡后返回交接线，将检查卡交给第一个学生，第一个学生跑至第二面标旗打卡后返回，将检查卡交给第二个学生。以此类推，直到两个人都完成所有 10 个位置的打卡。

5. 星形定向接力赛

星形定向能够让教师有机会及时指导学生，它既是一种常用的定向技能学练方法，也是一种良好的发展体能的间歇训练方法。学生出发慢跑访问检查点后快速跑回终点，然后再出发慢跑访问检查点，这样的快慢跑结合相当于在进行间歇训练。

（1）路线设计。根据学生人数设计 1～2 条包括 10～12 个点的星形定向路线（图 5-6）。如果场地较狭小，可分别在两个不同的区域各设计一条 5～6 个检查点的星形定向路线。

（2）场地布置。按照星形定向总点图布置场地。

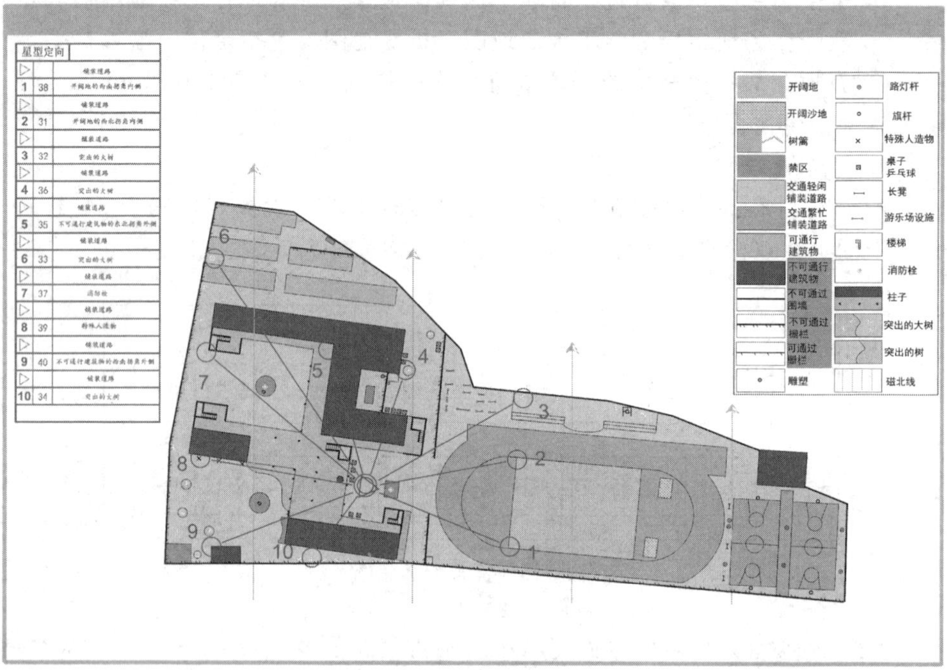

比例尺：1∶1 000

图 5-6　星形定向路线示意图

（3）练习方法。3~4 个学生结队练习。听到出发命令后，每队学生自行讨论决定第一名队员访问哪个检查点之后，第一名队员出发，找到检查点打卡返回后再讨论下一名队员访问的检查点，以此类推，直到完成所有的检查点。也可以由教师为各队指定第一个检查点，然后由学生以掷骰子的方式决定访问其他检查点的顺序，或者按顺时针或逆时针的顺序访问其他检查点。教师在起、终点观察学生的练习情况，并提醒学生标定地图、折叠地图、手指定位。提前完成任务的学生可继续挑战第二条路线。

（4）其他组织方式。学生独立完成练习。由教师为每个学生指定第一个检查点，或由学生掷骰子确定第一个检查点，然后按顺时针或逆时针的顺序访问其他检查点。

（三）小学 3~4 年级定向运动教学注意事项

1. 地图和路线

（1）地图。地图应该配有直线比例尺。图例仅列出与校园内地物相关的符号和相关的路线符号，并采用高亮紫红色透明色块突出重点学习符号和禁止通过的障碍物符号（图 5-7）。

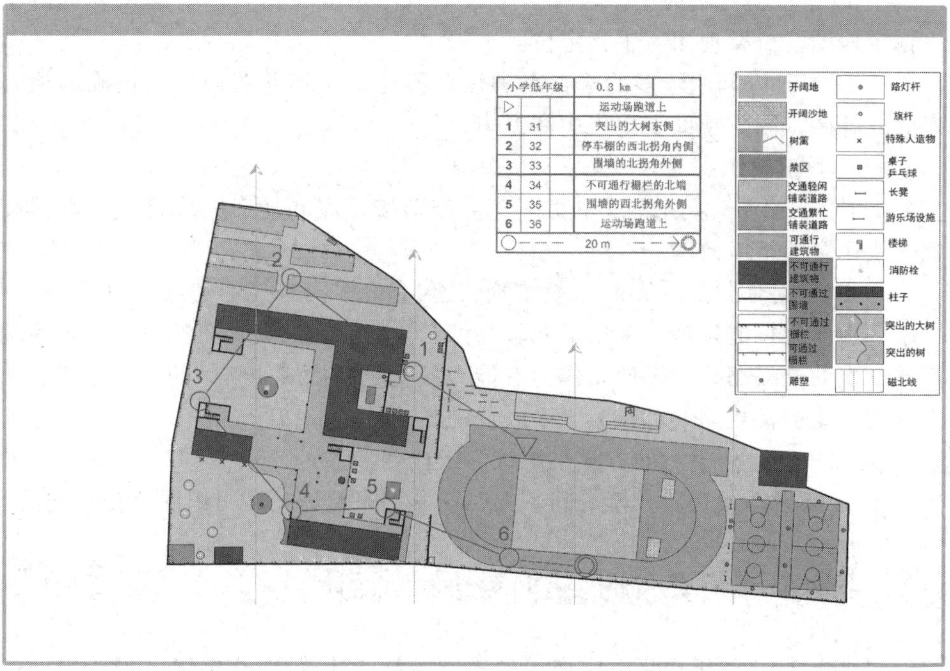

查看本图彩图

比例尺：1∶1 000

图 5-7　3~4 年级定向教学和比赛路线示例

（2）路线。

① 练习和比赛路线应采用环形路线设计，路线长度 300~400 m，检查点 6~7 个；场地中相邻的不同路线的检查点间的距离大于或等于 20 m。采用文字型检查点说明描述检查点序号、代码和检查点特征。

② 路段长度和方向变化小，方向变化与环形路线的走向应基本相同，呈逆向走向的路段少，路段间没有交叉。

③ 没有路线选择，路段中间没有判定点。判定点是要求定向参与者必须做出改变方向的判断和决定的点，如在小路的交汇向右转。如果继续沿着带有小岔路或与其交叉的小路的大路前进，小路与大路的交汇或交叉处不是判定点。

④ 从正确的当前检查点应该可以看到下一个检查点。

⑤ 路段应该能为学生提供使用扶手技能的机会。

2. 教学方法与教学组织

（1）教学方法。

① 以完整学习法为主。在教学中教师应尽可能在检查点附近反复提醒学生标定地图、折叠地图、手指定位。

② 练习时应利用较多的检查点和短路段让学生不断获得找到正确的检查点的成就感，同时帮助学生集中注意力。

（2）教学组织。

小学3~4年级定向运动课时教学计划示例

① 同时提供多条路线，并安排学生分别按正序和逆序完成路线，以提高练习或比赛的组织效率。

② 组织点对点挑战赛时，至少应准备4条不同难度的路线。其中第一、二条分别作为技能发展水平较低和较高的学生的常规路线，第三条作为水平较高的学生的挑战路线，第四条作为有能力接受更高挑战的学生的挑战路线。水平高的学生的常规路线可作为水平较低的学生的挑战路线。

③ 以小组合作学习的方式组织练习或比赛。

④ 预留活动或赛后分享时间，同时在学习平台讨论区组织课后分享交流。

二、小学5~6年级水平三定向运动教学设计

同小学3~4年级水平二定向运动教学一样，小学5~6年级水平三定向运动教学也应该聚焦核心素养的培养，在重点发展学生体能的基础上发展定向运动技能。

（一）小学5~6年级定向运动大单元教学设计

小学5~6年级体育与健康课程周课时数与教学内容的结构与小学3~4年级相同。建议小学5~6年级定向运动课程大单元教学也按18课时进行安排。以下给出案例5-2供参考。

参考该案例设计5~6年级定向运动大单元教学设计时，应关注体能练习的互补性，通过创新设计将体能练习融入定向运动过程中；应让学生理解一些情绪调控方法，并为他们提供运用机会，帮助学生在运用中掌握情绪调控方法；应通过创设情境，引导学生之间主动进行交流与合作。

定向运动的学习还应关注规则学习和规则意识的培养，让学生参与定向运动教学和定向运动活动的组织，通过参与定向活动的组织，培养学生的团队合作能力和公平竞争意识；应注意与跨学科主题学习相结合。

案例5-2　小学5~6年级定向运动大单元教学设计

年级	5~6	学期		课次	18	执教	
大单元学习目标	1. 体验定向运动的乐趣，形成对定向运动的初步认知与兴趣；初步理解地图的概念和常用地图符号、检查点说明的概念和常用检查点说明符号、定向运动金规和简单的路线选择原则 2. 掌握基本定向运动技能，掌握初步的扶手、攻击点、拦截和走捷径技能，建立将自己感知为（地图上）一个运动着的点的意识和习惯，初步形成提前思考的意识和习惯；能应用掌握的定向运动技能在附近环境中独立定位 3. 学生能够手动设计结构和功能完整、难度基本适合本学段水平的路线，并能准确计算路线和路段长度、设置检查点 4. 学生体能水平，特别是灵敏、力量、速度素质和心肺耐力水平全面提高，达到相应年龄段《国家学生体质健康标准（2014年修订）》的合格及以上水平 5. 学生敢于在定向运动游戏和比赛中展示自己，客观评价同学和自己 6. 学生理解并遵守定向运动基本规则，感受公平竞争和坚持到底的体育精神；能够文明参赛，诚信自律，自尊自信，挑战自我，尊重竞争对手；具有一定的竞争、合作与分享意识和能力，具有责任感和团队精神					教学重点和难点	重点： 1. 培养定向运动兴趣 2. 根据地形标定地图，折叠地图和拇指定位 难点： 1. 建立将自己感知为（地图上）一个运动着的点的意识和习惯 2. 建立提前思考的概念

单元	课次	主要教学内容	学习目标	重点与难点	教学策略和方法
1	1—4	1. 定向运动的概念 2. 地图的概念 3. 检查点说明的概念	1. 了解地图的概念和校园中常用的地图符号，知道中国是世界上最早出现地图的国家之一 2. 初步理解定向运动概念，感受成功的快乐，建立“我在哪里”“我要去哪里”的概念 3. 初步理解检查点说明的概念、文字和符号检查点说明 4. 初步形成合作意识	1. 理解地图是用符号表示的现实世界的缩写图 2. 初步理解校园地图中常用的地图符号 3. 初步理解常用的检查点说明符号	1. 用高亮透明色块突出图例中的重点符号和禁止通过的障碍物符号的说明 2. 以结对或小组合作的方式完成体验 3. 采用地图符号接力巩固对地图符号的记忆，发展体能的同时培养团队精神和责任感以及竞争意识 4. 组织分享，提高学生的兴趣
2	5—8	1. 基本定向技能：标定地图、折叠地图和拇指辅行 2. 扶手	1. 理解标定地图的概念、折叠地图和拇指辅行的好处和将自己感知为（地图上）一个运动着的点的概念 2. 初步掌握用地形标定地图、折叠地图和拇指辅行技能，建立将自己感知为（地图上）一个运动着的点的意识 3. 初步理解扶手的概念并会在定向活动或比赛中应用扶手 4. 初步形成合作意识、责任感和团队精神	1. 用地形标定地图 2. 将自己感知为（地图上）一个运动着的点	1. 采用专线定向学练标定地图技能，加深对常用地图和检查点说明符号的理解 2. 采用标志盘定向游戏让学生聚焦于基本技术的学练 3. 采用多图循环练习提供更多的练习机会 4. 采用地图-检查点符号接力巩固对地图和检查点说明符号的记忆，发展体能的同时培养团队精神、责任感和竞争意识 5. 结对或小组合作练习

续表

单元	课次	主要教学内容	学习目标	重点与难点	教学策略和方法
3	9—15	1. 常见定向运动游戏和项目 2. 攻击点、拦截和走捷径 3. 路线选择和提前思考 4. 定向运动金规	1. 体验常见定向运动游戏和项目（越野定向、星形定向、迷宫定向、积分定向、星形定向接力、团队定向），形成对定向运动的兴趣 2. 初步理解攻击点、拦截和走捷径的概念，并能在实践中运用 3. 理解基本的路线选择原则和提前思考的概念，并能在实践中运用，初步形成提前思考的意识和习惯 4. 遵守规则，尊重裁判，尊重对手，接受比赛结果；挑战自我，自尊自信；强化竞争意识，合作意识，责任感和团队精神 5. 积极展示，客观评价同学和自己	1. 理解攻击点、拦截和走捷径的概念 2. 理解路线选择的原则 3. 培养提前思考的意识和习惯 4. 课后反思与分享意识和习惯的培养	1. 以比赛的形式体验各种定向运动游戏和项目，让学生在真实情境中运用技能，培养竞争意识 2. 让学生以小组为单位，运用比例计算技能按规格为比赛设计路线 3. 通过接力赛、团队赛，以小组为单位轮流布置检查点，培养团队合作精神与责任感 4. 提供不同难度的路线让学生挑战 5. 通过智慧教学平台组织展示、分享和评价
4	16—17	1. 复习 2. 考核	1. 巩固定向运动技能，检查学习效果 2. 挑战自我，自尊自信 3. 文明参赛，遵守规则，诚信自律，尊重竞争对手，感受公平公正的体育精神	组织公平公正的考核	1. 以比赛的形式组织复习和考核 2. 讲解考核规则，严格按规则组织考核 3. 引导学生进行考核后分享

续表

单元	课次	主要教学内容	学习目标	重点与难点	教学策略和方法
	18	机动			

安全保障	评价方法
1. 教师提前排查校园中的安全隐患 2. 将有安全隐患的区域在地图上设置为禁区，在实地设置警示标志 3. 教师在设计路线时充分考虑路线的安全性，合理避开安全隐患区域 4. 在课的开始部分、基本部分和结束部分反复提醒学生安全注意事项，潜移默化地培养学生的安全意识和安全习惯	路线参数： 总检查点 15~16 个，路线长度 600 m 左右，检查点 9~10 个 评价标准： 1. 优秀：检查点正确，完成时间在 12 min 以内 2. 良好：检查点正确，完成时间在 15 min 以内 3. 中等：检查点正确，完成时间在 20 min 以内 4. 可接受：错 1 个检查点，完成时间在 25 min 以内 5. 改进：错 2 个或 2 个以上的检查点

（二）小学 5~6 年级定向运动教学常用学练方法

1. 地图符号配对接力

（1）材料准备。

每个通道准备一套地图符号接力卡。每套卡包括 20 张卡片，每张卡片正面为一种地图符号，共计 20 种地图符号，背面为另一张卡片中符号的名称或名称+地物图片，共计 20 种地图符号的名称。

（2）场地布置。

根据场地大小和学生人数将游戏场地划分为若干长度 10~15 m 通道。在通道的交接端画一条交接线。在通道的另一端将一套地图符号接力卡的所有卡片正面朝上按 4×5 方格或其他网格分散排列。每套地图符号接力卡的符号种类最好为偶数，如本例中的 20 种符号。在符号卡和交接线之间布置 3~4 个标志盘或标志锥。

（3）游戏方法。

学生结对或分组游戏。教师报出一个符号的名称，第一名学生从交接线后出发，快速绕过标志盘跑到另一端取回相应的符号卡并交给另一名学生。另一名学生将该卡背面（符号名称面）朝上放在出发线后的地面上并记住名称，然后跑到另一端取回相应的符号。轮流进行游戏，直到所有的符号卡被取回为止。每取回一张卡都要放在上一张卡的上面。

2. 地图—检查点说明符号配对接力

（1）材料准备。

每个通道准备一套地图符号—检查点接力卡，包括 16 张地图符号卡及其代码卡（图 5-8），两张接力卡（图 5-9）。每队各一支铅笔。

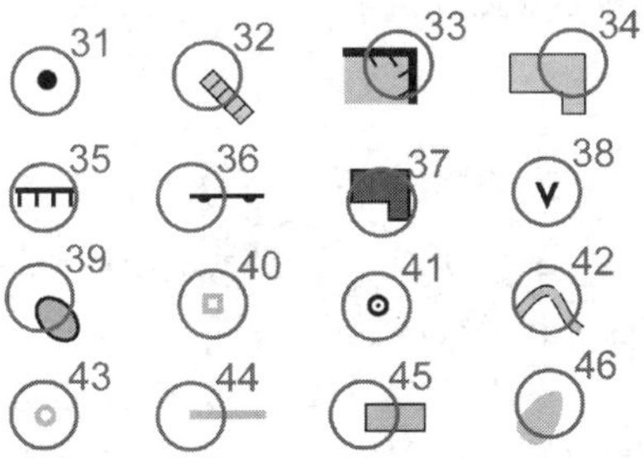

图 5-8　地图—检查点说明符号配对接力场地布置示意图

查看本图彩图

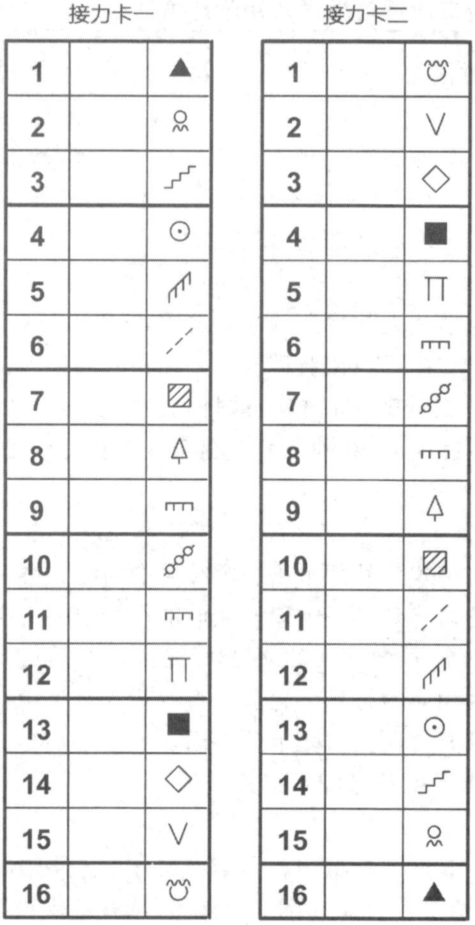

图 5-9　接力卡示意图（两张卡中检查点说明符号排序相反）

（2）场地布置。

根据场地大小和学生人数将游戏场地划分为若干长度为 10~15 m 的通道。在通道的出发和交接端画一条交接线，在通道的另一端将地图符号及其代码卡正面朝上布置成 4×4 网格（图 5-8）。

（3）游戏方法。

学生 3~4 人为一组组队游戏。每条通道安排两队学生分别执接力卡 1、接力卡 2 和铅笔从交接线出发，第一名学生找到第一个检查点说明符号对应的地图符号卡用指尖接触符号卡并在接力卡上记下其代码，然后快速返回到交接线将接力卡和铅笔交给第二名学生，第二名学生出发完成打卡后将接力卡和铅笔交给第三名学生。轮流进行游戏，直到所有的检查点说明符号对应的地图符号卡都被按顺序访问。

3. 打卡接力

（1）材料准备。

每个学生一张打卡任务单，任务单上包括按 1—10 排列的 10 个大小随机排列的检查点代码。每队一张检查卡（图 5-10）。

任务单

编号：1

1	31
2	33
3	32
4	36
5	40
6	34
7	39
8	38
9	38
10	37

打卡接力检查卡

任务1	1	2	3	4	5	6	7	8	9	10
任务2	1	2	3	4	5	6	7	8	9	10
任务3	1	2	3	4	5	6	7	8	9	10
任务4	1	2	3	4	5	6	7	8	9	10

图 5-10　打卡接力任务单和检查卡

（2）场地布置。

按图 5-11 布置场地。方框中标注的数字代表一套代码为该数字的检查点器材，包括点标旗、打卡器及检查点代码。

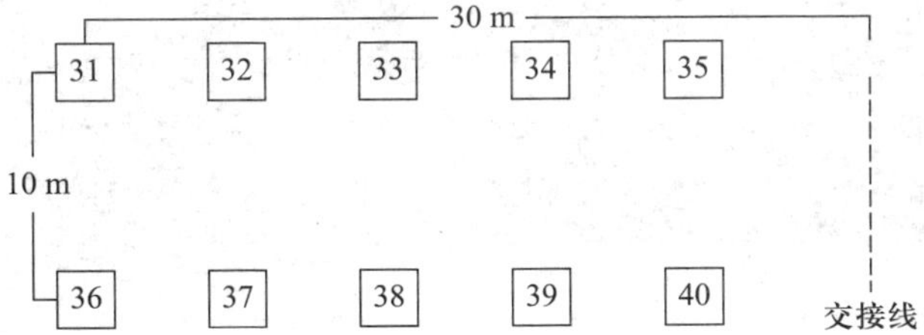

图 5-11　打卡接力场地布置示意图

（3）游戏方法。

学生结队游戏。第一名学生带着检查卡从地面上拿起第一张任务单从交接线后出发，按任务单上的顺序打卡后返回交接线将检查卡交给第二名学生；第二名学生拿起第二张任务单打卡后返回交接线将检查卡再交给第一名学生，第一名学生再拿起第三张任务单。依此类推，直到所有的任务都完成为止。

另外，小学 3~4 年级定向运动教学常用学练方法都可以用于 5~6 年级定向运动教学。

（三）小学 5~6 年级定向运动教学注意事项

1. 地图和路线设计

（1）地图。

地图应该配有直线比例尺。图例仅列出与校园内地物相关的符号，并采用不同的高亮透明色块突出重点学习的符号和禁止通过的障碍物符号（图 4-12）。

（2）路线。

① 练习和比赛路线应采用环形路线设计，路线长度 400 ~ 500 m，检查点 6~8 个；场地中相邻的不同路线的检查点间的距离不小于 20 m。检查点说明由文字型—文字型+符号型—符号型逐步过渡（图 5-12）。

查看本图彩图

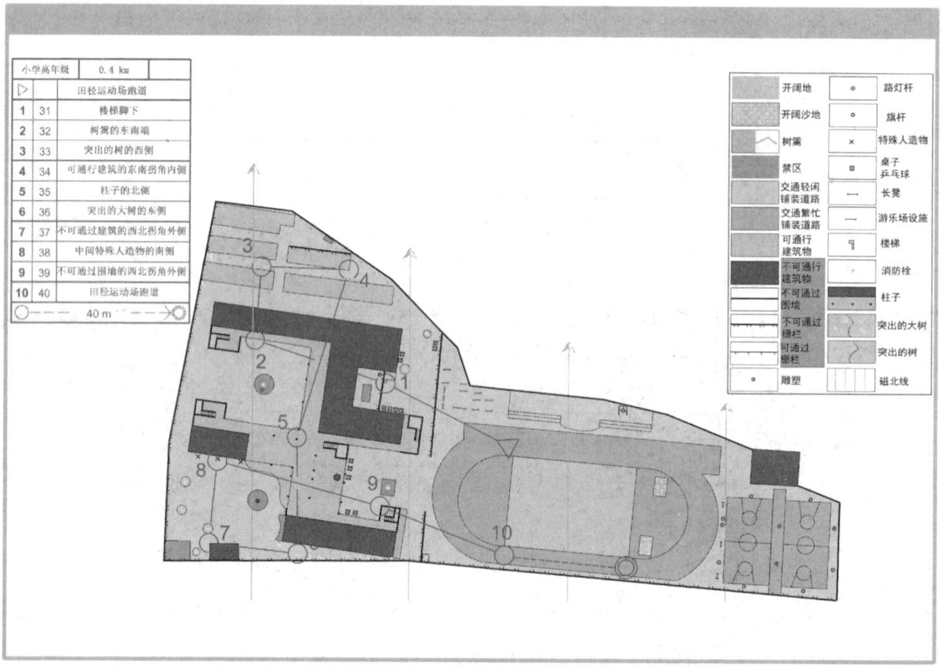

比例尺：1∶1 000

图 5-12　小学 5~6 年级定向教学和比赛路线示例

② 路段长度有一定的变化。路段可以有多个较大的方向变化，包括逆向变化和一个交叉。

③ 路段有简单的路线选择，部分路段有 1~2 个决策点。

④ 路段应该能为学生提供实践扶手、攻击点、拦截和走捷径等技能的机会。

⑤ 如果条件许可，可利用篮球场、排球场、羽毛球场等场地上的标记线设计路线。这种情况下，检查点间距、路线长度都可以缩小，但路线条数应该增加。

2. 教学方法与教学组织

（1）教学方法。

① 以完整学习法为主。在教学中教师应尽可能在检查点附近反复提醒学生标定地图、拇指辅行、折叠地图。

② 教师站在路线选择路段或决策点路段的起始点，问正在离开检查点的学生“你在哪里？下一个点在哪里？你怎样去找它？”，引导学生提前思考。

（2）教学组织。

① 组织挑战赛时，至少应该准备 4 条不同难度的路线。其中第一、二条分别作为技能发展水平较低和较高的学生的常规路线，第三条作为水平较高的学生的挑战路线，第四条作为有能力接受更高挑战的学生的挑战路线。水平高的学生的常规路线可作为水平较低学生的挑战路线。

② 让学生跑同一条路线两次或正向和逆向各跑一次，以两次用时差值大小作为胜负判定标准。差值越小，排名越靠前。

③ 通过同时提供多条路线、正向和逆向路线来提高教学比赛的组织效率。

小学 5～6 年级定向运动课时教学计划示例

第三节　初中定向运动教学设计

初中定向运动教学也应该聚焦核心素养的培养，在发展体能的基础上重点发展定向运动技能。

一、初中定向运动大单元教学设计

根据《义务教育课程方案和课程标准（2022 年版）》《义务教育体育与健康课程标准（2022 年版）》初中体育与健康课程周课时为 3 课时，每个学期要安排体能、健康教育、一个项目的专项运动技能学习（初中三年级的学生可以选择一个运动项目进行为期一年的学习）和跨学科主题学习等 4 个方面内容的学习规定和建议，以及初中三年级面临中考的实际情况，建议初中阶段定向运动课程大单元教学按 24～32 课时进行安排。以下给出案例 5-3 供参考。

在初中阶段的定向运动教学中，要重点关注学生的比赛组织能力和项目创新能力的培养，通过为学生提供多种形态的定向运动体验培养学生的创新意识，并在该过程中加强学生合作学习、协同创新意识和能力的培养；教学过程中应关注定向运动文化的传播，并在此过程中融入中华优秀传统文化相关内容。

案例 5-3 初中定向运动大单元教学设计

年级	初中	学期		课次	24	执教	
大单元学习目标	1. 体验定向运动的乐趣，形成对定向运动的认知与兴趣；理解地图的概念和常用地图符号，包括地图符号和颜色与通过性、可跑性、通视性的关系，理解等高线表示地貌的原理；理解检查点说明的概念和常用检查点说明符号 2. 掌握基本定向技能；能正确判读简单的等高线特征，利用简单的等高线特征导航；利用指北针和读图进行简单导航；掌握安全方位的概念和到达安全方位的方法；掌握一般地形中主要路线选择技能和路线执行技能；初步形成定向思维的意识和习惯 3. 学生掌握基本的参赛知识和技能，敢于在定向运动比赛中展示自己，能从多个角度进行简单的赛后分析与分享，客观评价同学和自己 4. 学生能够用路线设计软件设计结构和功能完整，具有一定挑战性的路线 5. 学生体能水平全面提高，达到相应年龄段《国家学生体质健康标准（2014 年修订）》的合格及以上水平 6. 学生能在比赛中保持良好的心态，表现出勇于挑战、超越自我、勇敢顽强、坚忍不拔的体育精神；诚信自律，公平公正，规则意识强，正确看待比赛胜；具有团队精神和集体荣誉感，表现出良好的角色意识、责任意识和包容心；初步形成独立自主、果断决策、知错即改的行为习惯；形成一定的批判性思维意识和习惯					教学重点和难点	重点： 1. 培养定向运动爱好 2. 标定地图，折叠地图和拇指辅行 3. 路线选择和路线执行 难点： 1. 定向思维意识和习惯的培养 2. 地貌判读

单元	课次	主要教学内容	学习目标	重点与难点	教学策略和方法
1	1—3	1. 定向运动的概念 2. 地图的概念 3. 检查点说明的概念	1. 理解地图的概念和常用的地图符号，知道中国是世界上最早出现地图的国家之一 2. 理解定向运动的概念，了解定向运动的历史和现状，建立“我在哪里”“我要去哪里”的概念 3. 理解检查点说明的概念和常用检查点说明符号 4. 具有一定的合作意识	1. 理解地图是经过制图综合，以符号表示的现实世界的缩写图 2. 理解校园定向中常用的地图符号和检查点说明符号	1. 以结对或小组合作的方式完成体验 2. 采用地图—检查点符号接力巩固对地图和检查点说明符号的记忆，发展体能的同时培养团队精神和责任感以及竞争意识 3. 组织分享，提高学生的兴趣
2	4—6	1. 基本定向技能：标定地图、折叠地图和拇指辅行 2. 扶手	1. 理解标定地图、折叠地图和拇指辅行的概念和将自己感知为（地图上）一个运动着的点的概念 2. 初步掌握标定地图、折叠地图和拇指辅行的技能，建立将自己感知为（地图上）一个运动着的点的意识 3. 理解扶手的概念并会在定向活动或比赛中应用 4. 初步形成合作意识、责任感和团队精神	1. 标定地图 2. 将自己感知为（地图上）一个运动着的点	1. 采用专线定向学练标定地图技能，加深对常见地图和检查点说明符号的理解 2. 采用标志盘定向游戏让学生聚焦于基本技术的学练 3. 采用多图循环练习提供更多的练习机会 4. 结对或小组合作练习

续表

单元	课次	主要教学内容	学习目标	重点与难点	教学策略和方法
3	7—8	1. 路线设计软件基本操作技巧 2. 常见定向运动项目路线设计	1. 初步理解路线设计原则和路线难度的概念 2. 初步掌握路线设计软件的基本操作流程和操作方法 3. 初步掌握常见项目路线设计的操作流程和设计要求 4. 初步掌握路线选择路段的设计方法	1. 路线设计原则 2. 路线难度 3. 路线选择路段的设计	1. 采用线上和线下混合教学和小组合作学习 2. 通过网络教学平台组织展示、分享和评价
4	9—12	1. 常见定向运动项目一 2. 安全方位攻击点、拦截和走捷径 3. 路线选择和提前思考 4. 定向运动金规	1. 体验常见定向运动游戏和项目（星形定向、积分定向、接力定向、团队定向），形成对定向运动的兴趣 2. 初步理解安全方位攻击点、拦截和走捷径的概念，并能在实践中运用 3. 理解基本的路线选择原则和提前思考的概念，初步形成提前思考的意识 4. 遵守规则、尊重裁判、尊重对手，接受比赛结果；挑战自我，自尊自信；强化竞争意识、合作意识、责任感和团队精神 5. 积极展示，客观评价同学和自己	1. 理解安全方位攻击点、拦截和走捷径概念 2. 理解路线选择的原则 3. 提前思考意识和习惯的培养 4. 培养课后反思、分享意识和习惯	1. 以比赛的形式体验各种定向运动游戏和项目，让学生在真实情境中运用技能，培养竞争意识 2. 通过接力赛、团队赛，以小组为单位轮流布置检查点，培养团队合作精神、责任感 3. 提供不同难度的路线让学生挑战 4. 通过智慧教学平台组织展示、分享和评价

续表

单元	课次	主要教学内容	学习目标	重点与难点	教学策略和方法
5	13—14	1. 参赛技能 2. 比赛组织 3. 规则与裁判法	1. 了解基本的参赛知识和技能 2. 理解定向运动比赛的组织流程、基本原则和要求 3. 理解定向运动比赛的基本规则和各裁判岗位的工作方法和裁判方法 4. 初步建立安全第一、环保优先的组赛理念 5. 提高团队合作精神和能力	1. 缓解比赛中紧张情绪的调控方法 2. 定向比赛组织的基本原则和要求 3. 培养安全第一、环保优先的组织理念	1. 采用线上和线下混合教学和小组合作学习 2. 通过网络教学平台组织展示、分享和评价
6	15—21	1. 常见运动项目二 2. 指北针导航 3. 等高线（需教学条件支持） 4. 定向运动项目创新	1. 体验更多的定向运动项目和形态（星形定向、军事定向、单子卡接力，半自由式定向、扑克牌定向、移动的起终点定向） 2. 能利用指北针短距离导航 3. 理解等高线表示地貌的原理，能正确判读简单的等高线特征，利用简单的等高线特征导航 4. 团队合作精神和能力进一步提高 5. 形成一定的批判性思维和创新意识	1. 等高线理解和判读 2. 培养批判性思维意识和习惯 3. 培养创新意识和习惯	1. 以比赛的形式体验各种定向运动游戏和项目，让学生在真实情境中运用技能，培养竞争意识 2. 让学生以小组合作的形式承担比赛组织和裁判工作，培养安全第一、环保优先，诚信自律、公平公正的组赛意识和规则意识，团队合作精神、角色意识和责任感 3. 让学生以小组合作的形式开发设计新的比赛项目，并组织展示、分享和评价，培养批判性思维和创新意识 4. 通过智慧教学平台组织展示、分享和评价

续表

单元	课次	主要教学内容	学习目标	重点与难点	教学策略和方法
7	22—23	1. 复习 2. 考核	1. 巩固定向运动技能，检查学习效果 2. 挑战自我，自尊自信 3. 文明参赛，遵守规则，诚信自律，尊重竞争对手，感受公平公正的体育精神	组织公平公正的考核	1. 以比赛的形式组织复习和考核 2. 讲解考核规则，严格按规则组织考核 3. 引导学生进行考核后分享
	24	机动			

安全保障	评价方法
1. 教师提前排查校园中的安全隐患 2. 将有安全隐患的区域在地图上设置为禁区，在实地设置警示标志 3. 教师在设计路线时充分考虑路线的安全性，合理避开安全隐患区域 4. 在课的开始部分、基本部分和结束部分反复提醒学生安全注意事项，潜移默化地培养学生的安全意识和安全习惯	路线参数： 总检查点 17~18 个，路线长度（修正后）1.5 km 左右，检查点 10~12 个 评价标准： 1. 优秀：检查点正确，完成时间在 15 min 以内 2. 良好：检查点正确，完成时间在 18 min 以内 3. 中等：检查点正确，完成时间在 22 min 以内 4. 可接受：错 1 个检查点，完成时间在 28 min 以内 5. 改进：错 2 个或 2 个以上的检查点

二、初中定向运动教学常用学练方法

（一）标志盘定向（5×5 标志盘网格）

1. 场地准备

用 25 个彩色标志盘布置出盘间距 3~5 米的 5×5 方形网格（图 5–13）。

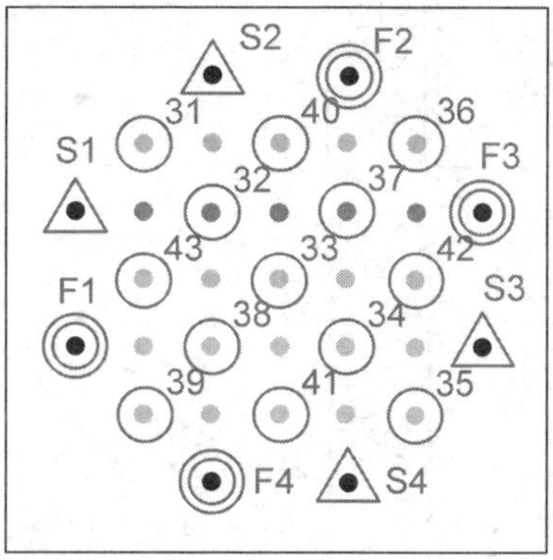

图 5–13　标志盘定向场地布置示意图

查看本图彩图

2. 地图

地图如图 5–14 所示。地图上有路线 1–4 共 4 条路线。

3. 练习方法

（1）讲解标定地图、折叠地图、拇指辅行技术。

（2）给每个学生一张地图并指定其中的一条路线，让学生根据该路线找到自己的起点并完成路线。接着，走到下一张地图上的起点开始继续练习，直到完成全部 4 条路线。

（3）要求学生在整个练习过程中要保持标定地图、折叠地图和拇指辅行。

（4）在学生练习的过程中不断提醒学生标定地图、折叠地图和拇指辅行。

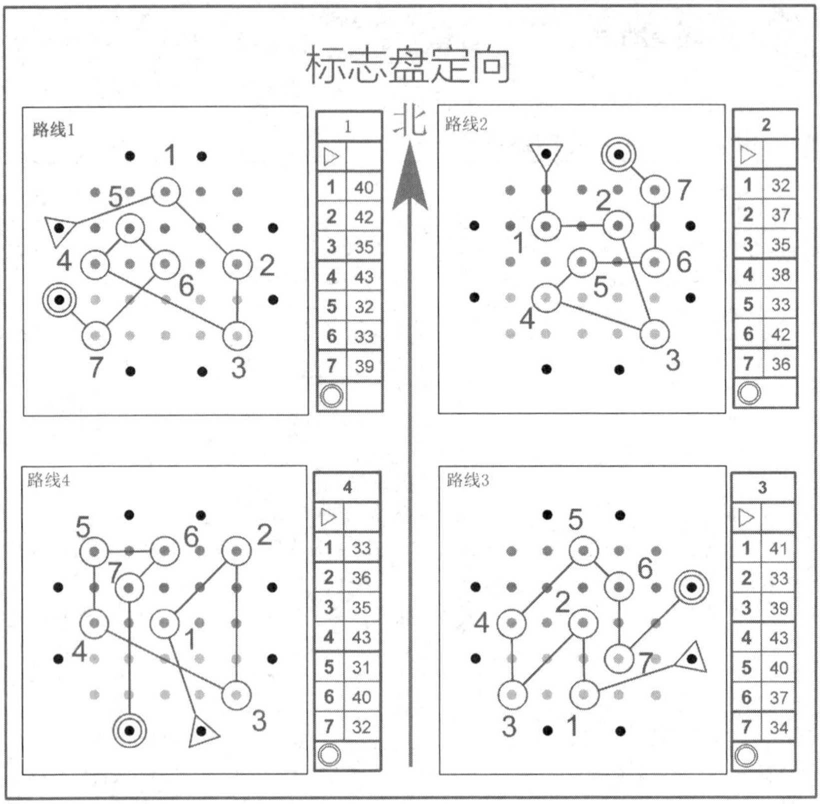

查看本图彩图

图 5-14　标志盘定向地图

（二）星形定向

1. 路线设计

设计如图 5-15、图 5-16 和图 5-17 所示的三条星形定向路线。三条路线的起终点相同。

2. 练习方法

学生先完成星芒定向路线，然后完成三叶草定向路线，有能力可以继续完成蝶形定向路线。定向水平高的学生先出发。练习时教师在起、终点提醒学生标定地图、折叠地图和拇指辅行。

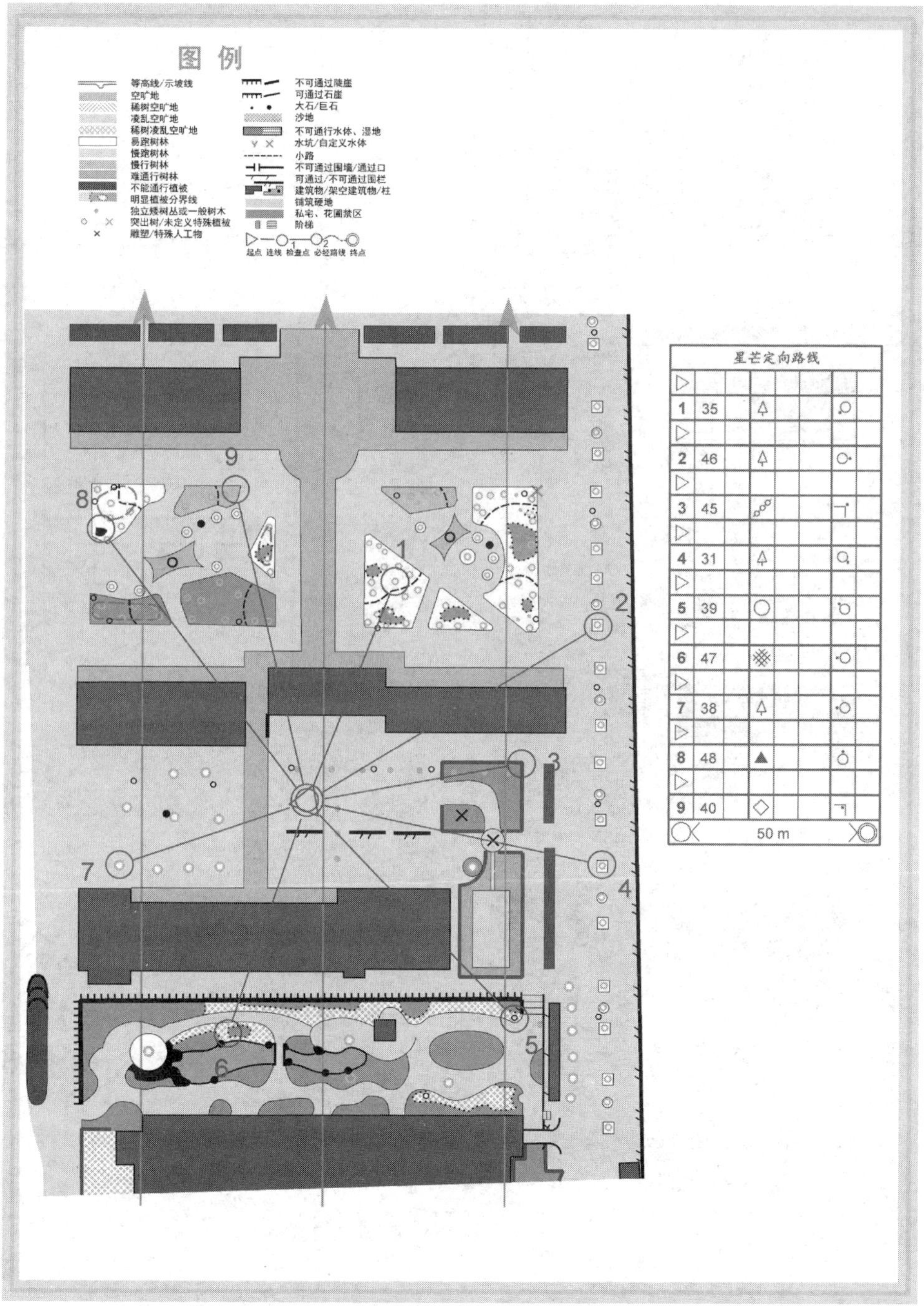

比例尺：1：750 等高距：1 m

图 5-15 星芒定向路线

查看本图彩图

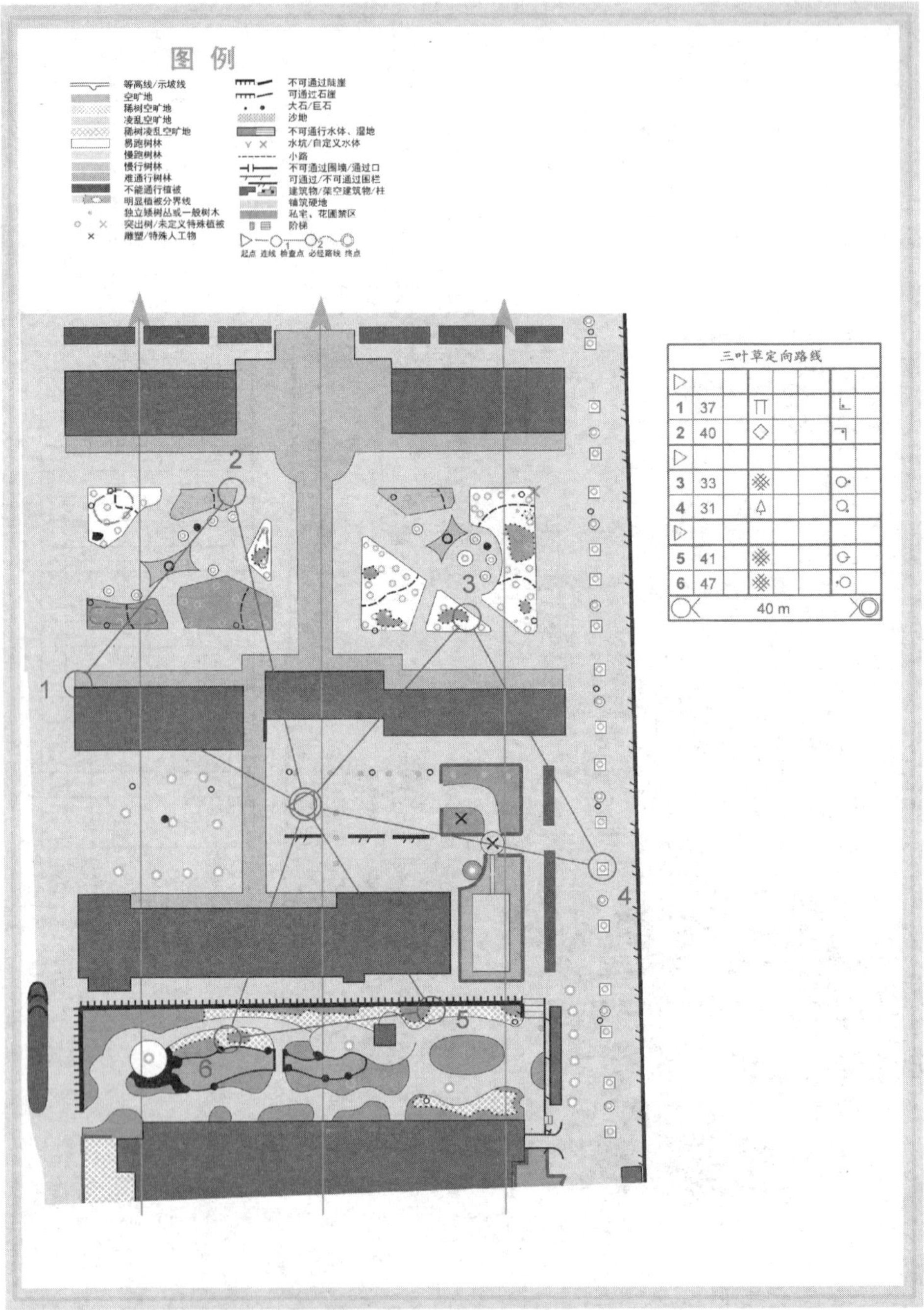

查看本图彩图

比例尺：1∶750 等高距：1 m

图 5-16 三叶草定向路线

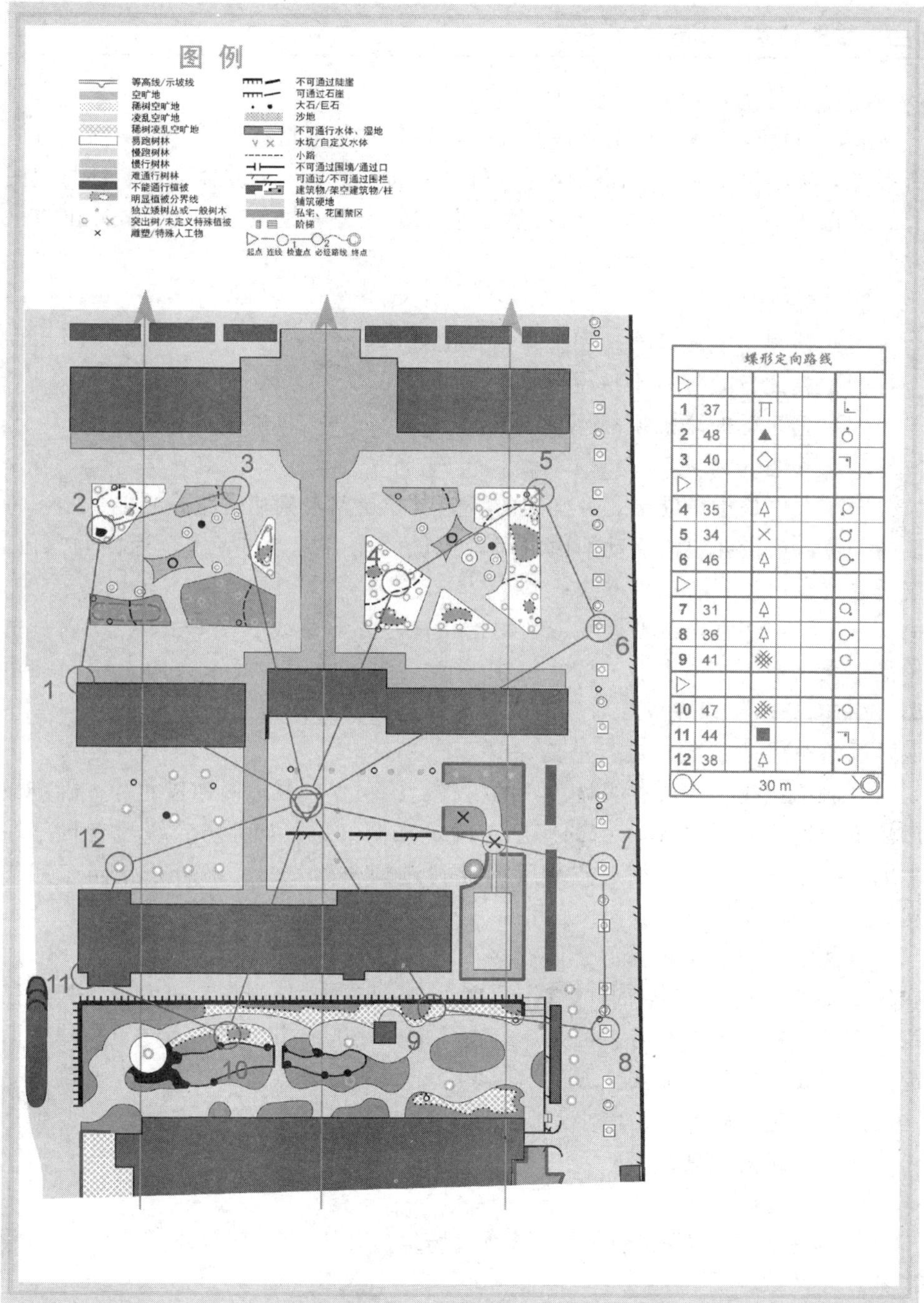

比例尺：1∶750　等高距：1 m

图 5-17　蝶形定向路线

查看本图

彩图

(三) 指北针基本技能练习

1. 指北针确定目标方位练习

准备一叠有路线的地图，按路段进行练习：水平持握指北针，使前进方向箭头与站立点和检查点的连线保持平行且方向一致。转动身体，使磁针与地图上的磁北线平行并且方向一致，然后向前看，正前方就是目标方向和前进方向。

练习时应注意：

(1) 应尽可能多地在地图上进行反复练习。

(2) 指北针要保持水平位置。

(3) 通过计时增加挑战性。

2. 安全方位练习

安全方位是指借助指北针确定的，能引导迷路者到达道路或其他易辨识特征的方位，或指在定向活动前由组织者提供的能引导参与者安全返回的方位。安全方位练习主要有三种方法：

方法一：在室内或者操场，利用指北针走方形路线（图 5-18A）。以一个特征作为起点，如一本书，按北→东→南→西的顺序向每个方向走相同的距离，如走 10 步。以完成练习后的位置离起点的距离作为评价练习完成的效果；通过调整距离（步数）进行重复练习。

方法二：找一块具有明显边界的树林，给学生一张地图和指北针；确定最后的集合地，如图 5-18B 中的房屋；确定安全方位，如北方；练习者自己在林地中确定起点，然后由起点出发向北行进到公路，然后沿着公路向东到达房屋。

方法三：与方法二类似，但有多个设置了点标旗的集合点（图 5-18C）。在每个交叉路口设置一个点标旗作为集合点，以中心地带作为出发点；教师任意指定一个集合点，练习者两人一组在林地中任选一个位置作为起点，然后由起点确定安全方位，沿安全方位到达集合点；如集合点为 B，安全方位可以是北，向北到达小路，然后沿小路向西到达 B；安全方位也可以是西，向西到达小路，沿小路向北到达 B。

练习时应注意：

(1) 尽量选用有明显边界的场地，场地应该能让大部分练习者能互相看得见。

(2) 练习者可以由同一点出发，也可由不同点出发。

(3) 练习者回到集合点后，教师应组织学生进行讨论。

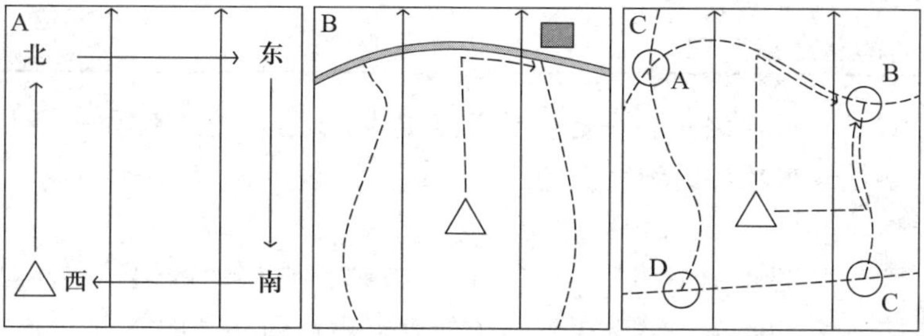

图 5-18　安全方位练习示意图

3. 空白图星形定向练习

设计一条星芒定向路线，然后屏蔽背景图（图 5-19），让学生利用指北针完成路线。

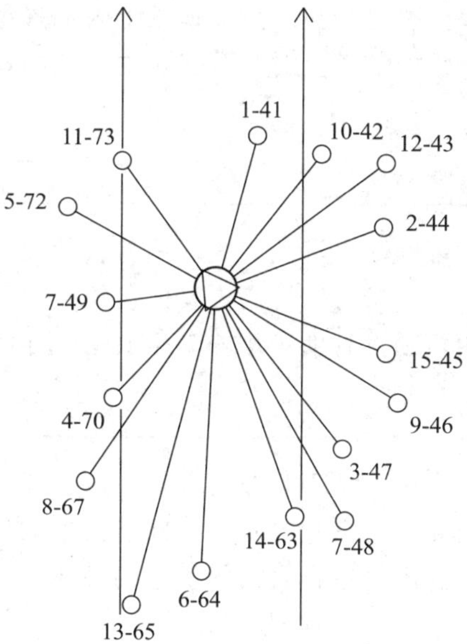

图 5-19　空白图星形定向示意图

练习时要注意：

（1）选择通行性较高的场地。

（2）路段的长度不宜过长。

（四）扑克牌定向

（1）在场地中设置若干检查点，在每个检查点上放置一张扑克牌。

（2）学生领取地图和 5 张扑克牌，在规定的时间内寻找适宜的检查点并逐一将手中 5 张牌换成一手更好的牌。

（五）移动的起终点定向

（1）设计一条起终点在一起，检查点成散点分布的路线和一条从起点出发穿过检查点分布区再回到终点的规定路线，并规定在游戏中，起、终点将沿规定路线移动。

（2）学生从起点出发进行星芒定向。教师作为移动的起、终点从起点出发沿规定路线均速行进，学生找到一个检查点后返回移动的终点，在教师手中的打卡器上打卡（击掌）后再出发。以此类推，直到访问完所有的检查点。

（六）使用虚拟地形

如果学生对校园非常熟悉，或校园太简单而缺少挑战性，可以在地图上添加一些虚拟的障碍物使校园复杂化。如在地图上附加虚拟危险区和禁入区，还可发展学生的安全意识，加深学生对公共区域准入权的理解，培养诚信、自律的品德。

（七）提前发放地图

组织学生出发时，可以在出发前一次性地将教学地图发放给学生，这样既可以简化出发的组织工作，又可以提高出发的组织效率。如果同时规定不能提前看图，并制定相应的罚则将有助于培养学生诚信自律的品德。

（八）组织探究式学习

定向运动中的许多决策，特别是路线选择是基于对各备选路线的长度、可通过性、可跑性、通视性以及学生自身在定向能力上的优劣势等的预判、估计做出的。快速、有效地做出最适合自己的决策的规律、原则是什么，这些内容都可以让学生在探究式学习中去发现。

三、初中定向运动教学注意事项

（一）地图和路线设计

（1）地图应同时配有比例尺、直线比例尺和图例。

（2）练习和比赛路线应采用环形路线设计，路线长度为 1 km 左右，检查点 10~12 个；场地中不同路线检查点间的距离不小于 20 m。检查点说明从文字型开始，逐步过渡到符号型（图 5-20）。

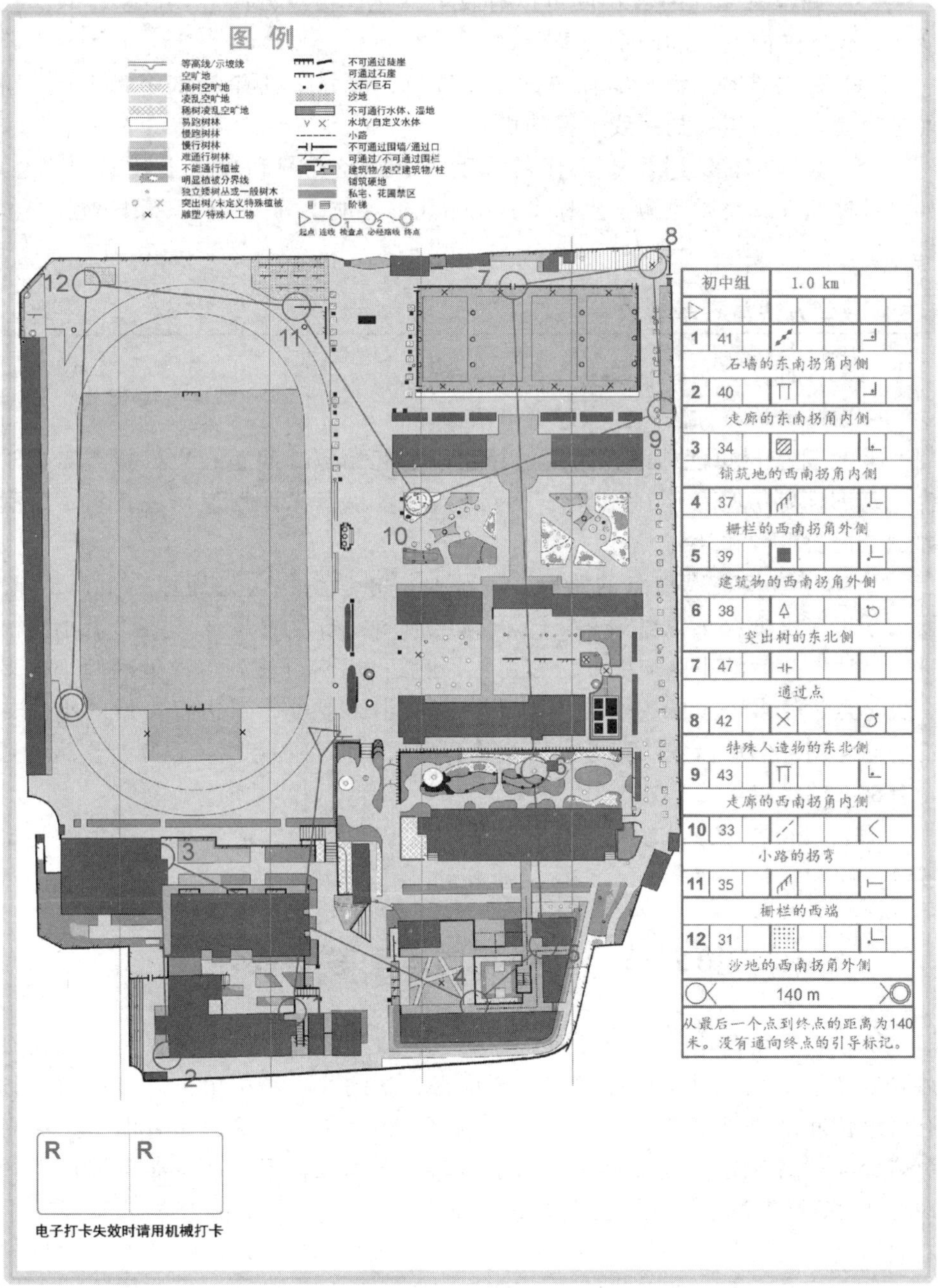

查看本图彩图

比例尺：1∶1 500　等高距 1 m

图 5-20　初中定向教学和比赛路线示例

（3）路段变化。路段长度可以有较大变化；路段方向可以有多个较大的变化，包括逆向变化和两个交叉。

（4）路线选择。路段有简单的路线选择，部分路段有 2~3 个判定点。可通过设置虚拟障碍增加路线选择的机会。

（5）路段应能为学生提供使用扶手、走捷径拦截和攻击点技术的机会。如果条件允许，路段应为学生提供实用指北针导航、等高线判读和导航技术的机会。

（二）教学方法与教学组织

初中定向运动课时教学计划示例

（1）定向运动教学以完整学习法为主。

应用完整学习方法应注意以下事项：

① 教师应尽可能地站在路线选择路段的起始点，问正在离开检查点的学生"地图标定了吗？你在哪里？下一个点在哪里？你计划怎样去找它?"，引导学生提前思考和计划。

② 对于有多个决策点的路段，教师要指导学生每次只处理一个判定点，要求学生在每个决策点都要停一下，标定地图、核对决策点，如"沿小路前进，到达石头后的小路交汇处向左拐"。然后再逐步过渡到一次处理两个或多个决策点，将多个步骤整合在一起，如"沿小路前进，到达石头后的小路交汇处向左拐，然后沿着小路旁的树篱跑到尽头，再向右走捷径，穿过易跑林到达有铺面的小路"。

（2）以比赛的形式组织学生体验各种定向项目时，应尽早让学生参与比赛的组织和裁判工作。

第四节　高中定向运动教学设计

模块教学是高中体育与健康课程的主要教学要求之一。模块是一个相对独立的教学单元，是高中体育与健康课程教学的基本结构单位。模块教学具有系统性和渐进性的特点，具有内容与时间相对集中的优势，有助于达成高中体育与健康课程的教学目标。高中体育与健康课程中运动技能系列可设计10 个必修选学模块。根据我国学校定向运动现状，高中体育与健康课程中定向运动适宜开设 1~3 个基础性选学模块。高中定向运动模块教学的设计应该聚焦于核心素养的培养，在继续发展学生体能的基础上重点发展定向运动技能。

一、高中定向运动模块 1 教学设计

模块 1 教学设计应聚焦定向基本知识和基本技能的系统学练，控制好定向运动学练路线难度的，同时通过让学生参与路线设计，相互提供挑战来增加教学的趣味性；让学生在体验不同类型的定向运动形态过程中，形成对定向运动的强烈兴趣，为后续模块的学习奠定基础。案例 5-4 给出了模块 1 教学设计的参考案例。

高中定向运动选学模块 1 教学计划中单元计划和课时案例示例

案例 5-4　高中定向运动模块 1 教学设计

内容	定向运动模块 1	时间	高一第一学期
教学目标	1. 初步理解定向运动的概念、了解定向运动的价值和发源地；了解定向地图的概念、性质和特征以及校园内常见地图符号；了解检查点说明的概念和基本结构；理解定向运动基本技术；初步掌握将自己感知为运动着的点的定向思维方式和赛后分享与反思技术；了解定向运动基本规则 2. 能够完成相当于《青少年定向运动运动技能等级标准》五级及以上水平的定向路线；提高力量、速度、灵敏、耐力等身体素质 3. 主动参加班级与学校组织的定向活动，养成体育锻炼习惯和环境保护习惯，形成安全意识和防范能力；情绪稳定，包容豁达，乐观开朗，善于交往，乐于分享 4. 在练习和比赛中积极进取、遵守规则、尊重他人、诚信自律，以自我竞争的理念参加比赛，并分享比赛过程和比赛结果，表现出文明礼貌、团队合作与负责任的行为		
单元	课次	教学内容	技能目标
1	1—5	1. 定向运动的概念、价值和发源地 2. 定向地图的概念、性质和特征，校园内常见地图符号 3. 检查点说明 4. 定向运动基本技术	1. 能够在简单环境中运用定向运动基本技能 2. 能够正确地在地图上标出实地中检查点的位置及检查点说明 3. 能够在简单环境中根据检查点说明准确设置检查点
2	6—10	1. 限定式定向的概念、特点和常见类型 2. 限定式定向基本规则、路线设计（手绘）和检查点设置 3. 越野定向、专线定向、星形定向、接力定向、百米定向比赛	1. 能够根据限定式定向的特点和路线设计原则以手绘的方式设计定向路线，设置检查点 2. 完成相当于《青少年定向运动运动技能等级标准》五级及以上水平的定向路线

续表

单元	课次	教学内容	技能目标
3	11—14	1. 自由式定向的概念、特点和常见类型 2. 自由式定向基本规则、路线设计（手绘）和检查点设置 3. 散点定向、计分积分定向、计时积分定向、团队积分定向比赛	1. 能够根据自由式定向的特点和路线设计原则以手绘的方式设计定向路线，设置检查点 2. 完成各种自由式定向路线
4	15—16	综合复习与考核	以技术评定为主，结合平时练习、合作、分享和反思表现及考勤情况进行多元化评价，给出综合评定
	17—18	机动	
备注	1. 结合教学内容开展健康教育，介绍场地、规则知识 2. 每节课安排 10 min 左右发展速度、上肢力量、踝膝关节稳定性、核心力量，或协调与灵敏性的体能练习或比赛 3. 在地图上设置虚拟地形并在实地设置相应标识改善场地的教学适宜性，培养诚信、自律的品质 4. 采用不同难度的短路线，不断提供挑战，培养意志品质 5. 组织合作学习小组，为课堂教学设计路线、设置检查点，培养团队合作能力、负责任意识与行为 6. 提供线上分享、讨论和展示平台		

高中定向运动选学模块2教学计划中单元计划和课时案例示例

二、高中定向运动模块 2 教学设计

模块 2 教学设计应继续聚焦定向基本知识和基本技能的系统学练，在模块 1 的基础上巩固并进一步掌握更多的定向运动技能；学生进一步参与路线设计，体验不同类型的定向运动形态，并开始承担定向运动教学和活动的裁判工作；通过实践体验和反思理解定向运动思维，并运用到生活和工作中。案例 5-5 给出了模块 2 教学设计的参考案例。

案例 5-5　高中定向运动模块 2 教学设计

<table>
<tr><td>内容</td><td colspan="2">定向运动模块 2</td><td>时间　高一第二学期</td></tr>
<tr><td>教学目标</td><td colspan="3">1. 理解定向运动的概念、定向运动的性质和特点、起源与价值；理解定向地图的概念、性质和特征；理解检查点说明的概念、结构和常见符号；理解定向运动主要规则；掌握定向运动基本技术；掌握将自己感知为运动着的点的定向思维方式，初步理解其他定向思维方式；初步掌握赛后分析技术
2. 能够完成相当于《青少年定向运动运动技能等级标准》六级及以上水平的定向路线；能够胜任校内定向活动中的裁判工作；提高力量、速度、灵敏、耐力、协调等身体素质
3. 积极参加班级与学校组织的定向活动，养成体育锻炼习惯和环境保护习惯，形成安全意识和防范能力；情绪稳定，包容豁达，乐观开朗，善于交往，乐于分享，提高生存和生活的能力
4. 在练习和比赛中积极进取、遵守规则、尊重他人、诚信自律，以自我竞争的理念参加比赛，并分享比赛过程和比赛结果，表现出文明礼貌、团队合作与负责任的行为</td></tr>
<tr><td>单元</td><td>课次</td><td>教学内容</td><td>技能目标</td></tr>
<tr><td>1</td><td>1—2</td><td>1. 回顾模块 1 主要知识和技能
2. OCAD 软件路线设计模块基本知识和主要操作流程</td><td>能够应用 OCAD 软件完成限定式定向和自由式定向路线的设计</td></tr>
<tr><td>2</td><td>3—7</td><td>1. 半自由式定向的概念、特点和常见类型
2. 半自由式定向基本规则和路线设计
3. 混合路线定向（交替式）、三人团队定向、四人团队定向比赛</td><td>1. 能够根据半自由式定向的特点和路线设计原则用 OCAD 软件设计定向路线，设置检查点
2. 完成各种半自由式定向路线</td></tr>
<tr><td>3</td><td>8—11</td><td>1. 指北针导航基本知识与技战术
2. 步测技术、距离估计与判断技战术
3. 空白图星形定向、空白图越野定向比赛</td><td>能够综合运用指北针导航、步测、距离估计与判断技能完成相关路段</td></tr>
<tr><td>4</td><td>12—14</td><td>1. 定向运动规则回顾与总结
2. 定向运动裁判方法
3. 定向运动比赛及裁判</td><td>能够完成各定向运动项目各岗位的裁判工作</td></tr>
<tr><td>5</td><td>15—16</td><td>综合复习与考核</td><td>以技术评定为主，结合平时练习、合作、分享和反思表现及考勤情况进行多元化评价，给出综合评定</td></tr>
<tr><td></td><td>17—18</td><td>机动</td><td></td></tr>
</table>

续表

备注	1. 结合教学内容开展健康教育，介绍场地、规则知识和裁判法知识 2. 每节课安排 10 min 左右发展速度、上肢力量、踝膝关节稳定性、核心力量，或协调与灵敏性的体能练习或比赛 3. 在地图上设置虚拟地形并在实地设置相应标识改善场地的教学适宜性，培养诚信、自律的品质 4. 采用不同难度的短路线，不断提供挑战，培养意志品质 5. 组织合作学习小组，为课堂教学设计路线，设置检查点，担任教学比赛裁判，培养团队合作能力、负责任意识与行为 6. 提供线上分享、讨论和展示平台

高中定向运动选学模块 3 教学计划中单元计划和课时案例示例

三、高中定向运动模块 3 教学设计

模块 3 教学设计应关注学生定向运动活动策划与组织能力的培养，在进一步提高定向运动技能水平的基础上，聚焦于让学生初步掌握定向运动活动的策划与执行技能，并能在生活和工作中运用。案例 5-6 给出了模块 3 教学设计的参考案例。

案例 5-6　高中定向运动模块 3 教学设计

内容	定向运动模块 3	时间	高一第二学期
教学目标	1. 理解定向运动文化与定向运动特点的关系，定向运动起源与军事需求的关系 2. 理解校园定向运动活动组织与裁判工作 3. 基本掌握复杂地形中的定向运动技战术 4. 能够完成相当于《青少年定向运动运动技能等级标准》七级及以上水平的定向运动路线；能够组织校园定向活动并承担裁判长工作；提高力量、速度、灵敏、耐力等身体素质 5. 积极参加班级与学校组织的定向活动，养成体育锻炼习惯和环境保护习惯，具备在不同环境中坚持锻炼的能力；形成安全意识和防范能力；情绪稳定，包容豁达，乐观开朗，善于交往，乐于分享，提高生存和生活的能力 6. 在练习和比赛中积极进取、遵守规则、尊重他人、诚信自律，以自我竞争的理念参加比赛，并分享比赛过程和比赛结果，表现出文明礼貌、团队合作与负责任的行为；能够将课堂中的品德表现转移到日常学习和生活中去		
单元	课次	教学内容	体能锻炼
1	1—4	1. 回顾模块 2 主要知识和技能 2. 等高线判读技战术与实践	能够在图上判读和预估地貌形态

续表

单元	课次	教学内容	体能锻炼
2	5—9	1. 定向运动的文化特征 2. 小型定向活动策划知识、技能	能够以小组合作方式完成小型定向活动策划和实施
3	10—14	1. 简易活动地形定向地图测绘知识与技能 2. 小型定向活动策划和实施实践	能够根据高清航拍图、平面图或其他底图完成简单校园、公园或村落定向地图测绘
4	15—16	综合复习与考核	以技术评定为主，结合平时练习、合作、分享和反思表现及考勤情况进行多元化评价，给出综合评定
	17—18	机动	
备注	1. 结合教学内容开展健康教育 2. 每节课安排 10 min 左右发展速度、上肢力量、踝膝关节稳定性、核心力量，或协调与灵敏性的体能练习或比赛 3. 组织合作学习小组，为课堂教学策划定向活动并负责组织实施，培养团队合作能力、负责任意识与行为 4. 提供线上分享、讨论和展示平台		

四、高中定向运动教学常用学练方法

（一）持图走练习

持图走是指让练习者独自、结对或以小组的形式沿着图上标示的行进线路或自选线路在实地漫步，边走边进行图—地或地—图对照，并完成以下任务的读图练习方法：

（1）分析讨论确定站立点、站立点地形特征和地图表达方法。

（2）根据地图预判前方地形，并将预判结果和实地地形进行对比，分析偏差原因。

（3）将实地特征假想为检查点，写出文字或符号检查点说明。

持图走是一种适用于所有人的教学和训练手段。初学者在简单地形中持图走，能迅速理解地图符号、理解和掌握标定地图、折叠地图和拇指辅行技术。高水平选手在复杂地形中持图走，能进一步理解地图的表达方式，提高对细碎地貌的判读能力。

（二）跟随领头人走练习

跟随领头人走是持图走的一种变式，是一种练习标定地图、折叠地图、拇指辅行、确定站立或重新定位、记忆地图的有效手段。

（1）领头人持图沿着自己选择的路线在前面跑或走，其他练习者间隔一定距离（约 20 m）在后面持图跟随。

（2）每跑 200~1 000 m，领头人停下来，让其他练习者指出当前站立点，从上一个站立点到达当前站立点的实际路线，分析站立点及其周边地形的特征和地图表达方法。

（三）专线定向练习

专线定向是指让练习者沿着地图上的规定路线行进，并将行进中所遇到的检查点标记在地图上的练习。专线定向中的检查点可以分为两类，一类是位于规定路线上的检查点，另一类是位于规定路线两侧或上方的检查点。

专线定向练习适合所有水平的练习者，是定向运动基本技能、读图能力、路线执行能力，特别是标定地图、折叠地图、拇指辅行、等高线认知能力的重要练习手段。同时，专线定向练习也是开阔视野，提高地图记忆能力的重要练习手段。

专线定向的难度可从以下几个方面增加：

（1）由简单地形到复杂地形。

（2）由发现检查点后仅标出检查点位置到既标出检查点位置，又标出检查点说明。

（3）由检查点在专线上到检查点在专线周边，由检查点在明显的大特征上到检查点在小特征上。

（4）由发现检查点后即刻标出检查点位置到发现若干检查点后或完成整个路线后标出检查点位置。

（四）距离判断和测量练习

1. 室内距离估计练习

（1）准备一张路段长度各不相同，带有比例尺的空白路线图（图 5-21）。

（2）在图上先目测距离，然后用直尺测量，将结果填写在表 5-1 中。

（3）比较目测距离与实际距离的差距。用不同比例尺的地图反复练习，直到目标距离与实际距离基本一致。

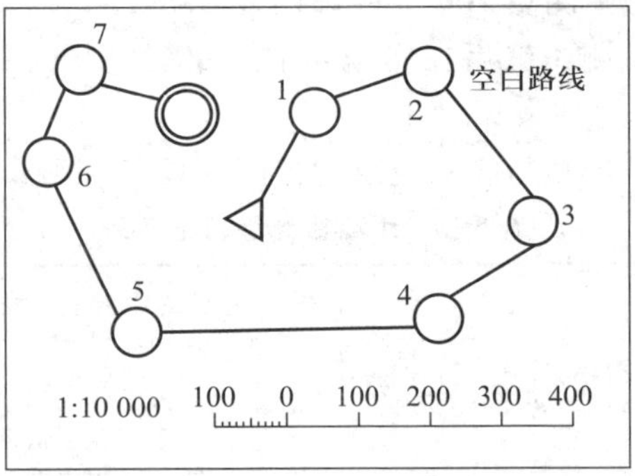

图 5-21　室内距离估计练习示意图

表 5-1　室内距离估计练习记录表

路段	目测距离/m	实际距离/m	误差/m
1	150	140	10
2	155	160	5
…	…	…	

2. 室外距离估计练习

（1）设置一条有 6~10 个检查点的路线，并保证从任何一个检查点都可以看到其他检查点（图 5-22）。

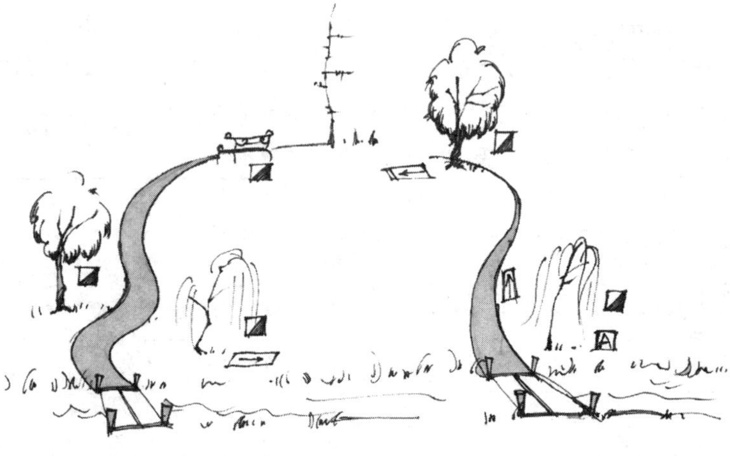

图 5-22　室外距离估计练习示意图

（2）在平缓地形中测量 100 m 距离的复步数。

（3）先在图上目测，然后在实地步测，最后在图上用直尺测量每个路段的距离，并将结果填写在表 5-2 中。

（4）比较目测、步测与实际距离的差距。反复练习，直到三者基本一致。

表 5-2 距离估计练习记录表

<table>
<tr><td colspan="3">100 m 步行复步数：</td><td colspan="3">每一复步的距离：</td></tr>
<tr><td rowspan="2">路段</td><td rowspan="2">目测距离/m</td><td rowspan="2">步测距离/m</td><td rowspan="2">实际距离/m</td><td colspan="2">误差/m</td></tr>
<tr><td>目测误差</td><td>步测误差</td></tr>
<tr><td>1</td><td>155</td><td>150</td><td>140</td><td>15</td><td>10</td></tr>
<tr><td>2</td><td>165</td><td>165</td><td>160</td><td>5</td><td>5</td></tr>
<tr><td>…</td><td>…</td><td>…</td><td>…</td><td>…</td><td>…</td></tr>
</table>

3. 平缓地形中奔跑时步测练习

（1）奔跑中步测参数的测量。在平地上（操场）反复测量步行和奔跑 100 m 和 10 m 的复步数，记录测量结果，如步行 60 个复步和 6 个复步，奔跑 48 个复步和 5 个复步（表 5-3）。测量时要注意保持自己的节奏，步幅大小均匀一致，不能跑得太快。

（2）将不同距离以 100 m 或 10 m 为单位进行分割并进行步行步测练习。如将一段 360 m 的距离分成两部分进行步行步测练习：步行 3×60 个复步（100 m），然后步行 6×6 个复步（10 m）。

（3）将不同距离以 100 m 或 10 m 为单位分割来进行奔跑中的步测练习。如将一段 360 m 的距离分成两部分进行奔跑中的步测练习：奔跑 3×48 个复步（100 m），然后奔跑 6×5 个复步（10 m）（表 5-3）。

表 5-3 个人步测记录表

<table>
<tr><td colspan="4">姓名：张××</td></tr>
<tr><td>步测单位（步行）</td><td colspan="2">单位 1：60 个复步（100 m）</td><td>单位 2：6 个复步（10 m）</td></tr>
<tr><td>步测单位（跑步）</td><td colspan="2">单位 1：48 个复步（100 m）</td><td>单位 2：5 个复步（10 m）</td></tr>
<tr><td>测量编号</td><td>单位 1 测量结果</td><td>单位 2 测量结果</td><td>距离/m</td></tr>
<tr><td>步行 1</td><td>3（180 个复步）</td><td>6（36 个复步）</td><td>360</td></tr>
<tr><td>奔跑 1</td><td>3（144 个复步）</td><td>5（30 个复步）</td><td>360</td></tr>
</table>

4. 各种地形中奔跑时的步测练习

（1）在公路或小路上测量并标注 100 m 的距离，分别计算自己步行和奔跑时的复步数（图 5-23 之 1）。

（2）计算自己绕着一个距离 200~400 m 的线状地物步行和奔跑的复步数，计算每 100 m 的平均复步数（图 5-23 之 2）。

（3）在不同的地形环境中标出 100 m 的距离，计算自己步行和奔跑的复步数（图 5-23 之 3）。

（4）步测游戏。每个人拿着一张标有前进方位和距离的纸片，由起点出发，比一比谁最快最准到达纸片上标明的正确位置（图 5-23 之 4）。

（5）结合其他技术，如指北针技术反复练习，直到能够在不同地形中通过步测确定自己在地图上的准确位置。

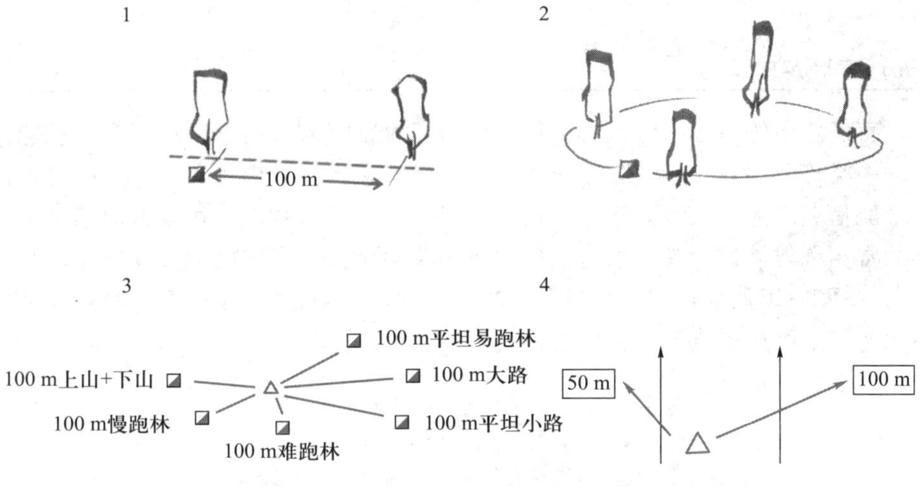

图 5-23　奔跑时距离测量练习示意图

5. 指北针步测练习

（1）选择一块视野较开阔的区域，以起点为中心设计并布置三条路线（图 5-24）。

（2）分别以每条路线的节点为原点，测量出各检查点的位置数据（方位、距离），并分别写在卡片上，如图中红色和蓝色卡片。根据卡片的数据在实地设置点标旗和打卡器。点标旗和打卡器的位置不一定位于检查点特征上。

（3）学生分为三个组，各自携带地图自选路线出发，到达路线的节点后运用指北针步测技术寻找检查点。完成一条路线后回到起点后再出发完成另一条路线。

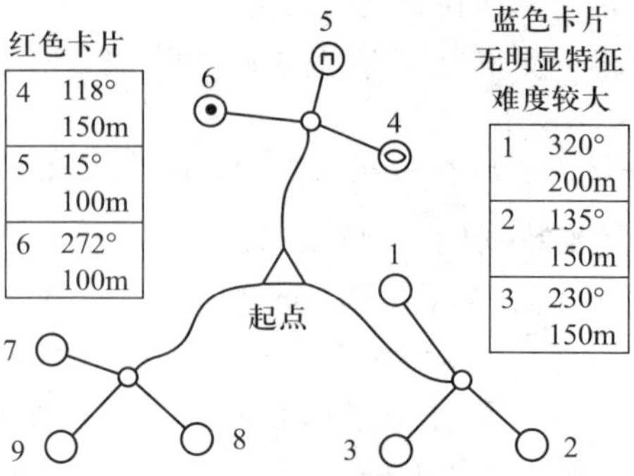

图 5-24 指北针步测练习示意图

该练习可以以小组或个人比赛的形式进行，也可以以积分定向的形式进行。

（五）盲区定向练习

盲区定向练习是指将练习路线上部分或全部区域设为盲区进行定向技能练习的一类练习手段。所谓盲区是指练习路线上被黑色或白色遮盖，不能提供任何导航信息的地图区域。盲区定向练习是发展指北针技能、培养方向感、距离感的常用练习手段。常用的盲区定向练习包括常规盲区定向（图 5-25）、廊式定向（图 5-26）、窗式定向（图 5-27）。另外，屏蔽星形定向和越野定向地图中的背景地图可以进行空白图定向。

查看本图彩图

图 5-25 盲区定向练习——经典盲区定向示意图

图 5-26　盲区定向练习——廊式定向示意图

查看本图彩图

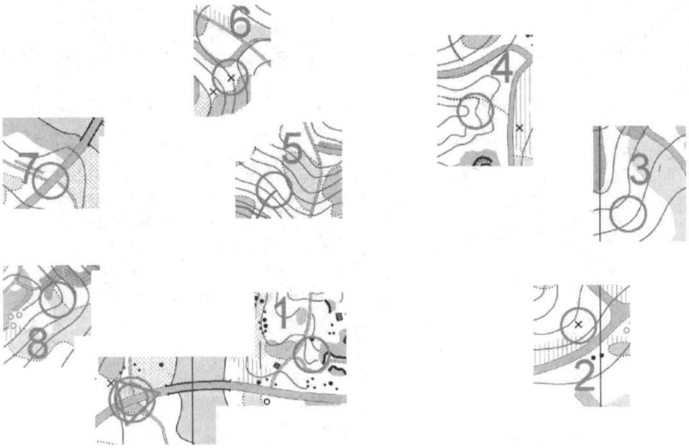

图 5-27　盲区定向练习——窗式定向示意图

查看本图彩图

应用盲区定向练习时应注意：

（1）选择通行性较高的场地。

（2）通过“走廊”或“窗口”的宽度或大小调整难度。走廊或窗口越窄或越小，难度越大。

（3）路段的长度不宜过长。

（4）应提供检查点说明。

复习、思考与实践

1. 试讨论提高中小学定向运动教学运动密度和运动负荷的方法和策略。

2. 根据本章提供的义务教育阶段和高中阶段大单元或模块教学计划各设计一份一个课时的课时教学计划。

3. 设计一套从小学到高中阶段的定向运动基本技术学练方法和手段。

本章小结（思维导图）

本章动态更新

第六章　定向运动训练

本章导读

本章首先从运动表现和整体视角分析了影响定向运动员取得卓越成就的主要因素，并以此为基础讨论定向运动技能、体能和心理训练，以及赛后分析训练，以帮助学生获得对定向运动训练的全面认识。

学习目标

1. 了解影响定向运动员取得卓越成就的主要因素。
2. 初步掌握主要的定向运动技能训练方法。
3. 初步掌握主要的定向运动心理训练方法。
4. 初步掌握定向运动赛后分析表和比赛数据统计分析法。

第一节　定向运动员取得卓越成就的主要因素

定向运动是一项涉及大量心理因素的耐力性运动。定向运动员在崎岖不平的地面上奔跑需要耐力、力量和敏捷性，与 3 000 m 障碍赛跑或马拉松运动员的体能要求相似。定向运动员取得卓越成就的主要因素包括心理特征、专门的准备和遗传因素等个人因素。

定向运动员选材

一、定向运动员运动表现模型

1987 年 Helga Kolb 开发了一个定向运动员运动表现的决定因素模型，该模型中跑的能力和定向能力两个因素在决定定向运动员运动表现上的贡献率分别为 54%和 46%（图 6-1）。其中，跑的能力包括跑的基本能力和在定向地形中跑的能力两个成分，对跑的能力贡献率分别为 85%和 15%。定向能力包括路线选择和路线执行能力，对定向能力贡献率分别为 35%和 65%。路线选择能力决定因素按贡献率大小排列依次为地图感知、路线感知和路线比较。路线执行能力决定因素按贡献率大小排列依次为地图记忆、地图识别、地形记忆、方向保持和距离估计。

该模型没有考虑心理因素，特别是注意力对运动表现的影响，也没有考虑跑的能力与定向能力间的相互作用，是一个简化版的运动表现模型。但是，该模型为制订训练规划提供了一个简洁有效的框架。

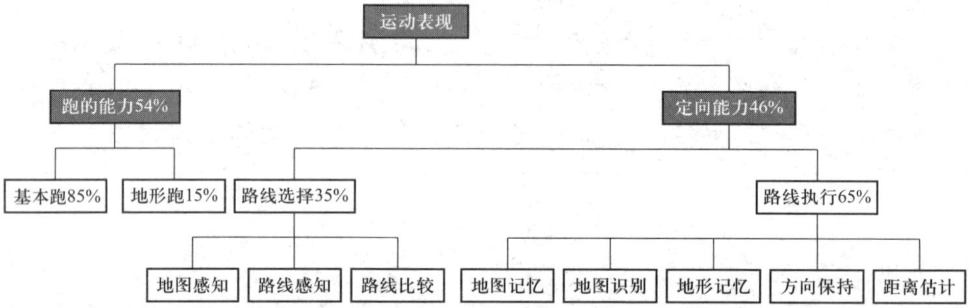

图 6-1 定向运动员运动表现决定因素及其贡献率

二、影响定向运动员运动表现的生理和认知因素

定向运动是一项在认知要素上明显不同于其他跑步运动的耐力性运动。定向运动员的运动表现涉及生理因素和认知因素的相互作用。定向比赛的特点是非持续性的负荷或负荷的多变性，在持续跑的过程中，有氧代谢和短暂的无氧代谢交替进行。由于会遇到不同的地形、植被和障碍物，奔跑速度表现出很大的变化，运动员的平均速度为 6~12 km/h，最高速度可达 20 km/h。精英运动员能在各种地形和地表类型中保持高速。但在导航困难的区域，有经验的运动员会降低速度或稍微停顿，将注意力保持在地图和地形上，以避免出现大错误。因此，活动的相对强度主要取决于运动员的导航能力。在复杂环境中导航的速度对运动表现非常重要。

(一) 生理因素

定向比赛期间的高耗氧量、高心率及其较大的变动范围和高乳酸变化范围表明定向运动的主要生理特征是有氧运动，且在运动中会交替出现短暂的无氧运动。有氧能力是决定定向运动员运动表现的主要生理因素，无氧能力也是关键因素。此外，由于要避开沿途的坑穴、乱石、树枝和其他障碍物，敏捷性也成为决定因素。

1. 有氧能力

与耐力项目运动员相比，定向运动员有更高的最大耗氧量水平。定向运动中，精英运动员的耗氧量和心率可达 85%～90%最大耗氧量和 90%最高心率的水平，这表明定向运动员的有氧系统发展水平非常高。较高的最大耗氧量也代表了比赛的复杂性，由于地形、植被和其他障碍物的多样性导致了定向运动员的代谢成本较高。最大耗氧量与耐力运动水平密切相关，被认为是预测定向运动员运动表现的重要指标之一。

定向运动中，精英运动员的运动都发生在无氧阈或稍高于无氧阈的水平。事实上，定向运动与其他耐力性运动的不同之处在于发生在定向路线上不同阶段的概略定向、上坡、冲刺等对无氧运动成分的调节作用。运动员的高无氧阈水平与定向中小错误的发生率、好的用时和更好的跑速相关。无氧阈水平被认为是定向运动员运动表现的最佳预测指标。

2. 无氧能力

无氧能力也是定向运动员运动表现的基础。由于定向中需要快速改变方向和跨越障碍，运动员有效储存和释放弹性能量的能力变得至关重要。运动员需要有足够的力量、爆发力和肌肉耐力。与其他长跑运动员相比，定向运动员要有更大的下肢力量以适应其克服沿定向路线分布的不规则地形和地表变化。定向运动员膝关节屈伸肌力量与最大吸氧量、无氧功率呈中高水平相关，表明肌肉力量是反映定向运动员运动表现改善的基本指标。因此，定向运动员要取得好成绩，首先要进行有氧训练，然后进行力量训练和以力量为主的无氧训练。

3. 跑的经济性

尽管与在公路和跑道上跑相比，定向运动员在难跑的地形中跑的经济性会降低约 40%。但与田径运动员相比，定向运动员的跑步经济性更高。高的跑步经济性可能是定向运动员的固有特征，是由于其在艰难地形中进行专门训练的结果。在定向运动训练中应安排专门的提高跑步经济性训练。

（二）认知因素

定向运动中，与地图保持持续的联系、对路线选择进行评估和决策、定向技战术，比赛速度的选择和控制都对定向运动员的认知技能提出了很高的要求。

1. 感知—认知能力

地图阅读和理解、在沿路线行进中完成计划和决策的能力在定向比赛中至关重要，这些能力主要取决于视觉空间技能。视觉空间注意在视觉信息加工和运动刺激的感知中起着重要的作用。在时间限制和竞赛压力下，对地图、环境和奔跑的视觉关注会形成一个高度复杂的过程，包括感知、注意、决策和情绪控制等。基于视觉注意加工的限制，随着认知需求的增加，作出决策所需的时间越来越长。

记忆和感知、专业知识和技能、任务约束、注意力、预期、简化、基本定向技能和地图—地形—地图识别是导航过程中涉及的主要感知—认知技能，是获得更好表现的关键，任务约束、注意力、预判和简化是关键的运动表现预测指标。

2. 认知优势

经过广泛而长期的定向练习和实践，定向运动员可以获得某些认知优势和专项认知技能，并发展出预判和简化导航等认知策略。例如，在路线上，定向运动员不仅能清楚自己当前的表现，而且能反思在比赛过程中遇到过的困难，以对后续的表现进行优化。这一特点是在特定运动领域通过广泛的实践和经验获得的长时记忆的适应。与非精英、经验不足的定向运动员相比，精英和经验丰富的定向运动员在感知和应对路线上涉及的信息时会表现出一定的认知优势，他们可以克服人类基本视觉和神经系统在信息加工上施加的限制，在感知-认知方面表现出更高的效率，专项认知技能会在比赛中直接导致更好的选择和策略。

定向运动中，对任务约束的认知能力至关重要。运动员必须在三种不同的情境，即地图、环境和奔跑中管理注意力，运动员必须能够从地图上选择相关信息形成对环境的预期，并在奔跑中与环境进行比较，频繁地将聚焦点在三种情境之间进行转换。因此，经验丰富的定向运动员为持续性的定向比赛发展出必要的认知能力和策略，如任务限制、注意力集中、预期和导航简化等。

经验丰富的定向运动员会始终表现出自信，相信自己有能力将注意力集中在相关信息上，而不会被各种外部刺激分心。这表明提取和处理与当前任务相关的信息的能力对运动表现至关重要。

3. 长期的专门准备

经验丰富的定向运动员表现得更好的原因是长期的专门性准备，是花大量时间参与定向比赛和致力于定向练习的结果。定向实践中增加的经验是定向运动中获得必要认知技能的决定因素。从长期经验和实践中产生的适应性将允许经验丰富的运动员开发有效的信息加工系统。

精英运动员在定向运动中会尽可能地简化导航，只关注最有用和最明显的地形信息进行导航。这样，他们看地图时不会放慢比赛节奏。精英运动员有很强的预测技能，可以在到达目标点之前预测并解决导航问题，因此不需要停下来做出决定。此外，特定的地图阅读技术也是运动表现的预测变量。

成功的定向运动员应同时接受大量的身体和认知训练。在定向比赛中，为了做出最佳决策，在路线规划过程中需要一系列的认知加工。因此，要认识到运动表现取决于在尽可能短的时间内进行的这些过程的相互作用，定向运动员应具备精细的认知策略，这只能在良好的身体素质的支持下，经过广泛练习才能得到提高。

运动表现既取决于身体素质、有氧能力和无氧能力等生理因素，又取决于认知能力、专业知识和能力以及注意力水平。更取决于长期的专门化训练。具有更多定向经验的运动员能获得认知优势，并发展出预测和简化导航等认知策略，克服注意力限制。

三、定向运动员取得卓越成就的关键因素

从整体视角出发，基于精英级教练员的观点来考察定向运动员获得卓越成就的关键因素，可以将这些因素分为主要影响因素和次要影响因素。

（一）主要影响因素

卓越定向运动员获得成功的主要因素是心理特征、专门的准备和遗传因素等个人因素，他们是定向运动员取得卓越成就的直接影响因素。

1. 心理特征

定向运动中，心理特征是影响运动员取得卓越成就的最重要的因素，其中关键的两个因素是自我调节技能和认知过程。

自我调节技能对定向运动员发展和保持卓越具有巨大的促进作用。良好的自我调节技能可以使运动员在面对不同的导航情况时调节和调整他们的情绪状态，促进和帮助他们进行决策，从而减少潜在的导航错误。实现和保持卓越运动水平的关键因素是要发展自我控制、积极思考、自信、意象、动机、选择性注意、集中和疼痛耐受性等自我调节技能。

良好的认知过程是定向运动员取得卓越成就的独特和优势因素。定向中完成路线的过程涉及的策略成分和具体技术都与认知负荷密切相关，包括从地图上读取信息、建立地形的心理图像并将其与真实的地形进行比较以及核查地形的特征并重新定位自己。这些都是具有高要求的认知过程，以情境的特殊性为特征，是定向运动员卓越表现的独特方面。

2. 专门的准备

定向运动中，专门的准备是影响运动员取得卓越成就的第二个重要因素，其中关键的两个因素是高质量的定向实践和至少 10 年的训练。

与实践的数量和年限相比，实践的质量更重要。高质量的实践是一个具有明确的进步和改进愿望的高度结构化的过程，是具有内在激励和需要高度努力与注意力的任务。为了正确地发展、取得卓越成就，获得和巩固专项技能和自律性，定向运动员有必要进行不少于10年的长期有效的定向训练。

3. 遗传

在以上两种主要影响因素的背景下，遗传因素是直接影响运动表现的重要因素。遗传因素决定了与竞技能力、情绪控制和人体测量相关的个人特征和运动技能。运动员身上观察到的某些能力可能是遗传的结果，一名运动员拥有这些品质和特点，可以让他有更大的发展，这是一名优秀运动员区别于其他运动员的地方。

（二）次要影响因素

卓越定向运动员获得成功的次要影响因素按影响力排序依次为家庭、社会文化、同龄群体和朋友、定向俱乐部、校园定向运动和教练。这些因素在运动员取得卓越成就的过程中发挥了重要的促进作用，是定向运动员取得卓越成就的文化与环境影响因素。

1. 家庭

家庭的支持是关键的次要影响因素。孩子们对定向运动的第一次接触常常来自家庭。父母在介绍、鼓励和保持孩子参加体育锻炼方面发挥着主要作用，为他们提供了社会、情感、装备、经济和后勤支持并为他们提供最佳的教学和培训条件。另外，定向运动的包容性特征让几代人可以在一起参加定向运动，并在定向活动中相互支持、鼓励。

2. 社会文化

社会文化对定向运动的重视程度对该运动的发展和成功普及以及因此对其从业者的职业发展会产生重大影响。

3. 同龄群体和朋友

定向运动涉及大量的社交和情感互动，这使得社交体验和分享体验以及与他人的合作成为练习的重要内容。定向运动中，同龄群体间一旦建立起友谊和友情的联系，就可以强化对定向运动的承诺和目标的实践与奉献，并提高运动表现水平。

定向运动员取得卓越成就的发展过程是个体特征（心理特征、长时间的专门训练、遗传因素）与其微观和宏观环境（家庭、社会文化、同龄群体和朋友等）成功互动的过程。

第二节　定向运动技能训练

定向运动技能是定向运动员经由环境中训练习得的按定向技术和战术要求，利用认知过程和身体动作顺利解决定向问题的能力。与大多数体育运动项目不同，定向运动技术是以认知技术为主，是一个认知过程，在训练实践中很难与同样基于认知过程的定向战术分开进行训练。因此，我们将解决定向问题的定向运动技战术训练称为定向运动技能训练。

按照定向运动技战术分类，定向运动技能训练分为定向基础技能和读图技能训练，指北针技能训练，路线选择技能训练，路线执行技能训练，定向运动技能综合训练以及比赛技能训练。

一、定向运动技能训练注意事项

（一）教师或教练员

由于几乎所有的技能训练都是依托路线或路段进行的，很容易将所有的训练都变成以路线选择为中心的训练。因此，教师或教练员要有明确的训练目的和具体的训练目标，并将它们清晰地传达给学生或运动员，引导学生聚焦于训练目标。另外，每项训练结束后，要利用休息调整间隔组织分享和反思。

（二）学生或运动员

应充分理解教师或教练员的训练意图、目的和目标。训练前应明确自己当前的身体状态，体能和技能发展水平，做好记录并及时与教师或教练员进行必要的沟通。训练中要关注自己的个性特征，做好练习记录，通过反复实践和反思分析，探索自己的技术风格。

二、基础技能和读图技能训练

（一）室内研读路线练习

1. 目的

发展地图信息提取能力，发展简化地图和地图记忆能力，发展定向基础技能，发展路线选择的技能。

2. 方法

选择一条适合自己技能水平或稍高一个难度的路线，并按以下流程进行练习：

（1）研读带有比赛路线的地图。

（2）在地图上画出自己选择的路线，仔细阅读沿路线 50～100m（取决于通视度）范围内所有大的特征和大多数小的细节，确定自己应该选择哪些地形细节和地图符号作为导航特征。

（3）将选出的地形和符号手绘复制到一张白纸上。

（二）室内快速读图练习

1. 目的

发展快速提取信息的能力，提高读图速度；发展快速简化地图和地图记忆的能力；发展基础定向技能；发展快速路线选择能力。

2. 方法

选择一条适合自己技能水平或稍高一个难度的路线，并按以下流程进行练习：

（1）将地图放在自己面前，在指定的时间内，看一个路段，读取完成路段所需要的信息。

（2）用手或纸盖住地图，试着画出自己刚刚读到的地形特征。

（3）逐步减少读取信息的时间，反复进行练习。可以从 30 s 开始，按 30 s—25 s—20 s—15 s—12 s—10 s—8 s—5 s—4 s—3 s—2 s 依次减少，直到能只看 2～5 s 地图，就能为完成路段（成功导航）读取足够的信息。

（三）记忆地图跑练习

1. 目的

发展在简单环境中奔跑时的读图能力，提高读图速度；发展在简单环境中奔跑时简化地图和记忆地图的能力；发展基础定向技能；发展在简单环境中奔跑时的路线选择能力。

2. 方法

选择一条适合自己技能水平或稍高一个难度的路线，在田径场进行体能练习时按以下流程进行练习：

（1）边跑边读图，进行路线选择，提取完成路线所需要的导航特征。

（2）完成一条路线后，在一张白纸上将路线画出来，并沿路线画出完成路线所需要的导航特征。

（3）与原图对照。

（四）记忆地图越野跑练习

1. 目的

发展在自然环境中奔跑时的读图能力，提高读图速度；发展在自然环境中奔跑时简化地图和记忆地图的能力；发展基础定向技能；发展在自然环境中奔跑时的路线选择能力；发展在自然环境中奔跑时把握读图时机的能力。

2. 方法

选择一条适合自己技能水平或稍高一个难度的路线，在自然环境中沿规定路线进行体能练习时按以下流程进行技能练习：

（1）上坡跑或平跑时边跑边读图同时进行路线选择，提取完成路线所需要的导航特征。下陡坡跑时停止读图，注意观察环境。

（2）完成一条路线后，在一张白纸上将路线画出来，并沿路线画出完成路线所需要的导航特征。

（3）与原图对照。

（五）专线定向

1. 目的

发展基础定向技能；发展读图能力，提高对地图和地图符号的理解。

2. 方法

（1）沿着专线走。在容易通行的小径和开阔地中沿着专线行走。在行走中仔细观察周围所有的特征，在180°的半圆范围内尽可能地看得远一些，但也不能忽略近旁的特征。在地图被正确标定的前提下频繁地读图，但每次读图的时间必须简短，直至达到以下水平：① 能时刻知道自己在（地图上）哪里；② 能通过拇指辅行读图；③ 能时刻使地图保持在标定状态；④ 能在重新折叠地图后保持自己（在地图上）的位置；⑤ 能在实地中巡视，并能注意到远处的特征；⑥ 读图时能平滑地行进，感到自信和轻松（能提前读图）。

（2）沿着专线慢跑，在复杂地段走。

（3）沿着专线跑，在复杂地段慢跑或走。

（4）在更复杂的地形中，沿着专线离开较大的小路，沿着较小的/不明显的小路、植被边界、等高线表示的地貌特征跑、慢跑或走，穿越易跑林和慢跑林。

3. 注意事项

（1）循序渐进，夯实基础。在还未能完全轻松地达到当前阶段的要求之前，不要试图进入下一阶段。

（2）在体力充沛的条件下进行练习。在实地中读图有赖于充沛的体能。体能水平差，机体容易疲劳，不能集中注意力在读图上。因此，应在体力充沛的条件下进行读图练习。

（3）在具备一定的在自然地形中奔跑的技能的基础上进行练习。在实地中跑的技能也影响读图技能的掌握。将注意力集中在每一步的落点上会干扰读图。随着跑步技能的提高，读图技能也会得到改进。

（六）实地读图练习

1. 目的

发展简化地图和记忆地图的能力；发展基础定向技能；提高读图速度，发展路线选择能力。

2. 方法

（1）以路段为单位制作只有一个路段的地图。

（2）布点时将路段地图悬挂在该路段的起始检查点上，并保证练习者能方便地标定地图。

（3）从起点开始，读悬挂在起点的地图，选择路线，然后凭记忆导航完成第一个路段。

（4）用同样的方法依次完成所有其他路段。

3. 注意事项

（1）如果在途中丢失站立点或找不到下一个检查点，马上返回到当前路段的起始检查点，重新读图，选择路线，记忆路线后再继续前进。

（2）通过增加路段的长度、路段的难度和路段地图中路段的数量提高练习难度。

三、指北针技能训练

（一）廊式定向

1. 目的

发展指北针导航能力，直线穿越能力和利用大而明显特征导航的能力。

2. 方法

（1）参考图 5-25 用 OCAD 软件制作廊式定向地图。

（2）利用地图完成路线。

3. 注意事项

（1）选择通行程度较高的场地进行练习。

（2）通过调整“走廊”的宽度调整练习难度，走廊越窄，难度越高。

（3）各路段的长度不宜过长。

（4）应为练习提供准确的检查点说明。

（二）窗式定向

1. 目的

发展指北针精确导航和距离判断能力，发展在检查点附近重新定位能力。

2. 方法和注意事项

参考廊式定向方法和注意事项。

四、路线选择技能练习

（一）室内快速路线选择练习

1. 目的

发展快速选择路线的能力。

2. 方法

（1）选择或请路线设计员设计一条适合自己技能水平或稍高一个难度的路线。

（2）按检查点顺序，以尽可能快的速度确定每个路段的路线、攻击点和拦截特征。

3. 注意事项

（1）可以以两人一组比赛的形式进行练习。

（2）完成一条路线后要与同伴、教师或教练一起进行分享与反思。

（二）室内路线选择与比较练习

1. 目的

发展路线选择技能。

2. 方法

(1) 选择或请路线设计员设计一条适合自己技能水平或稍高一个难度的路线。

(2) 按检查点顺序，在规定时间内在每个路段上做出两种或两种以上的路线选择，包括攻击点和拦截特征，并给出优先顺序。

(3) 分析每一种选择的优劣点。

3. 注意事项

(1) 逐步缩短规定的时间。

(2) 完成一条路线后要与同伴、教师或教练一起进行分享与反思。

(三) 选择最适合自己的路线练习

1. 目的

形成自己的路线选择风格。

2. 方法

(1) 请路线设计员设计一条适合自己技能水平或稍高一个难度的路线。

(2) 以路段为单位，尝试用2~3条不同的路线完成每个路段，并在完成每个路段后比较各条路线的优缺点。

(3) 反复练习，找出最适合自己的路线选择方案。

3. 注意事项

(1) 如果有条件，以小组为单位进行练习。小组成员首先各自独立做出自己的路线选择，然后共同讨论每种选择相对于自身的优劣点。集体出发，用最适合自己的路线完成路段，最后进行分享与反思。

(2) 沿路段正向和逆向进行练习。

(3) 根据路段难度，调整每次停下来比较分析、分享与反思的路段数。

五、路线执行技能练习

(一) 打卡技能练习

1. 目的

发展适合自己的打卡流程。

2. 方法

(1) 请路线设计员设计一条适合自己技能水平或稍高一个难度的路线，要求路线由20个以上的方向不断变化，且有较频繁难度变化的短路段组成。

（2）按规定的打卡流程打卡。

3. 注意事项

练习时不能求快，应专注于按规定的打卡程序，并结合打卡情境调整打卡程序完成打卡过程。

（二）方向感与距离感练习

方向感是指运动员对方向的感知水平。距离感是指运动员对站立点到目标点的距离和对已跑过的实际距离估算和感知的准确性。

1. 步测技能训练

（1）目的。发展步测技能。

（2）方法。

① 选择一个通行性较高的场地，将起终点放在一起，围绕起终点布置若干个检查点，检查点不必依附特征地物。

② 首先以星芒定向的方式用步测法确定行进距离，然后按检查点顺序完成路线，同时用步测法确定各路段的距离。

2. 方向感与距离感综合练习

（1）目的。发展沿指定方向行进的能力，发展步测技能。

（2）方法。

① 选择一片通行性较高的场地，设计一条起终点放在一起，路段间有较多方向和长度变化的环形路线。

② 隐藏底图打印成空白路线地图，用空白路线图进行练习。

（3）注意事项。

① 练习路线可以有交叉路段。

② 尽可能利用前进方向上的明显地物来减少指北针导航的误差。

③ 尽可能利用明显地物目测估计距离，并与图上目测距离进行比较。

（三）沿等高线走练习

1. 目的

发展等高线判读能力；发展利用等高线作为扶手导航的能力。

2. 方法

（1）请路线设计员在等高线地图上设计一条适合自己技能水平或稍高一个难度的沿等高线前进的专线。

（2）按专线定向的要求进行练习。

3. 注意事项

（1）练习时要充分利用实地中的明显特征校正高度。

（2）行进中遇到障碍绕行后，应迅速回到原来的行进高度上。

（3）通过降低等高线特征变化的显著性提高练习难度。

（四）速度调节练习

1. 目的

发展根据导航情境调节行进速度的技能。

2. 方法

（1）请路线设计员设计一条适合自己技能水平或稍高一个难度的，带有多个长路段并且需要根据导航难度调节行进速度的路线。

（2）按该路线进行定向，当到达每个长路段的起始点后停下来，先规划好完成该路段各个部分的速度后再继续前进，直到完成整个路线。

3. 注意事项

（1）完成练习后要及时进行分享与反思。

（2）可以以比赛的方式进行。2~3 人一组在每个长路段的起点集体出发，按各自的路线选择确定完成路段各部分的速度，然后进行比赛。在每个长路段的终点集合后进行分享与反思。

（五）检查点附近的重新定位练习

1. 目的

发展在检查点附近重新定位能力。

2. 方法

（1）设计带有如图 6-2 所示的若干检查点的练习地图。

查看本图彩图

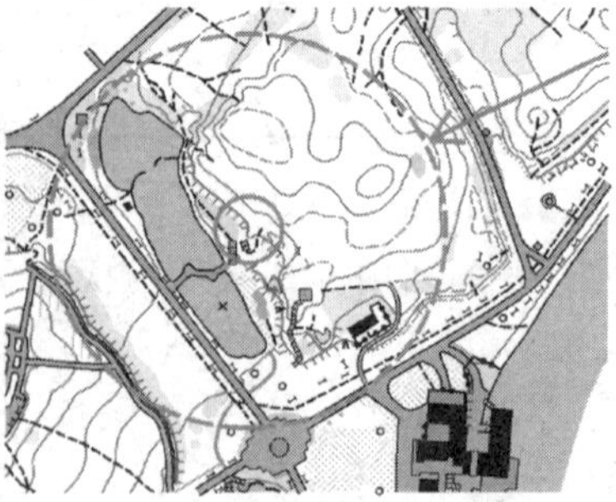

图 6-2 检查点附近的重新定位练习示意图

（2）结对进行练习，其中一人作为领跑人持图导航到如图 6-2 中虚线标示的圆圈附近。另一人没有地图，作为跟随人，跟随领跑人跑到圆圈附近。

（3）领跑者人将地图交给跟随人，由跟随人进行重新定位，然后选择最佳路线到达检查点。

（4）交换身份进行练习，如此循环，直到完成所有的检查点。

3. 注意事项

领跑人可以自由选择交接地图的位置，最好能给自己的伙伴出点“难题”，以提高训练效果。

（六）路段中的重新定位练习

与检查点附近的重新定位练习类似，不同的是将重新定位的情境和区域放在路段中（图 6-3），其目的是发展在路段中的重新定位能力。练习方法同上。

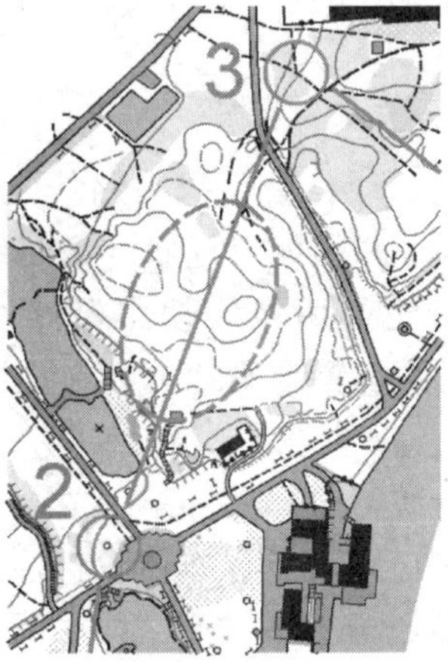

图 6-3 路段中的重新定位练习示意图

查看本图彩图

（七）跟随领跑人练习

1. 目的

发展读图、记忆地图和重新定位能力。

2. 方法

（1）2~4 人组成练习小组，每个人都有一张地图并明了自己的起点。

（2）选出一人作为领跑人。领跑人选择一个不太困难、离出发点 800~1 000 m 的点作为目标。然后在不使用指北针的情况下，带领全组成员向目标点前进。

（3）其他成员跟着领跑人，努力在自己的地图上找出领跑人的路线。当领跑人到达目标停下来后，其他成员向领跑人指出他们现在的位置以及他们到达这一位置的路线。

（4）重新选出一个新的领跑人，重复进行上述练习。

3. 注意事项

到达目标点后，各成员进行分享与反思。

六、定向运动技能综合训练

（一）专线定向

1. 目的

发展读图能力、地图记忆能力、扩大读图视野和准确执行路线选择的能力。

2. 方法

（1）设计一条专线定向路线，沿路线在路线上和路线附近 20~80 m 范围内的明显特征上设置点标旗，并确保点标旗在沿路线行进时可见。

（2）精确地沿着专线行进，用视线搜集沿路线及路线附近的明显特征，并将搜集到的有点标旗特征的位置准确地标注在地图上。

3. 注意事项

（1）结合体能训练进行练习。

（2）在完成路线后再凭记忆将点标旗位置标注在地图上，提高练习难度。

（3）用彩带代替点标旗，悬挂在专线的上方，培养在定向中关注高处特征的习惯。

（二）博格维克跑

1. 目的

该方法由瑞士博格维克定向俱乐部发明，主要用来发展路线选择，精确确定检查点位置的能力。该方法提供了进行路线选择比赛的机会，可以分析和比较多种路线选择方案的利弊，从而归纳总结出适合自己的路线选择方案。以小组为单位进行训练还可以增加模拟比赛的气氛，提高训练的效果。

2. 方法

（1）2~4 个水平相当的练习者组成一个小组，共同确定一条长度和难度适当，由多个检查点组成的练习路线。

（2）在每个路段的起点，小组各成员按 1 min 的间隔出发。

（3）最先到达检查点的成员为后到者计时，其后到达的成员在检查点附近等待其他成员。

（4）所有的成员都到达检查点后，一起讨论刚完成的路段，并计划下一个路段，再以新的出发顺序出发。

3. 注意事项

（1）出发前为每名成员分配好不同的线路。

（2）可以在完成数个检查点后再进入讨论。在这种情况下，每一名成员应带上一些小彩带，到达每一个检查点时将彩带挂在检查点上。如果某个成员在某个点上发现其他成员都在自己之前挂上了彩带，应取下所有的彩带。到达指定的集合点后，检查所有的彩带是否都被收回。如果有彩带没有被收回，应返回到有争议的检查点，确定正确的位置。

（三）积分定向

1. 目的

发展综合读图能力，发展路线规划和应变能力，发展时间感和时间管理能力。

2. 方法和注意事项

详见第九章第六节积分定向相关内容。

（四）检查点设置练习

1. 目的

提高精确定位能力，发展心理素质，提高自信心和抗压能力。

2. 方法

（1）请路线设计员设计适合练习者水平的布点图。起点终点设在一起，检查点围绕起点终点设置。然后制成若干套每套只包括两个难度相近的检查点的放点练习图，两个检查点间的距离控制在 100~150 m（1∶4 000 及以下比例尺）或 200~300 m（1∶10 000 及以上比例尺）之间。在第一张图上安排好准确的检查点说明。

（2）结对进行练习。先在放点练习图上分配好放点任务，然后各自携带地图和一面点标旗去设置检查点，再相互寻找对方设置的检查点并检查放点的准确性，最后将点标旗带回起点进行分享与反思。

（3）换一张布点图继续进行练习，直到完成所有的练习。

3. 注意事项

（1）对于初级水平的练习者，应先以 2~3 人为一组一起去放点，并通过讨论确定放点位置。

（2）与记忆地图相结合起来进行练习。先从根据地图记忆相互寻找检查点开始，逐步过渡到根据地图记忆设置检查点、相互寻找检查点。

七、定向运动比赛技能训练

（一）出发路段技能训练

1. 目的

发展出发路段比赛技能。

2. 方法

（1）在同一张地图上设计若干条依次排列的由起点和 1~3 检查点组成的出发路段。下一个出发路段的起点靠近上一个出发路段的最后一个检查点，距离控制在 50~200 m 之间（距离取决于地形特点和地图比例尺）。

（2）向参与者介绍出发前和出发路段的战术要求和战术要点，并组织参与者进行简短讨论。

（3）模拟比赛出发流程，组织练习者出发。

（4）在第二段出发路段的起点组织练习者分享与反思上一出发路段完成的经验和体会，并进行点评和心理调整。

（5）以此类推，直到完成所有出发路段的练习。

3. 注意事项

调整好心态后才能开始下一个出发路段的练习。

（二）模拟比赛训练

模拟比赛训练即根据所掌握的比赛信息，创建近似比赛技术参数的条件，包括地形、路线长度、检查点数量、气候等条件，让运动员进行完整路线比赛的训练。

1. 模拟比赛训练的原则

（1）循序渐进原则。在一次训练中不要训练太多的技能，要体现渐进的过程，在运动员已经掌握一定定向技能的情况下，在后面的模拟训练中逐渐增加技能的数量。

（2）重复性原则。对于训练过的战术要进行适当的重复训练，直到运动员能够在不同情况下灵活地运用各种战术。

（3）区别对待原则。了解每一个运动员的情况，为每个运动员提供个性化的内容安排。

2. 模拟比赛训练注意事项

（1）训练前要给运动员讲解训练的目的和内容，每一类赛段的技战术要求，以及训练中可能会遇到的问题及解决办法，使运动员能够带着明确的目的进行训练。

（2）训练后要及时组织运动员进行分享与反思，做赛后分析和写训练日记。

第三节 定向运动心理训练

心理能力是指运动员与训练竞赛有关的个性心理特征，以及依训练竞赛的需要把握和调整心理过程的能力，是运动员竞技能力的重要组成部分。心理训练是指为使运动员获得心理能力所进行的有目的、有步骤的训练过程，也是采用特殊的方法和手段使运动员学会调节和控制自己的心理状态进而调节和控制自己运动行为的过程。其目的是发展运动员控制自己行为和情绪，摆脱外来刺激的能力，自觉抑制在比赛中所表现的不利心理状态的能力，做好战胜对手并创造优异成绩的心理准备。

定向运动心理训练的主要内容包括赛前心理准备、视觉化训练和模拟比赛训练。其中模拟比赛训练是通过模拟比赛场景，提高运动员心理稳定性和应变能力，预防运动员赛前不良心理状态发生的心理训练。

一、赛前心理准备训练

赛前心理准备是指在赛前从心理上对比赛的目标、定位、情绪状态、注意指向、思维内容和参赛信心等方面做好准备的过程。赛前心理准备是赛前准备的重要内容之一，其目的是使运动员在比赛前处于最佳心理状态。赛前心理准备的主要内容包括比赛目标设置训练和赛前心理净化技能训练。

（一）比赛目标设置

合理的比赛目标是影响运动员参赛动机的主要因素。如果目标设置过低，运动员将没有比赛的动力和激情。如果目标设置过高，运动员可能会感到不安和恐惧，特别是预感到失败的可能性，会使运动员在比赛中因承受过大的压力而处于过度焦虑状态，从而影响运动表现。只有设置合理的比赛目标，才能使运动员在比赛中承受适当的压力，保持适当的觉醒和焦虑状态，激发出运动员强烈的求胜欲望。比赛目标设置主要是从以下三个方面考虑和设置。

1. 比赛条件分析

比赛条件分析主要包括制图员信息及其制图风格分析；路线设计员信息及其路线设计风格和习惯分析；比赛地点及其地形特点和气候特点分析。比赛条件分析是运动员评估自身优势和弱点的基础。

2. 过往训练、比赛经历和当前状态分析

以比赛条件为基础对过往训练、比赛经历和当前状态进行分析，评估自己在当前比赛中具备的优势和劣势，以及比赛条件对自身运动表现可能的影响。

3. 比赛对手的情况分析

以比赛条件为基础，根据自己掌握的比赛对手信息评估其优势和弱点。

（二）赛前心理净化

赛前心理净化是指掌握合理的比赛心理净化程序，制订赛前行为活动程序和思维活动程序，并在赛前按拟定的过程调整自己的心理状态，安排自己的行为和思维活动内容，从而排除赛前干扰，将注意力集中到即将到来的比赛和关键技战术上的过程。

制定赛前心理净化程序的目的是让运动员自己对赛前的心理活动进行规划和控制，避免在赛前心理敏感期受到意外干扰而出现心理状态异常。

1. 比赛前一天至到达比赛场地的心理净化程序

（1）参赛角色定位，淡化面临的困难和压力。

（2）列出在即将开始的比赛中可能遇到的各种困难和干扰，并提出相应的解决办法。

（3）根据作息时间，安排自己做一些与比赛结果无关的放松、娱乐活动。

（4）比赛当天清晨醒来时，通过视觉化回忆自己比赛发挥最佳的情景。

（5）积极地自我暗示，如“我做好了一切准备，感觉好极了”。

（6）如果上一场比赛出现了重大失误，首先应主动暗示自己一切从零开始，全力以赴准备好当前的比赛。

2. 准备活动过程中的心理净化程序

在准备活动的过程中可按顺序思考以下问题，逐步将自己的心理活动集中到定向过程的内容和即将到来的比赛上：① 自己的技能状况；② 今天比赛项目的技术参数；③ 今天的比赛目标（技术目标），如少出错、保持地图标定等；④ 今天所需的技能；⑤ 今天自己将重点运用的技能；⑥ 对重要技能进行视觉化练习。

3. 准备出发区的心理净化程序

准备出发区的心理净化程序是指从进入准备出发区到取得独立的检查点说明表之前的心理净化程序。在准备出发区中应先进行神经肌肉放松，然后考虑以下问题：① 仔细观察起点周围的地形、植被情况，将注意集中于自己将面对的地貌、植被、其他地物与方位；② 对预期看到的地形进行视觉化；③ 观察自己路线上的其他运动员从起点出发后向哪里跑。

4. 待发区中的心理净化程序

待出发区的心理净化程序是指取得独立的检查点说明表后的心理净化程序。在待发区中应先闭目做腹式深呼吸，放松全身，然后进行如下步骤：① 默念自己的特长；② 默念专项提示要点。按由终点到起点的顺序默念专项提示要点。一般应控制在出发前 10～15 s 刚好默念完出发时的技战术要点，然后闭目做几次腹式深呼吸，默念 1～2 次本场比赛的核心的战术要点。

案例：赛前行为活动程序

5. 百米定向两轮比赛间隔中的心理净化程序

（1）进行积极的思维转换。无论上一轮次比赛的结果如何，都要主动暗示自己一切从零开始。

案例：赛前思维活动程序

（2）做好神经肌肉放松和腹式呼吸调节。

（3）对比赛场地进行视觉化。

（4）对感觉最流畅的几个路段进行视觉化。

（5）闭目放松，默念核心的战术要点。

二、视觉化训练

视觉化训练是表象训练的一种类型，是指在暗示语的引导下，在头脑中反复想象某种定向运动情境和运动动作，从而提高运动技能和情绪控制能力的方法，是定向运动中应用最多的心理训练方法之一。

（一）视觉化训练的操作程序和注意事项

1. 操作程序

要使视觉化训练获得良好的效果，应按以下程序和要求进行操作：

（1）放松。做几个深呼吸放松自己。

案例：视觉化训练案例

（2）运动。想象自己在移动身体，改变身体姿势，就像真的一样在执行某个技术动作，如概略指北针导航、打卡、标定地图、重新定位。想象自己运动时，不但要想象操作过程，还要想象操作结果，包括成功、失败的操作结果及其感受和情绪控制。

2. 注意事项

(1) 积极的态度，相信视觉化训练对自己是有益的。

(2) 选择适宜的训练环境，如没有干扰的安静房间。

(3) 动用所有的感官去感受。除了运用视觉，还应运用嗅觉、听觉和触觉。

(4) 按实际时间进行视觉化。如果打卡流程需要 5 s，那么在视觉化训练中打卡流程所用的时间也应该是 5 s。

(二) 视觉化训练的时机

1. 训练前后

在身体训练和技战术训练前进行视觉化训练，有助于运动员集中并获得更好的训练效果；在训练后进行视觉化训练，有助于运动员加深对训练中所学练内容的认识和记忆。

2. 比赛前后

在比赛前进行视觉化训练，有助于运动员更好地做好赛前准备；在比赛后进行视觉化训练，可帮助运动员对比赛进行回顾，从比赛中的技战术失误和良好的技战术操作中得到更多收获。

3. 伤病康复期

在伤病康复期进行视觉化训练，可以帮助运动员保持技战术，甚至改进技战术。

(三) 影响视觉化训练效果的主要因素

1. 感觉

视觉化主要包括空间（视觉）和运动感觉（包括触觉、躯体感觉和嗅觉）的视觉化。当所有的感觉形式都结合起来时形成的视觉化效果最有效。

2. 表象的清晰性和控制性

表象的清晰性指运动员在视觉化时所“看”到的表象的清晰程度和详细程度。表象的控制性是指运动员在视觉化时对表象的控制能力。视觉化训练时运动员的表象清晰性和控制性越好，训练效果越好。

3. 运动技能掌握的熟练程度

运动技能掌握的熟练程度越高，视觉化训练效果越好。熟练水平低的初学者更多地依赖外部表象，而熟练水平高的运动员主要使用内部表象。

4. 视觉化的类型

视觉化有内部视觉化和外部视觉化两种类型。内部视觉化是运动员以执行者的角度体验和感知在真实运动情境中的行为。外部视觉化是运动员以观察者的角度观察自己的行为。一般来说利用内部视觉化训练的效果更好。但是，视觉化训练的效果与其类型的关系主要取决于视觉化训练的目的，对于技能较差的运动员或在运动员技术学习的早期阶段，外部视觉化训练更有效。而对于帮助熟练的运动员发现和纠正操作错误，内部视觉化训练更有效。另外，对于熟练运动员，在训练中交替使用内、外视觉化训练会有更好的训练效果。

案例：视觉化困难的处理：视觉化你在家中的卧室

5. 放松

在放松的情况下进行视觉化训练更有效。

第四节　定向运动体能训练

定向运动比赛的体能特点是非持续性的负荷或负荷的多变性，在持续跑的过程中，不仅有氧代谢和短暂的无氧代谢交替进行，同时要避开沿途的坑穴、乱石、树枝和其他障碍物。有氧能力是决定定向运动员运动表现的主要因素，在有氧能力达到一定程度时无氧能力成为制胜因素，敏捷性也成为决定持续跑经济性的主要因素。因此，定向运动员专项体能训练的内容主要包括耐力素质、速度素质、柔韧素质、灵敏素质、力量素质等训练。在定向运动体能训练中，应结合项目特点，合理运用体能训练手段和方法，以便在训练中不断创新训练方法和手段。

一、耐力和速度素质训练方法

（一）间歇跑

训练时以相等或不相等距离进行反复跑练习，同时严格控制间歇时间、间歇方式、跑的强度和重复次数等。间歇跑训练采用中等强度在间歇不充分条件下进行训练，从而提高运动员的耐力素质。

1. 间歇跑的基本原则

间歇跑的强度一般为最大强度的90%，在实际训练中通常用心率来控制强度。例如，运动员最高心率为200次/min时，练习时的心率则应控制在180次/min左右，然后进行2 min的慢跑，当心率恢复到130次/min时，应重新开始上述强度练习。如果练习者在恢复期的心率下降到 130 次/min 所需时间超过 2 min，则应将运动强度降到最大心率的 80%，也就是在完成下一次练习时应将心率控制在 160 次/min，也可采用延长间隔时间（慢跑时间）的方法。

2. 间歇跑常见训练方法

（1）距离和间歇时间相等，速度不同的间歇跑。用不同速度跑 10 次 400 m，每次间隔 2 min，也可采用增速或减速方法，即逐渐加快每组的速度或逐渐减慢每组的速度，还可采用中间最快或采用两头快、中间慢等方法。

（2）距离不等，速度相同或速度不同的间歇跑。例如，在速度和间歇时间相等的情况下，逐渐增加距离训练，如 200 m 跑+300 m 跑+400 m 跑+500 m 跑+600 m 跑；逐渐缩短距离训练，如 600 m 跑+500 m 跑+400 m 跑+300 m 跑+200 m 跑；中间长、两头短训练，如 100 m 跑+300 m 跑+600 m 跑+300 m 跑+100 m 跑；两头长、中间短训练，如 600 m 跑+300 m 跑+200 m 跑+100 m 跑+200 m 跑+300 m 跑+600 m 跑。

（3）多种距离组合，速度不同或速度相同的间歇跑。例如，（300 m+200 m）×3，（300 m×2+200 m×5）×2。

（4）相同距离和速度，间歇时间递增减。例如，跑 10 次 200 m，要求 70%~80%强度，第一个间歇 90 s，依次递减 10 s，最后一个间歇 10 s。也可以采用间歇时间递增的方式。

（5）速度、时间、距离相同间歇跑。例如，先测得运动员以最快速度 12 s 奔跑的距离，采用此距离，15 s 完成，间歇时间 15 s，每组 10~20 次。根据情况可安排多组。

（二）重复跑

这种练习方法要求速度快，距离相对较长，强度较大，练习次数不宜过多，每次练习的强度一般达到最大心率的 95%以上；间歇要在身体基本恢复之后（心率恢复到 110 次/min）再开始下一次练习，在间歇时间内可以采取慢跑、走等方式积极加速恢复过程。重复跑训练呈现反复练习、强度大、练习时比较乏味等特点，可采用游戏、竞赛等方法激发运动员练习兴趣，常见练习多采用 400 m、800 m、1 000 m、2 000 m 以及 3 000 m 相等或不相等距离分段跑。

（三）变速跑

变速跑一般是指在固定的距离内，采用不同速度进行变换的练习，主要用于发展一般耐力和速度耐力。一般采用慢跑+快跑的形式，快跑时心率指标可达 160~180 次/min，待慢跑心率恢复到 120 次/min 以下后开始下一次快跑。常见练习多采用“100 m 快跑+100 m 慢跑”“200 m 快跑+200 m 慢跑”，重复 4~6 组；或采用不等距离快慢跑，如“300 m 快跑+100 m 慢跑”“400 m 快跑+200 m 慢跑”。

（四）法特莱克跑

这是一种与定向运动奔跑形式最为相近的训练方法，是一种在有森林、公园等自然条件下进行训练的方法。此方法不仅能提高定向运动员有氧耐力，还能够结合专项技能进行练习。训练过程中可能会有草地、壕沟、丛林、上坡、下坡、障碍物等，运动员在训练时要根据不同的地形、地物和植被情况采取不同的跑法。例如，在草地上跑时要全脚掌落地，高抬大腿，步幅缩短；上坡跑时采用前脚掌着地，身体重心前倾；下坡时采用后脚跟先落地，上体稍后倾。实际训练中可根据运动员水平、比赛场地特点和训练目的跑 30~60 min，这种训练方法主要强调多种地形奔跑能力，锻炼运动员的自觉性，发展运动员野外奔跑过程中跑的经济性。

（五）连续台阶和上坡跑

连续台阶跑（上坡跑）是指利用台阶（一定坡度的斜坡）做向上跑的练习，台阶跑（上坡跑）可以提高心肺功能，发展耐力及下肢肌肉和关节力量。一般采用在 30~50 cm 高的台阶上（坡度为 5°~10°，长 100 m 以上）连续做向上跑，要求身体略前倾，大腿高抬，步幅缩小，频率要快，支撑腿用力蹬伸，两臂积极前摆略微向上，每组连续 30~50 次（斜坡距离为 100~200 m），重复 6~8 组，跑时最高心率为 160~180 次/min，心率恢复到 120 次/min 左右时开始下一组练习，下台阶（下坡）时可采用慢跑或走。

（六）定时定距离跑

定时定距离跑是指在场地内或公路上定时跑完预定距离，此方法用于有氧耐力训练时，可以提高专项耐力以及自我控制跑速的能力。跑的速度要根据不同项目及不同水平的具体练习任务而定，一般心率可掌握在 130~140 次/min，常见方法有 5~10 km 山地跑、5~10 km 沙滩跑、5~10 km 公路跑、5~10 km 越野跑、5~10 km 场地跑。跑的时间和距离可逐渐增加。

二、柔韧素质训练方法

柔韧素质是指人体各个关节的活动幅度以及肌肉、肌腱和韧带等软组织的伸展能力。柔韧素质差，不但影响动作技能的掌握，也会限制力量及速度、协调能力的发挥，还易造成肌肉、韧带损伤。柔韧素质从其与专项的关系看，可分为一般柔韧性与专项柔韧性，从其外部运动状态的表现看，又可分为动力性柔韧性和静力性柔韧性。

（一）发展柔韧素质的要求

（1）要循序渐进，不能一开始就用力过猛和速度过快。

（2）动作幅度不能超过正常的生理范围，练习时以感觉到酸、胀、痛为限。

（3）柔韧素质练习必须与速度和放松练习相结合，这样可以保持发展肌肉、关节、肌腱和韧带的弹性，有利于机体的恢复。

（4）发展柔韧素质时，要将动力性和静力性练习相结合。

（5）柔韧素质必须在其他锻炼之前进行。

（6）每次进行柔韧素质练习的时间不宜过长。

（二）一般柔韧素质训练的方法

（1）利用肋木等器械或者同伴帮助，做压肩、转肩、拉肩等各种练习，各 15~20 次。

（2）直体弓步转髋走 20 m，做 4~6 组，要求双臂以躯干为轴向弓步腿异侧做最大限度转动。

（3）跪撑坐，慢后倒 10~20 次。双腿并拢，脚背绷直，臀部坐到后脚跟上。

（4）仰卧成肩肘倒立，直腿前后、左右分腿摆动练习 10~20 次，做 2~3 组。

（5）俯卧双手拉踝关节成“反弓”，练习 10~20 次。

（6）并腿坐，体前屈，手摸脚尖，胸触膝，练习 10~20 次。

（7）站立式靠物（肋木）正压腿、侧压腿、后压腿，各 10~20 次。

（8）行进间正踢腿、侧踢腿、内合腿、外摆腿练习，各 10~20 次。

（三）专项动态牵拉

动态牵拉已成为训练和比赛前准备活动重要的一部分。动态牵拉又称动力性牵拉，是采用与专项技术动作相似的动作，通过肢体运动来增加关节活动幅度。

专项动态牵拉常见的动作有抱膝行走、后群动态牵拉、最伟大拉伸等，通常一个动作进行 6～10 次。

（四）专项静态牵拉

静态牵拉是肌肉被缓慢地拉长的状态下，抑制牵张反射，并且在拉伸末端保持 15～30 s 的拉伸动作。在牵拉末端保持一段时间后，肌肉获得了一定的柔韧性，又可以进一步地牵拉。运动时肌肉的反复性收缩出现的肌肉疲劳会导致肌肉张力增大和长度缩短。静态牵拉有助于降低肌肉张力和延长肌肉长度，从而达到放松肌肉的目的。

专项静态牵拉可以主动牵拉（自己进行），也可以被动牵拉（他人帮助），常见的动作有腘绳肌牵拉、内收肌牵拉、小腿牵拉、臀肌牵拉、股四头肌牵拉等，要求在感受到紧张和阻力的时候保持牵拉姿势 15～30 s，然后放松再进行一次。

三、灵敏素质训练方法

灵敏素质是人体综合能力的反映，为了提高灵敏素质，教练员应尽可能采取逐渐增加复杂程度的练习方式，也可以通过改变条件、器械、器材等方式增加动作的复杂性和难度。同时，还应着重培养和提高运动员反应能力、平衡能力、观察能力、节奏感等。灵敏素质练习多在热身和放松阶段进行，练习数量依据专项训练目标决定。

（一）徒手练习方法

（1）单人练习。主要有弓箭步转体、立卧撑跳转体、前后滑跳、屈体跳、腾空飞脚、跳起转体、快速后退跑、快速折回跑等练习。

（2）双人练习。主要有躲闪摸肩、手触膝、过人、模仿跑、撞拐、巧用力等双人练习。

（二）器械练习方法

（1）单人练习。主要包括各种形式的个人运球、传球、顶球、颠球、托球等，单杠悬垂摆动、双杠转体跳下、挂撑前滚翻、翻越肋木、钻栏架、钻山羊以及各种球类运动、技巧运动、体操运动的专项技术动作等。

（2）双人练习。主要包括各种形式的传球、接球、运球中抢球，双杠两端支撑跳下换位追逐、肋木穿越追逐等。

（三）组合练习方法

（1）两个动作组合练习。主要有交叉步→后退跑，后踢腿跑→圆圈跑，侧手翻→前滚翻，转体俯卧→膝触胸，变换跳转髋→交叉步跑，立卧撑→原地高抬腿跑等。

（2）三个动作组合练习。主要有交叉步侧跨步→滑步→障碍跑，旋风脚→侧手翻→前滚翻，弹腿→腾空飞脚→鱼跃前滚翻，滑跳→交叉步跑→转身滑步跑等练习。

（四）游戏

发展灵敏素质的游戏具有综合性、趣味性、竞争性等特点，能激发练习者的兴趣，使其全力以赴地投入练习，既能集中注意力、积极思维、巧妙应对复杂多变的活动场面，又能提高神经系统的灵活性，有效提高身体素质和运动技能。发展灵敏素质的游戏很多，主要包括各种应答性游戏、追逐性游戏和集体游戏等。

四、力量素质训练方法

力量素质是指人的机体或机体的某一部分肌肉工作（收缩和舒张）时克服内外阻力所表现出来的能力和耐力。定向运动中的力量素质训练内容主要包括一般力量素质训练和核心力量训练。

（一）一般力量素质训练方法

（1）俯卧撑 10~20 次，做 4~5 组。

（2）前抛或后抛实心球（2 kg）20~30 次。

（3）采用轻重量的杠铃负荷做平推、卧推、提拉、挺举、抓举、弯举、上推等练习，各 20~30 次，做 4~5 组。

（4）采用轻重量的杠铃负荷做前屈、侧屈、转体等练习，各 20~30 次，做 3~5 组。

（5）采用等体重或略轻于体重扛杠铃做深蹲跳、半蹲跳、交换跳、弓箭步跳等练习，各 8~12 次，做 3~5 组。

（6）仰卧两头起，30~80 个，做 2~4 组。要求快速、手触脚尖。

（7）两头背起，30~50 个，做 2~4 组。要求上下肢尽量抬高。

（8）肋木悬垂举腿，15~20 次，做 2~3 组。

（9）肋木悬垂举腿绕环，15~20 次，做 2~3 组。要求双腿同时做，动作幅度大。

（10）单腿交替上下台阶跳，100~200 次，做 3~5 组。要求腾空高，支撑腿伸直，双臂摆动。

（11）鸭子步 30~50 m，做 2~3 组。

（12）连续蛙跳 30~50 m，2~3 组。

（13）连续跨步跳 100~200 m，接 30 m 加速跑，做 3~4 组。要求步幅大、腾空高，加速阶段要全速。

（14）后蹬跑 100~200 m，接 30m 加速跑，做 3~4 组。要求步幅大、腾空高加速阶段要全速。

（15）跳深（采用栏架等障碍物，障碍物高度为：高—低—高），20~30 次，做 4~6 组。

（二）核心力量训练方法

核心力量训练是力量训练的一种形式。所谓“核心”是人体的中间环节，是肩关节以下、髋关节以上包括骨盆在内的区域，是由腰、骨盆、髋关节形成的一个整体，包括 29 块肌肉。核心肌肉群担负着稳定重心、传导力量等作用，是整体发力的主要环节，对上下肢的活动、用力起着承上启下的枢纽作用。强有力的核心肌肉群，对运动中的身体姿势、运动技能和专项技术动作起着稳定和支持作用。

（1）平衡气垫单足站立。单足站立于平衡气垫或软垫上，保持身体稳定，2~3 min，做 3~4 组，可闭眼增加练习难度。

（2）平衡气垫单腿蹲。单足站立于平衡气垫或软垫上，屈髋向下蹲，全脚掌踩在平衡气垫上，保持身体稳定，10~20 次，做 3~4 组。

（3）平衡气垫平衡式。坐在平衡气垫或软垫上，以尾骨支撑保持平衡。双手撑在身体后侧，腰腹肌肉收紧，慢慢抬起一条腿，再抬起另外一条腿，两手离开地面，保持平衡，1~2 min，做 3~4 组。

（4）平衡气垫俯卧撑。将平衡气垫放在地上与肩同宽的位置，两手放在平衡气垫中心，进行俯卧撑的动作，10～20 次，做 3～4 组。

（5）瑞士球俯卧撑。两臂打开，双手放在瑞士球上，手在肩的下方，初学者可以采用手肘放在球上的方式降低难度，或者可以两脚分开宽一些，做俯卧撑动作，10～20 次，做 3～4 组。

（6）仰卧双脚夹瑞士球转体。面对瑞士球扶球跪立，上体趴在瑞士球上，双臂向前爬行至双脚置于瑞士球上，双手撑地呈俯卧姿势，双脚距离逐渐加大并沿瑞士球下滑到球两侧，夹住球，保持肩部的稳定，向一侧转动腰部和双腿，静止 1～2 s 还原，10～20 次，做 3～4 组。

（7）双腿置于瑞士球上的支撑练习。将两腿并拢置于瑞士球上，两手撑地，手臂与身体成 90°夹角，1～2 min，做 3～4 组。

（8）跪球平衡练习。腹部收紧，用手扶好球，控制身体稳定，跪在球上，同时夹紧大腿，两手交叉放于胸前，保持平衡。静止 5～10 s，组数可根据运动员情况而定，可以增加静止时间。

（9）瑞士球反向划船。双脚放在瑞士球上，两腿分开与髋同宽。仰卧躺在杠铃杆下方，手握住杠铃，略宽于肩，腹部收紧，拉动身体向上直到肘关节成 90°角，整个身体始终保持一条直线，肩带下压缩回，向上时胸部不要碰到杠铃杆，身体有控制地下落还原，10～20 次，做 3～4 组。

（10）单腿悬吊前后摆腿。单脚脚踝挂住悬吊环，坐在垫子上，将悬吊环相扣，套住一只脚的脚踝，转体，单肘支撑身体，缓慢拍起臀部，身体自然展开成水平，位于上方的腿固定，位于下方的腿缓慢前摆，直到感觉位置合适后再静止一段时间，重复练习。训练 2～3 组，每组做 3～5 次，组间间歇 30～60 s，动作完成后静止 15～30 s，再换另一侧。

（11）双腿悬吊仰卧交替蹬伸。仰卧，悬吊环分别挂住两脚脚跟，双臂紧贴垫子放于体侧，发力提髋，一侧腿屈膝达到直角后固定，2～3 s 后还原，换另一侧腿做。训练 2～3 组，每组每条腿各做 10～15 次，组间间歇 30～60 s。

（12）双腿悬吊俯卧蹬伸。俯卧，悬吊环分别挂住两脚脚踝，双腿并拢，双臂支撑身体，发力屈髋屈膝收腿，双腿屈膝达到直角后还原成俯撑。训练 2～3 组，每组 15 次，组间间歇 30～60 s。

（13）弹力带直臂扭转牵拉。两脚自然分开，两手于身体右侧握住手柄；将弹力带固定在与肩部齐平的位置，两脚自然分开，为保持平衡，一脚可稍前于另一脚；调整身体位置，使右侧面朝固定端，两手相交握住一个手柄，手臂稍弯曲，确定弹力带绷紧后，两臂缓缓地随身体向左侧扭转，静止一会儿后缓慢还原。动作完成时间 1～2 s，还原 2～3 s，训练 3～4 组，左、右两侧各 10～

15 次为一组。

（14）俯卧于瑞士球上做小腿牵拉。两脚支撑俯卧于瑞士球上，将弹力带中段绕定在一脚足弓部，两脚尖触地支撑保持平衡，弹力带保持紧绷，缓慢上抬小腿并屈膝内收牵拉弹力带，直到脚跟贴近臀部，静止一段时间后，缓慢地伸直小腿还原。完成动作时间 1~2 s，还原 2~3 s。训练 2~3 组，每组 50 次，组间间歇 30~60 s。

第五节　定向运动赛后分析

由于定向比赛的特殊性，定向运动员在完成一场比赛中的技战术表现几乎无法被直接观察到。因此，运动员与教练员、队友及其他运动员一起进行赛后分析非常重要。赛后分析既是运动员发现自身优势、弱点和问题的重要手段，又是学习他人长处的好机会，还是深入学习和掌握各种技战术运用的方法，对运动员的发展具有重要的促进作用。赛后分析不但是定向训练和比赛不可缺少的有机组成部分，而且已成为定向比赛战术的一部分，即赛后战术的主体部分。

一、赛后分析的原则

（一）客观性原则

赛后分析时，应持客观的态度，既肯定成绩，又看到不足，对比赛中表现好的方面，通过表象训练多次在脑海中重现，加以强化和巩固，形成习惯，在以后的训练、比赛中发挥作用。对不足处要勇于面对，敢于承认。比赛中哪些做得好，哪些可以做得更好，为什么好，通过什么途径，哪些做得不好，为什么不好，应该注意什么，怎样加以改进等这些问题，都应该实事求是，客观对待。

（二）及时性原则

赛后分析应注重时效性，即时的感受是直接也最准确的。随着时间的推移，记忆会逐渐消退。比赛或训练结束后，应在尽可能短的时间内将刚跑过的路线标绘于地图。最好是用两种不同颜色的笔标绘，一种颜色标绘自己实际所跑路线，另一种颜色标绘自己觉得可能更理想的路线，要尽可能在对比赛或训练过程还有清晰详细的记忆时完成，这能为第二天的比赛或训练提供有效的帮助与参考。

（三）全面性原则

赛后分析要从技术、战术、体能、心理、满意度和体验感等各个方面进行全面分析。要充分掌握各种赛后分析工具的优缺点，取长补短，综合运用，从而获得全面具体的具有实际指导意义的结果。

二、赛后分析的组织

Thieery Gueorgiou 的赛后分析

赛后分析有两种主要的组织形式，即自我分析与反思和小组分享与反思。

（一）自我分析与反思

自我分析与反思是指由运动员自己借助或不借助辅助分析工具完成赛后分析与反思。自我分析与反思应该在比赛结束后尽快完成。常用的分析方法主要有视觉化、复盘、赛后分析表、比赛训练日记。

（二）小组分享与反思

小组分享与反思是指在自我分析与反思的基础上，与教练、队友及其他选手一起分享与反思，完成赛后分析。

小组分享与反思的优点是可以集思广益，听取不同的意见，获取更多的信息，得到更多的指导和支持；同时还可以从其他选手，特别是高水平选手的分享和反思中学到许多技巧和经验，发现自己的差距，让自己避免犯同样的错误。

运动员与教练的讨论交流也很重要。运动员应勇于承认自己的不足，以获得教练员具体的支持和帮助。教练员应主动了解运动员的心理，主动引导运动员说出自己的实际情况，根据他们不同的性格给予不同的分析帮助，帮助他们找出失误的原因，加以改正。

三、赛后分析的内容

赛后分析的内容主要包括以下 8 个方面：

（1）路线标绘。

① 实际路线的标绘，并在自认为存在优劣的路段或路段局部位置做出标记。

② 将在比赛中或在比赛后即刻领悟到的可能更理想的线路进行标绘。

（2）各路段路线选择策略。

① 攻击点的选择。

② 拦截特征的选择。

③ 检查点说明的阅读和理解。

④ 路线选择的预判和决策。

⑤ 其他策略的应用。

（3）各路段执行时的技战术运用。

① 地图导航的技战术应用。

② 指北针导航的技战术应用。

③ 简化导航的技战术应用。

④ 速度调整的战术的应用。

⑤ 距离判断的战术的应用。

⑥ 打卡的流畅性。

⑦ 其他技战术的应用。

（4）心理状态。

① 注意力集中及调控。

② 对各路段表现和体验的满意度。

③ 对总体表现和体验的满意度。

（5）体能状态。

① 体能分配的合理性。

② 对各路段体能状态的满意度。

③ 对体能状态的总体满意度。

（6）遇到的问题。

① 与自己的判断不符的情况。

② 与自己的选择不符的情况。

③ 在检查点上的失误及其造成的可能损失。

④ 在路段上的失误及其造成的可能损失。

⑤ 其他问题。

（7）技术参数统计分析。

① 比赛用时，包括总用时、分段用时及其与靠前运动员的差值。

② 比赛中各路段时间丢失情况分析。

③ 比赛中时间丢失趋势分析。

（8）与其他人交流分享的感悟和收获。

四、赛后分析的方法

（一）现场分析法

赛后及时在地图上绘制出自己的轨迹，并在自认为的优劣处做出标记，然后与同组选手围绕着路线选择和分段用时进行比较分析。

该方法适合所有水平的选手，可很好地帮助运动员发现竞赛过程中的错误，帮助选手自我审视技术层面需要提高的内容。该方法的缺点也很明显，主要有：

（1）时效性短。随着时间的推移，运动员竞赛过程的记忆将慢慢模糊，对于客观具体行进情况的真实度会存在影响。

（2）效率低。由于无法与所有的选手进行交流与分享，无法提供全面的分段时间的对比，数据局限性大，所获得的信息量有限，存在效率较低的局限。

该方法常用的辅助软件是定向笔记。

现场分析法还有一种主要用于模拟比赛或训练赛赛后分析的特殊形式——复盘分析法，即在现场分析的基础上，对有争议、出现问题或教练员对运动员表现不满意的路段进行现场复盘。复盘分析法虽然效率低，但能帮助运动员更深刻地理解和掌握定向运动技能，对初中级水平的运动员更是如此。

（二）赛后分析表分析法

赛后分析表分析法是通过填写赛后分析表对自己比赛过程的技战术运用情况、身心状态、主要问题和收获进行分析的方法。

赛后分析表

常用的一些赛后分析表都是优秀教练和运动员长期赛后分析经验累积的成果，通常具有全面、重点突出、简单便捷、适用性广等特点。赛后分析表分析法提供了一个规范化的分析工具，利用其进行分析，能为赛后分析搭建一个规范化的平台，提高交流与分享的效率。但其在个性化特点分析和量化分析上则稍显不足。

（三）赛后分析量表分析法

定向运动员技能与心理诊断量表

赛后分析量表分析法是指使用专门量化工具对运动员比赛和训练中的主观状态进行量化分析。目前可用的主要量表是瑞典人 Uran Anderson 开发的《主观状态量表》《定向运动员技能剖析量表》《定向运动员心理剖析量表》和我国著名运动员李飞龙根据《定向运动员技能剖析量表》《定向运动员心理剖析量表》编制的适用性修订版《定向运动员技能与心理诊断量表》。赛后分析量表可视为量化版的赛后分析表，将定性的赛后分析表与定量的赛后分析量表结合起来进行赛后分析，可以更全面、深入地挖掘运动员比赛中的优势和存在的问题，也可以进一步提高赛后交流与分享的有效性。但量表分析法也存在一些明显的局限性：主观性过强，容易出现仁慈性误差；数据局限性，仅对比部分运动员的分段时间，难以找出具体失误的原因。

（四）比赛成绩数据分析法

比赛成绩数据分析法是指在比赛结束后，利用赛事组织方提供的运动员的分段时间数据进行统计分析。分析时，通常先将整个比赛路线的各个路段划分为起点路段、开始路段、短路段、长路段、观赏路段、终点路段七种类型，或技术路段、辅助路段和冲刺路段三种类型，然后进行分类分析，这样能更好地分析运动员的表现，了解他们各个路段的体能情况、技战术运用情况，找出与优秀运动员之间的差距。但该方法仅将路段用时作为分析的单位，而完成一个路段包括选手的计划、执行以及偶尔的失误，将所有的因素笼统地以一个分段时间进行概况，所能体现的信息量太少，针对性也不够。因此，应用该方法时，需要运动员的共同参与。该方法常用的辅助软件是 Winspilte。

比赛成绩数据分析案例

（五）GPS 轨迹分析法

随着科学技术的进步，GPS 技术由于其提供的信息具有连续、较全面和客观的特点，被越来越多地应用到定向运动的赛后分析中来。GPS 技术在赛后技术分析中应用主要有两个方面，即对定向过程中的细节进行分析和根据大数据模拟出最优路线选择。该方法常用的分析软件是 Quickroute、Livelox。

（1）对定向过程中的细节进行分析。定向运动中，路线选择决定了选手的行进计划。操作层面上的一个路段的总体规划和众多细部的计划变化都将影响选手实际的运动距离和用时。GPS 数据分析能实现对细部变化的呈现与对比，有利于选手找出其在该路段成败的具体原因（图 6-4）。

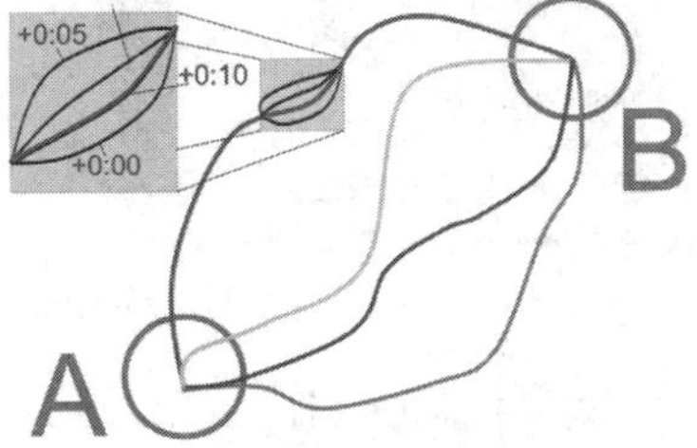

图 6-4　利用 GPS 数据实现对路线选择细节进行分析示意图

查看本图彩图

（2）根据大数据模拟出最优路线选择。GPS 大数据分析能够用颜色变化显示运动员完成路段的时间差，能更加直观地反映路线选择的效果（图 6-5）。用颜色差异显示具体路段中奔跑速度的变化与差异（图 6-6）。从图 6-6 中，运动员可以直观地发现在白林中穿越和沿路跑的可跑性是最好的。GPS 大数据分析能够从众多运动员的分段用时和奔跑速度的变化中模拟出最佳的路线选择（图 6-7），帮助运动员检验技战术，深入反思，厘清体能、技战术能力和心理调控能力等方面需要进一步改善和提升的部分，进而帮助运动员理解如何在应对相似情境时作出最佳的选择。

查看本图彩图

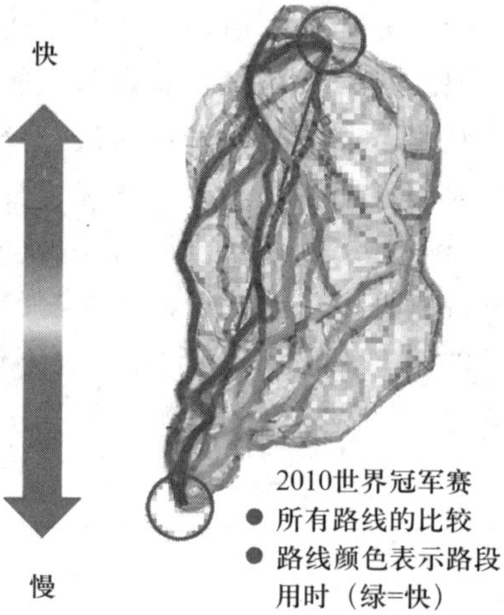

图 6-5 GPS 数据显示的运动员在某路段的分段用时

查看本图彩图

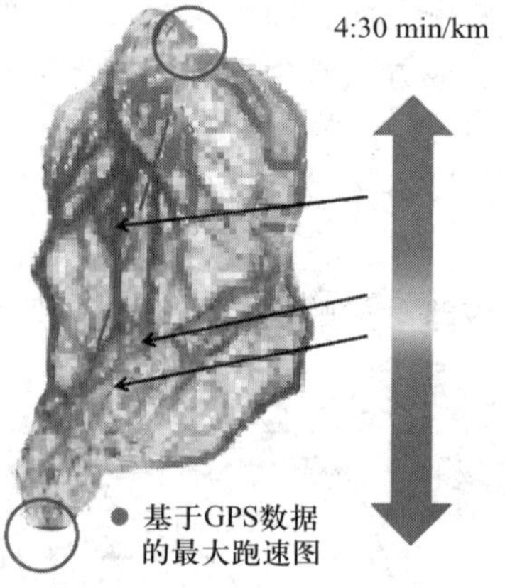

图 6-6 GPS 数据显示的运动员在某路段的速度变化

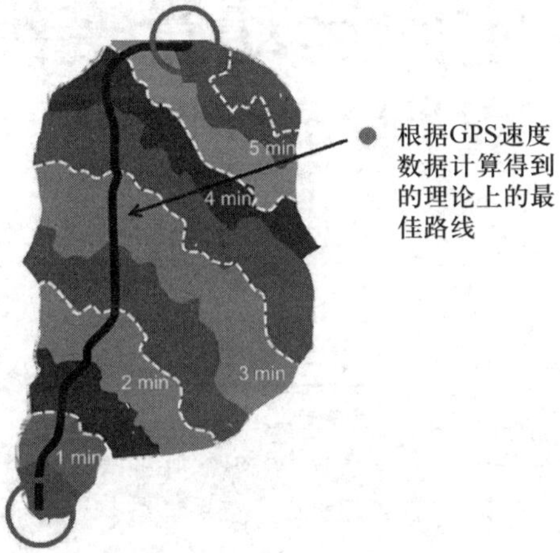

图 6-7　利用 GPS 大数据模拟得到的最优路线选择

查看本图彩图

复习、思考与实践

1. 设计一套路线选择训练方案。
2. 设计一张出发路段战术训练地图。
3. 设计一套发展跑的经济性的训练方案。
4. 设计一条视觉化训练路线，然后进行视觉化训练。
5. 用定向运动赛后分析表对自己的比赛进行分析。

本章小结（思维导图）

本章动态更新

第七章　定向运动竞赛组织与裁判

本章导读

本章首先将定向运动竞赛组织划分为赛前准备、赛中竞赛实施和赛后收尾三个阶段，并提出了一个竞赛组织框架。然后按该构架对定向运动竞赛组织进行阐述，并重点介绍了定向运动竞赛安全风险管理。此外，还介绍了定向运动竞赛编排方法，定向运动竞赛裁判员岗位设置和部分行政管理人员岗位职责。最后，按定向运动竞赛场地功能区的划分，分别讨论起点区、竞赛区和竞赛中心的裁判工作。

学习目标

1. 了解定向运动竞赛组织各阶段的工作流程和主要工作内容。
2. 了解定向运动竞赛核心机构的主要工作职责。
3. 了解定向运动竞赛规程、赛事通告的主要内容和发布要求。
4. 掌握定向运动竞赛安全风险主要应对策略和措施。
5. 了解定向运动竞赛编排的基本原则，掌握主要编排方法。
6. 了解定向运动竞赛主要裁判岗位及其岗位职责，掌握起点区、竞赛区和竞赛中心裁判工作主要流程、内容和工作方法。

第一节　定向运动竞赛组织

定向竞赛的组织通常分为赛前准备、赛中竞赛实施和赛后收尾三个阶段。风险和媒体报道贯穿整个赛事组织的全过程。（图 7-1）

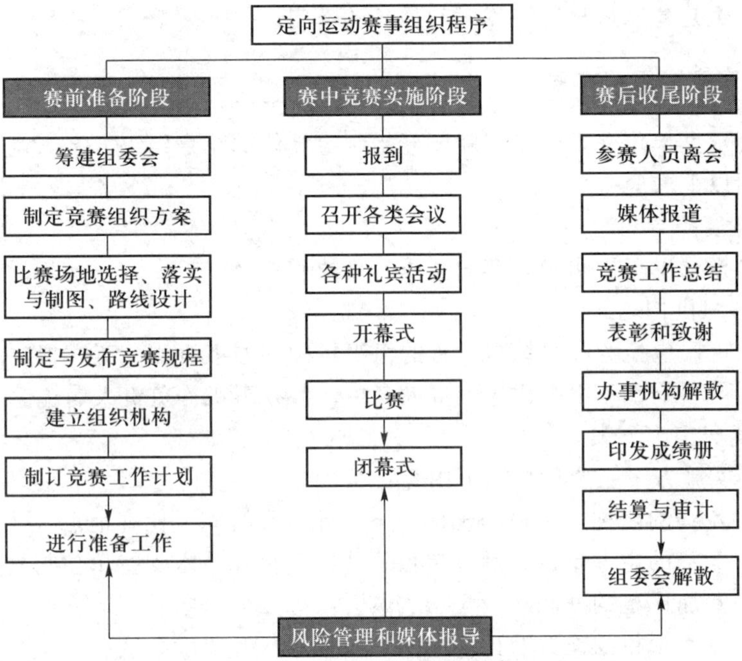

图 7-1　定向运动竞赛主要组织程序和内容

一、定向运动竞赛赛前准备阶段的主要组织工作

赛前准备阶段的组织工作是指在确定竞赛承办单位后至竞赛开始前，主办方和承办方共同进行的各项准备工作。赛前准备阶段的主要工作包括筹建组委会，制定竞赛组织方案，比赛场地选择、落实与制图，制定与发布竞赛规程，建立组织机构，制订竞赛工作计划，进行准备工作等。

（一）筹建竞赛组委会

确定承办单位后，首先要明确主办单位和承办单位的责任，然后由双方共同根据竞赛需要筹建赛事组织委员会（简称组委会，前期一般简称为筹委会）。组委会是竞赛的最高领导机构，负责整个竞赛的组织领导工作。

组委会筹建初期至少应下设秘书处或办公室，负责筹备初期的具体工作。随着竞赛筹备的进展，在组委会下要逐步增设必要的委员会和办事机构。组委会秘书处或办公室也可以转为或部分转为办事机构中的办公室。

组委会秘书处或办公室是组委会的综合职能部门。其主要任务是拟定文件，组织会议，督促协调落实组委会决定的各项工作，是整个组委会组织系统的中枢，也是建制最早、工作时间最长的部门。

（二）制定竞赛组织方案

比赛承办单位一旦确定，就要开始制定具体的竞赛组织方案。竞赛组织方案应包括以下内容：

1. 竞赛指导思想

竞赛指导思想要明确竞赛的性质、目的和意义。

2. 组织机构

组织机构包括竞赛组织拟设置的组织机构和办事机构，竞赛拟定的组委会领导和委员名单，各组织机构负责人名单，各办事机构负责人名单。

3. 竞赛实施方案

竞赛实施方案主要包括以下内容：

（1）竞赛的名称、规格与规模、举办地点和时间、比赛地点。

（2）竞赛的主办单位、承办单位、协办单位、技术支持单位与推广单位。

（3）参加比赛的办法。

（4）竞赛项目的设置及比赛办法、录取名次和奖励办法。

（5）评选活动内容、评选标准及评选办法。

（6）开幕式、闭幕式安排。

（7）其他竞赛大型活动和相关活动安排。

（8）人力资源管理和风险管理。

（9）媒体宣传。

（10）经费预算和商务安排。

（三）竞赛场地选择、落实与制图、路线设计

1. 场地选择的程序

场地选择通常按三个步骤进行：第一，根据比赛性质、规格和规模以及参赛对象确定场地的数量和质量（包括备用场地和训练场地）标准；第二，通过咨询承办地相关部门和相关人员以及浏览 GIS 信息系统确定候选场地所在辖区；第三，实地考察和综合评定。

2. 比赛场地落实

比赛场地落实是指落实场地使用权。实地考察和综合评定过程中最重要的一项工作就是落实赛事组织者对场地可使用程度的权限。场地考察和综合评定过程中，一定要让场地所有者或管理者理解以下内容，以避免比赛开始前或比赛中出现突发事件而影响比赛正常进行：

（1）竞赛中，场地可能面临的风险，包括对当地居民、农作物、动植物可能造成的影响和可能出现的意外事故。

（2）场地内的单位、居民应为比赛提供哪些支持和帮助。

3. 制图

比赛场地一经确认，就应尽快启动地图测绘。地图测绘必须注意两个问题：一是获得测绘许可，保证测绘工作的合法性；二是要与制图员签订保密协议，保证比赛的公平公正。

4. 路线设计

实际上，路线设计在竞赛场地选择时就开始了。从路线设计的角度考虑，竞赛场地的选择过程实质上就是一个竞赛中心、竞赛区的选择过程，是一个制图边界的确定过程。如果条件允许，在制图开始后，路线设计员和制图员应保持密切协作，确定备选检查点、危险区、环境敏感区和实际线路的边界约束。

（四）竞赛规程的制定与发布

1. 竞赛规程的制定

定向运动竞赛规程是举办定向运动竞赛的重要文件，具有法规性和规范性，是整个定向运动竞赛工作的依据，是组织者、参赛者和其他所有竞赛相关工作人员为保证比赛公平、公正所必须遵守的章程。

竞赛规程通常由竞赛部门负责起草拟定，由组委会审定。一旦竞赛组织方案经组委会审定通过并落实了比赛场地，就应尽快制定竞赛规程，并提请组委会审议通过。

定向运动竞赛规程一般包括下列内容：

（1）竞赛名称，竞赛主办单位、承办单位、协办单位、技术支持单位、推广或合作单位等。

（2）竞赛时间、地点。

（3）竞赛项目和组别、参赛资格、竞赛办法，如执行的竞赛规则、赛制等。

（4）录取名次及奖励办法、其他奖项评选办法，如体育道德风尚奖评选办法等。

（5）报名与报到办法。

（6）参赛经费规定，如报名费、食宿费、当地交通费等。

（7）联席会议。

（8）竞赛区域与禁区。

（9）裁判员队伍和仲裁机构的组成、等级和选派要求。

（10）安全与环保管理。

2019年中国学生定向锦标赛竞赛规程

（11）信息获取方法。

（12）竞赛规程解释权归属。

（13）其他事宜。

2. 赛事通告和竞赛规程发布

在竞赛主办方与承办方签署合作协议之后，主办方或组委会应尽快发布赛事通告和竞赛规程。定向竞赛在赛中阶段开始之前要发布4个通告，每个通告的主要内容如下：

（1）1号通告：赛事预告。赛事预告的主要内容有：竞赛地点、预期竞赛日期、与以往赛事不同的重大变化、比赛项目，有关比赛场地地形、比赛地图规格和着装建议的初步信息，场地封闭说明，以及技术代表认为有必要预先说明的其他信息。1号通告应在比赛承办单位确定后尽快发布。

（2）2号通告：比赛通知和竞赛规程。除常规内容外，竞赛规程还可以包括技术代表认为有必要说明的其他信息。例如，赛前训练预告、比赛场地已有的旧定向地图展示及获取方法等。2号通告应在1号通告之后尽快发布。如条件允许，2号通告最好能与1号通告同时发布。

（3）3号通告：赛事补充通知。3号通告的主要内容有：大会活动安排表，竞赛日程表，报名名单公示通知，报到信息，竞赛区代表性区域最新的定向地图局部样本，安全与环保信息，比赛着装建议及安全装备佩带要求，团队或个人参赛承诺书和反兴奋剂承诺书，以及技术代表认为有必要补充的其他信息。3号通告应在报名结束后尽早发布。

（4）4号通告：赛事最终信息。4号通告的主要内容有：大会活动安排表、竞赛日程表、联席会议安排、开闭幕式安排、比赛交通安排、安全与环保信息、比赛一般性技术安排，紧急信息发布安排，附加规则，特别规定，特别条款，特殊地形表示方法，路线参数，限制通行区域和线路，特殊比赛路线，地图印刷或打印方法、规格及保护措施，竞赛中心各功能区分布和比赛流程等，申诉信息，以及技术代表认为有必要补充或强调的其他信息。4号通告应在报到日前3天以前尽早发布。

（五）成立竞赛组织机构

1. 委员会的设置

大型定向竞赛通常在组委会下设安全委员会、竞赛委员会两个委员会。

2. 办事机构的设置

大型定向竞赛通常设置办公室、竞赛处、会议会务处、赛事现场组、安全保障处、医疗防疫组、食品卫生组、宣传报道处、环境整治和群众工作组以及后勤保障处等办事机构。

中小型定向赛事的组织机构将数个相关部门的职责集中到某一个部门，如将会议会务处合并到办公室，将赛场安全组、赛事现场组、环境整治和群众工作组合并到安全保障处，将食品卫生组合并到后勤保障处。

办公室和竞赛处是整个竞赛组织工作中最重要的两个部门，也是工作时间贯穿整个竞赛过程的部门。对承办单位而言，自提出拟举办赛事的意向开始，办公室就开始工作了。这个阶段，办公室的主要工作任务是申办赛事。一旦赛事申办成功，办公室的主要工作任务就转变为赛事筹备，成为承办方在筹委会下的第一个具体办事机构——组委会秘书处或办公室。随着竞赛组织工作的进行，组委会秘书处或办公室将会有一部分或全部职能转移到办事机构中的办公室。

比赛是竞赛的核心，竞赛的组织工作应围绕着比赛进行。竞赛处的核心任务是比赛的技术组织。从赛事立项起，竞赛处就开始工作了。筹备工作启动后，竞赛处成为主办方在筹委会下的第一个办事机构。竞赛处围绕比赛的技术组织开展工作，保证比赛符合技术标准、公平公正和安全环保。办公室的核心工作之一就是为竞赛处提供全方位的支持和服务。

（六）制订竞赛工作计划

定向运动竞赛工作计划由组织委员会整体工作计划、各办事机构的部门工作计划两部分组成。

整体工作计划通常在竞赛组织方案通过后，由组委会秘书处或办公室负责组织起草制定，报组委会审议通过后作为赛事的重要文件组织落实。事实上，从确定举办定向运动竞赛开始到整个竞赛结束，组委会就应将竞赛组织的三个阶段进一步细分为更加具体的若干阶段，就每个阶段的工作内容、责任部门、工作方法、起始和完成时间、检查落实等方面制订出具体的工作日程计划。相应的办事机构成立以后，组委会秘书处就应督促其按职责和整体工作计划尽快制订部门工作计划报秘书处审批或备案。

（七）进行竞赛准备工作

进入准备工作阶段，意味着竞赛准备工作进入了全面展开和冲刺阶段。该阶段高效、有序进行的关键是办公室和竞赛处的高效协作。办公室要建立工作台账，检查、督促、协调各部门按工作计划及时开展工作，保证各种合同能够及时签署、经费能够及时到账。竞赛处应及时检查相关工作是否符合比赛的技术标准，并为各部门提供及时、全面的技术支持服务。

二、定向运动竞赛实施阶段的主要组织工作

赛中实施阶段的组织工作主要包括报到、召开各类会议、各种礼宾活动、开幕式、比赛和闭幕式。其中的主要关键环节是：交通管理、开闭幕式管理、竞赛管理、现场管理、颁奖管理和安全风险管理等。

三、定向运动竞赛赛后收尾阶段的主要组织工作

赛后收尾阶段的组织工作主要包括组织参赛人员离会、竞赛工作总结、表彰和致谢、办事机构解散、印发成绩册、结算与审计、组委会解散。

该阶段的重点工作是用书面形式对赛事组织工作进行全面评估。全面评估首先要做好资料的整理工作；其次要肯定成绩和找出问题，总结经验教训，提出改进意见。能否认真做好收尾阶段的各项工作，直接关系到下一次竞赛的组织和管理质量。因此，组委会必须抓好收尾工作，做到组织工作有始有终。另外，比赛裁判工作结束后，总裁判长应组织裁判工作总结会议，并以书面形式将会议的成果上报组委会、裁判派出单位及上级裁判委员会。

四、定向运动竞赛主要组织机构和办事机构的基本职责

定向运动竞赛组织的核心机构是组委会及其秘书处和办事机构办公室与竞赛处。

（一）组委会的主要职责

（1）研究确定竞赛的指导思想、主题，掌握竞赛的方针和进度，确保竞赛按既定的目的和目标完成。

（2）研究和批准竞赛组织方案。

（3）研究和批准竞赛规程。

（4）研究和批准组委会下设委员会和办事机构设置方案。

（5）随时听取筹备工作汇报，研究和解决竞赛筹备期间遇到的重大问题或未解决的问题。

（6）听取和批准竞赛总结报告，处理善后未解决的问题。

（二）组委会秘书处主要职责

（1）组委会成立前的筹备工作。

（2）筹建组织管理网络。

（3）组委会各类工作会议的组织及会务。

（4）对外联络、接洽与组委会相关的事宜。

（5）负责组委会各类文件的撰写并以组委会名义下发。

（6）负责各部门之间横向联系。

（7）负责竞赛开幕式、闭幕式主席台主要领导及嘉宾的座次安排。

（8）竞赛结束后的收尾工作及文件整理归档工作。

（三）办事机构办公室主要职责

（1）根据组委会的决议进行工作，组织和落实各部门工作人员。

（2）拟定工作日程计划表。

（3）编制预算，准备办公用品，购置器材、物料和奖品。

（4）制定各种大会制度与须知。

（5）制定颁奖方案，组织颁奖。

（6）对外联系，对内疏通，解决各部门的协调问题。

（7）商务推广。

（四）办事机构竞赛处主要职责

（1）起草拟定竞赛规程并提交组委会审议。

（2）准备赛事竞赛场地、地图和路线。

（3）裁判工作。制订裁判员选派和培训计划。

（4）参赛人员资格审查。

（5）组织编排工作，编印秩序册、成绩册，准备各种比赛用卡片和表格。

（6）组织安排各队模拟训练。

（7）召开联席会议。

（8）组织优秀运动员、优秀裁判员、体育道德风尚奖及其他与竞赛相关的奖项的评选。

（9）研究与解决裁判委员会和仲裁委员会提交的竞赛方面未解决的争议。

第二节　定向运动竞赛安全风险管理

定向运动竞赛安全风险管理是指规划、管理和控制竞赛承办方和主办方资源，通过风险识别、风险评估、风险决策对竞赛安全风险实施有效控制和妥善处理安全事故及其造成的损失的过程。

一、定向运动竞赛安全风险管理的基本要求和关键环节

（一）基本要求

定向运动竞赛安全管理的基本要求是牢牢树立安全第一的理念，培养安全工作习惯。牢牢树立安全第一的理念，培养安全工作习惯不仅是竞赛安全风险管理者的基本工作理念和工作习惯，也应成为所有赛事组织管理者、工作人员、志愿者的基本工作理念和工作习惯，还应成为竞赛所有参赛者的基本参赛理念和训练与比赛习惯。

（二）关键环节

定向运动竞赛安全风险管理的关键环节主要有两个：安全教育与培训、沟通。

1. 安全教育与培训

普及安全知识、树立安全意识和养成安全习惯对降低定向运动竞赛安全风险具有重要意义。因此，应积极宣传竞赛安全知识、传播与定向运动有关的安全技能。

（1）应特别关注少儿与定向运动新人的安全教育，他们最有可能因不了解定向运动的安全要求出现安全问题。

（2）应根据不同类型运动员的特征制定安全培训措施，提高运动员自身安全意识，增强他们对竞赛风险的认识。例如，对非专业性运动员，要着重让他们了解定向运动损伤发生的原因、预防措施以及急救方法。

（3）应对参与赛事安全保障相关工作的现场指挥工作人员、志愿者及其他人员进行包括如下内容的培训：

① 定向运动竞赛基本知识、基本安全知识和技能培训。

② 针对他们所承担的具体职责开展专业培训，包括紧急救援，现场疏散、突发事件处理、竞赛场地风险检查规范等。

（4）应面向社会，特别是比赛期间可能进入比赛场地的社会人群进行安全教育和安全宣传，并及时公布比赛期间安全保卫方面的公告，如交通管制、比赛期间进入比赛场地活动时的安全事项等。

2. 沟通

有效沟通、无缝对接、检查落实是定向竞赛安全风险管理工作的核心要求。在定向运动竞赛的准备、实施和收尾过程中，竞赛利益相关者都应通过时刻保持有效沟通，实现各部门和各项安全工作间的无缝对接，及时检查和落实。

（1）安全风险管理者要加强与承办方、场地所有者和/或管理者、比赛场地居民和承办方运动员的沟通，充分地了解比赛场地潜在的或可能出现的风险，提高风险识别和评估的全面性和可靠性。

（2）技术代表、安全代表、制图员、路线设计员和赛事主管之间加强沟通，可及时有效地更新赛事风险识别和评估信息，向参赛者传递最新的安全信息和要求。

（3）在所有比赛筹备工作已经完成，比赛即将开始之前，赛事组委会相关机构、技术代表、安全代表和裁判组应就安全措施和预案进行最后沟通，共同确定最终安全措施和应急预案，明确各项安全措施的具体要求并分解落实到人。

（4）应在比赛报到日前 3 天之前尽早通过赛事通告 4 将赛事最终安全信息和要求发送给各代表队，并安排专人负责及时、准确地解答代表队提出的相关问题。

（5）应在赛事中心、竞赛中心、运动员驻地以及官方平台上醒目位置设置专栏，及时更新安全提示和/或警示信息。

二、定向运动竞赛安全风险识别与评估

定向运动竞赛场地的风险识别与评估工作必须以全面勘察比赛场地、广泛收集各方信息和历史信息为基础，并随着对比赛场地的深入了解不断完善与更新各类信息。定向比赛风险识别与评估应重点考虑以下因素：

（一）环境

1. 竞赛区地形

竞赛区大小及其边界的清晰性，平缓与陡峭变化、悬崖和峭壁、坑穴和沟壑等地貌特征的危险性和地表奔跑的安全性，水体、可攀越和不可攀越墙面、铁制栅栏和荒弃的栅栏、废墟、道路（交叉路口、通过点）等地物特征的安全性及在其中奔跑的安全性。

2. 竞赛区动植物

树茬和竹茬（尖锐的）、树根（裸露的）、树桩和树枝（低树枝），危险的植物（多刺的、锋利的、有毒的、致敏的等），有危险的家畜和野生动物（狗、牛、蛇、蜂、毒蜘蛛等）等的危险性。

3. 竞赛区杂物

建筑垃圾、玻璃、铁钉、针头、捕兽夹等的危险性。

4. 道路与交通

道路与交通的便利性和安全性，包括进出停车场的交通、交叉路口的交通、可穿越道路的交通等的便利性和安全性。

5. 竞赛地点的气候、天气

比赛地点的气象规律及高温、湿热、严寒、暴雨、雷电、冰雹、雷雨大风和洪水等极端天气出现的可能性。

（二）物质

1. 通信

通信讯号的覆盖率和稳定性。

2. 装备、器材和设施

运动员装备（如尖锐的笔头）、电气设备和电缆、隔离设施、遮阳棚、移动厕所等的安全性。

（三）人员

1. 参与者

参与者，特别是运动员的健康状况、过敏情况、疲劳度、定向技能水平、体能水平对竞赛风险的影响。

2. 在竞赛区活动的其他人

（1）竞赛对儿童和老年人安全的影响。

（2）竞赛对观众和游客、非机动车驾驶员、务农务工人员、园林养护者、商业服务者等安全的影响。

（3）危险的陌生人对竞赛的影响。

（四）集结区、竞赛中心和起点区

拥挤的人群、道路、交通及停车场（出入口）和卫生条件等交互作用对安全的影响。

（五）潜在的特殊情况

场地毁坏、道路中断等形成的安全危害。

三、定向运动竞赛安全风险应对策略和措施

安全风险应对策略可以归纳为四种：一是风险规避，即取消比赛，或更换

比赛场地、比赛时间。二是风险自留，即带着风险继续开展比赛。三是风险转移，即通过购买保险分担风险或购买服务转移风险，将一些风险较高的专业性工作，如交通服务交给第三方专业公司来分担风险。四是风险控制，即对关键风险因素逐一采取经济可行的预防和防控措施。

（一）定向运动竞赛主要安全风险应对策略

1. 自然灾害

如竞赛地遭受非人为重大自然灾害，如地震、气象灾害等，应采取风险规避的策略，即取消赛事或更改比赛时间、更换比赛地点。例如，2019 年南粤古驿道定向大赛（第三站 · 河源东源）原定于 6 月 22—23 日举行，但因河源东源遭遇大暴雨恶劣天气灾害，造成山体滑坡、断桥、河道水涨等现象，为做好抗洪救灾工作，确保赛事活动安全进行，大赛组委会决定将比赛时间延至 8 月 24—25 日举行。

2. 突发公共卫生事件

如出现可能造成社会公众健康严重损害的重大传染病疫情、群体性不明原因疾病、重大食物中毒以及其他严重影响公众健康的事件，应采取风险规避的策略。例如，原计划于 2003 年 7 月在云南省安宁市举行的 2003 年全国定向锦标赛、全国学生定向锦标赛，由于非典型肺炎的暴发，推迟到 2004 年 1 月举行。自 2019 年 12 月，新冠疫情暴发以来，中国无线电和定向运动协会和中国大学生体育协会根据国家和地方疫情防控政策和疫情防控形势，先后取消了 2020 年和 2021 年全国定向锦标赛和中国学生定向锦标赛。

3. 恶劣天气

一般的雨、雪和炎热的天气都不会影响定向比赛的进行。在这些情况下，通常采取风险自留、风险转移和风险控制的安全风险应对策略，为所有赛事相关人员购买保险，针对关键风险因素逐一采取经济可行的预防和防控措施。例如，定向赛事在 7—8 月举办时，天气炎热，如果竞赛期间温度持续在 30 ℃以上，组委会要采取提早出发，缩短路线长度，竞赛中心增加喷雾、遮阳棚和通风等设施，场地中增加水站、医疗点以及增加巡查人员等措施来降低安全风险。

4. 人身意外伤害风险

对定向运动中可能存在的人身意外伤害风险应从组织者和参赛者两个方面来考虑应对措施。

组织者应采取风险转移和风险控制的策略，通过购买保险和购买服务，要求运动员签署免责声明等转移风险。同时，通过加强运动员安全教育，尽早发布相关的信息及安全建议（最好附上照片），根据场地、天气条件和项目特征制定并落实有针对性的安全风险防控措施降低风险。

运动员应该采取风险自留、风险转移和风险控制的策略。例如，在组委会购买保险的基础上加购保险，加强安全知识和安全技能的学习与练习，参加赛前适应性训练，提高适应比赛场地和天气条件的能力等。

（二）定向运动赛事竞赛安全风险防控措施

在制定定向运动竞赛安全风险防控措施时，应重点考虑以下因素：

1. 通信系统

应建立一套稳定可靠的赛事通信系统。

（1）应确保通信系统能覆盖整个比赛相关工作区域且信号稳定。在信号稳定性较差的区域应有通信应急预案。

（2）应有后备通信系统。

（3）应为系统内的所有人员提供一份防水覆膜通讯录。

（4）应在终点区域设置由专人负责的紧急事件联络处，负责收集和处理到达终点的运动员报告的问题。

（5）如条件允许，应为运动员和其他重点防控对象配备定位装置。

2. 场地边界与安全方位

（1）利用场地中明显的线状地物作为竞赛区的边界，要让所有运动员都清楚边界的分布情况和辨识办法，并提供重新定位到达终点的适宜方法。在难以界定边界的区域，建议在关键位置设置现场指挥工作人员。

（2）如条件允许，应为所有运动员提供安全方位，安全方位应能引导迷路的运动员到达指定的集结区。

3. 医疗救护系统

（1）制定竞赛伤害事故处理预案，包括竞赛区受伤和发生意外的运动员撤离预案，医护人员进入竞赛区开展救护工作的预案并预先演练。

（2）现场急救和医院内救治工作要有机结合。

① 赛前应事先选择并确定符合要求的医院负责医院内救治工作。

② 要事前掌握比赛的全面情况，包括时间、地点、天气、项目、参赛者基本情况（数量、年龄、竞技水平、身体状况）、有潜在危险的地形、有潜在危险的动植物、进出通道等。

③ 在竞赛中心适当位置设置急救医疗站。急救医疗站标志必须醒目易见。医疗救护资源的配置如救护车、医务人员、药品和器械的配置必须满足比赛实际情况的需求。

④ 救护车至指定医院的交通、院前急救人员与院内救治工作人员对接预案必须进行预演。

4. 卫生防疫系统

（1）应在卫生防疫部门的指导下落实赛事相关人员集中食宿，或指定住宿地，并由食品卫生部门加强赛事举办地相关区域的食品卫生检查。

（2）应遵循《中华人民共和国传染病防治法》和《中华人民共和国食品卫生法》，在赛事中落实卫生防疫的各项工作。

（3）应在卫生防疫部门指导下制定卫生防疫应急预案并落实到人。

5. 个人安全及强制性装备要求

（1）主办方应根据风险管理的需要，确定符合比赛实际需要的额外规定和要求，并及时将这些规定和要求通知所有参赛者。

（2）主办方应根据场地和天气特点就运动员着装（包括赛前、赛中和赛后着装）和随身佩带的装备，如口哨、手表等做出明确规定，并规定不符合着装要求和未按要求佩带规定装备的运动员禁止参赛。

6. 报名规定和竞赛日程

（1）应对运动员的参赛项目作出限制性规定，避免他们连续参加过多的比赛。

（2）竞赛日程安排应避免运动员连续参加长时间的比赛。

（3）比赛时间安排应尽可能避开高温、炎热时段。

7. 安全巡查

（1）赛前应进行安全检查，确定所有的安全措施已落实到位才能开始比赛。

（2）比赛进行中应组织安全巡查，发现问题及时处理。

8. 特殊情况处理

特殊情况指寒冷、高温、炎热、湿热、暴雨、冰雹、雷电、强风和洪水等极端天气及场地毁坏和道路中断等其他可能严重影响赛事安全的情况。

（1）组委会应确定极端天气和比赛场地毁坏、道路中断等特殊情况下的比赛预案。

（2）如出现明显危及运动员、工作人员及观众安全的客观情况，组委会须果断中止比赛并决定是否延期或取消比赛。

（3）如果场地可跑性明显降低，技术代表应缩短比赛路线，或延长有效比赛时间。

（4）除设置足够的饮水站外，如果中距离和长距离场地条件允许，在湿热天气应安排车辆进行安全巡逻（车速 20 km/h 以下）。巡逻车辆应配备必要的药品和充足的饮用水。

9. 特殊地形危险管理

特殊地形危险指比赛场地特有的地形风险，如易滑落的陡坎、植被掩盖的深坑、大量的沼泽和小水体等。必须考虑运动员在特殊地形中可能遇到的所有危险，包括各检查点间的所有可能线路以及这些可预见的线路之外的明显危险。地图上没有标明，但运动员可能遭遇的任何危险特征都必须用指定规格的醒目的标识带、引导带或警戒带在实地标明。

10. 电气和其他设备管理

（1）所有高低压电气设备都应有全天候的防护措施和警示标志，确保赛事相关人员与其远离，并由有相关资质的人员操作。

（2）电缆和电缆接头应有全天候的漏电保护措施。穿过道路、出入口和人群密集区的电缆都应加装保护板、埋入地下或架空（通常高度不应低于2.5 m）。场地中所有架空的电缆都必须有安全稳固的支撑和保护。

（3）隔离设施必须稳固，其可能危及运动员的部分（如支架、不平整的接头、锋利的断口等）应有防护措施。

（4）应仔细排查比赛场地内是否有捕猎用陷阱、捕兽夹、机关等危险装置，如有，应妥善填埋、拆除。

（5）移动厕所须有良好的卫生保障措施。

11. 道路和交通管理

（1）如比赛场地存在交通安全问题，应实施交通管制。否则，不得进行比赛。

（2）如要求运动员越过重要的交通道路，应设计必经路线、必经通道或通过点，并配备交通警察实施交通限速和/或现场指挥工作人员实施暂停计时，也可引导运动员使用原有或临时修筑的地下通道或天桥等。

（3）如要求运动员在道路上奔跑，应隔离出专用通道并实施交通限速或封闭道路。

（4）如不能切断交通，比赛场地内的交通速度须限制在20 km/h以下并同时实施流量控制。但在任何情况下都不能允许运动员在繁忙的交通道路上奔跑和穿越。

（5）应建立一个能保证车辆快速进出停车场并安全停车的管理系统。如条件允许，邻近出入口的交通和行人通道必须相互独立。

（6）短距离赛必须将交通控制在比赛场地之外。

12. 集结区、出发区和竞赛中心

（1）应对人群实施分区、分类管理。

（2）应有一套确保用电、交通和设施安全的检查与管理措施。

（3）应为运动员安排出足够空间的准备活动区，保证运动员有 30 min 以上的时间进行充分的准备活动。

（4）应有足够的空间方便急救车辆进出竞赛场地。

（5）应有一套完整的疏散预案。

13. 超时和未返回运动员管理

（1）运动员一旦开始比赛，不管是否完成比赛路线都必须到终点录入比赛信息。

（2）应建立一套超时和未返回运动员管理系统，确定运动员超时收容标准，特别是低龄段参赛者（未成年）的超时收容标准，及时准确地获得超时和未返回运动员名单及其相关信息。

① 准确掌握运动员检录和出发信息。检录裁判长应禁止未进行第一次检录（签到）的运动员进行第二次检录（召集），并及时将运动员的检录信息发送给成统与技术信息中心。起点裁判长应及时将已出发运动员名单和出发时间，包括因组织方的原因而推迟出发的运动员名单、出发时间和未出发运动员名单发送给成统与技术信息中心。

② 成统与技术信息中心应安排专人对运动员超时情况进行跟踪，及时统计超时和未返回运动员名单，并及时将达到超时收容标准的运动员名单发送给安全代表、现场指挥主管、检查点设置裁判长及终点裁判长。

③ 领队或教练员应及时在成统与技术信息中心填报超时和未返回运动员信息。

④ 安全代表应及时启动超时运动员的收容预案，协调现场指挥主管和检查点设置裁判长组织超时运动员的收容、撤离和未返回运动员的搜寻工作。

（3）在确认全部需要收容和搜索的运动员得以控制后，赛事主管才能通知现场指挥主管和检查点设置裁判长组织相关人员撤离竞赛区。

14. 防火

如比赛场地存在火灾风险，必须规定：严禁携带火种进入比赛场地，严禁吸烟，一经发现将取消比赛资格。

15. 其他

（1）竞赛区杂物的清理。应对竞赛区中建筑垃圾、玻璃、铁钉、针头等有危险的杂物进行必要的清理。

（2）接力赛出发区和交接区的安排应考虑尽可能避免运动员冲撞事件的发生。应为 15 岁及 15 岁以下组别运动员安排单独的交接区。

（3）运动员并道出发时，应保证低年龄运动员和低级别组运动员排在前面出发。

（三）迷失运动员搜寻

1. 赛前做好准备工作

应组织相关裁判长和工作人员共同讨论如何应对各种紧急安全事件，确定运动员搜寻方案，明确相关裁判长和工作人员在处理运动员超时和迷失事件中的职责。

2. 尽快就运动员是否超时及是否可能迷失做出判断

在比赛进行中，特别是在临近比赛结束时就应全面收集严重超时的未返回运动员信息，包括号码、性别、着装、年龄、出发时间、比赛路线、比赛经验、技能与体能水平、比赛当天身体状况，并与检查点设置裁判长、现场指挥主管及代表队官员或教练员保持沟通，尽快就运动员是超时还是有可能迷失做出判断。

3. 启动对迷失运动员搜寻并通知医疗援救系统做好准备

在启动搜寻之前应再次确认运动员是否有可能未在成统与技术信息中心录入比赛信息就离开了比赛场地。在搜寻过程中应时刻与搜寻人员保持联系，了解其身体状况和搜寻情况，避免搜寻人员出现安全问题。如果条件允许，应为搜寻人员配备定位跟踪设备。

4. 及时召回工作人员

搜寻工作结束后，应及时召回所有的搜寻人员和坚守在场地中的其他裁判员与工作人员。

5. 搜寻技巧

（1）安全方位和边界。如果赛前给出了安全方位，应沿着安全方位对运动员可能走的线路检查。如果场地有清晰的边界或可通行的公路，用汽车等交通工具快速搜寻可能会遇到迷失的运动员。

（2）带状搜寻。该方法只要求组织裁判员和工作人员对线状特征及其两侧区域进行搜寻，是一种高效的搜寻方式。通常只要运动员使用口哨或呼救就可以被找到。沿着比赛路线寻找也是一种带状搜寻。但在有路线选择时，该方法可能变得难以实施。

（3）区域搜寻。对选定区域进行地毯式搜寻，是一种要求配备大量工作人员的搜寻方式。

（4）迷失运动员信息收集。应将迷失运动员的基本信息发送给竞赛区中所有的裁判员和工作人员，从他们当中获取有用信息；应向临近比赛结束才完成比赛的运动员询问是否见过迷失的运动员或者是否发生过任何不寻常的事情。

（5）迷失运动员比赛信息分析。分析检查迷失运动员比赛路线上的所有电子打卡器的信息，确认迷失运动员最后到达的检查点。

（6）在湿热和迷失运动员身体状态欠佳的情况下，应考虑其已处于无意识状态的可能性。

（7）应准备一张搜寻进展地图对搜寻工作进行严密监控，以避免出现重复或遗漏的情况。任何不能被完全确认的地方都必须在进展图上标明。

第三节　技术代表、安全与环保代表

在定向运动赛事组织中，技术代表和安全代表分别负责竞赛的技术组织和安全组织。在赛事筹备期间，两者必须保持密切联系，随时沟通，在竞赛期间必须通力合作，为赛事主管提供支持和帮助。

一、技术代表

（一）技术代表的任命

为保证定向运动竞赛的技术组织符合规程和规则的规定以及定向地图规范和定向路线设计指南的要求，在竞赛承办方确定后，竞赛主办方要任命一名技术代表（也称赛事顾问、赛事监督）负责和监督竞赛的技术组织工作。如果主办方没有任命技术代表，承办方应任命一名技术代表，或指定由赛事主管承担技术代表的工作。

（二）技术代表的主要工作职责

（1）向主办方提交如下提议：

① 有关特别规定的提议。

② 有关赛事活动日程和竞赛日程的提议。

③ 有关比赛器材和辅助器材的提议。

④ 有关报名规定和办法、初定和最终报名截止日期的提议。

（2）负责确定以下内容：

① 附加规则。

② 项目分组、赛次与录取原则。

③ 比赛场地、竞赛中心、比赛起终点和接力赛交接区。

（3）审核报名，有权以技术性理由否决报名。

（4）主持技术会议。

（5）监督比赛进程，并在必要时进行干预。

（6）对比赛地图和路线的质量负责。

① 监督地图测绘、路线设计进程和进行项目验收，确保地图符合地图规范的要求，地图路线符合规程、规则和参赛者竞技水平的要求，并在规定时间内完成所有测绘和路线设计任务。

② 对地图的印刷或打印质量进行评估，批准地图、比赛路线及其他叠印符号的印刷或打印。

③ 以技术性理由向主办方提出撤换制图员和路线设计员的建议。

（7）保证在赛前适时向所有相关单位发送竞赛规程和赛事信息。

（8）对竞赛所有其他必要的技术性事务负责。

（9）及时制订指导和监督性考察计划提交主办方批准。每次考察完毕后应立即向主办方和组委会提交比赛筹备情况的书面报告。

（10）在比赛开始日 5 天前完成所有检查和评估工作，向主办方和组委会提交最终的竞赛组织技术方案。

（11）竞赛结束后，将在比赛中发现的一般和专门性技术操作问题及时做出报告，并提出未来改进和提高比赛组织水平的建议。

二、安全与环保代表

（一）安全与环保代表的任命

为保证定向运动竞赛的安全，尽可能降低竞赛对环境的影响，竞赛主办方要任命一名安全与环保代表协助技术代表负责和监督举办地的安全组织工作。如果主办方没有任命安全与环保代表，承办方应任命一名安全与环保代表，或指定由现场指挥主管承担安全与环保代表的工作。

（二）安全与环保代表的主要工作职责

（1）评估比赛可能存在的安全与环保风险，向主办方、组委会和技术代表提交安全与环保评估报告、安全与环保措施和预案。

（2）以安全或环保的理由向技术代表提出修改拟定的竞赛技术方案的要求，并同时向主办方提交该文本的副本。

（3）从安全和环保的视角审核地图与路线，确保所有的安全与环保因素都在地图和路线设计中得到体现。

（4）监督比赛进程并在必要时进行干预，确保所有的安全与环保措施和预案在比赛中得到落实。

（5）协调指挥受伤运动员的救治、撤离和迷失运动员的搜寻工作。

（6）对竞赛所有其他必要的安全与环保事务负责。应对比赛场地以外可能涉及赛事安全与环保的事务提出建议。

（7）在规定的时间完成所有检查和评估工作，向主办方、组委会和技术代表提交最终的竞赛安全与环保组织技术方案。

（8）比赛结束后，将在比赛中发现的安全与环保问题及时做出报告，提出未来改进和提高比赛安全与环保工作组织水平的建议。

第四节　定向运动竞赛编排

定向运动竞赛编排工作主要包括赛程编排、运动员编号、总秩序册编制、待发通道配置和出发顺序或站位编排、每日秩序册编制等。赛程编排、运动员编号、（总）秩序册编制通常由竞赛处负责，待发通道配置和出发顺序或站位编排和每日秩序册编制由成统与技术信息中心负责。

一、定向运动竞赛编排的原则与基本要求

（一）原则

（1）以竞赛规程和规则为依据。

（2）统筹兼顾，通盘考虑，突出重点。

（3）协调好比赛开始时间。

（二）基本要求

（1）当一项赛事有三场或以上场次的比赛时，应在比赛期间休息一天。

（2）当运动员有多赛次项目时，须保证每名运动员至少有 30 min 的休息时间，最好能有 60 min 以上的休息时间。

（3）如某个组别参赛人数超过一定数量，应按规程将该组别随机分为若干个平行组。

（4）间隔出发项目。同一参赛单位的运动员不能紧接着先后出发或同时出发（同一单位运动员在不同的平行组）。

（5）集体出发项目。同一参赛单位运动员不能紧邻出发。

（6）有预决赛的项目。在编排决赛的出发顺序时应遵循预赛名次列后的先出发，名次最好的运动员最后出发的原则。

（7）强化审核。编排完成后要进行详细审核，确认所有的竞赛信息都正确无误后，方可公布。

二、定向运动竞赛编排方法

（一）编号

1. 报名表的审核

竞赛部门收到报名表后，应按相应要求进行初步整理、审核。主要审核内容是报名表的规格、内容栏目与大会编制的是否一致；报名表各栏目填写是否规范、正确；报名人数和项目是否符合规程要求等。审核通过后，根据相关规定进行编号，并填写《参加人数统计表》。如发现有不符合规定的内容，应及时通知报名单位纠正。在统计工作完成后，应将信息及时传送给赛事相关部门。

2. 编号方法

定向运动竞赛编排中的编号包括参赛单位编号、运动员编号和运动员指卡编号（通常称为指卡分配）。另外，还应明确个人赛、接力赛和团队赛等项目的编号办法。

（1）个人赛编号方法。个人赛运动员的号码一般由5~6位数字组成，常见的编号格式有两种，一是性别（1位）+组别（1位）+单位（3位）+单位内运动员编号（1位），或组别（1位）+单位（3位）+单位内运动员性别和编号（1位）。这种格式适用于面向会员单位的赛事。其中后一种格式适用于同一单位同一组别运动员限报男女各5人的情况，通常规定0~4为女运动员的编号，5~9为男运动员的编号。二是性别（1位）+组别（1位）+组内运动员编号（3~4位）。这种格式适用于面向全社会的开放型赛事。另外，在组别数超过1位数的情况下，可以用字母给组别编号。当然，在不违反竞赛规程的情况下还可以采用其他编号方法。

（2）接力赛与团队赛编号方法。接力赛和团队赛运动员编号一般分为两个部分，第一个部分是接力队编号，第二个部分是运动员编号，编号时最好能对性别进行区分。接力队编号一般采用参赛队报名时的序号，或在完成报名后抽签的方法随机编号。对于实行单位会员制，以会员单位编号作为队编号的接力赛，还应该通过抽签随机确定各队出发站位。运动员编号则根据参赛人数确定。例如，有一支队伍在第20位报名参加3人接力赛，则其男子组运动员编号可以为120-1、120-2、120-3，其中第一个数字表示男子。另外，还可以通过号码布颜色的配置来辅助区分运动员的组别和性别。

编号工作最好由一人负责完成，由其他人负责校对。编号完成后，应记录各单位运动员首尾号码，统计各单位、各组别的参赛人数并确保参赛人数、项目及各组别人数准确。有关编号的办法可以在技术会议上加以说明，尤其是集体项目。

（二）秩序册编制

定向竞赛秩序册是定向竞赛组织和具体竞赛秩序的文本依据，由竞赛部门负责编制，并报组委会审定后印发。大型赛事定向运动竞赛秩序册包括总秩序册和每日秩序册两部分。总秩序册一般在运动员报到时发放，每日秩序册一般在比赛前一天19：30之前发布。

赛事通告样例

1. 总秩序册的主要内容

总秩序册的主要内容按前后排列顺序包括：

（1）封面。封面应包括会徽，赛事名称，“秩序册”三个大字，主办单位，承办单位，协办单位，举办时间和举办地点。

免责声明样例

（2）1~4号赛事通告。

（3）体育道德风尚奖及其他评优奖项评选办法。

（4）运动员守则、教练员守则和裁判员守则。

（5）免责声明和/或承诺书。

各参赛队名单及其参赛项目名单样例

（6）组织委员会和办事机构。

（7）技术代表、安全代表、仲裁委员会、裁判委员会名单。

（8）大会日程及竞赛日程。

（9）各参赛队及其参赛项目名单。

（10）统计表。各组别各项目参赛人数（队）统计表、参赛单位及其官员、工作人员和运动员统计表。

各项目参赛人（队）数统计表、参赛单位及其官员、工作人员和运动员统计表样例

（11）封底。

另外，可以在秩序册的封面和封底加上宣传内容，还可以在秩序册中加上宣传插页。

2. 每日秩序册的主要内容

每日秩序册是大型赛事每日竞赛组织和具体竞赛秩序的文本依据。每日秩序册由成统与技术信息中心编制，经赛事主管审核后由技术代表批准印发。每

日秩序册的主要内容包括：

（1）封面。封面应该包括会徽，赛事名称，“每日秩序册”五个大字，主办单位，承办单位，协办单位，比赛时间和比赛场地。

（2）竞赛日程。

（3）出发通道安排表。

（4）出发批次表。

（5）各组别各项目参赛人数（队）统计表。

（6）封底。

另外，每日秩序册通常还应附上前一天的比赛成绩。如果竞赛设团体总分奖项，每日秩序册还应附上各参赛队前一天获得的团体总分和累积团体总分。

（三）出发方式和出发顺序编排

1. 出发方式

（1）个人赛和团队赛一般采用间隔出发。其中，长距离赛出发间隔为 3 min，中距离赛为 2 min，短距离赛和淘汰赛资格赛为 1 min，百米定向为 30 s 或 1 min，团队赛为 1～3 min。当参赛人数较多时，长距离和中距离也可以采用 1 min 的出发间隔。

（2）接力赛（第一棒）、百米定向决赛、淘汰赛决赛一般采用集体出发。其中，接力赛通常各组别一起集体出发；百米定向决赛、淘汰赛各组别的出发间隔通常为 10 min，也可以由赛事主管根据临场比赛的实际情况控制。淘汰赛四分之一决赛各组别出发间隔为 5 min 或 10 min，半决赛为 10 min，决赛为 20 min。

（3）团队赛和积分赛也可采用分批集体出发。每批的出发间隔通常为 5 min。

2. 运动员出发顺序编排

在编排出发顺序时，运动员出发顺序应在技术代表或赛事主管监督下，通过抽签方式决定。出发抽签可以是公开的也可以是保密的。抽签可用电脑操作，也可用手工操作。无论采用何种方式，都要遵循以下原则：

（1）在间隔出发的比赛中，同一个代表队运动员不能先后连续出发。如果同队两名运动员抽到先后连续出发，下一位出发的其他代表队运动员应插在该两名队员之间。如果同队两名运动员抽到在最后出发，在他们前一位出发的其他代表队的运动员应插在他们之间。

（2）如运动员在两场个人赛中抽得的出发顺序均排在前 12.5%，或后 12.5%，应对该运动员其中一场比赛的出发顺序进行调整，使其出发顺序排在前 25%之后，或后 25%之前（适用于精英组运动员）。

（3）在集体出发的比赛中，应首先为每种路线组合分配一个代码，然后通过抽签决定运动员的路线组合和站位。如果运动员站位已经确定，应让运动员自己选择路线代码。

（4）在淘汰赛的资格赛轮次中，应尽可能将同队运动员编在不同的组。

（5）如有平行组，应尽可能将同队运动员编在不同的组。如竞赛设有预决赛和种子选手，要让种子选手尽可能分散进入各平行组中，以增加优秀运动员进入决赛的可能性。

3. 待发通道中各组别出发顺序的编排

为了保证竞赛公平和有效控制整个比赛的时间，编排各组别在待发通道中的出发顺序时，应考虑以下因素：

（1）水平较低的组别安排在前面出发，同一组别的男子、女子运动员应尽可能安排在不同的通道内同时出发。

（2）同一出发通道中，先后出发的两个组别间应有一定的组间间隔时间，该时间通常为 5 min。

（3）在接力赛集体出发（第一棒）时，各组别可以同时出发，也可以间隔出发。

4. 出发批次表的分发及竞赛检录表的编排

出发批次表应在比赛前一天或之前分发给各代表队并在官方网站上公布，如果前一天有联席会议，应在联席会议之前发布。如预决赛在同一天进行，决赛的出发批次表至少应该在决赛首发运动员出发时间 1 小时之前通知相关代表队和运动员，并在官方网站上公布。

定向运动竞赛出发批次表样例

定向竞赛中，检录表通常与出发批次表通用。出发批次表至少应在比赛前一天打印若干套交给检录裁判长和起点裁判长。如预决赛在同一天进行，决赛的出发批次表至少应在决赛首发运动员出发时间 1 小时之前打印若干套交给检录裁判长和起点裁判长。

第五节　定向运动竞赛裁判工作岗位设置

定向运动竞赛裁判岗位分为管理岗位、裁判岗位和辅助人员或其他工作人员，包括志愿者岗位。管理岗设赛事主管、部门主管和工作人员岗位，裁判岗设裁判长、主裁判和裁判员岗位。在定向运动竞赛中，只有裁判长具有判罚权。

一、定向运动竞赛裁判工作的特点

（一）保密性

由于定向运动地图、路线等在赛前都需要保密，因此定向裁判工作具有它的独特性——保密。相关裁判在裁判工作中要坚守职责，保守秘密。

（二）艰苦性

定向运动比赛场地通常都在地形复杂的野外，离裁判员驻地较远，组赛过程环节多、场地布置和工作流程都较复杂，且工作持续时间较长。定向竞赛一般情况下不会因天气原因终止比赛，裁判员需要顶烈日、冒风雨、忍饥渴，并长时间处于紧张状态下工作，这些都对裁判员的意志力和体力提出了高要求。因此，定向裁判员的工作比较艰苦。

二、定向运动竞赛裁判员应具备的条件

定向裁判员既是定向竞赛中的执法者，又是定向竞赛的组织者和宣传者，也是新技术、新规则的引导者。裁判工作的质量对办好定向赛事、促进定向运动的普及与发展以及提高定向运动技术水平都起着重要的作用。在定向比赛中，裁判员的思想水平、职业道德以及业务能力都将直接影响运动员技术水平的发挥和整个赛事的质量。因此定向裁判员必须具备以下基本条件：

（1）具有良好的职业道德素养。

（2）热爱定向运动，具有为定向运动献身的精神。

（3）有丰富的定向运动知识和实践经验。

（4）具有吃苦耐劳的精神和良好的身体素质。

（5）具有严格的组织纪律性，讲正气，秉公执法。

三、定向运动竞赛裁判工作岗位设置

大型定向竞赛中裁判工作岗位分为三类：行政管理官员、比赛裁判人员和其他工作人员岗位。

（一）行政管理官员

（1）赛事主管（总裁判长）1人，适当数量的助理。

（2）现场指挥主管1人，适当数量的助理。

（3）竞赛器材主管1人，适当数量的助理。

（4）成统与技术信息中心主管1人，适当数量的助理。

（5）竞赛秘书1人，适当数量的助理。

（6）地图管理员（保密员）1人。

（二）比赛裁判人员

（1）检录裁判长1人，副裁判长或主裁判2人和适当数量的检录裁判员。

（2）起点裁判长1人，副裁判长或主裁判2人和适当数量的起点裁判员。

（3）终点裁判长1人，主裁判1人和适当数量的终点裁判员。

（4）检查点设置裁判长1人，副裁判长若干人，检查主裁判若干人和适当数量的检查裁判员和看点员。

（5）技术录像主裁判1人，适当数量的裁判员。

（6）现场指挥主裁判若干人。

（7）编排统计主裁判1人，适当数量的裁判员。

（8）记录主裁判1人，适当数量的裁判员。

（9）技术信息主裁判1人，适当数量的裁判员。

（三）其他工作人员

（1）宣告员1人或多人。

（2）医务人员1人或多人。

（3）现场指挥（包括安全和环保指挥）工作人员若干人。

（4）竞赛器材（电子打卡计时系统）维护人员若干人。

对于中小型赛事，裁判员工作岗位应根据当地及比赛的实际情况设置。

四、部分竞赛行政管理官员的主要职责

（一）赛事主管

赛事主管是全体裁判员的最高领导者，在竞赛委员会主任领导下，带领裁判组公正、准确地执行竞赛规程与竞赛规则，对比赛场地内发生的与比赛组织

和管理相关的任何事情负责。

1. 赛事主管的主要任务

（1）按技术代表的竞赛技术方案制订裁判工作计划，确定裁判人员配置方案和名单，检查、指导所有报到就位的工作人员，撤换不遵守《裁判员守则》和竞赛规则的工作人员，并任命必要的替补人员。

（2）组织全体裁判员学习竞赛规程和规则，统一对规则条文的理解。

（3）监督出发顺序抽签（如果有技术代表，则由技术代表主持或由技术代表委托赛事主管主持）。

（4）主持领队、教练员和裁判长联席会议（如有技术代表，则由技术代表主持）。

（5）协调和监督检查各裁判组工作，控制比赛进程。

（6）处理比赛中的各种疑难问题。

（7）批准比赛成绩和宣布比赛成绩。

2. 赛事主管的工作重点与难点

（1）与相关部门的协调。

（2）督促、检查各裁判组的工作，控制比赛进程。

（3）处理各类突发事件。

（二）现场指挥主管

现场指挥主管在赛事主管领导下，制定比赛展示方案和比赛现场指挥方案，协调各部门以确保方案的有效实施，并对涉及比赛现场展示和指挥的其他事务负责。

1. 现场指挥主管的主要任务

（1）有效控制运动员驻地至比赛场地的往返交通节奏，合理控制起点和竞赛中心的人流和车流。

（2）赛前、赛中和赛后纪律以及比赛秩序的维持，确保有关人员在指定的时间停留在指定的区域。

（3）控制现场信息的广播和显示，确保信息的广播和显示以竞赛为中心，防止竞赛被其他信息干扰。

（4）协调指挥颁奖仪式。

（5）协助医疗人员救治、撤离受伤的运动员，协助检查点设置裁判长搜寻迷失的运动员。

2. 现场主管的工作重点与难点

（1）与相关部门的协调。

（2）控制比赛场地中竞赛区以外的人流、车流。

（3）控制信息的广播和展示。

（4）处理相关的突发事件。

（三）竞赛器材主管

竞赛器材主管在赛事主管领导下，按竞赛技术方案制订竞赛器材设备需求计划，检查、验收所有竞赛器材设备，确保其按要求准备、运送和撤运到位。

1. 竞赛器材主管的主要工作任务

（1）提供竞赛器材设备及辅助器材设备清单和补充清单。

（2）器材设备的收发、调换、维护和技术保障，保障器材的正常运行。

（3）配合各裁判组设置竞赛中心，协助检录、起点和终点裁判长及成统与技术信息中心主管设置相关功能区，并为相关机构在竞赛中心设置饮水站、遮阳棚、移动厕所等设施提供指导。

定向运动竞赛物料清单样例

2. 竞赛器材主管的工作重点与难点

（1）竞赛器材设备及辅助器材设备清单和补充清单的编制。

（2）器材设备的收发、调换、维护和技术保障。

（四）竞赛秘书

竞赛秘书在赛事主管领导下，按竞赛技术方案和竞赛裁判工作计划负责竞赛中心咨询服务处事务、裁判组行政与后勤保障性事务，对外发布竞赛相关信息、通知和通告。

1. 竞赛秘书的主要工作任务

（1）竞赛中心咨询服务处事务主要包括：

① 为运动员及其辅助人员提供咨询服务。

② 签退管理。

③ 发布比赛相关通知和通告。

④ 分发、回收和统计赛事各奖项推荐表、问卷调查表。

⑤ 协助成统与技术信息中心发放与回收接力赛和团队赛等项目参赛确认表等竞赛相关表格。

⑥ 分发上场和/或本场比赛的地图。

⑦ 赛事主管安排的其他相关工作。

（2）组织收集到达终点的运动员报告的问题，并及时转相关负责人处理。

(3) 收集整理最终成绩、名次和成绩表交获得授权的单位或机构，并在赛事中心、运动员住宿地和官方网站公告。

(4) 向裁判员传达相关行政通知。

(5) 处理与裁判员相关的后勤保障事务。

2. 竞赛秘书的工作重点与难点

与各裁判组、各项工作负责人间的联络、沟通以及相关信息的及时反馈。

第六节 起点区裁判工作

起点区裁判工作包括检录和出发组织，分别由检录裁判长和起点裁判长负责。

一、检录裁判工作

检录裁判工作的主要任务是保证比赛检录工作按竞赛技术组织方案有序进行，确保代表队官员与运动员身份的真实性，并阻止其将禁止带入的物品带入隔离区。检录裁判工作由检录裁判长负责，其辖区从第一次检录处（签到处）到准备出发区后，并在第二次检录处出口（准备出发区入口）处与起点裁判长交接（图 7-2）。

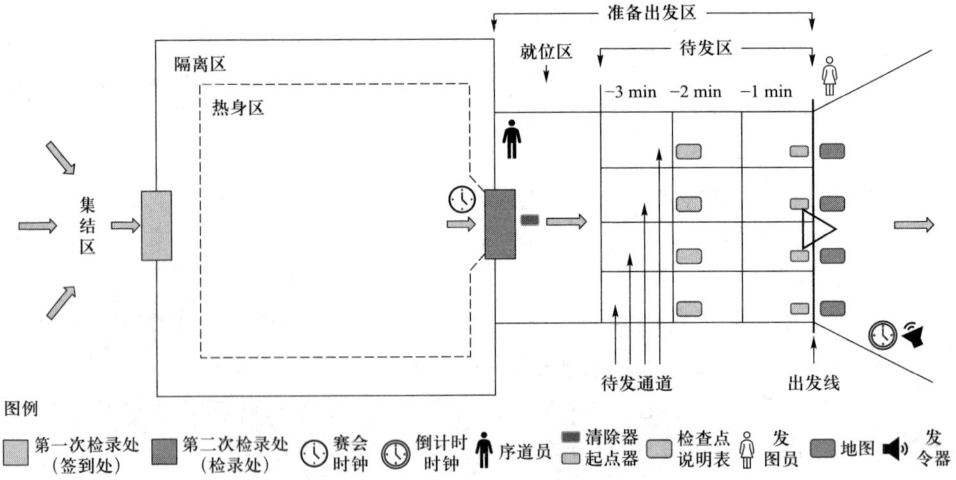

图 7-2 起点区设置示意图（出发间隔为 1 min 时）

（一）检录裁判工作人员配备与分工

（1）检录裁判长 1 人，全面负责检录裁判各项工作。

（2）检录主裁判 2 人，分别负责第一次和第二次检录处的工作。

（3）检录裁判员 3~4 人，负责运动员的检录工作和隔离区巡视检查工作。

（4）志愿者 5 人。

（二）检录裁判员的主要职责

（1）布置检录处。按技术方案布置检录处。检录处布置的关键技术环节是，在第二次检录处设置一面面向运动员、领队和教练员，清晰显示赛会时间，即正在被召集的运动员的出发时间的时钟。该时钟的时间与北京时间的差值等于第二次检录开始时间与首发时间的差值，通常比北京时间要提前 10~15 min。

（2）组织集结区代表队官员、教练和运动员在第一次检录（签到）截止时间之前完成签到进入赛前隔离区，并阻止其将禁止带入的物品带入隔离区。

（3）在运动员出发时间之前 10~15 min 召集运动员进行第二次检录进入准备出发区，并确保运动员代表本人参加比赛，号码、姓名、指卡、安全监控装备 ID 与检录单一致，着装和佩戴的装备符合规程和规则的规定。

（4）统计通过检录的运动员数据，填表后报成统与技术信息中心。

（5）配合现场指挥裁判员控制运动员在隔离区内的流动和交流，保证隔离区运动员得到良好的休息和热身区运动员进行不受干扰的热身和其他准备活动。

（6）裁判长负责对发生在检录过程中的所有事情做出处理和裁决，包括竞赛规则和规则未做明文规定的任何问题，对检录过程中的有关异议或抗议做出裁决。

（7）裁判长应将检录过程中出现的判罚信息、弃赛信息以及其他需要及时通报的信息即刻报送给赛事主管、成统与技术信息中心主管及其他相关裁判长。

（8）组织工作人员将禁止运动员带入竞赛区的随身物品转运到竞赛中心运动员物品寄存处。

（三）检录裁判工作流程和主要工作内容

检录裁判工作流程与主要工作如图 7-3 所示。其中，业务学习与培训的内容主要包括规程、规则、竞赛组织技术方案、裁判工作计划。志愿者培训也可以放在赛中布置工作场地之前进行。控制区运动员管理主要指对隔离区中的运动员进行巡视检查，阻止运动员使用禁止使用的物品，特别是当场比赛场地的旧地图。

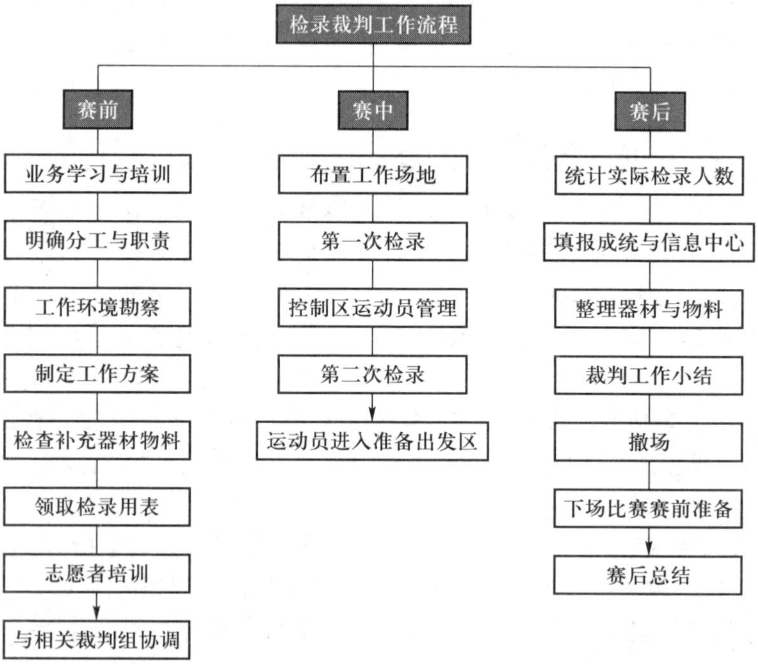

图 7-3　检录裁判工作流程和主要工作内容示意图

（四）检录裁判工作常见问题与处理办法

检录裁判工作中常见问题主要有替赛、身份标识不一致、使用禁止使用的地图和干扰其他运动员。

1. 替赛

检录裁判员发现替赛运动员后，应立刻报检录裁判长，由检录裁判长宣布取消替赛运动员和被代替的运动员的比赛资格。

2. 身份标识不一致

检录裁判员发现运动员姓名与身份标识不一致后，应立刻禁止运动员参赛，让其纠正错误。在错误得到纠正后方可继续参赛。

3. 使用禁止使用的地图

检录裁判员发现运动员使用禁止使用的地图后，应立刻阻止运动员，并报检录主裁判，由主裁判宣布给予运动员警告处分。

4. 干扰其他运动员

检录裁判员配合现场指挥裁判员加强运动员的管理。需注意的是，维持隔离区内秩序是现场指挥裁判员的主要责任，检录裁判员有义务配合其开展工作，但不能影响检录裁判员的本职工作。

检录裁判工作主要器材、表格与物料

二、起点裁判工作（出发组织裁判工作）

出发组织或起点裁判工作的主要任务是引导运动员在就位区排队就位后，依次进入待发通道各功能区，直到出发线后，并在听到出发指令后取图出发。起点裁判工作由起点裁判长负责，其辖区从准备出发区入口（第二次检录处出口）到出发线前的地图区和发令区。

（一）起点裁判员工作人员配备与分工

（1）起点裁判长 1 人，全面负责起点裁判的各项工作。

（2）起点主裁判 2 人，分别负责准备出发区、地图区和发令区的裁判工作。

（3）裁判员 3~7 人，其中：

① 序道员 1~3 人，负责引导运动员在就位区就位和进入相应待发通道待发。

② 发图员 1~3 人，负责比赛地图的分发。

③ 发令员 1 人，负责发令管理。

（4）志愿者至少 5 人，负责协助起点裁判员的各项工作。

（二）起点裁判员的主要职责

（1）布置起点工作场地。按技术方案布置起点工作场地（图 7-2）。起点工作区布置的关键技术环节是就位区和待发区的空间分配。其基本要求是，尽量减少就位区运动员对待发区运动员的影响，以及待发区运动员间的相互影响。另外，起点的时钟为倒计时时钟。在一批运动员出发后显示北京时间，在下批运动员出发倒计时开始时再显示倒计时。

（2）组织运动员在相应待发通道后就位。

（3）组织运动员按时进入待发通道中的相应功能区。

（4）控制就位区内运动员间的交流，保证待发区运动员进行不受干扰的出发准备。

（5）裁判长负责对发生在出发组织过程中的所有事情作出处理和裁决。

（6）裁判长应将组织出发过程中出现的判罚信息、弃赛信息以及其他需要及时通报的信息即刻报送给赛事主管、成统与技术信息中心主管及其他相关裁判长。

（三）起点裁判工作流程和主要工作内容

起点裁判工作流程与主要工作内容如图 7-4 所示。准备出发区通常划分为就位区和待发区两个部分，其中，待发区从就位区至出发线，依次划分出三个功能区（通常简称为“三分格”）。如果出发间隔为 1 min，三个功能区依次称为-3 min 待发区、-2 min 待发区和-1 min 待发区。待发区根据实际需要划分出若干待发通道。

起点打卡器由起点裁判布置。工作场地布置好后，起点裁判员应到竞赛器材组领取起点打卡器。

地图管理员负责准备比赛地图，在起点裁判工作场地布置好后将地图交给起点裁判长，一起核对地图数量并签字确认，再由起点裁判长将地图交给发图员，并负责监督地图的分发过程。如果没有地图管理员，则地图由起点裁判员负责在赛前准备。

如个人项目提供单独的检查点说明表，则应将检查点说明表置于-2 min 待发通道中，由运动员自行取用。

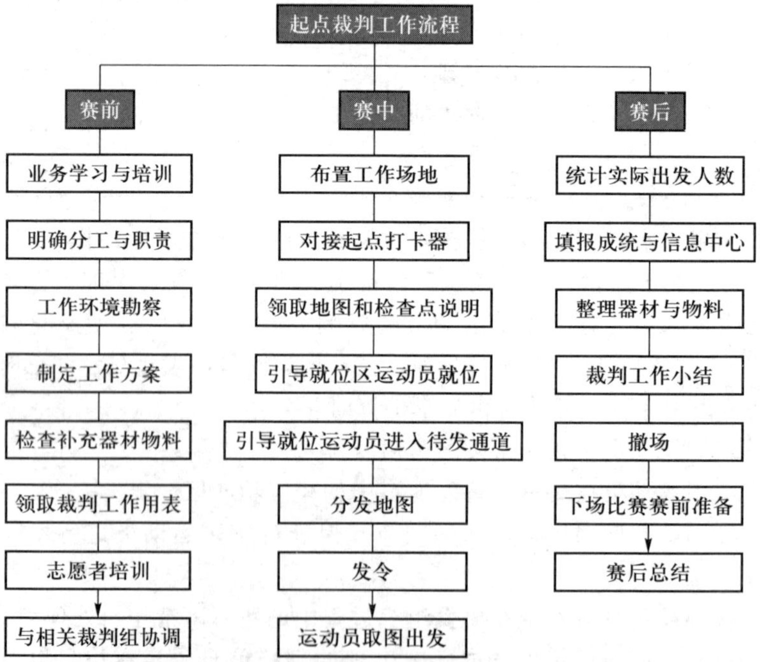

图 7-4　起点裁判工作流程和主要工作内容示意图

无论是否下雨，都应准备防水的地图袋并将其置于地图旁以备运动员的使用。另外，某些竞赛还要求运动员在出发线后就位后，先取地图并在其背面写上自己的号码和/或姓名，再将其放回地图框中，出发时再取走地图。

（四）起点裁判工作常见问题与处理办法

起点裁判工作中常见问题主要有运动员迟到和取错地图。

1. 运动员迟到

运动员迟到的处理，首先是确定迟到的原因，然后在不影响其他运动员出发的前提下，适时安排迟到运动员出发。如是个人原因迟到，按其在出发批次表上的时间计时；如果是组织方的原因，则按实际出发时间计时。

2. 取错地图

取得正确的地图是运动员的责任。如运动员取图后尚未出发，发现地图发错，应立即报告发图员，由发图员确认后更换地图，由发令裁判员适时安排重新出发，并按实际出发表的时间计时。如运动员取错地图后已经进入比赛区中开始比赛，则应收回其比赛地图，取消其比赛资格。

起点裁判工作主要器材、表格与物料

第七节　竞赛区裁判工作

竞赛区的裁判工作主要包括检查点设置裁判工作和竞赛区安全救助工作。

一、检查点设置裁判工作

检查点设置裁判工作的主要任务是准确无误地设置检查点，对竞赛区进行巡查并对违规运动员进行判罚，配合竞赛区中的安全代表助理对出现伤病的运动员进行救援。检查点设置裁判工作由检查点设置裁判长负责，其辖区为除冲刺通道以外的所有竞赛区。

（一）检查点设置裁判工作人员配备与分工

（1）检查点设置裁判长 1 人，全面负责检查点设置裁判工作。检查点设置裁判长，最好由路线设计员或制图员担任。

（2）检查点设置副裁判长 4~6 人，分别负责竞赛区各片区检查点设置和巡查。

（3）志愿者（看点员）按竞赛区中除起点、终点以外的检查点数配备，每个检查点 1 人。

（二）检查点设置裁判员的主要职责

（1）准确布置检查点，并保证检查点的安全。

（2）为竞赛区内危险区、危险点和环境敏感区设置醒目的警示标识。

（3）为竞赛区中水站的设置与管理提供指导。

（4）巡查竞赛区并对竞赛区中的违规行为进行记录并报裁判长判罚，收容并安置赛中退赛的运动员，搜索并收容和安置超时运动员。

（5）搜寻迷失的运动员，或配合安全代表助理救援出现伤病的运动员及处理竞赛区中出现的其他安全问题。

（6）裁判长负责对发生在竞赛区中的所有事情做出处理和裁决。

（7）裁判长应对有任何涉及安全和环保的不当行为的运动员进行判罚。

（8）裁判长应将比赛中出现的判罚信息、弃赛信息以及其他需要及时通报的信息即刻报送给赛事主管、成统与技术信息中心主管及其他相关裁判长。

（三）检查点设置裁判工作流程和主要工作内容

检查点设置裁判的工作流程与主要工作如图 7-5 所示。检查点设置裁判赛前工作主要有两个关键环节，一是总点图的管理，二是预布点。在检查点设置裁判工作期间地图的安全由裁判长负责。如果有专门的地图管理员，检查点设置裁判长每次进行竞赛区勘察、预布点或布点时才能从地图管理员手中领取地图，使用完毕后应尽快将地图交回给地图管理员。如果没有地图管理员，地图通常由技术代表或路线设计员管理，检查点设置裁判长从他们手中领取地图。预布点时最好是整个裁判组集体行动，如果竞赛区太大，方可将裁判组分为两个小组开展工作，以保证预布点的准确性。预布点时要用不醒目的标识标记检查点位置和检查点代码，最好能够标示出点标旗的位置。

设置比赛检查点时，不能找到预布点位置就设置检查点，还应对该点位置的准确性进行再次核查。检查点设置好后，要进行组间相互核查。

巡查时，检查点设置裁判要尽可能沿高处行走进行巡查，扩大每次巡查的范围，提高巡查效率。检查点设置裁判巡查的任务主要是：

（1）发现违规运动员并给予判罚，同时通报终点和成统与技术信息中心。

（2）收容中途主动退赛的运动员，就近送竞赛区救援点，并通报终点和成统与技术信息中心。

（3）发现伤病运动员，就近送竞赛区救援点。必要时直接通知安全与环保代表，并看护好伤病运动员等待救援。然后，通知终点和成统与技术信息中心做出中途退赛处理。

看点员着装和位置的安排也是关键环节，基本原则是：不会为运动员寻找检查点提供任何帮助。因此，看点员着装和位置应该低调且最好不要统一，位置应既有一定的隐匿性，又能看到检查点附近的情况。另外，如条件允许，看点员应保持一定频率的移动。

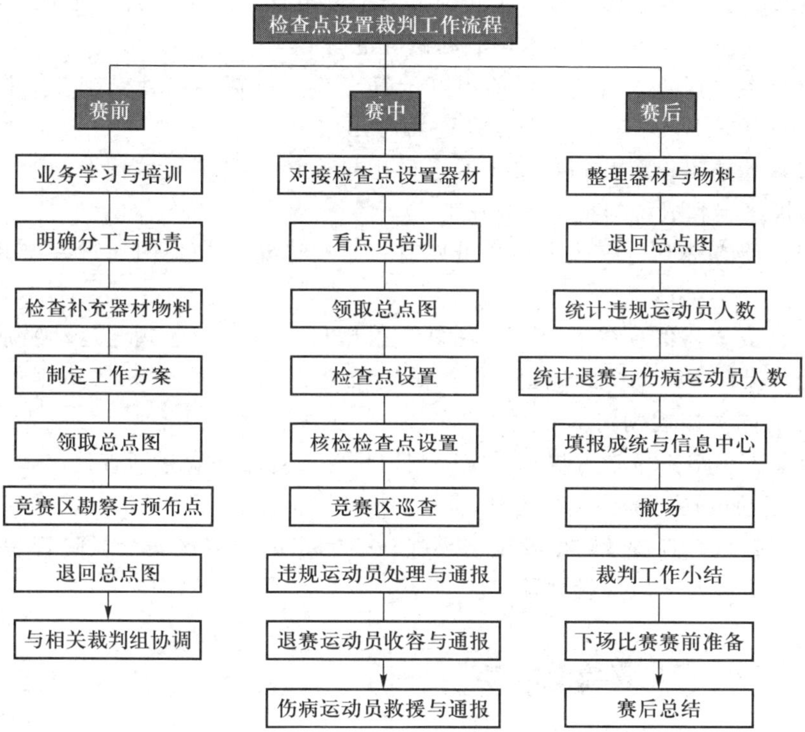

图 7-5　检查点设置裁判工作流程和主要工作内容示意图

（四）检查点设置裁判工作常见问题与处理办法

检查点设置裁判工作中常见问题主要有检查点位置与地图不符或检查点器材丢失、电子打卡器故障、对同类违规判罚不一致和运动员在比赛中发生意外等。

1. 检查点位置与地图不符或检查点器材丢失

在比赛中如出现检查点位置与地图不符或检查点器材丢失，可考虑采取以下办法处理：

（1）重赛。

（2）减去相关路段的比赛用时。如出现检查点位置与地图不符或丢失器材的检查点出现在比赛路线的前、中段，可减去相关路段的比赛用时。如出现在比赛路线的后段，则可以减去运动员到达出现问题的检查点之后的比赛用时。无论出现哪种情况，都应及时通知未出发的运动员。

（3）取消整场比赛的成绩。

2. 电子打卡器故障

发现电子打卡器故障后，应立刻报告赛事主管，由赛事主管通知器材保障人员、终点和成统与信息技术中心和做好准备。

（1）器材保障人员准备好备用电子打卡器，由赛事主管安排专人送给正在前来领取备用打卡器的检查点设置裁判员。

（2）检查点设置裁判长安排看点员记录在该点采用机械打卡的运动员号码，并报终点和成统与技术信息中心。

（3）终点裁判员应让运动员带着有机械打卡记录的地图通过终点并做好记录。

（4）成统与信息技术中心裁判员应根据机械打卡记录判定运动员成绩的有效性，保存好运动员的地图并做好注记和记录。

检查点设置裁判工作主要器材、表格与物料

3. 对同类违规判罚不一致

赛前组织裁判员学习规则，统一判罚尺度。赛中坚决果断查处。

4. 运动员在比赛中发生意外

赛前组织裁判员学习由安全与环保代表制定的竞赛区安全风险管理预案，赛中严格执行安全风险管理预案。

二、竞赛区安全救援工作

竞赛区安全救援工作由安全与环境代表负责。

（一）竞赛区安全救助人员配备与分工

（1）安全与环境代表 1 人，全面负责竞赛区内安全救援工作。

（2）安全与环境代表助理 4~6 人，分工负责医疗救护人员、车辆的调度与引导，竞赛区各片区内伤病运动员、中途退赛和超时运动员的收容与转移和水站的管理。

（3）志愿者按需要配备。

（二）竞赛区安全救援人员的主要职责

（1）按竞赛安全救援方案准确设置与管理安全救援点和水站。

（2）协助检查点设置裁判员收容与转移中途主动退赛和超时的运动员。

(3) 引导医疗救护人员、车辆实施对伤病运动员的救治和转移。

(三) 竞赛区安全救援工作流程和主要工作内容

竞赛区安全救援工作流程与主要工作如图 7-6 所示。赛前，竞赛区安全救援工作主要的关键环节是确定、熟悉救援点的位置，掌握竞赛区中各救援点对应的最佳辐射区和通往就近救援点的最佳路线，以及医疗救护车辆由待命位置进入救援点，然后离开救援点前往竞赛定点救治医院的最佳路线。

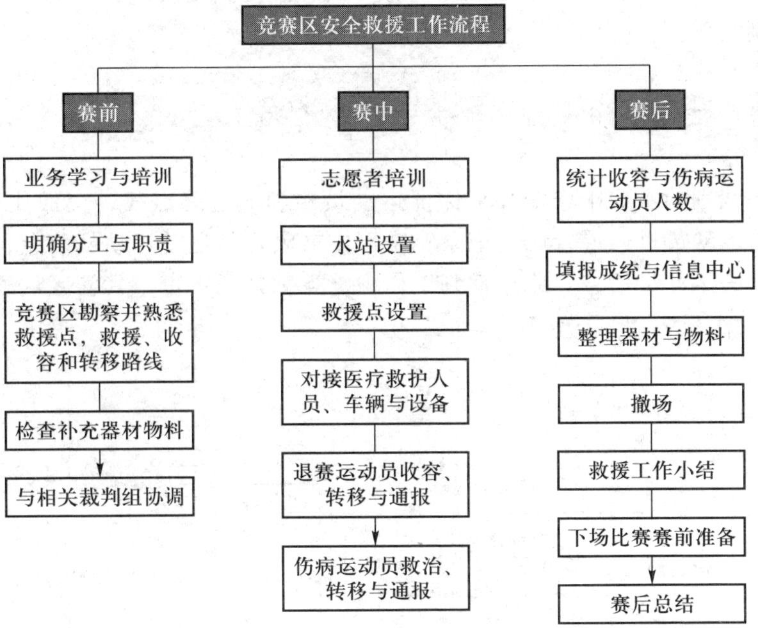

图 7-6 竞赛区安全救援工作流程和主要工作内容示意图

赛中，竞赛区安全救援工作主要关键环节是与检查点设置裁判员间的协调配合，实现无缝衔接。裁判员发现中途主动退赛或出现伤病的运动员后护送其到就近的安全救援点。如伤病运动员已经无法移动，则应通知救援点工作人员带领医疗救护人员和车辆前来救治，就地等待，并做好运动员的安慰工作。切忌随意移动伤病运动员，避免造成二次伤害。

为了落实运动员闭环管理，安全救援点工作人员应向安全与环保代表通报退赛、伤病运动员信息，并由其向终点、成统与技术信息中心通报，实现必要的关键信息重复报告，以避免出现遗漏。

第八节 竞赛中心裁判工作

竞赛中心是一场比赛中以最后一个路段和终点为核心的多功能展示中心。竞赛中心通常设有观赏检查点和必经路线，终点区、成统与技术信息中心、现场指挥中心、仲裁接待处和竞赛咨询服务处、运动员休息区和医疗服务区等。接力赛的起点区和交接区都设在竞赛中心。短距离赛的起点区也常常设在竞赛中心。竞赛中心涉及的裁判工作主要有终点、接力赛交接区、成统与技术信息中心裁判工作。

一、终点裁判工作

终点裁判的主要工作任务是保证运动员顺利通过终点线，交回比赛地图、引导优秀运动员进入混合区，记录竞赛区中被收容的运动运动员信息，使用机械打卡器的运动员信息。终点裁判工作由终点裁判长负责，其辖区从终点线后到运动员休息区入口（图 7-7）。

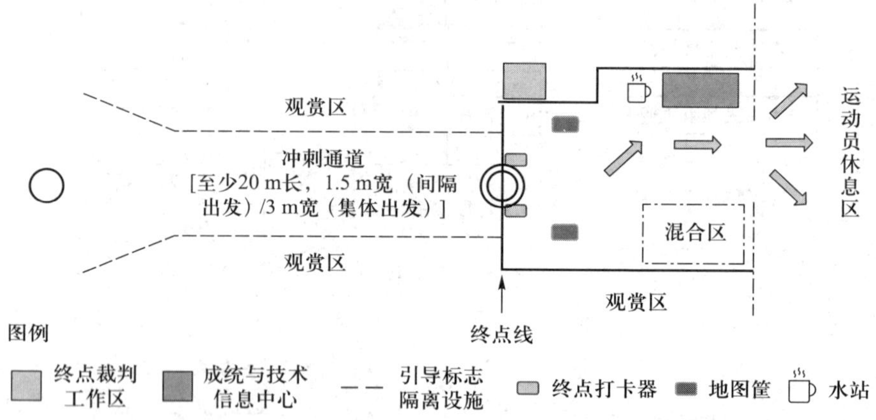

图 7-7 冲刺通道与终点区布局示意图

（一）终点裁判工作人员配备与分工

（1）裁判长 1 人，全面负责各项终点裁判的工作

（2）裁判员 2~3 人，分别负责检查、引导和记录统计裁判工作。

（3）志愿者 2~4 人，协助终点裁判员完成各项工作

（二）终点裁判员的主要职责

（1）按竞赛技术方案布置如图 7-7 所示的终点区工作场地。

（2）保证沿着冲刺通道跑向终点的运动员顺利冲过终点线。

（3）回收地图并检查指卡和号码布的完备性与一致性。

（4）判定并记录集体出发的运动员到达终点的顺序和名次。

（5）配合检查点设置裁判员、成统与技术信息中心裁判员，记录和统计竞赛区中退赛、超时、竞赛区关闭时未返回终点，以及采用机械打卡的运动员信息。

（6）引导优秀运动员进入混合区接受采访。

（7）控制终点区的秩序，保证观众和媒体的利益。

（8）裁判长对发生在终点区中的所有事情做出处理和裁决。

（9）裁判长应将比赛中出现的判罚信息以及其他需要及时通报的信息即刻发送给赛事主管、成统与技术信息中心主管及其他相关裁判长。

（三）终点裁判工作流程和主要工作内容

终点裁判工作流程与主要工作内容如图 7-8 所示。终点裁判工作有两个

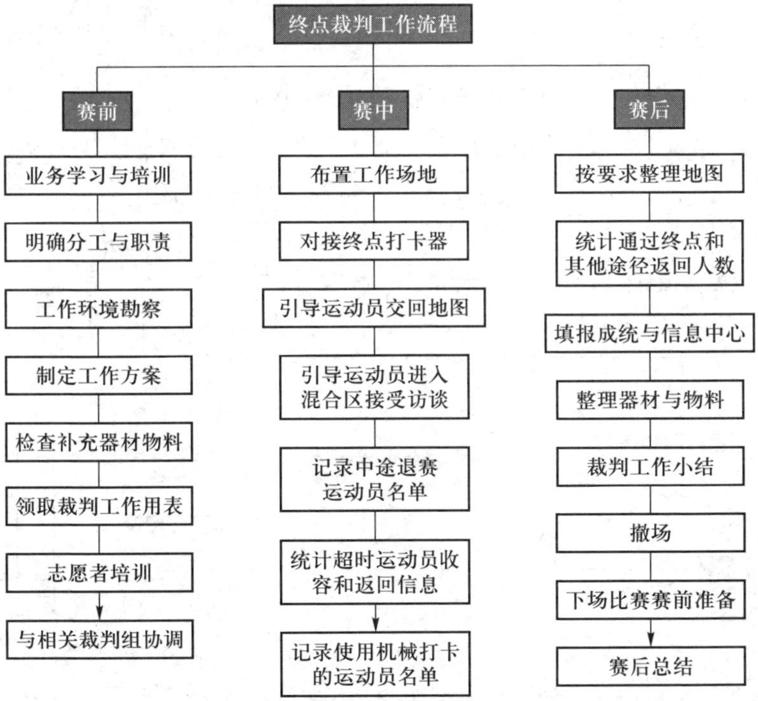

图 7-8　终点裁判工作流程和主要工作内容示意图

关键环节：一是通过号码布、指卡和地图的完备性与一致检查确认运动员身份的正确性；二是记录和统计来自竞赛区和成统与技术信息中心的运动员的动态信息，包括检验运动员动态数据的完备性，实现赛中运动员的闭环管理。

（四）终点裁判工作常见问题与处理办法

终点裁判工作主要器材、表格与物料

终点裁判工作中常见问题有：集体出发的项目如接力赛、百米定向赛同时冲刺人数较多，场面比较混乱，造成成绩误判。常用的解决办法：一采用人盯人的战术，安排一名经验丰富的裁判员负责报出运动员冲过终点的序号，安排若干名志愿者各负责盯住某一两个序号的运动员；二在终点线设置高速摄像机，记录运动员冲过终点的过程，如出现争议则调看录像来辅助裁决。

二、接力赛交接区的裁判工作

接力赛起终点裁判工作主要器材、表格与物料

接力赛裁判工作的关键环节是交接区裁判工作，如图 7-9 所示。交接区裁判工作由检录、起点和终点三个裁判组协作完成，要求三个裁判组间在工作上实现无缝对接。

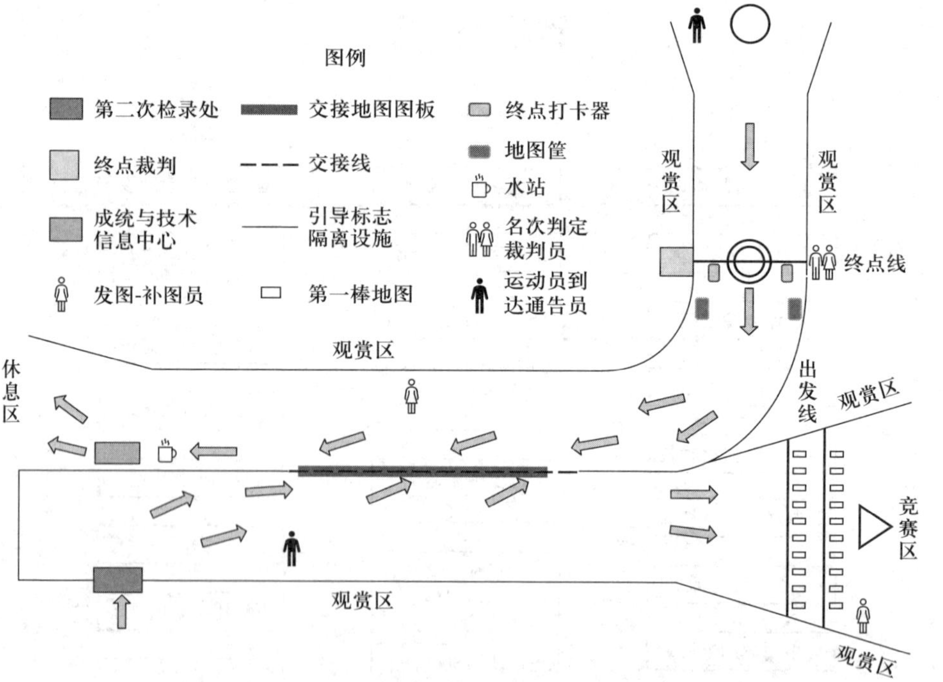

图 7-9　接力赛交接区布局示意图

（一）接力赛专设裁判人员配备与分工

1. 起点专设裁判人员配备与分工

（1）发图-补图员 1 人。负责发放第一棒地图和地图被误取后，迅速补上被误取的地图。

（2）补图计时员 1～2 人，志愿者 1～2 人。负责巡视运动员取图交接状况，通知发图-补图员补图，并记录运动员报告其地图被误取到得到补发地图所消耗的时间。

（3）预告员 1 人，志愿者 1 人。负责向等待交接的运动员预告即将到达的运动员信息。

2. 终点专设裁判人员配备与分工

（1）预告员 1 人，志愿者 1 人。负责向起点预告员预告即将到达的运动员信息。

（2）名次判定裁判员 1～2 人，志愿者 4 人。负责判断并记录各队第三棒或第四棒运动员通过终点线的顺序。

（二）接力赛交接区裁判工作流程和主要工作内容

接力赛交接区裁判工作流程与主要工作如图 7-10 所示。各相关裁判组按图 7-9 所示布置工作场地，在布置场地过程中要加强协作，首先讨论确定交接地图图板的具体位置和所占空间，然后以地图图板为中心，各自布置自己的工作场地。

出发线的设置应根据场地大小、组别多少和各组别参赛队数量确定。通常可以考虑设置多条出发线，但同一组别的队都必须安排在同一条出发线上。

完成工作场地布置后，三个裁判组应召开一个协调会对场地布置结果进行评价。如果必要，可以对原技术方案进行微调并报技术代表或总裁判长批准。

检录组应在首发时间 10 min 之前组织第一棒运动员完成检录并按运动员所在出发线及其站位顺序整队。然后，引导运动员按出发线的前后顺序和线上站位顺序，依次通过交接地图图板，观察掌握其队伍地图在图板上的位置。最后，将运动员引导到出发线后交给起点裁判员，由起点裁判员组织运动员就位。

第一棒运动员出发后，起点发令裁判员应立刻与成统与技术信息中心裁判员对接实际出发时间。

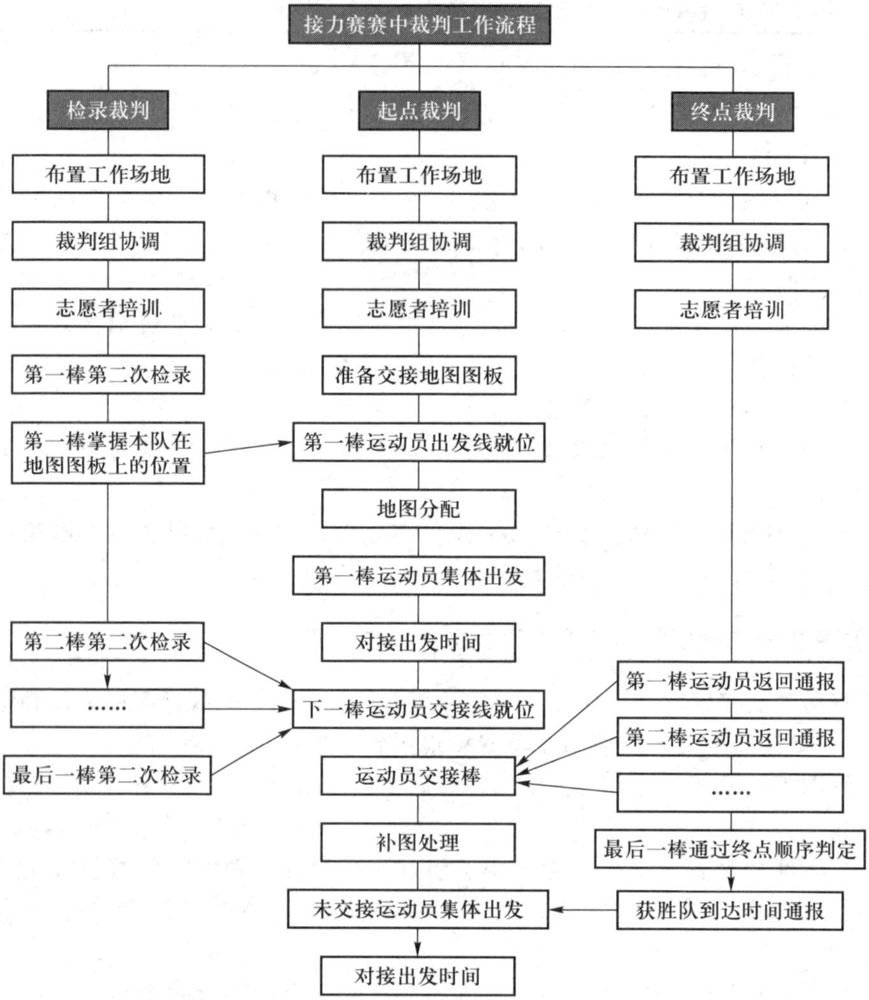

图 7-10　接力赛交接区裁判工作流程和主要工作内容示意图

检录裁判员根据赛段胜出时间和参赛队数量，按组别和站位组织第二棒运动员依次检录。通常应在预期的运动员返回时间 15 min 之前开始检录。每完成一个组别的检录，就应交由起点裁判员引导至地图图板后就位。第二棒胜出运动员返回后，按第二棒运动员的检录方案组织第三棒运动员检录。

第一、二棒运动员接近最后一个检查点后，终点预告员应及时通知起点预告员，由起点预告员和其他起点裁判员一起召集下一棒运动员准备交接。

第三棒运动员接近最后一个检查点后，终点预告员应及时通知名次判定裁判员做好名次判定准备。

在胜出队完成比赛后若干分钟（通常是 10 min），起点裁判员召集所有未交接的运动员集体出发，并记录好集体出发的运动队名单和实际出发时间，然后与成统与技术信息中心裁判员对接。

（三）接力赛交接区裁判工作常见问题与处理办法

1. 运动员未发现误取地图

根据规则，取得正确的地图是运动员的责任。因此，如果发现运动员误取地图，裁判员应立刻通知发图-补图员，由发图-补图员迅速补上被误取的地图，而不需要通知误取地图的运动员。

2. 运动员发现地图被误取

如果某运动员发现其地图被误取，裁判员收到报告后应立刻启动计时，同时通知发图-补图员补图。运动员拿到补发的地图后，裁判员应停止计时，并将该时间通知成统与技术信息中心。

三、成统与技术信息中心裁判工作

成统与技术信息中心裁判工作的主要任务是按竞赛技术方案建立并管理竞赛信息管理系统、竞赛编排、竞赛中运动员动态信息记录和统计，保证组委会及其工作机构、竞赛主任、技术代表、安全代表、裁判组、各代表队之间有关技术信息及其他涉及比赛的信息顺畅交流。成统与技术信息中心裁判工作由成统与技术信息中心主管负责，其辖区为成统与技术信息中心。成统与技术信息中心通过竞赛中心咨询服务处对外提供服务。

（一）成统与技术信息中心裁判员工作人员配备与分工

（1）成统与技术信息中心主管 1 人，全面负责成统与技术信息中心各项工作。

（2）主裁判 3 人，分别负责编排统计、记录和技术信息服务相关事务。

（3）电子计时打卡系统保障员 2 人，负责电子计时打卡系统的维护。

（4）志愿者 5 人。

（二）成统与技术信息中心裁判员的主要职责

（1）建立竞赛信息管理系统，为运动员分配指卡。

（2）及时处理经技术代表或赛事主管批准的运动员比赛项目变更申请。

（3）待发通道配置、出发批次分配与报批以及每日秩序册编制。

（4）准备签到表、检录表、出发批次表以及竞赛裁判工作所需要的其他各类竞赛表格。

（5）接力赛、团队赛参赛确认报名和参赛运动员临场变更。

（6）为运动员补办丢失的指卡和更换损坏的指卡。

（7）录入运动员成绩并打印成绩条。

（8）通过大屏幕公布即时成绩并通过竞赛咨询服务中心粘贴公布纸质即时成绩。

（9）动态统计汇总运动员签到、检录、出发与返回情况以及弃赛、退赛、违规和裁决信息，及时将达到超时收容标准的运动员名单和比赛临近结束时未返回运动员名单发送给赛事主管、安全与环保代表、检查点设置裁判长和终点裁判长。

（10）及时统计、审核最终成绩、名次、团体成绩，报赛事主管批准后，交竞赛秘书在竞赛中心、官方网站、官方通讯平台和运动员驻地发布，并同时送达相关机构和媒体。

（三）成统与技术信息中心裁判工作流程和主要工作内容

成统与技术信息中心裁判工作流程与主要工作内容如图 7-11 所示。成统与技术信息中心裁判工作有三个关键环节，一是赛前待发通道配置与出发批次分配，二是赛中运动员动态信息统计汇总和最终成统的统计、审核与报批，三是超时与未返回运动员名单统计。

待发通道的配置不但要考虑出发效率，还要考虑安全、各组别的胜出时间，及其对现场颁奖效果可能的影响，包括对颁奖过程的连续性、节奏及现场氛围的控制等。

掌握运动员实时动态信息有助于赛事主管把控比赛进程，及时而准确地掌握超时与未返回运动员名单有助于安全与环保代表把握竞赛安全状态，迅速、准确的最终成统展示有助于提高现场颁奖的效果，调节竞赛中的气氛。

成统与技术信息中心裁判工作主要器材、表格与物料

（四）成统与技术信息中心裁判工作常见问题与处理办法

成统与技术信息中心裁判工作中常见问题主要有赛中竞赛相关信息传递不及时和运动员上传成绩通道不畅。

1. 竞赛赛中相关信息传递不及时

竞赛赛中相关信息传递不及时的主要原因是干扰成统与技术信息中心正常工作的因素过多。常用的解决办法是明确对外的信息服务由竞赛咨询服务处负

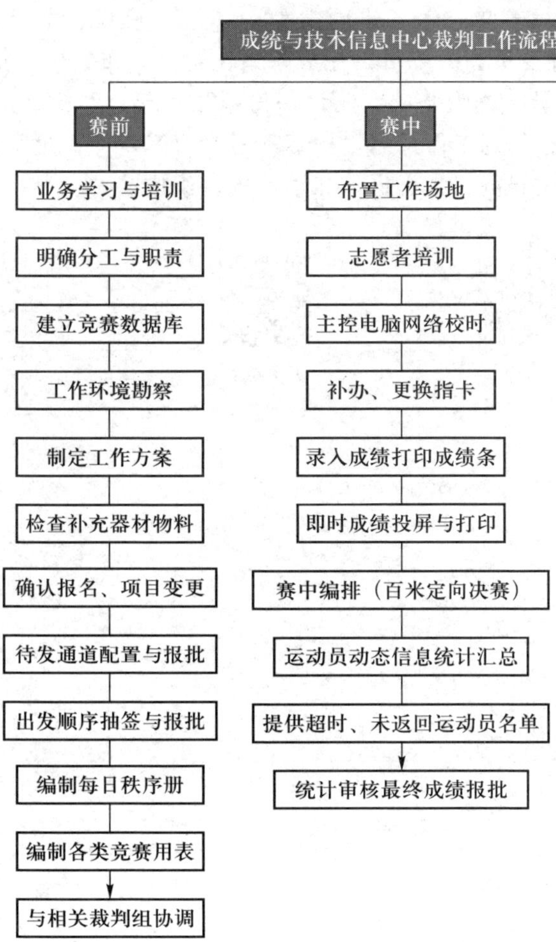

图 7-11　成统与技术信息中心裁判工作流程和主要工作内容示意图

责，成统与技术信息中心只负责对内信息服务。以竞赛咨询服务处为屏障屏蔽干扰。

2. 运动员成绩上传通道不畅

运动员成绩上传通道不畅的主要原因：一是待发通道配置不合理，导致运动员集中在一个较短的时段内上传成绩；二是成绩上传通道过少。常用的解决方法是合理配置待发通道，或增加成绩上传通道。

复习、思考与实践

1. 简述定向运动竞赛组织流程。

2. 试制定一份定向运动竞赛场地安全风险勘查方案。

3. 以所在院系各班为参赛单位，各班同学为运动员（班长、学习委员除外），团支书为领队，体育委员为教练员，完成院系比赛号码布编排工作。

4. 以实践题 3 的运动员数据为基础，制订一份检录、起点、检查点设置、终点和成统与技术信息中心裁判工作计划。比赛项目为百米定向、短距离、团队赛、接力赛。裁判组由辅导员、各班班长和学习委员组成。

本章小结
（思维导图）

本章动态
更新

第八章　休闲娱乐性定向活动策划与管理

本章导读

本章首先讨论了休闲娱乐性定向运动的定义与分类。然后，介绍与休闲娱乐性定向活动相关的活动策划理论和策划要点，并讨论休闲娱乐性定向活动的管理，重点介绍了筹备管理和现场管理的要点。最后，提供了11个富有创意的策划案例，以期能起到举一反三、开阔思路、启迪创新的作用。

学习目标

1. 理解休闲娱乐性定向活动的定义与分类，了解国家相关政策法规。
2. 理解活动体验的概念和活动体验的峰终定律。
3. 理解活动的关键成功要素。
4. 理解休闲娱乐性定向活动策划的原则，了解休闲娱乐性定向活动策划的主要流程和活动概念构思的主要内容。
5. 了解策划书撰写的基本要求。

第一节　休闲娱乐性定向活动概述

休闲娱乐性定向活动是聚焦于参与而非竞争的定向活动，可以从不同的视角进行分类。举办定向活动必须符合国家与地方相关政策法规的规定和要求。

一、休闲娱乐性定向运动的定义

国际定联将休闲娱乐性定向运动（Recreational orienteering）定义为聚焦于参与而不是竞争的定向活动。这些活动是主要关注健康、享受、乐趣和社会参与等需要应用定向技能的活动。

二、休闲娱乐性定向活动的分类

（一）按活动的性质分类

按照活动的性质，休闲娱乐性定向活动可以分为非营利机构主办的活动和营利机构主办的活动，或称为非营利活动和营利活动。

1. 非营利机构主办的活动

活动的主办者或承办者通常是政府部门、非营利组织、社区等。活动的主要目的是社会效益，通常带有明确的政策和社会文化色彩。如“南粤古驿道定向大赛”。

2. 营利机构主办的活动

活动的主办者或承办者通常是公司、活动知识产权拥有者。举办活动的主要目的是盈利、产品营销，也包括非营利性的公司文化建设、员工福利活动。这类活动的成功举办易受政策、社会经济环境的影响。如由欧誉体育举办的“小马越野”定向训练营和“定向之王”定向赛。

（二）按活动的主客体关系分类

按活动的主客体关系，休闲娱乐性定向活动可以分为主体直接参与型活动和主体间接参与型活动。

1. 主体直接参与型活动

活动中，举办活动的主体与参与活动的客体之间没有明显的界线，活动涉及的各类人力因素，或主要利益相关者皆可视为活动的主体，活动形式、内容丰富多彩。许多以社区、学校、家庭、单位、同学、朋友圈等为单位的小型休闲娱乐性定向活动都属于这种类型。

2. 主体间接参与型活动

活动中，举办活动的主体与参与活动的客体之间有着明显的区别。许多专业性较强、难度较大的休闲娱乐性定向比赛都属于这种类型。如“南粤古驿道定向大赛”“寻找美丽中华”全国旅游城市定向系列赛。

（三）按活动的动力学机制分类

按活动的动力学机制分类，休闲娱乐性定向活动可以分为以定向运动为本体的活动和以定向运动为载体的活动。

1. 以定向运动为本体的活动

活动的主要形式是比赛，其主要目的在于满足参与者深度享受定向运动本身的魅力和乐趣的需求，带有较强竞技性。其动力学机制是竞赛或探险，有较完整的规程，对执行的规则和场地、器材、装备都有较严格的要求。

2. 以定向运动为载体的活动

活动的主要形式是游戏，其目的在于满足参与者参与活动、健身健心、休闲娱乐以及学习需求的同时满足体验定向运动的需求。这类活动有较强的游戏性，通常借助定向运动的融通性和分段多任务驱动的动力学机制，在某些检查点上或检查点之间安排其他健身健心、休闲娱乐或教育活动。这类活动的规程、规则较宽松，对场地、器材、装备的要求都较低。如团建活动、研学旅行活动和亲子活动等。

（四）按活动的主要目的分类

按活动的主要目的，休闲娱乐性定向活动可以分为健身健心、休闲娱乐、教育、探险或体验探险活动。

三、定向活动组织管理相关政策法规

举办任何活动都必须符合国家相关政策法规的规定和要求，也必须符合地方政府根据国家相关政策法规制定的地方政策、法规和实施细则。与举办定向活动，包括竞技和休闲娱乐性定向活动相关的政策法规主要有《体育赛事活动管理办法》《大型群众性活动安全管理条例》。

（一）《体育赛事活动管理办法》

2020 年 1 月，国家体育总局正式印发了《体育赛事活动管理办法》，并于 2020 年 5 月 1 日实施。该办法对体育赛事活动的管理主体、举办原则、申办和审批、组织、服务、监管以及法律责任都作出了具体规定。

（二）《大型群众性活动安全管理条例》

2007 年 9 月，国务院公布了《大型群众性活动安全管理条例》，并于 2007 年 10 月 1 日起施行。该条例对大型群众性活动的规模和类型、安全管理原则、安全责任、安全管理、法律责任都作出了具体规定。

第二节 休闲娱乐性定向活动策划

休闲娱乐活动最根本的要素是活动体验。休闲娱乐性定向活动策划是活动前筹备阶段的第一个阶段，其核心内容是以参与者为中心确定体验目标，围绕体验目标展开策划。

一、活动体验与休闲娱乐定向活动策划

（一）体验的峰终定律

心理学家丹尼尔·卡尼曼发现，人们在评判一段体验时，会很容易忘记或忽略这段体验持续时间的长短（称为“时长忽略”），而是根据两个关键的时刻来评判一段体验的好坏：一是最好或是最坏的时刻，也就是“峰值时刻”；二是这段体验的结尾时刻。这种现象被称为峰终定律。

美国行为心理学家希思兄弟将峰值时刻称为“决定性时刻”，并将该时刻定义为一段既令人难忘又意义重大的短暂体验。而“短暂”体验是一个相对概念。决定性时刻可以由以下 4 种因素中的一种或几种因素构成：

1. 欣喜

欣喜，即制造惊喜，给人超乎寻常的感觉。决定性的欣喜时刻是超越日常生活的体验，是一种“超凡”的感觉。制造欣喜有三种方法：提升感官享受、增加刺激性和打破脚本。例如，有些人能坚持不懈地进行艰苦的训练，其中一个原因就是有比赛刺激。比赛能给人带来欣喜时刻。

2. 认知

认知是指对人对自己和对世界的认识。决定性的认知时刻是能够重新改写人们对自己或对世界的认知时刻。在这一时刻，人们恍然意识到自己能或不能做某事时，那种醒悟、狂喜的情绪，会铭记终生。

3. 荣耀

荣耀是指行为或行为结果获得认可。决定性的荣耀时刻是能记录下人们最辉煌状态的时刻，如取得成就、在关键时刻表现出的勇气和战胜挑战的一刹那。这一时刻，人们的内心会自发产生骄傲和自豪感。创造荣耀，带来成就感的方法是里程碑思维和里程碑设立。每达到一个里程碑，人们都会感觉到一个实实在在的进步。

4. 连接

连接是指人们将自己和他人联系起来。决定性的连接时刻具有社会性，如毕业典礼、体育活动。在这一时刻，人们会将自己与他人联系在一起，一起经历痛苦和欢乐、一起实现目标，共享美好或痛苦时刻，人们会感觉彼此的关系更进了一步。对于团队而言，团队的凝聚力会得到进一步的提高。

（二）定向活动的体验性目标

1. 体验维度

体验包括认知、情感和行为意向三个维度。

（1）认知维度。认知维度是主体对某一事物的知晓、感知、记忆、学习、判断或理解。

（2）情感维度。情感维度是指体验与个体的情绪、感情、偏好和价值观的联系。

（3）行为意向维度。行为意向维度是指个体在行动意向性方面的体验，态度是其中最为关键的部分，态度直接影响甚至决定个体的行为。

2. 体验水平

体验可以划分为基本体验、值得记忆的体验和升华的体验三个水平。

（1）基本体验。基本体验即个体对某一刺激物的反应，但这种反应并不在记忆中停留很长时间，因此不会对参与者产生充分影响。

（2）值得记忆的体验。值得记忆的体验就是产生的情感会在一段时间以后回想起来的体验。

（3）升华的体验。升华的体验是指会对参与者的态度与行为产生持久影响的体验。

3. 定向活动的体验性目标

活动的体验性目标是指活动应该让参与者在心理感受、情绪体验上达成的标准，可以划分为经历水平（感受水平）、反应水平（认同水平）和领悟水平（内化水平）三个层次。

（1）经历水平（感受水平）。经历水平是指活动参与者对活动形式和/或内容感兴趣，有参与兴趣并参与活动，建立感性认识。如经历、感受、接受、参加、参与、尝试、寻找、讨论、交流、合作、分享等。

（2）反应水平（认同水平）。反应水平是指活动参与者对活动形式和/或内容在经历或感受的基础上表达自己的感受、态度和价值判断，做出相应的反应。如遵守、拒绝、认可、认同、承认、接受、同意、反对、愿意、欣赏、称赞、喜欢、讨厌、关注、克服等。

休闲娱乐活动价值体验的分析框架

（3）领悟水平（内化水平）。领悟水平是指活动参与者对同类活动具有相对稳定的态度，表现出持续的或一致的行为，形成具有个性化的某种价值观或责任感等。一般来说，通过一次活动难以实现领悟水平的目标。

定向活动的体验性目标应围绕感受水平和认同水平提出。

二、休闲娱乐性定向活动的策划原则

（一）安全第一与环保优先原则

定向活动对人与自然的高度融合、探险性、挑战性的追求，决定了安全第一与环保优先是休闲娱乐性定向活动策划应遵循的首要原则。

（二）创造性与独特性原则

创造性与独特性原则指策划者要以定向运动对人与自然的高度融合、探险性、挑战性的追求，定向运动的文化特征，定向运动的动力学特征和定向运动强大的融通性作为创意源泉，结合主办方的需求，以创造性、独特性的思维策划休闲娱乐性定向活动。换言之，独特的创意可以让定向活动与众不同，而策划则可以让创意得以实现。

（三）以体验为核心与峰终体验原则

体验是活动参与者的一种经历，定向活动策划的核心就是策划体验。对本身就能提供独特体验的定向活动策划而言，仍然要求策划者以参与者为中心，以体验设计为核心展开策划，制造更深刻的决定性时刻，让参与者享受更美妙的峰值体验。

体验的峰终定律要求策划者创造和设计体验时既要有目的、刻意地为参与者打造产生峰值体验的瞬间，同时也要高度关注活动结尾的体验创造和设计，为参与者提供完美的峰终体验。换言之，可否让参与者感动，创造出让他们值得回忆的定向活动过程，是衡量一个活动策划是否成功的重要标志。

（四）针对性与敏锐性原则

针对性原则是指定向活动的策划与运作应重点聚焦于教育、团队培训、休闲娱乐、健身健心、文化旅游等领域，有目的性地开展业务。定向活动在这些领域呈现出的独特的教育和休闲娱乐价值是运作定向活动和打动主办方或赞助商投入的利器，有助于策划者找到契合的标的。

敏锐性原则是指活动策划要善于借助外部力量或者热点事件的影响力和推动力作为背景，从而达到事半功倍的策划效果。运用敏锐性原则，需要策划者准确判断什么样的事件是可以搭乘的好机会。一般来说，社会重大事件皆属于此列，包括政治、军事、文化卫生、社会、经济等。例如，“红动中国”全国定向系列赛的创意就是以习近平提出并阐释“红船精神”这一背景提出的。

（五）灵活性与周密性原则

策划是针对未来的决策，是基于当前环境和资源状态对未来行动的预设。基于当前状态是指根据策划调研阶段获得的状态信息，以动态和发展的眼光对未来状态进行预测。由于定向运动活动场地的非专门性和非规范性以及活动环境的不确定性与多变性等因素的影响，使策划者对未来行动的预设存在较多变数。例如，场地使用权是定向活动策划中首先要面对的问题，活动的举办者可能已经取得场地使用权，但活动实施时，场地内某块区域临时性地限制通行可能导致活动不得不进行改变甚至取消，这些都需要在策划过程中进行仔细考虑。因此，策划应遵循灵活性原则，策划者应具有柔性思维，创设的活动要有较大的弹性，能够灵活动地适应未来的变化，以保证策划能够顺利地转化为计划并得到顺利实施。

进行定向活动策划时，策划者还要尽可能地做到周全和严密，策划案要贯穿整个活动的全部过程，从正式策划之前的基础调研到策划初始阶段的定向活动概念构思，从活动的可行性分析、风险分析到活动立项，从活动计划、活动组织到活动实施，甚至到活动收尾，事无巨细，均需策划者考虑。当然，任何一个策划方案，都不可能真正做到毫无疏漏，这还需要现场执行人员灵活应对策划时的疏漏和突发情况。

（六）适宜性与适度性原则

休闲娱乐性定向活动的内容、形式、难度和组织方式应与参与者的需求和身心特点相适宜，难度或挑战性应适度，符合参与者的技能水平。如亲子定向活动中，适宜性是指亲子活动的组织者要考虑孩子的年龄特点和体智能发展水平，既要考虑孩子群体的水平，又要兼顾他们之间的差异；既要考虑孩子某一方面发展的需要，又要着眼于孩子整体发展的需要来确定适宜其发展需要的活动内容、形式和组织方式。适度性是指场地的选择和路线的设计应是既要高于孩子的现实发展，又是经过努力能够达到的水平，即要“跳一跳、够得着”。因此，定向活动安排与组织要注意动静交替，集体活动与分散活动相结合，时间不宜过长，在集体活动中，可以穿插一些自由放松的活动；可以采用先单点，再多点，先简单后复杂的由易到难推进的形式，也可以在不同的检查点设置不同的任务游戏以降低孩子的疲劳感受。另外，定向活动的运动量也要适度，既要防止过度疲劳，又要避免运动量不足，既要防止内容单一，形式单调，又要防止花样繁多，任务过重。

（七）打造仪式感与合作创造体验原则

在信息和移动互联时代，活动已经成为一种生活方式，人们更加关注活动中的仪式感和沉浸感。

合作，特别是活动组织者和参与者之间的合作以保证活动成功，共同创造美好体验和有价值的时刻已经成为活动组织的新模式。打造和获得沉浸式体验已经成为活动的组织者和参与者的新追求。沉浸式体验有赖于活动的组织者与参与者的全面合作。因此，活动的策划者应该让活动成为合作的平台，推动活动组织者和参与者开展多元化、贯穿活动全程的合作，让每个人在活动中都有机会备受关注。

三、休闲娱乐性定向活动策划

休闲娱乐定向活动管理的一般流程框架

休闲娱乐性定向活动策划是活动前筹备阶段的第一个阶段，由基础信息调研开始，至活动立项结束，需要经过基础信息调研、活动概念构思、活动可行性研究、活动风险分析、活动立项策划书撰写、活动立项审议、策划书优化与定稿、活动立项等阶段。通过立项审议，在最终立项之前，还需要按审议意见对策划书进行优化定稿后，再提交正式的活动策划书作为计划阶段的纲领性文本。

（一）活动基础信息调研

在策划一个成功的活动之前，必须以参与者为中心，分析和评价内部环境和外部环境两种不同的环境和力量，其目的是充分考虑活动主办方、参与者及其他利益者的各种需求，以理解关键成功因素的重要性和确定活动举办方现有能力是否能满足各类需要，其中内部环境包括：举办方的文化、质量要求以及信息系统、财务和股权状况，外部环境包括政法法律、社会、经济、技术、竞争和利益相关者。

1. 活动限制因素分析

活动限制性因素分析与确定是接受策划任务后，在开始策划前要明确的内容，特别是自然环境限制因素的分析与确定。

（1）需求调研。需求调研是策划的基本出发点，一般情况下，策划者需要了解目标市场中参与者人口统计学特征、心理特征、行为特征和动机等。

（2）资源调研。资源调研是对主办方和承办方可提供给活动策划者、实施者利用的资源的基本信息的调研，包括活动地的自然资源、人文资源、社会资源、人力资源等方面的调研。同时，应通过调研明确活动时间、地点、食宿、交通、通信、财务等方面的具体信息。

（3）媒介调研。媒介调研是对主办方和承办方可提供的宣传推广策略、拟邀请媒体、通过哪些媒介、选择何种传播途径等方面的调研。

（4）财务调研。财务调研是对活动资金的来源和招商赞助渠道的调研。

在初步掌握以上信息的情况下，通过文献资料、实地考察等开展举办地社会环境调研，包括对项目举办地的地理与气候状况、安全状况、环保风险、政策法规风险、场地使用权获取风险等活动限制因素进行分析。分析过程中应反复与主办方、承办方及其他利益相关者进行沟通，通过深入沟通逐步明确活动策划的边界，从而为策划的正式展开提供客观基础。

2. 活动利益相关者分析

通过利益相关者分析明确各利益相关者对活动和活动策划的影响力、可为活动提供的资源或可开发的资源以及他们在活动中的责权利。活动利益相关者分析通常与活动限制性因素分析同步进行。

3. 活动目标市场分析

活动策划工作需要解答的问题是：为什么需要这个活动？需要努力达到的目标是什么？预期效果如何？何时能实现目标？应当如何达成目标？达到目标需要哪些条件？由谁去完成目标？这些问题的解答建立在对活动目标市场、对竞争对手的调研及自身分析基础之上。项目的目标市场分析主要包括三个方面：

（1）当地社会经济基础与社会背景分析。

（2）当地活动参与者与外来参与者文化特征、消费心理和消费特征分析。

（3）本地和周边纵向时间上和横向空间上类似活动举办的情况分析。对于周期性活动，还应对上几届活动举办的情况进行分析。

策划者可以通过调查问卷或大数据分析的方式得到参与者的消费喜好、消费动机、消费水平、停留时间及参与活动方式等数据信息。同时要注意在目标市场调研阶段的资料数据收集与整理工作，确保资料数据的真实有效。要应用 SWOT 分析法对竞争对手及自身的优势、劣势、机遇、威胁进行全面的评估。

4. 活动资源与开发条件分析

活动资源与开发条件的分析包括当地自然资源、文化资源、历史资源、民风民俗、物产资源与开发条件的分析，特别是当地标志性事件和独特性资源的挖掘和开发条件分析。

5. 当前社会政治文化背景分析

当前社会政治文化背景分析主要包括国家和当地政府当前的社会政治文化热点、政府工作重点以及标志性事件分析。正确分析、把握当前社会政治文化背景是应用“借势法”的基础。

（二）活动概念构思

活动概念的构思包括活动规格与规模、活动目的与目标、活动名称与活动主题、活动时间和地点、活动对象、活动内容和形式、活动规则等的初步构思，以下重点讨论活动目标的设定和活动创意与内容策划。

1. 活动目标设定

（1）明确活动目标。活动目标是策划者希望达到的预期效果，是策划的起点，并在活动的任何一个环节都要能体现出来。对于自主型和输出型活动策划，明确目标的过程应建立在前期调研、分析，目标市场的选择与确定，主办者意愿及参与者需求等利益相关者的价值诉求把握的基础上。对于外包型项目策划，主办者通常会提出一个较明确的活动目的，甚至目标。应注意的是，主办者提出的目的和目标不一定是其真正的目的和目标，策划者应追根溯源，反复问自己、问主办者和主要利益相关者，做到真正把握他们的痛点和需求，确定他们真正的目的和目标。也就是说，要保证策划者的目标与活动主办者、参与者以及其他利益相关的目标达成一致。

（2）确定活动主题。活动主题是活动理念、主办者愿景、中心任务的概括和定位，是活动的核心。如果主题不明，活动内容就会杂乱无章、效果平淡，活动缺乏吸引力，影响活动未来的持续性举办。活动主题通常应反映当地或主办者的人文精神和整体形象定位，应顺应时代潮流和社会热点。

另外，合理并吸引人的活动主题应当简明、生动、新颖、独特、通俗易懂，能让人耳目一新。活动的主题应突出活动最值得推广和宣传的内容，而不能面面俱到。活动的主题通常可以通过突出如下三个方面来体现：① 突出活动地的历史文化背景；② 突出活动地的民俗风情文化；③ 突出活动地的物产、居民生活水平及生活习俗等特色。

2. 活动创意与内容策划

创意是在活动举办地的社会、政治和经济条件下，通过敏锐的分析和大胆的想象，针对活动主题提出的独特的意念和新颖的活动组织运作模式，是活动的亮点、热点和卖点，是确保活动内容和手段新颖、奇特和富有吸引力的基础。活动内容的策划过程是为创意寻找载体的过程。休闲娱乐性定向活动是否有创意与其内容设计密切相关，与展现或承载内容的形式关系更加密切。休闲娱乐性定向活动的内容策划中常用借势法诠释创意之功。活动内容策划主要包括以下内容：

（1）活动组织机构策划。

（2）活动类型、规模、规格、地点、时间策划。

（3）活动主体内容、辅助内容、形式和过程策划：① 活动的主体内容策划主要包括休闲娱乐定向运动的创意策划、开闭幕式策划、展演项目策划；② 活动辅助内容的策划主要包括暖场项目的策划、配套项目的策划。

（4）活动宣传与市场营销推广策划，主要包括宣传造势、营销、Ⅵ系统、传播策略、媒体报道等。

（5）活动组织实施和现场执行管理策划，主要包括现场管理策划、预算管理策划等。

（6）活动接待服务策划，主要包括为官方人员（运动员、官员、官方指定媒体等）提供全程接待服务；为赞助商、企业及个人提供专业体育旅游接待服务；提供与定向运动相关的国内外考察、学习与培训的组织服务等。

（7）活动成本收益分析等。

（三）活动可行性研究

活动初步策划案形成后，要进行可行性研究以确定项目策划案是否可行。通常，以下几个问题是否能够得到妥善解决，是判断活动策划案可行性的标准。

（1）活动是否是一个好想法，能否吸引足够的参加者？

（2）是否具有必要的技能来计划并承办活动项目？

（3）主办地是否支持？

（4）活动场地是否能够确定？

（5）活动场地是否有足够的基础设施？

（6）活动项目是否能获得商业赞助？

（7）如果没有商业赞助，活动是否具有财政支持的可能性？

（8）活动项目是否能取得媒体的支持？

（9）衡量成功的标准是否合理？

（10）活动的风险是否考虑？

另外，还可以运用 SWOT 分析对活动的可行性进行更深入的分析，可进行与同质化活动、目标市场消费需求或活动目的地其他活动的比较。

活动成功的关键因素

对于未来的活动，策划者不可能精准地、全面地掌握各种因素的变化和预测突发情况的发生，这些不确定的因素构成了策划过程中的不确定性。因此，策划过程中应同时对活动各个阶段的不确定性进行分析，尽可能降低活动的风险及成本。

（四）策划书的撰写、优化与定稿

策划书是策划者在策划构想基础上，充分考虑利益相关者诉求，结合活动相关的各种资源、外部条件和自身条件进行可行性分析之后形成的怎样最好、最快地达成目标，并通过精心组织的文字和图表等表达出来的书面化活动方案。策划书是一个活动策划案具体流程的最终体现方式，活动中可能出现的所有因素都应列入策划书中。通常，策划书的内容应包括以下部分：

（1）封面。封面主要包括项目名称、策划单位、策划人员、策划日期。

（2）摘要。摘要是策划目的及策划内容的简要说明。

（3）目录。目录是策划内容的层次排序，以便阅读者能够清晰了解策划的全貌。

（4）前言。前言内容包括策划背景及任务说明。

（5）策划内容的详细说明。策划内容的详细说明主要包括组织单位（主办单位、承办单位、协办单位）、主要构想、活动概况（时间、地点、活动名称、主题和宣传口号、特色与亮点）、市场需求分析、竞争对手分析及对策、场地布局、产品设计、行程安排、宣传推广策略等。

（6）策划实施步骤。策划实施步骤包括组织结构及其职责与分工、时间安排（应有弹性和可操作性）、活动本身进展安排以及各项具体分工安排，包含时间、人员、费用及操作要求等。

（7）策划的期望效果与预测效果。

（8）策划中的关键环节以及策划实施中应注意的事项。

（9）经费预算。经费预算包括招商权益表、活动各环节物料清单、成本报价、利润核算、人工费用等。通过数字化反映整个策划的运营状况。

（10）相关参考资料及注意事项。策划中所运用的信息资料要单独加以整理，以便查阅，特殊的注意事项需要注明。

（11）项目策划单位过往成功案例及策划团队主要成员简介。

通常在策划过程中，往往先准备两个甚至两个以上的方案，确定首选方案后，将其余的方案细节进行完善，作为备用方案，以备不时之需。

第三节　休闲娱乐性定向活动管理

休闲娱乐性定向活动的管理涉及策划、营销、资源、财务、筹备、现场管理、风险管理和评估等众多方面。本节主要围绕筹备管理、现场管理的主要内容进行说明。

一、休闲娱乐性定向活动筹备管理

（一）成立筹备组

休闲娱乐性定向活动筹备组成员的来源主要根据主办单位、活动参与者以及活动场地所涉及的相关部门来考虑，通常包括政府相关机构，如体育部门、文化部门、宣传部门、公安部门、卫生部门、交通运输部门、通信部门、电力水利部门、城管部门、教育部门（有学生参与时）、外事部门（国际性质活动和有外籍人士参与时）；主办、承办、协办机构以及项目运营机构；景区景点管委会、赞助商、合作伙伴和活动区域涉及的单位等。

（二）资源配置

1. 人力资源配置

（1）项目运营人员。专业定向活动运营团队是专业休闲娱乐性定向活动运营的核心，对于活动管理、活动风险管理、活动定位甚至活动品牌的打造都起到了关键作用，主要包括：① 策划设计人员。策划设计人员根据举办该活动的目的，充分利用自然资源和人文资源对活动进行策划设计，形成活动总体方案及各活动板块的方案。② 营销人员。营销人员根据项目定位和规模制定招商赞助方案，与感兴趣企业积极接洽，尝试合作，为项目创造价值和利润，同时为赞助商及合作伙伴提供优质的服务。③ 宣传推广人员。宣传推广人员根据活动策划制定活动宣传推广方案，提升活动影响力，扩大活动价值。④ 执行人员。执行人员根据活动实施方案负责活动报批，与相关部门对接，负责现场执行管理等事务。

（2）安全保障人员。安全保障人员依据《大型群众性活动安全管理条例》要求配备，一般分为治安、交通、消防安全保障人员三部分。治安人员主要负责活动秩序维护、安全保卫工作以及安全突发事件的应急处理；交通运输人员主要负责活动交通路线规划及运营工作；消防人员主要负责活动期间的消防安全。

（3）医疗卫生人员。医疗卫生人员依据活动筹备组制定的《医疗救护方案》要求配备，一般分为医疗救护、卫生检疫两部分。医疗救护人员由专业医护人员与急救志愿者组成，负责全体活动相关人员的身体健康管理工作。专业医护人员主要由当地卫生主管部门或当地医院派遣，急救志愿者必须由拥有急救人员资格证书的志愿者担当。卫生检疫人员主要负责食品安全、住宿卫生检疫和传染病防疫等相关工作。

（4）裁判人员与仲裁。① 裁判员是活动的执法者。虽然休闲娱乐性定向活动重在休闲和娱乐，但仍然需要聘请丰富经验的裁判人员进行执法。裁判人员专业水准越高，现场规避争议事件与意外突发事件的可能性越大。② 仲裁委员会负责对于赛前、赛时、赛后有争议的判罚进行裁决。仲裁委员会的裁决为最终裁决。

（5）志愿者。志愿者是活动的一线服务人员，应根据休闲娱乐性定向活动的环境、内容和形式、工作任务制定志愿者招募条件。

2. 主要物资配置

（1）完赛奖牌（纪念奖牌）。完赛奖牌是休闲娱乐性定向活动品牌建设的重要组成部分，参与者只要在规定时间内完成活动就应获得完赛奖牌。对于休闲娱乐性定向活动参与者来说，完成一次活动体验，收获一枚奖牌，体现的是对完成比赛成就感的认同和纪念。因此，完赛奖牌要精心策划、设计或选择。

（2）完赛证书（纪念证书）。完赛证书是对于参与者完成整个活动的记录证明，也是体现赞助商与合作伙伴权益的优质载体，活动组织者要精心策划、设计和选择证书风格。证书内容可包括项目名称、参与者姓名、参与者号码、参加组别、参与成绩、项目组委会盖章或负责人签字。

常见的完赛证书有现场领取与网络下载两种方式。现场领取的纸质证书需要使用电脑和打印机现场制作，活动组织者应制定安全、有序、合理的证书打印发放预案，留出足够的时间与空间保证参与者顺利领取完赛证书，并尽可能减少参与者的排队等候时间。网络下载电子证书是目前更加流行的方式。该方式生态环保且利于参与者运用社交软件及时分享。

（3）装备包。装备包通常包括号码布、安全别针、纪念服装、垃圾袋、小纪念品等基本物资。

（4）饮用水、降温物资。

（5）现场临时建筑搭建设施和材料。活动现场的临时建筑一般包括帐篷、舞台和拱门。帐篷的设置要与功能区的设置配套，例如，用红、橙、黄、绿、蓝五种颜色的帐篷分别设置竞赛服务区（包括签到检录、装备发放、赛事信息发布）、公众互动区、文娱展演区、赞助商展位区、餐饮休息区。主舞台主要用于开、闭幕式及颁奖仪式的举行，通常在舞台正前方区域还要搭建媒体摄像、摄影工作平台。起点门、终点门常用的是桁架拱门和充气拱门。

（6）硬隔离设施。硬隔离设施主要包括铁马和水马，一般用于竞赛服务区，起点、终点区的分隔与隔离，规定路线的标识与隔离。

（7）标识系统。主要包括规定路线标识、功能区标识、方向与路标标识、交通标识等。

（8）活动广告。主要包括现场广告、场外广告、赞助商广告。① 现场广告：主要包括舞台背景板，分隔墙，出发及终点门，补给站，遮阳棚与遮阳伞，线路沿途两侧广告位，参与者服装胸前广告，仲裁、裁判及工作人员服装胸前广告，功能区标志广告等。② 场外广告：主要包括场外路旗、路牌广告、场外广告牌、道旗 、场外指示牌、LED 显示屏、场地灯杆刀旗、官方用车车身广告等。③ 赞助商广告：主要体现在赞助商展位区域、秩序册、参赛指南、服务指南、门票、票封、海报、证件、参赛服、号码簿、完赛奖牌中赞助商名称、标识等。

（9）医疗保障设备。活动现场至少应配备一辆急救车，一名医生，一名护士，应配备心电监护、除颤仪，并根据活动环境及参与者的情况配备相应的急救药品、担架等。

（三）落实财务方案

活动经费是活动实施过程中主要的不确定因素之一。落实财务方案的主要任务是落实活动实际可到位经费，明确活动实际经费需要和经费的缺口，并根据活动实际财务状况调整活动策划方案。

二、休闲娱乐性定向活动现场管理

（一）接待服务管理

接待服务主要包括接送服务、注册报到服务、导引咨询服务、餐饮服务、住宿服务、交通服务、赞助商款待服务、陪同服务、旅游服务等。要根据活动接待方案做好各方面的接待工作，并做好活动证件、相关资料和物料的发放工作。接待服务不但要做到热情、周到、细致，更应该做到个性化的高效服务，确保参与者快速入住、适时就餐、装备领取完整。对于少数民族或者国际参与者应提前询问其饮食习惯和宗教信仰，制定个性化的餐饮计划和住宿方案。

（二）搭建管理

搭建管理是活动安全管理的重要环节。负责现场临时设施、建筑物搭建的单位必须有相关资质证明，并严格按照有关标准和规范设计、搭建和拆除临时设施、建筑物，确保临时设施、建筑物安全。另外，搭建通常通宵进行，因此还要注意避免扰民的情况出现。搭建工作至少应在活动开始前 12 小时完成，并进行安全检查，安全检查的主要内容包括：

（1）现场悬挂物、舞台、临时看台、座椅、展台、展架等临时设施、建筑物是否符合安全技术标准。

（2）现场临时设施、建筑物是否使用防火材料，现场消防设施设备、消防应急通道是否达到消防标准。

（三）活动管理

活动管理主要包括开、闭幕式管理，竞赛组织管理，颁奖管理，现场秩序管理和设施设备管理等。

1. 开、闭幕式管理

开、闭幕式是活动成功开始和圆满结束的标志性事件，是展示活动策划水平和活动整体形象的窗口，是体现活动亮点的载体。开、闭幕式管理包括实施细案的设计、彩排和优化以及现场管理三个环节。开、闭幕式管理成功的关键因素可以概括为以下三个方面：

（1）细。

① 时间控制要细，运营时刻表中的时间节点至少要设计到分钟。

② 岗位责任要细，不但每个岗位都要下沉到具体的人，而且还要上升到至少两个层级的管理人员。

③ 活动场地的设置方案和设置要细致。

（2）提前量。

① 所有人员都应提前进行培训，明确自己的岗位职责。

② 提前进行开、闭幕式预演。

③ 所有搭建必须至少提前 12 小时完成，并委托专业机构或专业人员提前检查。

④ 周边环境整治、交通管制、进出通道必须至少提前 0.5~3 小时完成，具体时间取决于活动规模和规格。

⑤ 各岗位人员，包括管理人员必须提前到位。

⑥ 所有设施设备必须提前调试。

⑦ 到场领导和嘉宾要提前邀请并保持一定频率的联系。

（3）备案。

① 电力、通信和交通保障备案。

② 到场领导和嘉宾变更备案。

③ 突发事件应急预案。

2. 竞赛组织管理

竞赛是活动的核心。竞赛组织由裁判组完成，重点应该做好以下几方面的工作：

（1）裁判员规程、规则学习和技能培训。

（2）裁判长、领队教练联席会议。联席会议通常分两个阶段进行：第一阶段的主要内容包括当地组委会向参赛者介绍活动筹备情况、组委会就竞赛规程和与竞赛相关的规定、安排和要求，特别是参赛者管理和安全保卫方面的要求进行说明；第二阶段的主要内容包括规则及补充规定的说明，竞赛技术信息的补充说明，竞赛风险信息的说明及规避要求，回答运动队提出的问题。

（3）竞赛技术信息发布。由于休闲娱乐性定向活动的特点，竞赛技术信息应尽可能提前发布。

（4）竞赛秩序管理。竞赛秩序管理的基本目标主要有两个，一是闭环管理，要求准确记录参赛者到达比赛场地（签到）、进入比赛区域（检录和出发）和离开比赛区域（上传成绩）和离开比赛场地（签退）的时间；二是确保运动员能不受干扰地顺利参赛，主要包括运动员集结区、热身区、整理区、休息区的管理，签到、检录、出发、终点冲刺和签退管理。

（5）及时公布成绩。

3. 现场秩序管理

现场秩序管理主要包括颁奖管理、功能区管理、人流疏导和交通管制等。

（1）颁奖管理。颁奖管理的重点是提前做好颁奖嘉宾的邀请并让其明了具体的颁奖安排、颁奖程序；做好自愿者和礼仪的培训，让他们明了颁奖程序，能够做到提前召集、引导获奖者在颁奖等待区集结。此外，成绩统计负责人与颁奖负责人间的有效沟通，是确保获奖信息第一时间到达颁奖组并给获奖者现场颁奖的关键。

（2）功能区管理。为了更好地维持现场秩序，控制人流，休闲娱乐性定向活动通常在活动现场设置若干功能区，将不同的人群控制在不同的功能区内，如分类停车区、参赛者集结区、观众集结区、赛前隔离区、出发区、赛后隔离区、观赏区、竞赛服务区等。应提前通过多种渠道将功能区设置信息发布到所有活动相关人群，在现场应设置功能区分布图并配备志愿者引导人流有序进出功能区或在各功能区间流转。每个功能区还应设置专门的管理岗位，确保各类人群在自己的功能区内和功能区间有序流动。

（3）人流疏导。人流聚集、拥堵影响现场活动的正常秩序并增加发生意外事故的风险。人流疏导的重点是提前对人流规模、人流走向的规律进行预测；通过各功能区及各功能区通道的设置以及各功能区的合理布局引导人流的走向，分散人流。

（4）交通管制。车辆聚集、拥堵影响现场活动的正常秩序并增加发生意外事故的风险。交通管制的重点是：① 与交通运输和交通管制相关部门共同制定周密的交通运输和车辆调度及交通管制计划，并进行预演；② 鼓励使用公共交通；③ 在交通道路资源丰富和便捷的区域安排停车和车辆调度区，使用摆渡车或鼓励参赛者通过步行到达活动现场；④ 做好交通管理备案。

4. 设施设备管理

休闲娱乐性定向活动的设施设备通常是临时租用、安装的，这类设备的管理重点一是建立专人负责制；二是每场活动要提前对设备进行检查、测试，赛后还要对设备进行再次检查、测试，及时检修或更换设备。

（四）撤场管理

休闲娱乐性定向活动的撤场管理主要包括搭建拆除、自有设施设备的整理回收、租用设施设备的整理归还、垃圾全面清理和遗留物品收集整理。活动结束后，应尽可能在当天完成搭建的拆除及施工现场的清理工作，恢复现场原貌。

（五）后勤保障

休闲娱乐性定向活动后勤保障的主要内容有交通、通信、供电和供水、现场环境卫生、餐饮等保障。对于每项工作都要有详细的工作计划、进度表和运营时刻表及备案。

（六）安全保卫

休闲娱乐性定向活动安全保卫工作的重点是：

（1）坚持预防在前，发现在早，处置在小，提前做好安全排查，加强重点领域和人群的防范。

（2）做好群众工作和社会治安整治工作。

（3）做好突发性群体事件处理预案。

(七) 医疗救援

医疗救援的重点主要包括现场医疗救护组织实施和突发事件的处理等。应为休闲娱乐性定向活动建立一套医疗救护系统，为活动参与者随时提供恰当的急救措施和意外事故援救启动预案：

(1) 应确定竞赛伤害事故处理预案，包括竞赛区中受伤和发生意外的运动员撤离预案，医护人员进入竞赛区开展救护工作的预案并预先演练。

(2) 现场急救和院内救治工作要有机结合。

① 活动前应事先选择并确定符合要求的医院负责院内救治工作。

② 活动场地的医疗救护，要事先掌握比赛的全面情况，包括时间、地点、天气、项目、参赛者基本情况（数量、年龄、竞技水平、身体状况）、有潜在危险的地形、有潜在危险的动植物、进出通道等。

③ 在活动中心适当位置设置急救医疗站。急救站标志必须醒目易见，医疗救护资源的配置包括救护车、医务人员、药品和器械，这些配置必须满足比赛实际情况的需求。

④ 救护车至指定医院的交通、院前急救人员与院内救治工作人员对接预案必须进行预演。

(八) 卫生防疫

卫生防疫的重点是卫生监督和疾病控制。应为活动建立一套卫生防疫系统，防止在活动中发生传染病流行、食物中毒等安全事故，确保活动参与者的身体健康和活动的顺利进行。

(1) 要按照《中华人民共和国传染病防治法》和《中华人民共和国食品卫生法》等规定，落实活动中卫生防疫的各项工作。要在活动期间加强与参与人员的沟通和联系，一旦发生传染病疫情或疑似疫情、食物中毒等情况，要立即报告当地卫生防疫相关部门，同时积极配合卫生部门对密接人员和患病者进行隔离处置或救治。

(2) 要对活动参与者进行预防传染病、食物中毒及其他安全知识的宣传教育，增强活动参与者安全意识和自我防护能力。要在活动期间安排专人负责卫生防疫与食品卫生安全管理工作，并督促各项制度和措施的落实。例如，加强活动期间食品和饮料提供商的资质审查和管理。如果活动期间同时举办美食类活动，应邀请当地卫生防疫部门参与卫生监督工作。

(3) 如在疫情期举办活动，要根据当地疫情防控有关规定和活动实际情况，限定参与人员范围，加强对参与人员健康状况和行程审查。坚决克服麻痹思想和侥幸心理，落实“五有一网格”（有疫情防控指南、有防控管理制度和责任人、有适量防疫物资储备、有属地医疗卫生力量指导支持、有隔离场所和转运安排等措施，实行网格化管理）的要求。

第四节 休闲娱乐性定向活动策划案例

本节介绍了11个各具特色的休闲娱乐定向活动案例的概要。这些概要除一个引自于网络，两个引自其他书籍外，其他案例均由活动组织者、策划者或执行者提供。我们在使用这些案例时，只进行了基本的编辑以保持案例概要的原貌，以让读图感受多元化的案例表达方式。

案例8-1 建党100周年拓展活动——知党史、颂党恩、跟党走，不忘初心

一、活动背景

从1921年到2021年，中国共产党走过了百年岁月。百年征程波澜壮阔，百年初心历久弥坚。我们要牢记红色政权是从哪里来的，始终铭记缅怀革命先烈。要加强革命传统教育、爱国主义教育、思想道德教育，把红色基因传承好，确保红色江山永不变色。2021年是中国共产党建党100周年，为了弘扬“学党史、颂党恩、跟党走”的红色传统，铭记红色历史，传承红色基因，特策划此次建党100周年拓展活动。

二、活动概述

本次活动将以中国共产党成立早期背景为主线，结合丰富多彩、情景再现式的趣味定向拓展活动，以及穿插其中的党史知识竞赛，让大家在游戏中牢记党史，在欢乐中重温党的光辉历程。

本次活动分为日出东方、星火燎原、力挽狂澜三个部分。详见表8-1。

表8-1 建党100周年拓展活动流程表

序号	时间	项目安排	备注
1	08：00—08：30	签到、领取物料	补给
2	08：40—09：10	日出东方	分组、学党史、颂党恩
3	09：20—10：10	星火燎原	地下情报站、穿越雷区
4	10：20—11：20	力挽狂澜	巧夺泸定桥、过雪山、爬草地、插红旗
5	11：30—11：45	总结、颁发纪念品	一、二、三等奖，纪念奖
6	11：45—12：00	领导总结	

三、项目介绍

（一）第一篇　日出东方

背景

（1）时间。1921 年 7 月。

（2）标志。中国共产党诞生。

（3）结果。上海法租界望志路 106 号一座砖木小楼内，中国共产党第一次全国代表大会秘密召开。出席大会的 13 人，代表着当时全国的 50 多名党员。会议是在白色恐怖中举行的。7 月 30 日，会场突然遭到巡捕的侦察，不得不转移到浙江嘉兴南湖的一艘小船上。

项目名称：破冰、党史学习教育

通过破冰游戏将参与者分为 13 人一队，各队推选队长、政委各一名，负责本队工作；每队准备一个歌颂党的节目（歌曲、朗诵均可，形式不限）；组织队内人员学习党史资料，以备参加知识竞赛。

（二）第二篇　星火燎原

背景 1

（1）时间。1924 年 1 月—1927 年 7 月。

（2）标志。国共第一次合作失败。

（3）结果。以国共两党合作为特征的革命统一战线的建立，加速了中国革命的进程，在中国革命历史上出现了轰轰烈烈的“大革命”。但到了“大革命”后期，由于蒋介石和汪精卫控制的国民党右派不顾以宋庆龄为代表的国民党左派的坚决反对，宣布与共产党决裂，发动了“四一二”“七一五”反革命政变，公开叛变革命，致使第一次国共合作破裂。

项目名称 1：地下情报站

白色恐怖笼罩下的中国大地依然闪耀着星星之火，无数共产党员前赴后继、奋不顾身为革命而斗争，为了把情报送出去他们与敌人展开了殊死搏斗。

背景 2

（1）时间。1927 年 10 月—1930 年 2 月。

（2）标志。第一个红色根据地建立。

（3）结果。井冈山时期，在中国共产党的领导下，红军经过三年艰苦曲折的游击战争，粉碎了国民党反动派的多次“进剿”与“会剿”，至 1930 年夏，中国工农红军已发展到约 10 万人，在十余个省先后开辟了大小十多块革命根据地。

项目名称 2：穿越雷区

在前 4 次反围剿作战中，红军使用“诱敌深入”的战略方针，“避敌主力，打其虚弱”，在一次次“雷区”中成功脱险。

（三）第三篇　力挽狂澜

背景

（1）时间。1934 年 10 月—1936 年 10 月。

（2）标志。红军三大主力会师。

（3）结果。1934 年 10 月，第五次反“围剿”失败后，中央主力红军为摆脱国民党军队的包围追击，被迫实行战略性转移，退出中央根据地，进行长征。红一方面军于 1935 年 10 月到达陕北，与陕北红军胜利会师。1936 年 10 月，红二、四方面军到达甘肃会宁地区，同红一方面军会师。红军三大主力会师，标志着万里长征的胜利结束。

项目名称：巧夺泸定桥、过雪山、爬草地、插红旗

长征是人类历史上的伟大奇迹，中央红军共进行了 380 余次战斗，其间共经过 14 个省，翻越 18 座大山，跨过 24 条大河，走过荒草地，翻过雪山，行程约二万五千里，最终将红旗插在陕甘苏区。

四、注意事项

（1）身心准备。参与者做好身心的双重准备——身体上接受体能考验，心理上接受智能挑战。

（2）着装准备。尽量穿着宽松舒适的运动装（或休闲装）、运动鞋（登山鞋或跑鞋等），不要穿高跟鞋、凉鞋和皮鞋等不利于奔走的鞋子。

（3）装备。随身小包及饮用水；尽量不带首饰、其他尖锐的物品和沉重的背包。

（4）赛事安全。比赛过程中强度稍大，如有心血管病或哮喘等急性症状以及准妈妈的伙伴请提前报告，量力而行。

五、项目费用（略）

（太原工业学院体育系赵赟提供）

案例 8-2　2020 年南粤古驿道定向大赛首站乐昌坪石即将升级上演

南粤古驿道、华南教育历史、定向奔跑、文创研学、关爱留守儿童、文体扶贫……2020 年南粤古驿道“Hello 5G 杯”定向大赛首站比赛将于 6 月 13 日—14 日在韶关市乐昌市坪石镇（华南教育历史研学基地）举行。

一、新升级、新体验，2020 年首站赛事“抢鲜”来袭

乐昌坪石站作为 2020 年南粤古驿道定向大赛的首站，赛事在各方面都有所升级：

（1）升级赛事与国际接轨，新增了南粤古驿道定向 ID 制度与人脸识别检

录，使每位参赛者都拥有自己的专属 ID，增强参赛者的赛事体验感。

（2）为保证各位参赛运动员能了解每站大赛的注意事项等赛事信息，今年除有食宿名额的运动员可参与技术会议外，新增了线上云直播，运动员们能更及时获得赛事资讯。

（3）今年南粤古驿道定向大赛的奖杯、奖牌将会根据 2020 年的主题推出 2020 年专属奖杯、奖牌。

（4）主会场新增留言区板块，参赛者可在留言区写下想要对大赛说的话或建议，或留下这些年“我与古驿道”的故事，助力南粤古驿道定向大赛越办越好。

（5）乐昌坪石站增加研学体验组，大赛通过省体育局与电视台联动，邀约小记者们组成研学团，以“研学+定向”的玩法来参赛，通过他们的眼光来看南粤古驿道定向大赛与华南教育历史研学基地，呈现更丰富的赛事内容。

另外，我国著名篮球运动员杜锋，中国象棋特级国际大师许银川，乐昌籍中国女子象棋大师文静将出席首站赛事。

二、防疫常态化，构筑全面可控的赛事防疫体系

在防疫常态化的形势下，赛事组委会坚守赛前、赛中、赛后全面防疫最前线，多措并举确保赛事安全顺利举行。

（1）制作赛前防疫工作手册，按照防疫工作指引筹备赛事，明确只限省内的运动员报名参加；报名成功的运动员需填写参赛信息及提供个人“粤康码”截图；所有的参赛运动员、裁判员以及工作人员都要进行核酸检测，个人新冠肺炎核酸检测结果正常者方可参加比赛或上岗工作；赛事期间按照当地的防疫指引，进行个人测温，并做好赛后人员身体状况的实时跟踪。

（2）在检录区，大赛规定运动员们检录时需间隔至少 1 m 的距离；而出发区的空间位置也比以前的更大更开阔；运动员们在进入正式比赛的前后均需要佩戴口罩，同时，在起点、终点等多处地方配有免洗洗手液，供运动员们及时进行清洁消毒。

（3）赛事的举办地乐昌市坚持属地管理原则，为本站大赛制定了一系列详细的卫生、疫情防控及安保预案，把常态化疫情防控及各项安全措施抓实、抓细、抓好。

（4）首站赛事还将现场致敬防疫医护英雄，乐昌市中医院重症监护室主治医师李江山，乐昌市中医院呼吸科医师张树培将出席系列活动。在新冠肺炎疫情防控形势最为严峻的时刻，李江山、张树培两位防疫英雄报名参加韶关支援湖北抗击新冠肺炎疫情医疗队，驰援湖北抗疫主战场，并胜利归来。

三、赛事首次走进华南教育历史研学基地，致敬华南教育星火

抗战时期，国立中山大学、广东省立文理学院、培正中学、私立广州大学等中高等院校纷纷内迁至粤北韶关、清远等地办学，借用当地村民的祠堂、民居或用松木搭建成课室，结庐办学，弦歌不辍，走出了卫梓松、王亚南、郭大力、梅龚彬、卢鹤绂、邹仪新、林砺儒、吴尚时等教育先师。这些中高等院校也成了如今中山大学、华南理工大学、华南师范大学、华南农业大学、广州大学、惠州学院、广东实验中学等的根脉所在。在烽火中，一向文化教育落后的粤北山区，顿时呈现出一派教育繁荣的景象，成为抗战时期的教育中心，延续了华南教育之“火种”。

2019 年，华南教育历史研学基地依托古驿道、老坪石的历史与风貌，复原当地城乡肌理，把华南教育和南粤古驿道两条历史轨迹融合在一起。目前，坪石老街、塘口村、三星坪村等办学旧址、遗址已成为目前省委省政府统一部署规划建设的华南教育历史研学基地的重要空间节点。

这一站，在广东省教育厅的协助下将组织广东省内相关中、高等院校的学生参加活动，届时，学生们将前往现场感受、缅怀抗战时期华南地区师生浓厚的家国情怀和钻研拼搏的奋斗精神。

广东实验中学附属天河学校将师生们自发捐款的 10 万元用作设立“华南教育历史坪石研学基地怀旧基金”，赛事期间将在定友图书馆举行捐赠仪式，反馈给曾哺育过当时坪石师生以及支持研学基地建设的当地村民及其后代。

2019 年，一系列活化活动在华南教育历史研学基地举行，传承了、发扬了华南教育薪火和爱国主义精神。期间，留守儿童心理健康成长问题引起了广东省“三师”专业志愿者及社会各界的广泛关注与思考。

借华南教育历史研学基地建设和南粤古驿道定向大赛举办等契机，现场还举行了“南粤古驿道光影扶贫活动”“南粤古驿道关爱留守儿童公益活动”，聚焦留守儿童与华南教育历史有关的村民及其后代，以“文体扶贫”的形式为决胜全面建成小康社会注入新的力量。

“南粤古驿道光影扶贫活动”挑选中国国际儿童电影展优秀影片，到乐昌 10 家中小学校进行电影放映，用电影与孩子们对话。出席南粤古驿道定向大赛的体育明星作为电影放映亲善大使，将与当地学校师生共同观影、互动。

为关注乐昌留守儿童，通过音乐艺术让他们打开心扉，联动广州与乐昌的孩子共同“为了明天的绽放”，现场还将举行“南粤古驿道关爱留守儿童公益活动”。

有关爱心人士将设立“华南教育历史坪石研学基地留守儿童帮扶基金”，主要用于留守儿童合唱团辅导老师的补贴以及留守儿童合唱团来广州地区培训

及表演所需的相关费用。乐昌市教育局专门组织开展《以合唱打开儿童心扉，促进留守儿童健康成长的教学研究》课题研究；知名作词、作曲及演唱家创作的童声合唱《为了明天的绽放》将于赛事现场首发，留守儿童将共同演唱，意在祝福留守儿童拥有美好灿烂的童年时光。

四、文旅体大融合，古驿道系列活动助力乡村振兴

6月13日，2020年“文化和自然遗产日”非遗宣传展示广东主会场暨“全域旅游在行动·广东人游广东”健康出行季系列活动在韶关市丹霞山正式启动。现场将设有“首届非遗购物节”——总直播间参观体验、非遗项目及农特产品展示展销、“全域旅游在行动”宣传展览、“粤菜师傅·健康美食”体验活动、文创产品展销等活动。

全民健身与古村落人文关怀互相映衬，南粤古驿道定向大赛联动广东省文化和旅游厅举办的“广东人游广东”等，活动通过古驿道、古村落的活化利用，充分发挥“体育+”“文化+”“旅游+”等赛事综合效益，为群众带来精神与物质上的双重慰问，助力复工复产、脱贫攻坚、乡村振兴。

（资料来源：http://tyj.gd.gov.cn/orienteering_ssgg/content/post_3010637.html）

案例8-3 基于城市定向形式的拓展培训：Amazing Race——上海

一、Amazing Race 活动简介

“Amazing Race”拓展训练，又名“极速前进”，又称“惊险大挑战、夺宝奇兵”。本拓展活动形式系借助城市定向比赛为主要手段并结合美国“Amazing Race”真人秀形式所开发的全新拓展培训形式。活动一般有6~8支队伍，每队8~10人参加。“Amazing Race”拓展训练活动是一项极具挑战性的团队竞技项目，团队间的成员需要非常默契地配合才能最终完成所有的挑战。在活动中，定向路线中的检查点成了活动中的各个关卡，根据培训需要，一般设置6~8个关卡。各支队伍在领略城市风光、体验独特民俗风情的同时，完成考验他们智慧和体力的各项挑战，最先冲过终点线的队伍将赢得冠军，并获得奖励。

二、策划背景

（一）“Amazing Race”拓展训练的客户群体

“Amazing Race”拓展训练的核心是通过体验式训练的方式让公司员工加强对公司企业文化的认知和融合，以提升凝聚力为核心，将人才培养和企业文化相融合，构建企业持久发展动力之源。加强团队成员之间的相互协作，提升团队的凝聚力和向心力。

对于公司的员工，除了做必要的人性化的关注和关心之外，还要给他们足

够的信任和自我展示的空间，搭建一座相互了解、相互磨合、相互学习的平台和桥梁，加强员工对企业文化的认同，并使他们有效提升协作、宽容等软素质，从而更有效、更出色地在公司中成长，为企业、自己和社会创造更大的价值。

（二）项目目标

（1）团队协作、信任、感恩。

（2）团队间资源共享、优势互补。

（3）增强团队的抗压能力、激发队员的斗志、增强信心。

三、项目实施

（一）项目流程

“Amazing Race”拓展训练活动培训时间一般为一天。培训机构或培训师应根据参训人员人数及项目内容制定详细项目流程（表 8-2）。

表 8-2 ×××公司“Amazing Race”拓展训练

序号	时间	项目名称	内容
1	8：00—9：00	快乐旅程	集合出发；开心快乐的车上游戏
2	9：00—10：00	热身游戏+团队建设	热身，团队态度宣导和组建
3	10：00—11：00	群龙取水	团队协作与沟通
4	11：00—14：30	Amazing Race	加强沟通和信息的共享
5	14：30—15：30	大总结	总结提升学以致用
6	15：30—	返回公司	欢声笑语、满载而归

（二）实施步骤

1. 快乐旅程

培训教练组织车上游戏，如×××公司好声音，让参与者手持话筒给大家唱歌，并做自我介绍，谈谈自己的心情、爱好等内容，完成后将话筒传递给他指定的另一个人，依次进行。在旅程中让更多的员工相互认识，建立融洽的活动氛围。

2. 热身游戏

组织简单易行的游戏，要求所有人一起参加，教练员要调动员工的热情和积极性，让场面更加热烈，气氛更加活跃。

3. 团队建设

团队全体成员通过热身游戏和心态的宣导做好身体的以及思维的准备，了解本次培训的目标。将参加培训的人员分为人数相同的几支队伍，选出团队的领导，建立团队文化，实现真正的团队文化的融入。

4. 群龙取水

全队学员在不借助于任何身体延长物的情况下，通过团队成员的通力协作依次取到远端的水，按完成队伍的先后顺序决定“Amazing Race”定向活动的出发批次。

5. Amazing Race

教练员发放任务书，在团队领导的带领下，按要求完成任务。

（1）项目规则。每个小队需要在指定的地点拿到线索并到达指定地点获取任务书，完成指定任务后再获得下一点的线索，所有的线索都是未知的。每个小队除队长可携带手机外，其余队员不得携带通信工具。另外，比赛中只可使用完成任务获得的奖金，不能使用额外的金钱（每个赛段中，每个完成任务的队伍都会拿到一定金额的钱）。

备注：如某支队伍在任务中失去所有金钱，而下一赛段也不会分发金钱，他们可以向游客借钱、乞讨或者使用其他所在地法律允许的方式获得经费支持。

（2）任务内容。

① 任务一：我们需要在田子坊一条街上，使用小摊位上的任何东西自己制作一个特殊意义的公司 LOGO 造型，不可使用非摊位上的任何物品。教练验收后通过。

② 任务二：我们需要在七宝古镇内找到一名“古镇姑娘”，古镇姑娘的特征为：左臂上带有一个红色丝带。找到该姑娘后，需要用一句暗语唤醒姑娘，暗语为：“千年等一回”。姑娘会回复：“法海你不懂爱”。

③ 任务三：找到该点后，在此完成“舌尖上的上海”的任务。舌尖上的上海：需要本小组的学员在该点位购买蟹黄小笼包（每人一个），感受地道老上海的味道，并拍集体照留念！

④ 任务四：依据图片信息，在上海城区寻找到图片所在的点位，并完成相应任务。找到该点位后，完成“天才拍手”的任务，全体队员在该点需要销售 3 样随身携带的物品（不能拍卖道具），且每样物品的价格不得低于 3 元。

⑤ 任务五：上海是国际化大都市，在外滩找到图片中的位置与另外一个队伍合作完成交通阻塞任务。备注：交通阻塞——团队成员在只能前进的基础上来完成两侧队员位置的互换，到达对方的一端。

（三）关键环节

1. 快乐旅程

旅程中的车上活动，应本着轻松愉快的原则，合理调动员工的情绪，让愿意表现的人有更多的表现机会和时间，达到娱乐大众的目的即可。

2. 团队建设

注意男女比例的平均，年龄结构分配要合理，要给予队长和团队充分的展示时间，让队长树立威信，让团队建立自信。

3. Amazing Race

注意安全的宣导。出门在外安全第一，禁止单独行动，强调团队配合，每一个任务点要求全员到达后才能继续进行项目操作。留下教练员和队员的联系方式，以便在出现问题的时候可以及时联系、便于沟通。时间上要严格把控，规定每一个任务点上操作的时间限制，强调最终的集合时间，如果违反，全队将受到惩罚。

4. 总结分享

教练员要对全天的活动情况进行总结，奖惩明确，宣布名次，给冠军队伍颁发奖品。分享时注重引导，如“大家在自己的团队中扮演了什么样的角色”“在遇到问题和困难的时候你是怎么做的，你身边的队友是怎么做的”“通过一天的团队活动你有哪些收获”等，善于用提出问题的方式让队员主动思考和发言，要让更多的人说出感受和成长，避免教练员空讲大道理，忽视队员的感受，成为教练的一言堂。

（四）常见操作错误

1. 车上互动

车上互动时，如果有员工情绪不高，参与的积极性不大，不愿意当众表演，不要刻意勉强，避免造成正面冲突。

2. 团队建设

团队建设时，教练员直接任命队长，造成对方不愿意承担责任，带着情绪参加活动，或者团队威信无法树立。

3. 任务书分发

Amazing Race 过程中任务书分发错误，漏发任务书，造成活动无法正常进行。活动中有队员联系不上，影响活动效果。

4. 总结分享

总结分享时，只选择个别人发言，让团队的感受不够强烈，收获得不到更好地提升。

四、费用（略）

（太原工业学院体育系赵赟提供）

案例 8-4　《小时候……》主题定向活动

哪些游戏？打陀螺，推铁环，打玻璃球……

哪些电视？《西游记》《上海滩》《新白娘子传奇》……

哪些歌曲？《水手》《再回首》《冬天里的一把火》……

让我们一起来追忆……

《小时候……》主题定向活动是以定向运动为载体，引入定向寻宝的形式，参与者到达地图所示的点标后，完成具体任务后方可通过。本次任务以两人小组为参与对象，活动任务分为：年代游戏类、年代歌曲类、年代电视剧类和年代电影类。具体任务如下：

（1）年代游戏类。到达游戏类点标后需按照具体游戏要求完成方可通关。

（2）年代歌曲类。到达歌曲类点标后，向俱乐部平台发送点位号，平台将向选手发音乐，选手写出音乐歌曲名+演唱者。

（3）年代电视剧和电影类。按照图片回答出图片上的电视剧或电影相关问题。

童年像一条船，装满了糖果，装满了玩具，装满了欢笑，也装满了快乐。

童年像一个五彩斑斓的梦，使人留恋，使人向往。

本次运动会以丰富教师课余生活、锻炼教师身体、了解定向运动和拓展训练项目为主要目的，为在学校课程引入定向运动和拓展训练打下基础。

本次课程主题设计为《小时候……》，利用定向运动共同和老师追忆那些童年天真美好的回忆，一起重温儿时的欢乐。本次活动分为三部分：

第一部分：基础方位练习。介绍生活中确定方向的常识，利用方位角游戏了解定向运动基本用图方法和定向路线的要素。

第二部分：我们一起逛省城。在足球场上按照一定比例模拟古城西安，选取城墙内外主要的地标，教师们通过阅读地图按照规定地标顺序到达目的地。

第三部分：本次活动的主题部分《小时候……》。首先教师们共同回忆儿时玩耍的游戏、电影、电视剧、歌曲，大家说到这些儿时美好的回忆都露出灿烂的笑容，接着教练向大家介绍定向地图的基本知识，同时向大家说明本次《小时候……》主题活动的完成方法：本次活动分动作类和影音类，共 20 个点；其中 6 个动作类点需完成儿时的游戏方可过关：推铁环、打玻璃球、双人跳绳、打俄罗斯方块、踢毽子、跳方；影音类 14 个点需要通过扫描二维码获取任务，若获得歌曲类需完成合唱不少于 6 句流行歌曲，若获得电视剧和电影类需回答相关电视剧、电影问题，将问题发送至俱乐部微信官方平台。参与老师在这个特别的板块玩得都很开心，似乎又回到了那个天真无邪的年代。

最后，大家在罗大佑那首经典的歌曲《童年》中结束了定向部分的体验活动。

（陕西宝鸡文理学院体育学院罗光飞提供）

案例 8-5 “乐跑数学”来啦！

以“运动享受快乐，智慧展示自我”为主题
以“和谐的数学、快乐的数学、创新的数学”为宗旨
这是一场“智”“体”的盛宴

一、活动时间

2021 年 12 月 9 日 12：00—14：00。

二、活动地点

宝鸡文理学院高新校区校园。

三、集合地点

宝鸡文理学院高新校区励志广场。

四、参赛方式

团队模式，5 人组成一个团队参赛，其中女生不得少于 2 人。

开场设计：每支队伍需要设计队伍的“队名”“口号”，队名与口号的文化主题需与数学文化节有关，在开幕式上，各支队伍需整齐展示队伍队名、口号，将根据展示的情况决定出发的先后顺序。

例如，队名——求和队；口号——微分天下，人生几何，科学之本，唯我数学。

五、比赛规则

本次比赛采用自由团队赛的模式，目标点分两部分：任务点和答题点，比赛时每个人需要完成所有的目标点系统才会结束计时。任务点每个 20 分，答题点每个 10 分（答题点问题均为选择题，有 4 个选项，每道题首次答对得 10 分，第二次答对得 5 分，第三次、第四次答对不得分），每支队伍需自行规划到达两部分目标点的先后顺序进行比赛，最终根据各支队伍 5 名队员得分的总和排定队伍的名次，如分数相同按照时间排定名次。

下面是五个任务点的规则：

1. 趣味三子棋

棋盘格线排成井字或九宫格，对阵双方各有三颗棋子，然后以赛跑的形式，双方每人手执棋子从起点跑去棋盘里轮流下子（先到先下）。下完子后，棋子可以上下或左右移动，谁先把三颗棋子或横、或竖、或斜摆成一条直线，便获得胜利。两支队伍进行 PK，胜出方通关。

2. 数字城堡

每个队的队员依次进入数字城堡喷绘图进行挑战，每个人负责 1—50 中的 10 个数字，一位学员出数字城堡与下一位学员击掌交接，下一位学员方可进

入数字城堡进行挑战。整个过程中数字不能踩错，踩错重新开始，按要求完成后即可通关。

3. 极速时限

每个队的队员站在固定圈外按顺序拍圈内的1—30个数字卡片，数字是不规则放置的，在规定时间按正确顺序拍完这30个数字即可通关，如超时或拍错数字需重新开始挑战。

4. 达·芬奇密码

桌子上按一定形状摆放了代表1—13张数字的扑克牌，每个队的队员在起点线内站成一路纵队，依次到桌子上翻牌，按照1—13数字顺序翻；翻牌后首选寻找数字1的卡牌，如翻开的扑克牌不是数字1再把卡牌盖回原处。当翻出扑克牌1是正确的，将扑克牌正面朝上放回原处，直至翻开到13后即可通关。

5. 无敌风火轮+快乐沙包

每组的参赛人员需要站到无敌风火轮圈内，从起点出发向前快速滚动到达终点；然后在终点线进行沙包投掷，沙包落到投掷区内获得一定分数，按要求完成指定分数即可通关。

六、奖励方法

我们为同学们准备了丰厚的礼品，设有一、二、三等奖。而且本次活动只要参加就可以拿到精美的礼品。

（陕西宝鸡文理学院体育学院罗光飞提供）

案例8-6　相亲定向

一、活动背景

当下互联网已经成为时代主体，不管购物、交友、找工作等等这些看似要出门做的事只需在家用手机或电脑便可完成。因此，当下人们有更多的自由支配时间，但是这部分自由支配时间人们并没有利用好，绝大部分的人在自由支配的时间里依然沉浸在互联网中自我陶醉，越来越远离了实际的社会。在他们眼里世界只有屏幕这么大。因此“出来走走”成了一件令人向往的奢侈事情；“出来走走”，你不用辞职便可知道世界有多大；“出来走走”，你的另一半也许在那里等你；“出来走走”，寻找你的爱。

定向越野，是利用地图和指北针在未知地域寻找地图上所标注的目标点，“奔跑中的国际象棋”是对定向越野最恰当的描述，所以定向越野是一项体力与智力并重的大众化运动，其精髓就在于不断地寻找。

定向运动与爱情交友的结合那就是一次寻找爱的机会，一款专为云南单身男女定制的“非诚勿扰”运动版—“寻找吧，为了爱!”主题相亲定向活动，已经来到了你的身边。我们不是举办相亲大会，我们只为你创造爱情的机会，错过了，你依旧单身，也许ta就在定向的队伍中。

2017年由共青团昆明市委主办，云南省定向运动协会和昆明怀德天行体育户外运动有限公司承办的“青·寻找吧，为了爱”主题定向爱情交友活动在大观公园完美收官。

二、活动宣传

（1）2017年6月28日，由微信公众号“云南定向越野”推出文章《最倾心的美，就是遇上你》。

（2）2017年7月24日，由微信公众号“云南定向越野”推出《2017年“青·寻找吧，为了爱”》活动招募文章。

（3）2017年7月29日，由微信公众号“云南定向越野”推出《2017年“青·寻找吧，为了爱”》活动说明文章。

（4）2017年8月19日，由“一时”摄影工作室推出《8·19青·寻找吧，为了爱》活动中期相关视频。

（5）2017年8月22日，由云南省定向运动协会发表H5动画《青·寻找吧，为了爱——致ta的信》。

截至2017年8月22日，微信公众号共发布文章5篇。宣传影响人群数：

◇ 微信公众号：约5 000人次（各微信号统计）

◇ 朋友圈推广：至少4 000人次（估算）

此次活动的宣传从6月开始至今所影响的人群已经接近1万人次。

三、活动参与

此次活动所针对的对象为80后和90后青年群体，他们的购买消费能力会强于其他群体。同时，在家庭中，对80后和90后，亲戚朋友的关注点会更多一点，他们的一些所作所为会影响到家庭和朋友中去。

从本次活动报名和参与的情况来看，有以下特点：

（1）报名期间共接到报名咨询电话150多个，其中女士的咨询电话比男性多，还有一部分为单位座机电话。

（2）共计报名人员为110人，其中男士52人，女士58人；职业主要集中在：公务员、警察、教师等；年龄主要分布在22岁~38岁。

（3）活动当天共有84人参与；其中有3人为现场报名参加。

（4）参与人员在活动期间积极性相当高，满意度为80%，其中女性的满意度高于男性。

四、活动场地

活动场地分别为：翠竹丽湾会所、万达广场、金鹰广场以及大观公园；其中 23 号活动的主场地为大观公园，检查点个数为 20 个，分布于整个公园；其中有 8 个点设置了集体闯关任务。

五、活动流程

上午 07：30　相关工作人员到场开始工作

上午 08：30　开始布置活动主场地，检查点部署

上午 09：00　参与人员签到

上午 09：10　场地布置完毕，工作人员等候参与人员

上午 09：40　签到基本结束，参与人员集中培训

上午 10：20　第一轮随机配对开始，按小组寻找检查点

中午 11：00　开始有参与人员回到集合点

中午 11：30　活动分享，表白环节

下午 12：30　活动结束

六、活动发展

此活动项目将作为云南省定向运动协会精品建设项目来开展，作为定向运动的重点建设项目，将会被用于协会项目推广、协会对外交流、协会成果展示，在全省和全国使用。成功举办了这次活动后，引起极大的社会反响，活动总结的文章很快在定向运动界疯狂转发，同时也吸引了很多媒体和商家的注意，这样的活动对于人们来说是一个比较新颖的项目，其活动的形式被很多人叫好，所以人们极容易被其吸引。

同时，随着项目的影响力增加还会有部分电视媒体、其他网络主流媒体进行报道。

此活动项目计划每年举办两次，其活动场地主要为公园、校园、风景区等一些人流相对集中的地点；前期我们将会联合昆明市内的各大公园及商圈，致力打造成一个在昆明具有一定影响力和认同感的大型运动版交友平台。中期，随着云南定向运动协会的赛事举办，将会选择省里其他一些比较著名的区域举办此活动，我们可以在文山、红河、楚雄、大理、丽江等地开展活动。后期我们可以随着省定向运动协会的赛事走向全国，可以联合国内定向运动界的一些力量，在全国开展。

（本案例由云南省定向运动协会提供）

案例 8-7 长城文化主题研学游之“爱我中华，护我长城”定向挑战赛

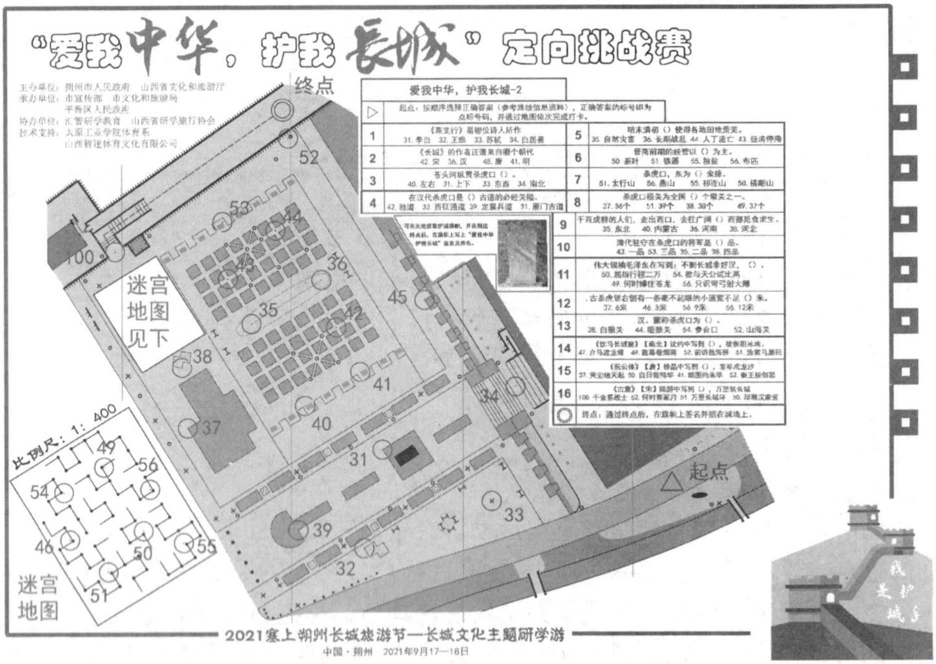

查看本图彩图

比例尺：1∶750 等高距：1 m

“爱我中华，护我长城”定向挑战赛地图

（太原工业学院体育系马渊源提供）

注：该案例的主要创意体现在三个方面：一是场地的虚实结合，在自然场地中布置了一个虚拟地形——迷宫；二是地图的虚实结合，在同一张图上放置了两张不同比例尺的地图：自然场地的地图和虚拟地形的地图（迷宫地图），有效地解决了地图的可读性问题；三是路线的虚实结合，通过检查点说明或任务卡来表达路线，在提高路线的趣味性和挑战性的同时，解决了路线可读性问题。

案例 8-8 第三届“留动中国—在华留学生阳光运动文化之旅”定向越野比赛

一、活动背景

为贯彻落实《国家中长期教育改革和发展规划纲要（2010—2020 年）》精神，丰富留学生体育文化生活，教育部启动实施了“留动中国——在华留

学生阳光运动文化之旅”活动。活动遵循“体育搭台、文化唱戏、团队合作、中外融合”的原则，充分展现改革开放、和谐发展的复兴伟业，进一步提升国家文化软实力和影响力。

“留动中国”是教育部发起、中国大学生体育协会承办的，面向在华近50万外国留学生打造的文化活动品牌，整项活动分为各省选拔赛、大区赛和全国总决赛三个阶段，比赛项目为体育艺术展示、3×3 篮球、定向越野三大项目比赛。

活动历时约半年，以体育赛事、文体才艺表演为纽带，展示在华留学生的健康积极形象和青春风采，促进在华留学生对中国的全面了解，并通过中外学生团队协作实现中外学生交流与融合。

二、比赛项目

趣味接力赛（10 棒单指卡接力赛）。

三、竞赛办法

（一）组织形式

（1）本次竞赛采取传统定向越野赛与文体比赛结合的接力比赛形式，每棒运动员直线距离 500~1 000 m，按规定顺序依次独立地寻找标绘在地图上并标示在实地中的若干检查点。

（2）除传统检查点外，还设有 9 个运动类或中国文化类考核项目。运动员到达任务区先完成考核项目，再在检查点打卡，然后继续完成路线，直到交接区将指卡和地图交给下一棒。

（3）最后一棒为中国女生，其任务是在完成最后一个检查点后，召集前 9 棒运动员一起冲向终点，并在终点打卡。冲刺过程中旗手必须高举队旗与最后一棒运动员齐头并进。

（二）出发方式

各队第一棒运动员集体出发，后续棒次分别在交接区完成交接后出发。各棒性别顺序为：男—女—男—女—男—女—男—女—男—女（最后一棒为中国学生）。

（三）考核项目

比赛共设立 9 个任务区，每个任务区内安排一项体育类或中国文化类考核项目，每个任务区内具体的考核项目视场地条件确定，各考核项目规则如下：

1. 跳绳

运动员到达任务区，裁判员将绳子递交给运动员，运动员在附近选择合适空地连续跳绳 20 次后，方可打卡。如果有间断可以累计跳 30 个后再打卡。

2. 踢毽子

运动员到达任务区，裁判员将毽子递交给运动员，运动员在附近选择合适空地连续踢 10 个后，方可打卡。如果无法连续踢 10 个，可以失误后接着继续踢，但是需要总数达到 20 个后，方可打卡。

3. 筷子夹花生米

运动员到达任务区，裁判员将筷子递交给运动员，运动员选一个装有花生米的容器，用筷子从中夹 10 粒花生米放到另外一个空容器中，完成后方可进行打卡。

4. 蒙眼摸球

运动员到达任务区，裁判员让运动员戴上眼罩，运动员原地自转五圈，然后裁判员帮助运动员摆正身体方向，让运动员自行前往距离原地 5 m 处，触摸悬挂的篮球，触摸球成功，方可打卡。如果未成功，再重做一次，方可打卡。

5. 中国象棋

运动员到达任务区，选一盘中国象棋，将凌乱的棋子摆放正确，再选择两个不同种类的棋子按正确的步伐移动两步。完成后才能打卡。如果出现错误，需要重新做一遍，才能打卡。

6. 中国成语填空

运动员到达任务区，自己从盒内选择一个汉字，把这个汉字填到展板上合适的缺一个字的成语中，填对后方可打卡。如果填错，需要正确描红裁判员给的汉字后，才能打卡。

7. 汉语拼音选字

运动员到达任务区，自己从盒内选择一个汉字，把这个汉字填到展板上合适的一组（共三个）拼音中的正确拼音下，填对方可打卡。如果填错，裁判员告诉正确答案后，需要运动员完成该汉字描红后，才能打卡。

8. 中国诗词认知

运动员到达任务区，自己从盒内选择一首诗或词，正确填上作者姓名，填对后方可打卡。如果填错，裁判员告诉正确答案后，需要运动员完成抄写作者姓名后，才能打卡。

9. 中国传统节日或体育项目认知

运动员到达任务区，自己从盒内选出答题卡，根据答题卡标题，写出 4 个以上中国传统节日或中国传统体育项目，填对后方可打卡。如果填错或数量不足，裁判员告诉正确答案后，需要运动员完成答案抄写后，才能打卡。

（四）成绩计算

按正确顺序完成打卡且用时短的队成绩排名在前。如果有打卡顺序错误、漏打、超时则排名在正确完成路线的队之后。打卡顺序错误、漏打检查点、超时者排名方法为：

（1）一个打卡顺序错误或漏打一个点。排在两个打卡顺序错误或漏打两个点的运动队之前，以此类推。

（2）超时的队排在最后面，其中用时间短的排名在前。

（3）得分计算办法。

① 第一名 100 分，第二名 90 分，第三名 85 分，第四名 80 分，第五名 75 分，第六名 70 分，第七名 65 分，第八名 60 分，其余队伍得到基础分 50 分。

② 弃权或受到违规处罚者计 0 分。

③ 定向越野得分占总积分的 40%。

四、参赛指南

（一）出发与打卡

（1）第一棒集体出发，其他棒次完成交接后出发。

（2）所有棒次均不需要在起点打卡（起点无打卡器），但必须途经起点前往第一个检查点，否则成绩无效。

（二）考核

（1）所有路线都设有 9 个任务，分别位于 31—39 号检查点上，这些点称为任务点。

（2）第一棒至第九棒必须在任务区指定位置完成各自的任务。各队同棒次的考核任务不一定相同，但各队完成的总的考核任务相同。

（3）第十棒（女，最后一棒）没有考核任务，其任务是在打完 100 号点（最后一个检查点）后带领全队冲刺通过终点，并在终点打卡。

（4）运动员到达位于任务区内的第五个点 XX［N］（XX 为检查点代码，代码区间为 31—39。N 为任务编号，编号区间为 1—9），按任务指引完成任务，经裁判员确认后打卡。

（三）交接棒

1. 取得下一棒的地图

完成考核任务后，运动员到访 100 号点打卡，将自己的地图交给裁判员，然后到地图图板上取得本队下一棒的地图。

2. 交接棒

通过指卡和地图交接。运动员在交接线上方将指卡和下一棒地图交给下一棒运动员。

（四）终点打卡和冲刺

（1）除第10棒外，其他棒次均不需要在打终点打卡。

（2）冲刺。最后一棒运动员到达100号点打卡后，召集前9棒运动员一起冲向终点，并在终点打卡。冲刺过程中旗手必须高举队旗与最后一棒运动员齐头并进。

（五）排名

以各队最后一棒通过终点，且成绩有效的顺序排名。

（六）难点提示

各棒运动员的考核任务是随机安排的，每个运动员都必须会做所有的考核任务。

查看本图彩图

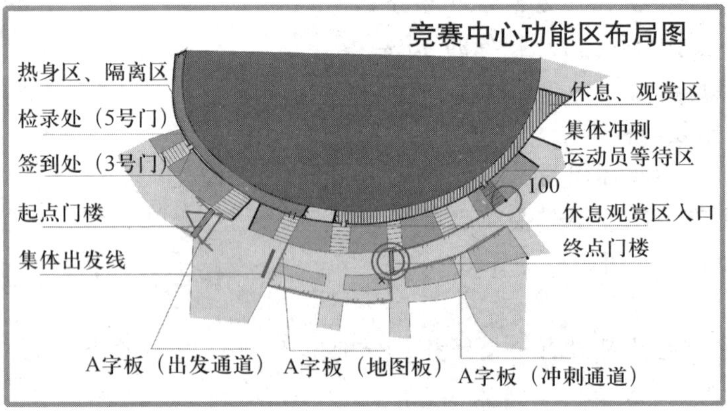

竞赛中心（学生活动中心）布置示意图

查看本图彩图

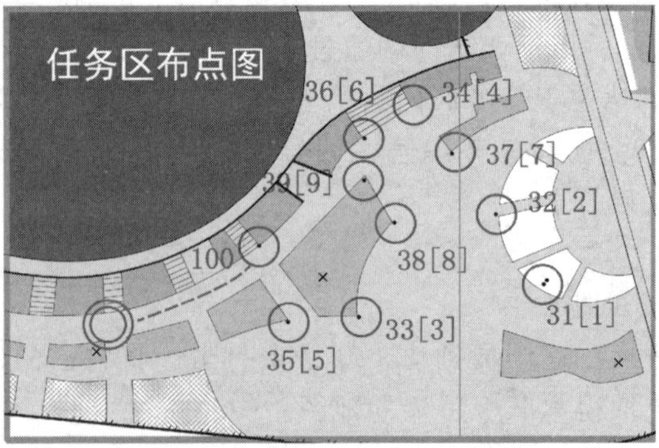

任务区及任务点位置示意图

（韩山师范学院体育学院王翔提供）

案例 8-9 像林奈那样定向

一、活动背景

瑞典生物学家林奈是植物分类学的奠基人，1735 年，他发表了其最重要的著作《自然系统》。在这本书里，林奈描述了他所知道的所有的植物、动物和矿物质。他根据对这些物种特征的观察对它们进行了分类。

云杉（挪威云杉）是大约 3 500 年前由芬兰传入瑞典的，是我们最常见的树（覆盖了瑞典 43%的森林面积）。云杉喜欢营养丰富的潮湿土壤，但对干燥的气候、空气污染和风暴很敏感。松树的根系生长得很深，而云杉的根系很浅，这意味着云杉对风暴的破坏非常敏感。云杉通常生长 70~150 年后被砍伐。它是我们森林中最高的树，可以长到 50 多米高，周长 5 m。这种木材用途广泛，主要用作纸浆、建筑和人造丝绸生产的原料。

二、任务

（1）瑞典大约有 25 种不同的树，观察自己学校的操场上长着哪些树？

（2）访问所有检查点并仔细观察，用与上面描述云杉相同的方式描述每一棵树。

（资料来源：Göran Andersson. Orienteering at School Age 6-15. Str8 Compasses，www.str8compass.com，EMITAS，www.emit.no，2020.）

案例 8-10 定向探险日之“校园争霸”赛

一、活动介绍

定向探险日是基于学生之间的合作、自然知识、户外活动、数学、定向运动和冒险的需要而创设的团队定向活动和班级之间的“校园争霸”赛。团队的成绩都会计入班级的成绩中。无论是理论上还是在实践中，在团队中所有的个人表现都是有价值的。

二、组织方式

（一）场地

活动可以在校园中进行，最好是在校园附近的休闲娱乐区进行。

（二）分组

将每个班级的学生分成 4~6 人一组，男女生平均分配。

（三）计分

在比赛中，学生需要获取积分，每个积分（个人或团队的）都会计算在班级的积分中。

（四）探险过程

探险日分为三个部分。

（1）第一部分。访问 7 个检查点，并在每个点执行一个任务，获得的分值将加到班级的积分中。

（2）第二部分。完成起点附近的一条定向路线（地图中虚线标示的区域）。每人次得 1 分。

（3）第三部分。小组解谜题，每答对一个得 5 分。

（五）胜负判定

最后的“赢家”是合计得分最多的班级。

三、任务说明

（一）鸟的歌声

第一站。教师播放 6 种不同的鸟的歌声（每只鸟 15s），学生必须将歌声与正确的鸟联系起来。

（1）最长时间：3 min。

（2）每个正确答案：2 分。

（二）地图记忆

学生像在“记忆游戏”中做的那样，将两个相似的“地图卡”连接起来。

（1）最长时间：3 分。

（2）每成功一对地图卡：2 分。

（三）补胎

学生用一桶水和放在自行车车座下的修理工具修补被刺穿的自行车轮胎。

（1）少于 2 min：10 分。

（2）少于 3 min：9 分，以此类推。

（四）欧洲拼图

学生用拼图碎片拼出欧洲地图，计算两个点间的距离。例如西班牙和乌克兰首都之间的距离。学生必须知道国家的位置和地图的比例尺是多少。例如，地图比例尺为 1∶100 000 000，马德里和基辅之间的测量距离是 283 mm，这意味着两个首都之间有 2 830 km。

学生不需要把所有的碎片拼在一起，只要把测量点间距离所需的拼图碎片拼在一起就够了。

（1）最长时间：3 min。

（2）2830±100 km：10 分。

（3）每超过或低于 100 km 扣 1 分。

（五）连接

用符号连接地物。在第五站，学生要将照片中的地物与地图上正确位置上的地物符号连接起来。

（1）最长时间：3 min。

（2）每答对一个：2 分。

（六）制作担架

一名队员受伤了，学生们用两根杆子和一根粗长的绳子，巧妙地制作出一个稳固的担架子，并在森林里用担架抬着受伤的同学走大约 50 m。

（1）少于 3 min：10 分。

（2）少于 3 min30 s：9 分。

（3）少于 4 min：8 分，以此类推。

（七）原木

在最后一站，教师把学生按年龄从左到右安排在木头上，年龄最小的在左边。当教师发出开始信号后，学生们在木头上移动，直到学生在原木上从左到右按从矮到高的顺序排好。

（1）少于 1 min：10 分。

（2）少于 1 min15 s：9 分。

（3）少于 1 min30 s：8 分，以此类推。

（4）在地面上每走一步：扣 1 分。

（资料来源：Göran Andersson. Orienteering at School Age 6-15. Str8 Compasses，www.str8compass.com，EMITAS，www.emit.no，2020.）

案例 8-11　室内定向：湘潭华隆步步高夏季全能智跑寻宝挑战赛

一、活动概况（略）

二、活动目标

（一）聚人气，彰显品牌价值

通过全能智跑活动聚合湘潭华隆步步高商城（简称步步高商城）人气，彰显步步高品牌价值，满足湘潭市民亲子家庭、青年爱时尚人士参与到这一项全新的个人和小团队都能参加的益智娱乐活动中来。

（二）认识自我、挑战自我、发展自我

锻炼参与者认识自我、挑战自我的能力，在活动中增加沟通能力、识图能力、方向辨识能力、环境适应能力以及时间观念、目标管理和团队合作意识，提高参与者决策执行力及户外生存技能。

（三）深度了解步步高商城和内部品牌商家

通过全能智跑让参与者通过地图在步步高商城的各个位置完成挑战任务，通过灵活有趣的挑战活动加深对步步高商城和内部品牌商家的认知度，既满足了参与者的时尚趣味需求同时彰显了步步高的品牌认知。

三、活动组织

（一）组别设置

设个人组、亲子家庭组、情侣组、团队 PK 组（两个团队以上，每个团队三人以上）。

（二）现场报名

在一楼显眼处设置报名台，工作人员现场接受报名，报名之后发放服装、指北针、地图（结束后归还）。

（三）规则讲解与破冰

工作人员现场用 2 min 时间讲解挑战规则和任务内容：① 认识方向；② 了解指北针；③ 了解地图；④ 了解可能出现的任务；⑤ 出发方式。

（四）起点和终点，出发和计时

（1）在有效活动时间内随时随机出发。按照出发的时间启动计时。

（2）每天的有效时间为：上午，10：00—11：30；下午，14：00—8：00；晚上，19：00—20：30。

（3）出发时发放地图。个人参加发放个人地图。三人以上参与发放团队地图，进行团队挑战。

四、活动物质（略）

五、全能智跑活动攻略

（一）自定战略

每个参与者（个人或团队）都有一张攻略。参与者各自制定自认为最高效、最聪明的战略，在活动有效时间内执行整个任务。活动有效时间为 40 min。

（二）装备

参与者每人一张地图、一张检查卡、一个指北针。

（三）检查点和找点规则

（1）检查点分为必打点和自由点，其中必打点 4 个，自由点 15 个。

（2）每个参与者都必须按规定的顺序访问必打点，扫二维码后完成任务，再让工作人员在打卡纸上盖章作证。完成必打点到达终点后，参与者可领取 15 块拼图。

（3）参与者只需要有一个人在自由点打卡就可以在点上领取一块拼图，

重复打卡不会获得更多的拼图。参与者可以自由分配自由点，自由选择路线，可以分散或一起寻找检查点。完成所有的自由点可获得 15 块拼图。

（4）参与者中的所有成员必须一起冲线。冲线后，由队长收齐并归还所有领取的器材才能兑换 15 块必经点的拼图。

（5）参与者用 30 块拼图拼出一个完整的图案后，整个挑战任务完美收官，工作人员结束计时。

（四）排名规则

完成拼图用时最短，且无违规记录的团队挑战成功。

（湖南科技大学体育学院彭光辉提供）

注：近年来，室内定向正在得到较多的关注，但由于室内定向地图规范化的问题一直没有得到有效解决，其推广的效率还比较低，具有特色和创意的案例也很少见。本教材提供此案的目的，一是期待定向爱好者对室内定向有更多的关注；二是该案例有一个独特的创新点，即将团队赛或团队赛路线的概念用于个人赛。

室内定向地图欣赏

复习、思考与实践

1. 回顾自己参与休闲娱乐性定向活动时的体验，并与同学分享，讨论活动中呈现了哪些决定性时刻，它们带来了哪些值得回忆的体验或峰值体验。

2. 尝试用不同的方法对本章案例进行分类，并讨论各案例的创意和亮点。

3. 以学校或家乡所在地为活动地，结合它们的历史文化、民俗风情、生活水平和特色产品，独自或与同学一起组团，制定一份休闲娱乐性定向活动的策划方案。

4. 试制定一个开、闭幕式现场管理方案。

本章小结（思维导图）

本章动态更新

第九章　定向运动路线设计

本章导读

定向运动路线质量是竞技和休闲娱乐定向活动成功的核心要素。本章首先详细解读国际定联定向运动路线设计原则，然后讨论定向运动路线难度标准，详细介绍定向运动路线设计工作流程及 OCAD11 软件路线设计模块应用方法与技巧，最后分别讨论了色级代码路线设计、积分定向路线设计、团队定向路线设计、短距离定向、中距离定向、长距离定向和接力定向路线设计的原理，以及 OCAD11 软件在这些路线设计中的应用方法。

学习目标

1. 掌握定向运动路线设计原则。
2. 理解定向运动路线难度标准，掌握定向运动路线长度测量和计算方法。
3. 了解定向运动路线设计工作流程。
4. 掌握 OCAD11 软件路线设计模块应用方法与技巧。
5. 理解各类定向运动路线设计的原理、特点和质量要求，掌握设计方法与技巧。

如果将一场定向活动当作一场考试，路线就是试卷，参与者就是应试者，而路线设计者就是试卷设计者，其目的就是设计出能充分检验和展示应试者定向技能和身体素质水平的试卷。

第一节　定向运动路线设计原则

莱布尼茨宣言

国际定联为定向运动制定了定向运动路线设计原则，并在其定向运动竞赛规则中指出，定向运动路线应符合国际定联的路线设计原则、定向运动项目规格和莱布尼茨宣言的要求。国际定联路线设计原则虽然是为竞技性定向运动路线设计制定的，但对所有定向活动的路线设计都有指导意义。

一、路线设计的目标和原则

（一）路线设计的目标

路线设计的目标是正确预期参与者的能力，为参与者设计符合他们能力的路线，以确保比赛结果反映参与者的定向技能和体能水平。

（二）路线设计黄金规则

路线设计员必须牢记以下原则：

1. 定向运动在奔跑中导航的独特性

定向的独特性是在尽可能短的时间内找出并沿着最佳线路通过未知的地形。这一过程需要准确读图、路线选择与评估、指北针操作、在压力下集中、快速决策、在自然环境中奔跑等定向技能。

2. 公平竞赛

公平竞赛是体育运动的基本要求。路线设计和设置的每一步都应谨慎，否则运气可能容易成为影响比赛结果的重要因素。路线设计员必须考虑这一因素，让所有参与者在路线的每一部分都面临相同的竞赛条件，确保公平竞赛。

公平竞赛对路线设计的基本要求是，可靠的地图、明确的检查点、地图上检查点的精确设置以及检查点之间良好且具有挑战性的路段。这是定向运动路线设计的主要目标。

3. 让参与者享受比赛

只有为参与者提供满意的路线才能促进定向运动的普及和发展。因此，为确保路线的长度、体能要求、技术难度、检查点位置选择等的适宜性，必须有详细的路线设计计划。尤为重要的是，让每条路线都适合将要体验它的参与者。

为了满足参与者的期望，路线设计者需要了解不同规格的比赛和活动对地形和路线设计的要求。

4. 保护野生动植物与环境

环境对定向运动是敏感的，在定向运动活动组织过程中，野生动植物可能受到惊扰，土地和植被可能被过度使用。环境包括比赛场地内的居民、围墙、栅栏、耕地、房屋及其他建筑物等。

在路线设计中，一般情况下都可能找到让大多数环境敏感区免受干扰的无损方法。经验和研究已经证实，只要采取正确的预防措施和适当的路线设计，即使大型活动也能在环境敏感区举行，且不会对环境造成永久性破坏。

特别重要的是，路线设计者要保证已经获得所选场地的使用权，且场地中所有敏感区已被预先发现。

5. 满足媒体与观众的需要

展现定向的良好形象是路线设计员永恒的目标。在不影响公平竞赛的前提下，路线设计员应尽可能为媒体和观众提供近距离接触、观看比赛的机会。

为了吸引现场和现场以外的观众，路线设计要更多地考虑视频直播和竞赛中心的要求，路线设计员应与直播团队和竞赛中心设计与搭建团队充分合作，以充分满足媒体与观众的需要。

二、定向运动路线

(一) 地形

为了向所有参与者提供公平的比赛，必须对比赛场地地形进行选择。从维护定向的独特性出发，比赛场地的地形应可跑且适合检验运动员的定向技能。

(二) 路线的定义

路线由起点、检查点和终点定义。这些点在场地中和相应的地图上都有准确的位置，两个点之间是运动员必须定向的路段。

1. 起点

起点是定向比赛第一个路段的开始点，运动员从起点一开始就要面临定向问题。起点区域的位置和起点工作组织应符合以下要求：

（1）设有一个热身区。

（2）等待出发的运动员不能看到已出发运动员的路线选择。

2. 路段

（1）好路段。路段是路线最重要的元素，在很大程度上决定了路线的质量。好路段会向运动员提出有趣的读图问题，引导他们选择适合自己的线路通过好场地。同一条路线应提供不同类型的路段，包括强调读图的路段和包含更多易奔跑的路线选择的路段等。同一条路线中应该有路段长度和难度的变化，以促使运动员运用各种定向技术和跑速。路线设计员还应尽量为前后相连的路段安排方向变化，迫使运动员不断地定向（图 9-1）。

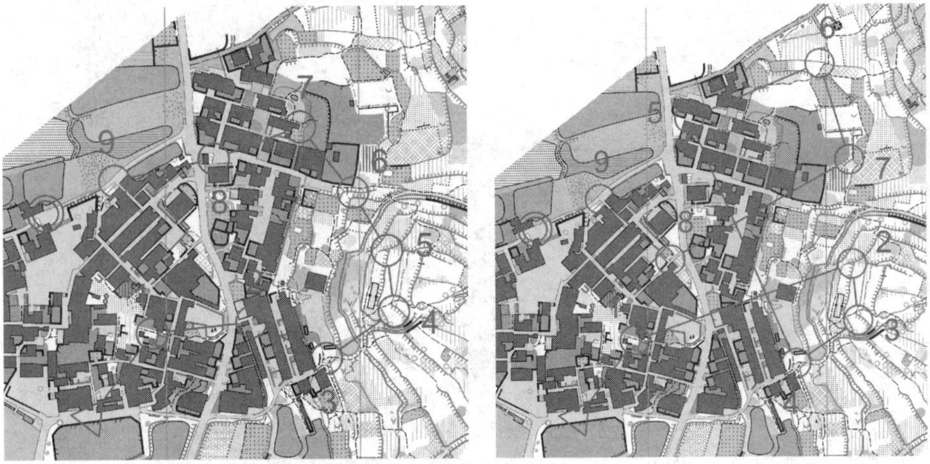

查看本图彩图

图左：路段长度和方向缺少变化的路线；图右：路段长度和方向变化丰富的好路线

图 9-1 由不同路段组成的路线

对一条路线而言，最好有几个由短路段连接起来的好路段，而不是由大量缺少变化的低质量路段组成的路线，短路段是用来提升好路段质量的。

路段是路线的基本功能单元。在实际设计工作中，路线设计一般围绕长路段展开，先通过反复推敲，调整路段起止检查点的位置而设计出好的长路段，然后用短路段将长路段连接起来形成一条完整的好路线。要注意的是，路段的长度和方向变化的幅度与参与者的年龄有关，对于刚刚接触定向的低年级学生，路段的长度和方向变化的幅度都不能太大。

（2）路段的公平性。在同等竞赛条件下，所有路段的路线选择都不能包含任何在地图上无法预见的优势或劣势（图 9-2）；应该避免鼓励运动员穿越禁区和危险区的路段（图 9-3，图 9-4）。

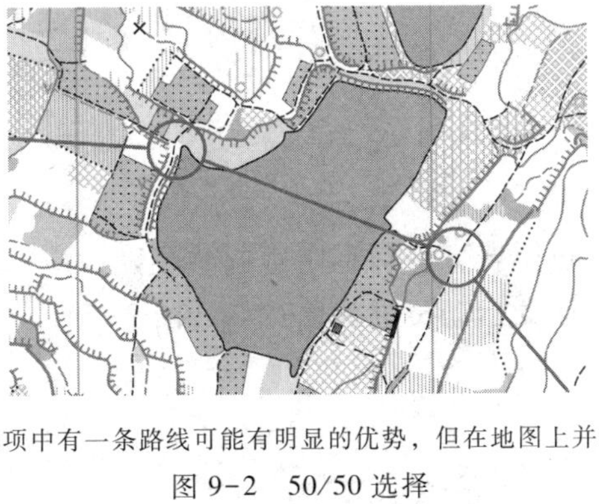

查看本图彩图

路线选项中有一条路线可能有明显的优势，但在地图上并不明显

图 9-2 50/50 选择

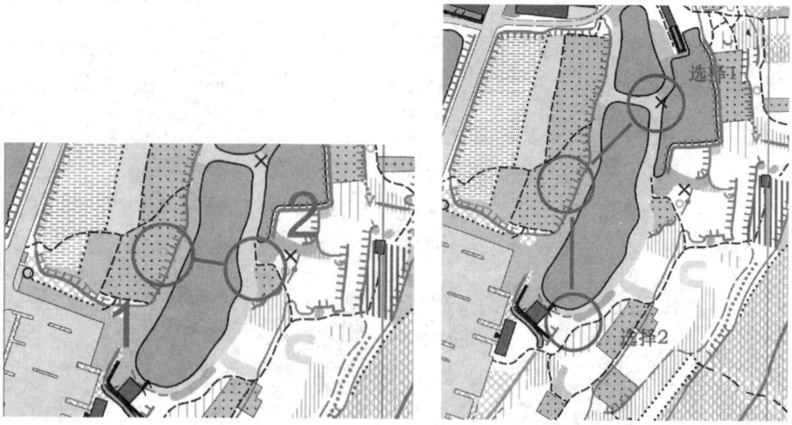

查看本图彩图

左图：鼓励涉水穿越危险区；右图：引导避开危险区的路段

图 9-3　避免鼓励运动员穿越危险区的路段

应避免鼓励违规作弊的路段。特别是在短距离赛地图上，有一些符号代表了边界或不可跨越的特征，如高墙和栅栏，在地形中可能很难通过。然而，地图上一些不可跨越的特征，比如那些被标记为禁区的，可能会在地形中很容易被跨越（图 9-4）。路线设计应该避免让不遵守规则的参与者获得优势。

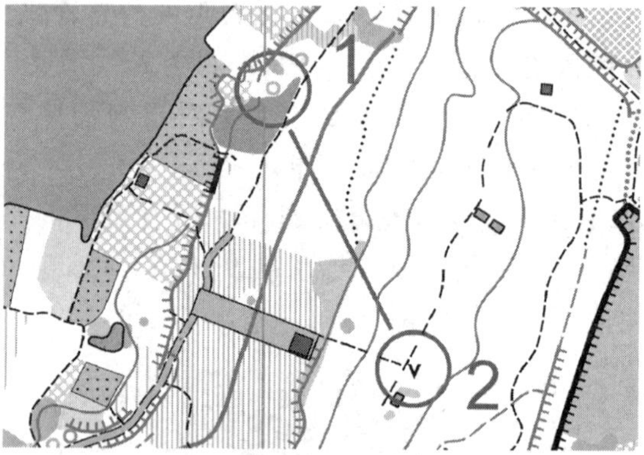

查看本图彩图

越过花坛的参与者将比遵守规则的快几秒钟

图 9-4　鼓励作弊的路段

应仔细选择检查点位置，特别是应避免“尾随效应”，即正在离开检查点的运动员可能引导后面的运动员进入检查点（图 9-5）。

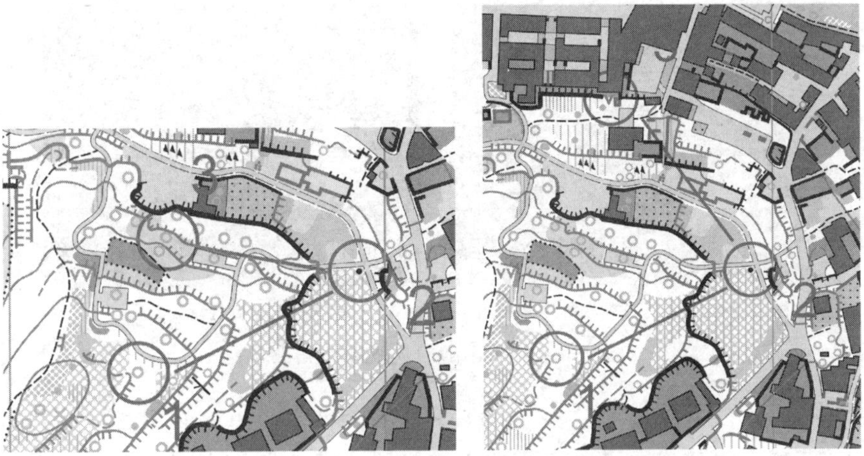

左图：尾随效应；右图：调整检查点位置避免尾随效应

图 9-5 尾随效应与避免尾随效应

查看本图彩图

尾随效应是指当最佳路线迫使参与者返回其刚刚走过的地形时，正在离开检查点的参与者可能引导后面的参与者进入检查点而获益。能产生尾随效应的路段称为尾随路段，它不但会泄露检查点的位置，还会让参与者感到沮丧或无聊。尾随路段通常与前一个路段呈锐角，故又称为锐角路段。要注意的是，锐角路段不一定就会产生尾随效应（图 9-6），尾随效应也不一定只会在锐角路段中出现（图 9-7）。

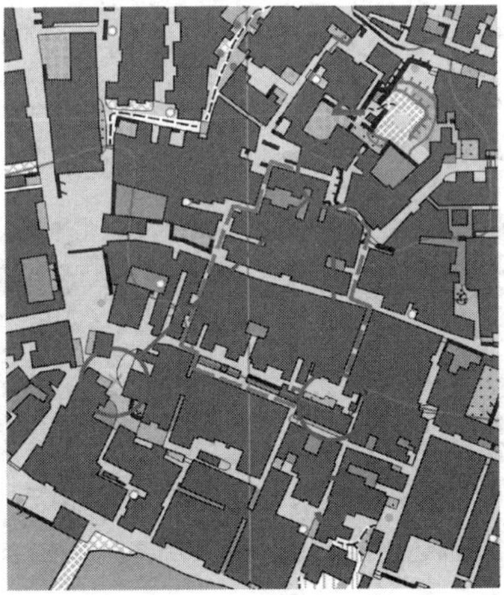

在短距离定向中，这种路段是合理的

图 9-6 没有尾随效应的锐角路段

查看本图彩图

查看本图彩图

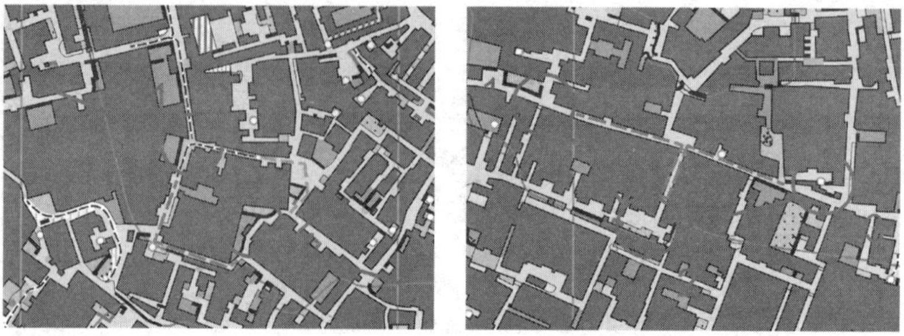

左图：能够提供更好挑战的尾随路段　　右图：应避免的尾随路段

图 9-7 具有尾随效应的非锐角路段

3. 检查点

（1）检查点位置。检查点设置在场地中地图上标示的特征处。要仔细设计与检查检查点位置以确保竞赛的公平性。尤为重要的是，地图要准确地描述检查点附近的特征和从任何可能的角度接近检查点的方向与距离。检查点不得设置在那些只能在近处才能看得见的小特征上，除非地图上有其他辅助特征。如图 9-8 所示，图中的宾果检查点是指靠运气而非技能找到的检查点，其被放置在单调的或地图上能见度低的地形中的点状特征上。参与者可能在几米范围内通过检查点，但没有发现它，而其他人可能会偶然发现它。

查看本图彩图

图 9-8 宾果检查点

检查点不得设置在难以或不方便访问的位置、危险的位置（图 9-9），也不得设置在那些从不同方向跑向检查点的运动员不能通过地图和检查点说明估计点标旗的可见性的位置。

查看本图彩图

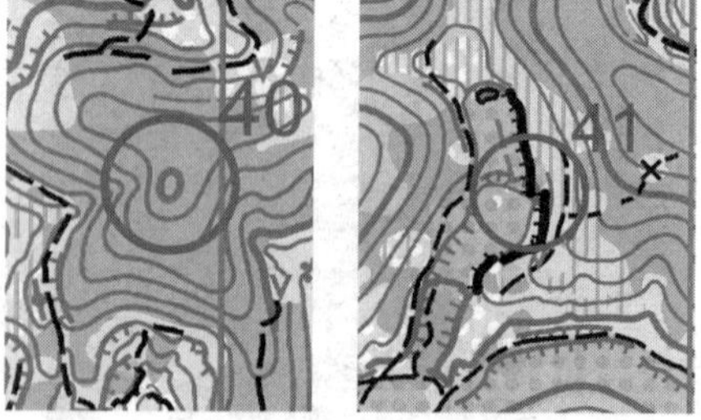

左图：检查点在难以或不方便访问的位置；右图：检查点在危险的位置

图 9-9 不适当的检查点位置

（2）检查点的主要功能。① 标记一个路段的开始和结束，提供一个充满读图、路线选择的好路段，这是检查点最重要的功能；② 将参与者引导至一个好路段的起点；③ 汇集并引导运动员绕过危险区、禁区，或向强制通过点行进（图 9-3，图 9-10）；④ 在竞赛中作为饮水站、媒体报道点和观赏点。

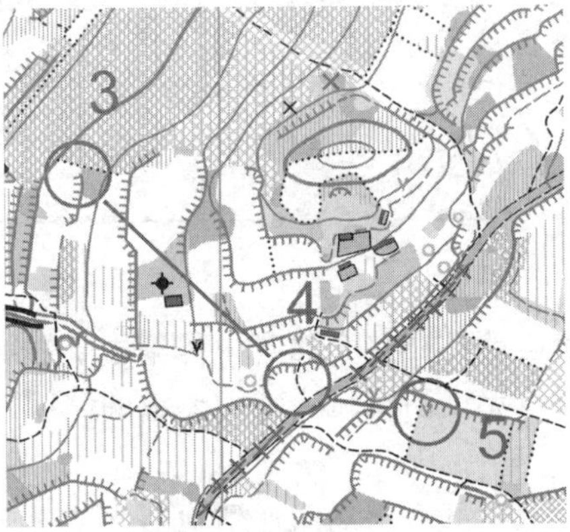

查看本图彩图

图 9-10　引导运动员通过强制通过点

由于检查点的重要性，让很多路线设计者将重点关注寻找检查点位置。因此，在路线设计过程中，必须牢记定向的重点是在检查点之间导航，而不是找到点标旗本身。路线设计时应将关注的重点放在路段上，而不是检查点特征上。

（3）点标旗。点标旗应按照检查点说明悬挂在地图上标示的特征处。当运动员能看到所描述的位置时，应可以看到对应的点标旗。为公平起见，无论是否有运动员在检查点位置，检查点的可见性应该相同，决不能隐藏点标旗，让运动员到达检查点位置后再搜寻它。

（4）检查点间的距离。不同路线间的检查点靠得太近，可能会误导那些正在向检查点正确导航前进的运动员。在 30 m 之间不能有两个检查点。对于短距离定向，该距离可以缩小。对于比例尺为 1∶4 000 或 1∶3 000 的地图，最小跑距为 25 m，最小直线距离为 15 m。只有当检查点特征在场地中和地图上都明显不同时，检查点才可以放在 60 m 以内。对于 1∶4 000 或 1∶3 000 的地图比例尺，此距离为 30 m。检查点之间的距离以直线测量为准。

查看本图彩图

（5）检查点说明。实地中的检查点特征和其标示在地图上的点必须准确无误。应避免使用不能用检查点说明清晰定义的检查点。如图 9-11 中，检查点圆圈内相似的特征太多，难以用检查点说明哪个相似特征是检查点特征。

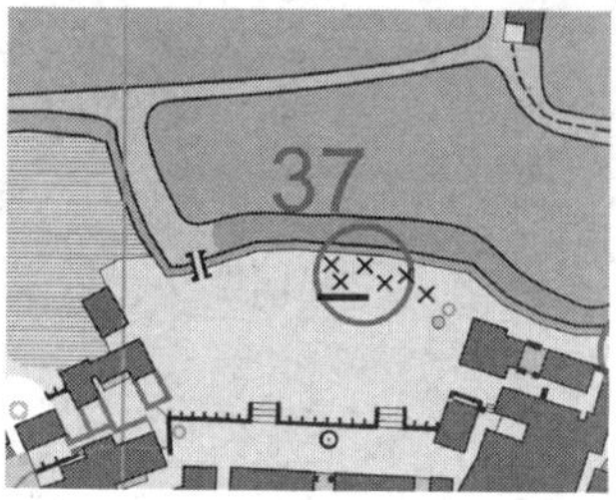

图 9-11　检查点圆圈内让定向者感到困惑的相似特征

4. 终点

通往终点的路线至少最后一部分应该是一段有标记的必经路线。

（三）路线的技术要求

1. 读图要素

一条好的路线会使运动员在整个比赛中都集中于导航。除非提供特别好的路线选择，应避免导航时无读图或无注意力要求的路线。

2. 路线选择

路线的选择性迫使运动员利用地图评估地形并从中作出决定。路线选择使运动员独立思考，并将他们分散到比赛场地中，从而减少跟跑的可能性。

3. 难度

对于任何地形和地图，路线设计员都能设计出难度跨度很大的路线。定向路线的技术难度与地形中的线状特征关系密切。路段和检查点距离线状特征越远，难度越大。通过让路段接近或远离线状特征可改变路段的难度。

运动员应能根据地图上的可用信息估计接近检查点的难度，选择适宜的技术。

应关注运动员的技能、经验和对地图细节的阅读以及理解能力。为初学者和儿童设计路线时，难度适当尤为重要。

4. 项目类型

路线设计必须认真考虑各项目的具体要求。例如，为短距离和中距离比赛设计的路线必须要求参与者在整个路线上始终保持仔细读图和注意力高度集中。为接力赛设计的路线应考虑观众的需要，让他们与比赛保持亲密的接触。接力赛的路线设计应构成一个良好且能满足需要的分叉和分段系统。

（四）路线设计时的注意事项

1. 熟悉比赛地形

在计划使用任何检查点和路段之前，路线设计者应充分熟悉比赛地形。路线设计员应意识到，比赛当天的地图和地形状况可能与路线设计时有所不同。

2. 提供难度适宜的路线

路线设计者很容易将初学者和儿童的路线设计得过难。路线设计者应注意，不能仅根据自己的导航技能或在现场勘察时的行走速度估计路线难度。

3. 选用公平的检查点位置

设计尽可能好的路段的愿望常常让路线设计员选用不适宜的检查点位置。比赛中，运动员几乎不会注意到好路段和极好路段间的区别，但是，他们会注意到由于检查点位置或点标旗的隐秘，检查点位置不明确以及误导性的检查点说明等，这样会导致意外的时间损失。

4. 保持足够的检查点距离

即使有数字代码，检查点之间也不应靠得太近，以免误导正朝着检查点正确定向行进的运动员。

5. 避免过于复杂的路线选择

路线设计者可以发现不会被运动员选用的线路，它们形成的问题复杂，因此，计划路线可能需要花大量时间。而运动员可能选用较好的线路以节省计划线路的时间。

6. 避免对体能有过多的要求

健康的运动员应能跑完按他们能力水平设置的路线的大部分。通常情况下，一条路线的总爬高量不宜超过最短有效线路长度的4%。

在大师赛中，路线的体能难度宜随着选手年龄的增长而逐渐降低。特别要注意的是，M70及M70以上、W65及以上组别的线路对体能不应有太高的要求。

三、路线设计员

路线设计员必须通过实践不断增强对高质量路线的理解和欣赏，而且必须熟悉路线设计理论，熟悉各组别和各比赛项目的特殊要求。

路线设计员必须能够现场评估可能影响比赛的各种因素，如地形条件、地图质量、参赛者和观众等。

路线设计员对路线和从起点到终点线之间的比赛过程负责。这中间存在大量的可能导致失误的条件，它们可能导致严重的后果。因此，路线设计员的工作必须接受技术代表和/或其助理的审核。

第二节 定向运动路线难度

定向运动路线难度包括体能难度和技术难度。定向运动路线难度的量化对促进定向运动教学和竞赛规范化发展，提高定向运动的发展水平，推动定向运动的普及具有重要意义。

一、定向运动路线难度标准

（一）青少年定向运动路线难度标准

为了贯彻落实《青少年体育活动促进计划》，全国青少年运动技能等级标准研制组组织编制了《青少年定向运动运动技能等级标准及测试方法》（以下简称《标准》），《标准》在整体上采用 4 等 12 级制，其中 1~3 级为入门级，4~6 级为提高级，7~9 级为专业级，10~12 级为精英级。《标准》仅针对 1~9 级，10~12 级与高水平运动员等级相衔接。《标准》对百米定向、短距离定向和中距离定向的难度标准从体能和技术难度两个方面进行定义。其中，体能难度分学段定义，技术难度分项目按路段难度定义。

1. 百米定向路线难度

（1）百米定向路线的技术难度。《标准》中百米定向的场地为足球场或平坦的草坪加虚拟人造地物地形，地形中没有障碍物，因此百米定向的路段无路线选择，难度主要取决于相对于上一路段的方向或长度变化的幅度、相对于前两个路段的方向变化以及与前面某一路段的交叉等。百米定向路线的技术难度取决于路段难度与路段数量，为各路段难度值之合，最后一个路段（全程有引导标志的冲刺路段）除外。

百米定向路段的技术难度分为 3 级，其难度值依次为 1 分、2 分和 3 分。百米定向路段难度标准评分标准见表 9-1。

表 9-1 百米定向路段难度评分标准表

难度/分	路段描述
1	无大幅度的方向和长度变化，无交叉
2	1. 呈锐角变化 2. 长度缩短 2/3 及以上或长度增加 2 倍及以上 3. 以上 1 和 2 组合

续表

难度/分	路段描述
3	1. 与前面某一路段交叉形成小交叉环 2. 在前面连续两个同向的小幅度方向变化后的逆向锐角变化 3. 以上 1 和 2 的组合 4. 以上 1 或 2 与难度值为 2 的路段组合

（2）百米定向路线体能难度。体能难度分学段定义，其中 1~3 级对应小学学段，4~6 级对应初中学段，7~9 级对应高中学段。各学段体能难度评分标准见表 9-2、表 9-3 和表 9-4，表中的长度值为取直线的路线长度。

表 9-2　1~3 级百米定向体能难度评分标准表

难度/分	标准	
	男	女
0 分	低于 350 m	低于 300 m
5 分	350~379 m	300~329 m
6 分	380~409 m	330~359 m
7 分	410~439 m	360~389 m
8 分	440~469 m	390~419 m
9 分	470~499 m	420~449 m
10 分	500 m 及以上	450 m 及以上

表 9-3　4~6 级百米定向体能难度评分标准表

难度/分	标准	
	男	女
0 分	低于 450 m	低于 400 m
5 分	450~479 m	400~429 m
6 分	480~509 m	430~459 m
7 分	510~539 m	460~489 m

续表

难度/分	标准	
	男	女
8 分	540～569 m	490～519 m
9 分	570～599 m	520～549 m
10 分	600 m 及以上	550 m 及以上

表 9-4　7～9 级百米定向体能难度评分标准表

难度/分	标准	
	男	女
0 分	低于 500 m	低于 450 m
5 分	500～539 m	450～489 m
6 分	540～579 m	490～529 m
7 分	580～619 m	530～569 m
8 分	620～659 m	570～609 m
9 分	660～699 m	610～649 m
10 分	700 m 及以上	650 m 及以上

2. 短距离定向路线难度

百米定向路线难度评分样例

（1）短距离定向路线技术难度。短距离定向地形为可跑性高的公园、村落、城镇街区或校园。短距离定向路段的技术难度分为 4 级，其难度值依次为 1 分、2 分、3 分和 4 分。短距离定向路线的技术难度取决于路段难度与路段数量，为各路段难度值之合，最后一个路段（全程有引导标志的冲刺路段）除外。短距离定向路段难度评分标准见表 9-5，其中，决策点是指不能继续朝同一方向前进，必须作出是否改变方向及如何改变方向的决策的位置。路段上的决策点并不意味着路线选择。两个检查点之间可能只有一条明显的路线，但这可能需要有在多个决策点改变方向的能力。

表 9-5 短距离定向路段难度评分标准表

难度/分	路段描述
1	1. 检查点简单，路段简单 2. 几乎没有路线选择，导航需求小
2	1. 检查点简单，有容易识别的两条相似路线或明显的路线选择，技术细节很少 2. 检查点简单，有一些导航需求 3. 难度值为 1，但与前面某一路段形成小交叉环
3	1. 检查点简单，有多条可能的路线 2. 检查点简单，有不明显的路线选择和/或存在一些技术挑战 3. 检查点简单，执行起来复杂，有需要思考的较长路段 4. 难度值为 2，但与前面某一路段形成小交叉环
4	1. 检查点简单，复杂的路线选择 2. 检查点简单，有许多决策点，要求详细导航

（2）短距离定向路线体能难度。与百米定向相似，体能难度分学段定义，各学段体能难度评分标准见表 9-6 和表 9-7，表中的长度值为经归一化修正后的路线长度修正值。

路线长度修正值=最优路线长度+爬高×10，单位为米。

表 9-6 1~3 级短距离定向体能难度评分标准表

难度/分	标准	
	男	女
0 分	低于 1 200 m	低于 1 000 m
5 分	1 200~1 279 m	1 000~1 059 m
6 分	1 280~1 359 m	1 060~1 119 m
7 分	1 360~1 439 m	1 120~1 179 m
8 分	1 440~1 519 m	1 180~1 239 m
9 分	1 520~1 599 m	1 240~1 299 m
10 分	1 600 m 及以上	1 300 m 及以上

表 9-7 4~6 级短距离定向体能难度评分标准表

难度/分	标准	
	男	女
0 分	低于 1 900 m	低于 1 600 m
5 分	1 900~2 049 m	1 600~1 719 m
6 分	2 050~2 199 m	1 720~1 839 m
7 分	2 200~2 349 m	1 840~1 959 m
8 分	2 350~2 499 m	1 960~2 079 m
9 分	2 500~2 649 m	2 080~2 200 m
10 分	2 650 m 及以上	2 200 m 及以上

短距离定向路线难度评分样例

3. 中距离定向路线难度

(1) 中距离定向路线技术难度。中距离定向场地为森林覆盖率高，植被类型、地物和微地貌丰富的野外、郊野或森林公园。中距离定向路段的技术难度分为 5 级，其难度值依次为 1 分、2 分、3 分、4 分和 5 分。中距离定向路线的技术难度取决于路段难度与路段数量，为各路段难度值之合。最后一个路段（全程有引导标志的冲刺路段）除外。中距离定向路段难度评分标准见表 9-8，考虑到我国定向运动竞赛发展现状，表中仅给出《标准》测试中可能涉及的 1~4 级难度的评分标准。

表 9-8 中距离路段难度评分标准表

难度/分	路段描述
1	1. 检查点位于明显的路的特征点上，每个决策点都是检查点 2. 没有路线选择，沿路行进
2	1. 检查点在线状特征上，路段中间有 1~2 个明显的决策点，沿线状扶手行进 2. 检查点在扶手附近的明显特征上，沿线状扶手行进至攻击点 3. 简单的路线选择——比较两条路线的距离 4. 100 m 以内走捷径到达另条外一线状特征

续表

难度/分	路段描述
3	1. 有多个决策点的路段 2. 检查点位于扶手附近小的等高线特征（山凸、小台地、山凹等）上，后面有拦截特征，沿扶手行进到攻击点 3. 沿大的等高线扶手行进 4. 300 m 以内走捷径到达扶手，需要指北针导航 5. 指北针近距离概略导航到达位于拦截特征上或前的检查点 6. 简单的路线选择——多条可能的路线
4	1. 检查点在复杂等高线区域，但定位时不要求详细读图，检查点后面有拦截特征 2. 指北针近距离精确导航，检查点后有拦截特征 3. 指北针远距离概略导航到拦截特征 4. 位于等高线特征上的清晰的检查点 5. 沿等高线特征——小山、山脊、明显的山凹和山凸近距离导航 6. 路线选择需考虑多个因素——距离、可跑性、爬高、技术和速度调节

（2）中距离定向路线体能难度。中距离测试只涉及高中学段，其体能难度评分标准见表 9-9，表中的长度值为经归一化修正后的路线长度修正值。

路线长度修正值=最优路线长度+爬高×10，单位为米。

表 9-9　7~9 级中距离定向体能难度评分标准表

难度/分	标准	
	男	女
0 分	低于 4 500 m	低于 4 000 m
5 分	4 500~4 749 m	4 000~4 199 m
6 分	4 750~4 999 m	4 200~4 399 m
7 分	5 000~5 249 m	4 400~4 599 m
8 分	5 250~5 499 m	4 600~4 799 m
9 分	5 500~5 749 m	4 800~4 999 m
10 分	5 750 m 及以上	5 000 m 及以上

中距离定向路线难度评分样例

《标准》中的路线难度体系是根据青少年定向运动运动技能测试标准化的要求设计的，对其中一些涉及技术难度和体能难度的参数都按学段进行划分，如涉及技术难度的检查点数，百米定向 1~3 级规定为 12~16 个，4~6 级规定为 15~19 个，7~9 级规定为 18~22 个；短距离定向 1~3 级规定为 12~16 个，4~6 级规定为 15~19 个；中距离定向 7~9 级规定为 15~19 个。而涉及体能难度的路线长度是按学段设定独立的难度标准进行评分。因此，将《标准》应用在教学、训练和竞赛中时，由于缺少了检查点数和路段长度区间的约束，可能要做一些规范化处理，才能进行路线间的比较，如用每千米难度值、平均路段难度值来进行路线难度间的比较。

（二）英国定向运动协会定向路线难度标准

许多定向运动发达国家的路线难度标准建立在进阶体系的基础上，路线难度与完成路线所需要的技能密切相关。其中，英国定向运动协会的难度标准是影响力较大的难度标准之一。其最经典的应用是以该标准为基础建立的色阶代码路线体系。

1. 技术难度

路线的技术难度取决于参与者成功完成路线所需的定向技能。路线设计者的目标是让定向路线清楚地显示技术难度的进展。一条路线的技术难度与最难路段的部分高度相关。即使只有一个路段的技术难度达到了 3，该路线的技术难度仍然为 3。然而，一条设计良好的路线，大多数路段会达到指定的难度。

一些区域的地形可能达不到最高的技术难度标准，为了按规格举行活动，路线设计者必须在地形允许的范围内以正确的技术难度进行设计。例如，在一个满足技术难度 4 的区域，技术难度 1、2、3 和 4 的路线应按相应技术难度的路线设计指南来设计，技术难度 5 的路线应按技术难度 4 的路线的设计指南来设计。

表 9-10 列出了英国定向协会对每个技术难度级别的路线设计要求、需要测试的定向运动技能以及各难度路线适用的对象。

2. 体能难度

英国定向运动协会并没有对路线的体能难度进行量化，只是对路线设计中涉及的与体能有关的因素进行了如下阐述：

（1）应考虑所有年龄段参与者将要跑过地形的性质。应避免茂密的下层植被，或下脚困难的巨石地等不能测试定向参与者“奔跑中导航”技能的地形。

表 9-10 英国定向协会路线的技术难度标准及适用对象

技术难度	路线和路线选择	检查点数量	检查点位置	重新定位和出错的代价	技能要求（字母表示技能进阶分类）	适用对象和组别	备注
1	1. 路线都沿着路 2. 没有路线选择，包括起点	1. 检查点适当地紧靠在一起（最远 200 m） 2. 路线上的每个决策点都是检查点	1. 路的交汇、交叉和路弯处 2. 路上的特征，如桥、门，提供有变化的检查点说明 3. 检查点上的点标旗和打卡器应设在通往下一个检查点方向上	不需要重新定位	1. 理解地图的颜色和常用符号（A） 2. 用指北针和地形标定地图（A） 3. 沿路定向（B） 4. 在由检查点确定的“决策点”上做出决策（B）	1. 6～12 岁，可能不会标定地图，必须通过图例才知晓黑色的虚线是小路，有可能把棕色线理解为公路 2. M10B，W10B	1. 目标是发展自信 2. 所有的参赛者都能成功地完成路线
2	1. 路线都沿着明显的线状特征，如路、栅栏、墙、河流、大沟渠和非常明显的植被分界	1. 检查点相当近（最大 350 m），路段长度没有很大的变化 2. 路线上的每个决策点不一定都是检查点	1. 参赛者将沿着其行进的线状特征上的特征 2. 靠近线状特征，从线状特征上可看到其上的点标旗，如丘、巨石	通常不需要重新定位。如果需要重新定位，可以通过沿着线状特征追踪路迹来完成	1. 沿着明显的线状特征定向（扶手）（C） 2. 在决策点做决定，但不需要借助检查点来识别决策点（C）	1. 理解了图例，能标定地图，认识到他们必须决定沿着什么、朝哪个方向前进的少年儿童 2. 此前从来没有参加过定向和不熟悉地图的成年人	挑战是决定沿“什么”前进，如果选择正确，则较容易找到检查点

续表

技术难度	路线和路线选择	检查点数量	检查点位置	重新定位和出错的代价	技能要求（字母表示技能进阶分类）	适用对象和组别	备注
2	2. 没有路线选择	3. 每个路段的决策点不应超过两个			3. 离开线状特征到附近的从线状特征上可见的检查点位置，然后返回到该线状特征（D）	3. M10A，W10A，M12B，W12B	
3	1. 对线状特征外的检查点，应该有一条可沿线状特征到达一个明显的攻击点的路线 2. 简单的路线选择	1. 短路线上的检查点相对多，较长路线上的检查点相对少 2. 不同长度的路段	1. 任何线状特征 2. 突出的点状或等高线特征，容易通过线状特征上的攻击点找到	所有不在线状特征上的检查点后面都有一个拦截特性	1. 走捷径（E） 2. 指北针基本应用：抄近路通过两条线状特征之间的地形（F） 3. 用概略指北针方位导航通过一个短路段到达位于拦截特征上或特征前的检查点（F） 4. 有多个决策点的路段的简化（G） 5. 简单的路线选择的决策（H）	1. 9 岁以上，自信地从黄色进阶的青少年 2. 有一些读图知识的成年初学者，以及由黄色进阶的成年人 3. 家庭组 4. M12A，W12A，M14B，W14B	1. 引入路线选择 2. 指北针简单应用：标定地图，从攻击点用指北针概略导航行进或在两条线状特征间走捷径 3. 通过将等高线特征作为检查点位置介绍等高线特征的识别，但等高线特征还不能用在两个检查点之间导航

续表

技术难度	路线和路线选择	检查点数量	检查点位置	重新定位和出错的代价	技能要求（字母表示技能进阶分类）	适用对象和组别	备注
4	相当数量的路线选择	1. 取决于路线长度，良好设计的必要数量的检查点 2. 不同长度的路段	任何不需要读取复杂等高线细节的特征	1. 所有的检查点后的拦截特征 2. 出错不应导致大量的时间损失	1. 用指北针概略导航通过长路段到达拦截特征（I） 2. 用指北针精确导航在短路段上精确定向（J） 3. 用简单的等高线特征，如丘陵、山脊、大山凹和山凸短距离导航（K）	1. 从橙色或红色进阶的青少年和成年人，他们应能够从地图上读到更多的信息 2. M14A，W14A，M16B，W16B	1. 注意植被的可跑性 2. 充分应用指北针技能（指北针+步测），指北针概略导航 3. 利用主要的等高线特征如丘陵、山谷，沿山脊、山凹和等高线导航 4. 用朝着拦截特征跑代替沿线状特征跑

续表

技术难度	路线和路线选择	检查点数量	检查点位置	重新定位和出错的代价	技能要求（字母表示技能进阶分类）	适用对象和组别	备注
5	1. 相当数量的路线选择 2. 路线应强制参与者频繁地改变定向技术	1. 取决于路线长度，具有良好设计的必要数量的检查点 2. 不同长度的路段	任何特征，特别是那些需要仔细读图定位的特征，但不得隐藏点标旗，也不得有过度孤立的检查点（没有宾果检查点）	1. 检查点位置远离明显的重新定位特征 2. 出错可能导致大量的时间损失	1. 仅使用主要的等高线特征如丘陵、山脊、大山凹和山凸进行长距离导航（L） 2. 阅读和理解复杂的等高线（M） 3. 长时间保持集中（O） 4. 识别不明显的特征（O） 5. 运用所有技能，使速度和技术适应地形和定向难度的变化	1. 从浅绿色进阶的人 2. M16A，W16A，M18B，W18B 3. M18A+，W18A+	1. 从一个相对较远的攻击点开始，一路仔细读图才能找到检查点 2. 概略跑到检查点附近，利用可用的等高线细节重新定位，然后通过仔细读图进入检查点的方式找到检查点。这个过程可检验与小尺度（5 m高）相关的概括地图上的等高线细节的能力

(2) 对于21岁组，陡坡是可以接受的。但对于青少年和老年人，陡坡应控制在最低限度。应尽可能避免像栅栏或墙壁之类可能会对年轻选手或不太敏捷的选手造成很大障碍的特征，可通过使用栏杆或阶梯让他们更容易跨越障碍。

(3) 应避免提供可能诱使参与者进入危险区域的路线选择。

(4) 设置的路线应使一般身体健康的选手能够跑过根据其能力水平设置的大部分路线。

(5) 在正常情况下，总爬高不应超过最短合理路线长度的4%。

(6) 随着选手年龄的增长，体能难度应逐渐降低。

在五级难度水平之外还有一个附加的“0”水平，该水平的路线主要是沿绳定向路线，其路线设计目标是：理解地图、习惯在森林中独立活动，主要适用对象为幼儿。

英国定向运动协会定向路线难度标准是基于森林地形建立的，当应用于城市街区、城市公园和村镇举行的短距离定向时，由于地形的约束，检查点很难远离线状特征，难度最大只能达到3级水平，但参与者通常会觉得实际难度高于3级，因为在短距离路线定向需要更高的决策速度和频率。

(三) 国际定联短距离难度标准

国际定联对定向路线的技术难度，在路线设计原则中给出了一个指导性原则：“通过让路段或多或少地靠近或远离线状特征可改变路段的难度。”

近年来，国际定联参考英国定向运动协会新近提出的短距离定向难度标准提出了一个短距离定向的技术难度标准（表9-11），并指出：短距离路线的质量取决于地形和路线设计。

表 9-11 国际定联短距离路线路段难度标准

分值	城区	非城区
0	几乎没有路线选择	简单路段，最小的导航需要
1	两条相似的路线，很容易识别	简单的路线选择，很少的技术细节
2	几条可能的路线，或一条执行起来复杂，需要思考的较长路线	路线选择不明显和/或具有一些技术挑战
3	复杂的路线选择/仔细导航，有许多决策点	复杂的路线选择/需要仔细导航

国际定联短距离路段难度样例

国际定联短距离的路线难度标准以路段难度为基础，路线的难度值为其所有路段难度值之和。因此，路线的难度既取决于路段的质量，也取决于路段的数量。一条好的短距离路线应有大量的路段（平均路段长度必须短），并且有很多的路线选择和方向的改变。总分超过 20 分的短距离路线被认为是有趣和具有挑战性的短距离路线。由于有胜出时间的约束，该标准没有对路线长度进行界定。

二、路线长度

路线长度是竞技和休闲娱乐定向活动设计中的一个关键指标。在既定难度下，路线长度决定了竞赛和活动的体能挑战、胜出时间、有效时间和路线质量。特别是在有直播和转播需求时，遵循各方商定的比赛时间表变得尤为重要，路线长度的设计被赋予了新的意义。

（一）路线长度的测量

国际定联定向运动竞赛规则规定：路线长度要按从起点起，经由检查点到终点的直线长度计算，当面对体能上不能通过的障碍物（建筑物、高栅栏、湖泊、不能通过的悬崖等）、禁区和标记路线时才按实际长度计算。

因此，对中距离和长距离定向而言，路线长度与最佳路线长度通常会有较大的差距。但对短距离定向而言，路线长度与最佳路线长度通常差距很小（图 9-12）。

短距离定向路线长度测量示例彩图

图 9-12　短距离定向路线长度测量示例

（二）路线长度的修正

在既定难度下，定向路线中决定路线完成时间的指标有路线长度和爬高，因此，应用路线长度时要对路线长度进行归一化修正，将爬高也转换成长度。国际定联的修正规则是：

修正后的路线长度=路线长度+路线总爬高×10，单位为米。

公式中路线总爬高是指按最短合理路线计算得到的爬高量。

国际定联发现，许多短距离/城市定向比赛是在坚硬的地面（包括矮草地）上举行的，无论在什么区域，最好的运动员达到的跑速都非常相似。当路线长度经归一化修正后，最佳运动员的平均配速为：3.5 min/km（男），4.1 min/km（女）。

（三）路线长度的设计

1. 基础路线长度及设计

路线长度的设计通常是先定义一个基础路线长度，根据地形的复杂性进行上下调整后，再按比例来定义其他组别的路线长度。

基础路线长度通常为最高水平组别，通常是21岁精英组的路线长度。例如，设定世界级的短距离定向赛中男子精英组的胜出时间为14 min，根据最佳男子运动员的平均配速3.5 min/km，可以得到：

$$\text{修正后的路线长度} = 14\ \text{min}/3.5\ \text{min}\cdot\text{km}^{-1} = 4.0\ \text{km}。$$

英国定向运动协会根据近几年来大量赛事的结果统计得到了基于长距离赛的不同组别的跑速比。由于我国还缺乏相关的统计数据，目前暂时可以用该数据作为路线长度设计的参考。引用这些数据时要注意如下问题：

不同年龄组的跑速比

（1）高水平组的路线通常会使用整个竞赛区。而其他组别的路线通常只会使用部分竞赛区，这可能会导致两者之间在可跑性和相对爬高量上出现明显的差异。

（2）高低不平的地形对年轻运动员和年长运动员的跑速影响比最高水平组更大。

（3）年长运动员容易受陡峭地形的影响，尤其是下坡。

（4）由于身体柔韧性随着年龄的增长而下降，年长运动员在密集生长的林地中会遇到更多的障碍。

2. 其他主要的路线长度设计方法

（1）与之前的赛事做比较。应用该方法要考虑的问题主要有地形的类似性，参赛者的代表性，随着植被的生长而导致的可跑性变化。

（2）测试。测试即先设计路线，然后安排测试员完成路线。应用该方法时要考虑的主要问题是在有点标旗的情况下导航到一个特征通常会更容易，单独跑往往会比比赛中慢，用测试者的速度来推断最高水平运动员的速度比较困难。

第三节 定向运动路线设计工作流程

在一场定向竞赛或活动中路线设计工作通常分为赛前路线设计、赛中路线设置、赛后路线评估三个部分。其中赛前路线设计部分又分为调研、实地勘查、路线设计、实地测试、优化定稿、地图打印和路线预设七个阶段。

一、赛前路线设计

（一）调研阶段

调研阶段应按以下 5 个工作步骤进行：

1. 第一步：把握竞赛或活动主要信息

（1）通过学习规程掌握赛事或活动的规格、规模、组别设置和项目设置。

（2）通过组委会相关机构获得各组别各项目参赛人数及参赛者的年龄、身高（特别是最简单路线上参与者的平均身高）、身体素质（特别是力量、柔韧性和平衡能力），定向运动经验和水平信息，以及定向运动打卡计时系统供应商等信息。

（3）如报名还未结束，可通过组委会相关机构获得竞赛或活动以往数据并进行统计分析，估计各组别各项目参赛人数和定向水平。

2. 第二步：明确路线设计任务

明确路线设计的任务，包括拟设计路线的项目、各项目的路线分类、数量与技术要求。

3. 第三步：组建团队，获得并熟悉地图

（1）路线设计员与技术代表和制图员建立联系，组成团队，商定分工并制定一份对团队所有人员来说都具有可操作性的路线设计工作进度表。在制定工作表的过程中要重点确定制图员的工作时间，如果制图员的工作时间无法准确确定，路线设计员应考虑由自己来完成地图修测任务，并在进度表中预留足够的时间。

（2）获得并熟悉地图，初步确定场地的可用区域。通过与技术代表和制图员沟通，充分了解场地使用授权信息和禁区信息，掌握场地中危险区、禁区、环境敏感区分布信息，以及季节和天气变化对场地可用性的可能影响，确定场地的边界和可用区域。

（3）研究地图，掌握场地的总体地形特征和各类地形特征分布情况，特别是要掌握哪些区域可提供最大的技术挑战，哪些区域可提供最好的路线选择挑战，哪些区域可以提供最大的体能挑战，以及哪些区域对技术和/或体能的要求最低等，确定场地的适宜性。如果组织方希望提供全方位的路线，则场地中既需要有足够的线状特征来满足最简单的路线的要求，也要有足够的复杂的地形以满足最难路线的要求。如果做不到，就要考虑采取什么措施来提高场地的适宜性。例如，要在分布有开阔地和易跑林，缺少路径的地形中设计一条白色标准的路线，就要考虑设置引导带来代替线状特征，并且这些虚拟的人造线状特征必须贯穿一个路段的始终，即从检查点开始到检查点结束。

4. 第四步：初步拟定可能的竞赛区和检查点

（1）初步拟定各条路线的技术参数。如果可能的话，应该查看场地中以往定向竞赛路线、成绩和成绩分布。查看以往路线和成绩时要注意的是，要考虑因季节变化而可能产生的影响，特别是因植物生长情况不同产生的影响。

（2）初步确定竞赛区的边界。

（3）初步确定备选的起点和终点位置，停车场和集结区位置。

（4）初步确定具有框架或节点功能的关键检查点位置和所有路线的总体流向。

（5）初步确定备选检查点位置、草拟代码和检查点说明。

5. 第五步：优化草拟路线

设计草拟路线。将草拟路线及相关说明发送给技术代表，听取技术代表的意见，并按技术代表的意见修改草拟路线。

（二）实地勘查阶段

该阶段的主要工作内容和要求主要包括以下几个方面：

（1）对第一个阶段草拟方案的可用性进行勘查。勘查时，路线设计团队包括制图员和技术代表应该从起点出发，沿着总体路线的流向行进到终点，对草拟方案的内容和备选内容进行逐一检查、确认或修改、调整。

（2）检查地图质量。在对草案方案进行可用性检查的同时，对地图质量进行检查。检查地图质量时，路线设计团队应确认地图的质量问题和地图修测方案。

（3）观察道路、停车场、公共区域的人流和车流情况。

（4）确认在比赛日是否有其他约束条件，如在比赛日宠物和家畜活动如何管理，是否会有其他活动同时进行等。

（5）检查手机信号覆盖范围。

（6）向技术代表提交实地勘查报告。

（三）路线设计阶段

1. 路线设计的步骤

路线设计图样例

（1）制作路线设计图。路线设计图应该包括竞赛区边界，禁区和危险区位置，所有路线总体分布和流向。制图员应尽早将该图发送给技术代表，听取其意见和建议，修改完善后才能开展后续的设计工作。

（2）按先低难度后高难度路线进行路线设计。先找出长而有趣的路段，然后围绕长路段设计短路段并将它们连接起来。

（3）路线调整。尽量减少通过难通行的植被的路段、无故爬高的路段、要求穿越禁区和危险区的路段、长度类似的路段和不需要集中注意力沿路跑的路段（儿童组的路线除外）。

（4）咨询技术代表。路线设计完成后，路线设计员应尽早将路线设计图和路线设计日志发送给技术代表，听取其意见和建议。

（5）按技术代表意见修改完善。

2. 路线设计的工作要求

路线设计员要做好路线设计日志，主要内容包括：

（1）各路线的设计思路，技术参数，包括路线代码、检查点数量、路线长度、爬高、修正后的路线长度、胜出时间和有效时间等。

（2）各路段的性质、功能和对定向运动技能和路线选择的需求说明。

（3）检查点说明。

（四）实地测试阶段

该阶段的工作主要是检查路线设计和地图精度是否符合要求，主要包括以下工作内容：

1. 检查点特征位置与地图精度

路线设计员要访问每个检查点位置，用指北针从所有攻击点对检查点特征的位置精度进行检查，同时考查地图是否精确地反映了检查点特征及其属性，附近是否有其他类似的特征，如更多的石头没有被绘制出来。

2. 检查点设置

如果检查点特征没有问题，检查放置检查点的位置，重点检查检查点的可见性。无论是否有人已经在该检查点，检查点的可见性应该是相同的。如该检查点可以从很远的地方被看到，应考虑其他的位置。

3. 检查点说明

检查检查点特征的尺寸和外观，如巨石、岩石的尺寸；确定是否需要在检查点说明中为检查点特征添加限定符号，如浅的、毁坏的。

4. 测试

安排测试员试跑主要的长路段。如条件允许，最好能够试着完成几条主要路线，评估主要长路段和路线是否达到预设的要求。

5. 提交实地测试报告

如条件允许，该阶段应邀请技术代表和制图员参加，以便现场确定修改、调整方案，并完成修改和调整。

该阶段还要注意的是，尽量不要对地图过分挑剔，因为快速移动的运动员不会注意到路线设计者在走动时看到的小错误。特别是，非常接近检查点的错误可能不太重要。一旦运动员看到点标旗，这就是他注意的一切。

(五) 优化定稿阶段

该阶段的工作主要是对路线进行最后的优化，并交技术代表修改后定稿，主要包括以下工作内容：

1. 路线调整

通过重点检查以下内容对路线进行必要的调整。

(1) 在同一个检查点，是否会有不同路线的参赛者从相反或几乎相反的方向接近的检查点？如果有，应对路线进行调整。

(2) 是否有检查点会有太多的运动员聚集？

(3) 是否有检查点靠得太近？

(4) 是否有不必要的检查点？除了必要的检查点，检查点应尽可能少。

(5) 路线长度和爬高是否需要调整？

2. 路线修剪

检查路线上的连线和检查点圆圈是否遮盖了重要的地形细节，如果是，要剪去连线和圆圈上的该部分。

3. 检查点代码

检查是否有会令参赛者混淆的检查点代码。

4. 地图上的其他路线符号

检查应该用路线符号标记为禁区、不可通行的边界和道路的特征是否被标记。

5. 技术代表修改定稿

完成以上修改后，将修改好的路线并附上修改说明和所有路线的技术参数，提交给技术代表，由技术代表作最后修改后定稿。

（六）地图打印阶段

该阶段的主要工作是打印地图，并做好相应的保密工作。打印地图时要注意以下几个问题：

（1）确保用于打印的文档是最终版本。

（2）如用打印机打印，要使用路线设计时使用的打印机进行打印。

（3）路线设计员应全程参与打印过程，检查地图的质量并及时发现可能存在的路线问题。

（4）布点图及其上的检查点说明最好按布点分区放大打印。

（七）路线预设

路线预设时，所有预定的检查点位置都必须用统一的标示带做好标记，并标记好检查点代码，标示带必须有弹性，容易被看到。路线预设时应注意以下几个方面：

1. 确保检查点位置的正确性

（1）检查点位置必须是由路线设计员和技术代表同意使用的确切位置。

（2）如果不能确认上一点，参加路线预设的裁判员应将问题记录下来并及时通知路线设计员，由路线设计员进行确认。

（3）标示带应精确地放在检查点所在的位置，而不是在最近的树上或检查点特征上。

2. 明确检查点器材固定方式

预设时应对检查点设置的环境条件进行考察，确定打卡设备和点标旗的固定方式，如用架子还是用打桩，并记录下来。

3. 拍摄检查点的位置

对检查点位置进行拍摄，拍摄时要将标识带包含在内。

4. 起点、终点的标记

（1）起点的点标旗位置应在三角形的中间。

（2）出发区布局的关键节点也要标记出来，包括地图盒的位置、出发线和待发线的位置都要标记出来。最好能保证出发线上的运动员可以看到点标旗，但待发线后的运动员看不到。

二、赛中路线设置

赛中路线设置的主要工作是找到预设的检查点位置并设置好检查点。赛中路线设置要注意三个关键问题：一是如拍摄了检查点位置的照片，要同时在地图与照片上再次确认检查点位置的正确性；二是要在放大的检查点说明旁打上相应检查点上的备用针孔打卡器的针孔排列图案，并在返回时交给成统与技术信息中心；三是要检查起、终点点标旗设置的正确性，这两个位置的点标旗通常分别由起点和终点裁判员设置。

三、赛后路线评估

赛后路线评估可以从以下几个方面展开：

1. 参赛者体验分析

收集参赛者对路线质量和体验感的评价，特别是获胜参赛者、被取消比赛资格的参赛者和中途退赛的参赛者对路线质量和体验感的评价。技术代表、其他路线设计员一起根据反馈信息分析路线设计存在的问题和改进方向。

2. 胜出时间和有效时间分析

（1）分析胜出时间与预设的胜出时间的差异及其原因。

（2）统计分析参赛者完赛时间分布信息，结合参赛者的反馈信息，评估路线对参赛者的适宜性。

3. 成绩无效信息分析

统计分析成绩无效和退赛参赛者分布信息，分析其原因，提出改进方向。

第四节　OCAD 软件路线设计模块基本操作方法

OCAD 是一款支持 Windows 系统的专业地图制图软件，并于 2022 年一季度推出了支持 IOS 和安卓系统移动终端的 OCAD 草图 App 测试版。该软件中集中了完整的定向地图制作和定向运动路线设计模块。本节以目前国内常用的 OCAD11 为例，介绍 OCAD 路线设计模块的操作方法。

一、OCAD11 路线设计工作环境

OCAD11 路线设计工作环境由标题栏、菜单栏、工具栏、快捷键、路线设计工具箱、绘图区和状态栏等七个部分组成（图 9-13）。

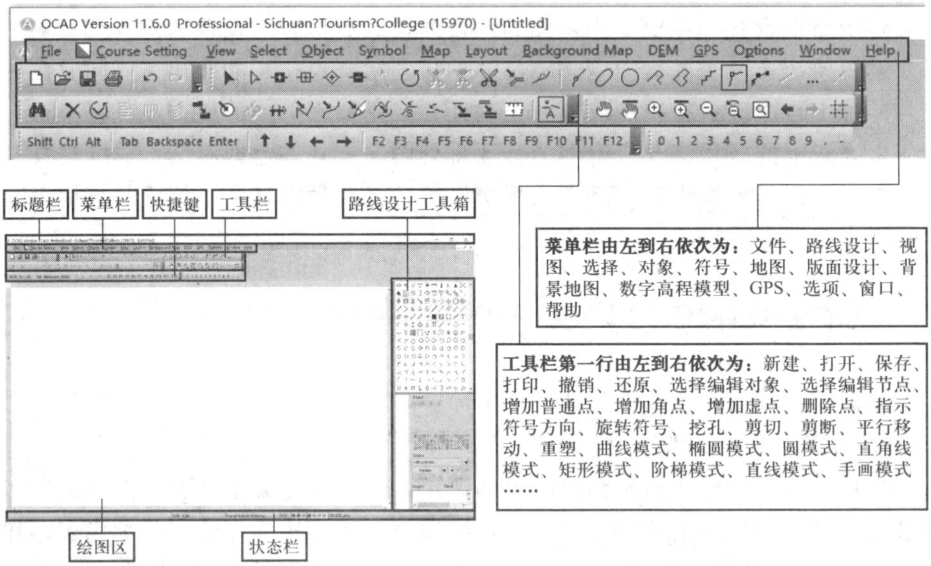

图 9-13　OCAD11 路线设计工作环境

（一）菜单栏

OCAD11 菜单栏中与路线设计密切相关的菜单主要有 File（文件）、Course Setting（路线设计）、Background Map（背景地图）三个菜单。

1. File（文件）菜单可完成路线设计项目的新建、导出与打印工作

（1）Print（打印）用于打印带有路线的地图。

（2）Export（导出）可导出 AI、BMP、DXF、EPS、GIF、JPEG、PDF、TIFF 等不同格式带有路线的地图。

2. Background Map（背景地图）菜单可完成与背景地图相关的设置

（1）Scan（扫描）可扫描背景地图并打开。

（2）Open（打开）打开背景地图。

(3) Adjust (调整) 调整背景地图位置和大小。

(4) HideAll (隐藏/显示) 在绘图区中隐藏/显示背景地图。

(5) Manage (管理) 管理背景地图，可对背景地图进行打开、删除、隐藏/显示、背景地图的透明度和色彩增强设置，还可以调整背景地图的图层位置。

3. Course Setting (路线设计) 菜单可完成与路线设计项目管理相关的工作

(1) Courses (路线) 对话框用于显示路线，对项目进行路线 Add (添加)、Delete (删除)、Duplicate (复制) 等操作。

(2) Classes (组别) 用于对项目的组别和各组别的路线和各路线的使用人数进行管理。

(3) Control statistics and Event statistics (检查点和赛事统计) 主要用于统计检查点的使用频率，如一个检查点有多少条路线在使用，将有多少运动员通过该检查点；两个检查点之间最短的距离；两个检查点之间是否有相向的路段等。

(4) Print (打印) 用于打印带有路线的地图和检查点说明。

(5) Options (选项) 主要用于设置竞赛名称、路线名称，对检查点序号和代码的显示与打印方式进行设置，对检查点圆圈与检查点序号或代码、与连线的距离进行设置，对检查点说明的格式和规格进行设置等 (图 9-14)。

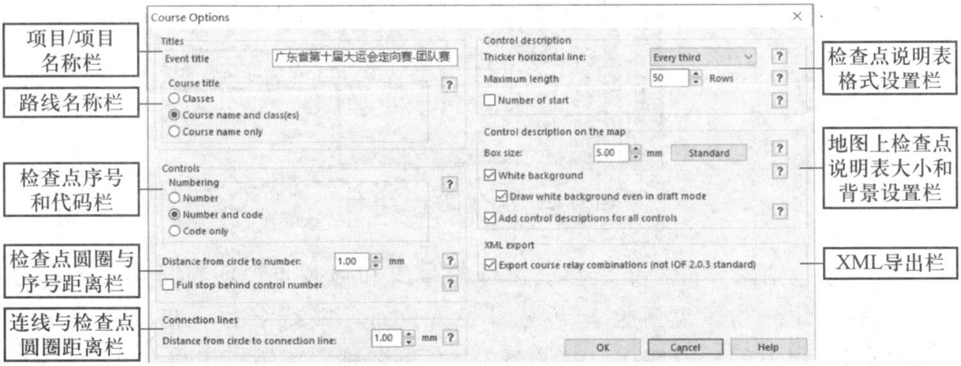

图 9-14 路线设计 Options (选项) 对话框

(二) 路线设计工具箱

OCAD11 路线设计工具箱包括与路线设计相关的主要工具，由上至下主要由符号集、Object (路线对象) 栏和 Courses (路线) 栏。Object (路线对象)

包括对象列表栏、当前检查点说明、检查点代码变更、检查点编辑锁定/解锁等内容。Courses（路线）栏包括路线列表框、路线对象箱、当前路线检查点列表、对象列表（可用检查点列表）、路线编辑锁定/解锁等内容（图 9-15）。

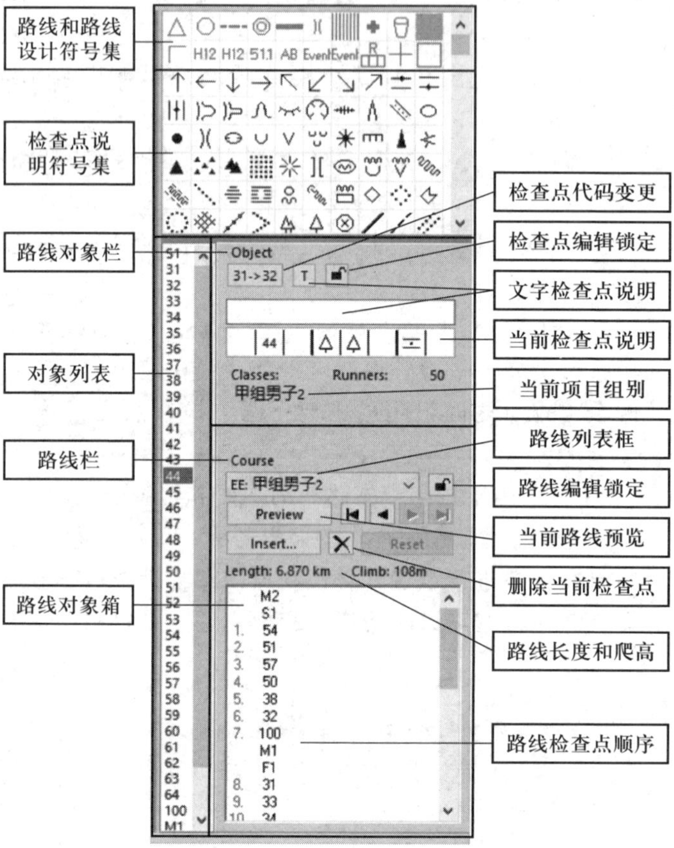

图 9-15　路线设计工具箱

符号集包括路线符号集、路线设计符号集和检查点说明符号集三个符号集。路线设计符号集包括检查点说明表占位符、路线名称、赛段变式组合（接力赛）、出发编号或棒次（接力赛）、赛事名称、备用打卡格、套印标记、背景白板等符号（图 9-16）。符号集中的符号可像操作地图符号一样，通过单击右键进行编辑操作。

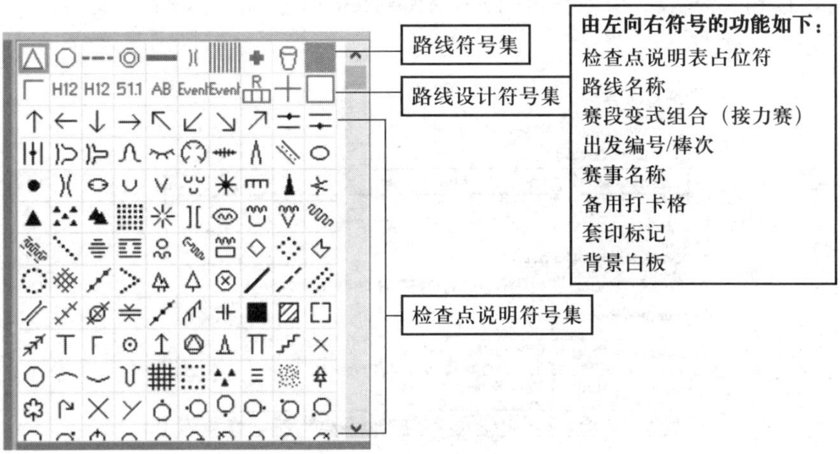

图 9-16　符号集

二、创建路线设计项目

路线设计项目的创建步骤如下：

（一）准备相关文件和配适比例尺

创建一个路线设计项目需要准备路线设计和地图两个文件。

1. 路线设计文件

该文件用来管理路线设计项目，设计路线和加载背景地图文件。与地图文件一样，该文件的扩展名为 .ocd，但路线设计文件有一个特殊的内部标记，OCAD 软件可以将其自动识别为一个路线设计文件。

2. 地图文件

地图文件是将作为背景地图加载到路线设计文件中的文件，该文件可以是 OCAD 文件，也可以 OCAD 支持的文件，如 JPEG、BMP 文件等。

3. 比例尺配适

路线设计文件与背景地图文件的比例尺可能不一致。在创建路线设计项目之前，必须先确定路线设计文件的比例尺，然后在导入背景地图时将背景地图文件的比例尺调整为路线设计文件的比例尺。

（二）创建新的路线设计文件

（1）单击 File（文件）菜单中的 New（新建），或单击工具栏中的 New

（新建）按钮，弹出一个如图 9-17 所示的 New file（新建文件）对话框。

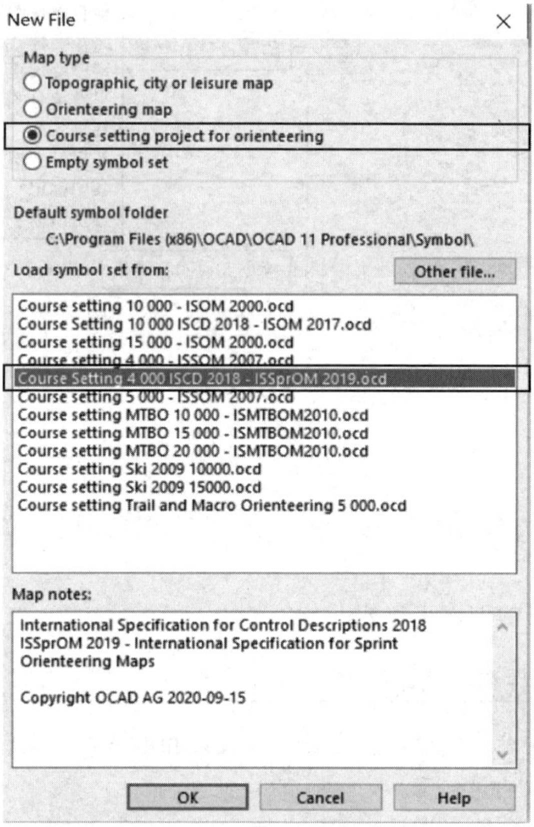

图 9-17　New file（新建文件）对话框

（2）在 Map type（地图类型）选项中选中 Course setting project for orienteering（定向运动路线设计项目）。在 Load symbols from（加载符号集）选项列表中选中相应制图规范和比例尺的路线设计符号集，如图 9-16 中 1 : 4 000 的符号集。

（3）单击 OK 按钮，进入如图 9-13 所示的 OCAD11 路线设计工作环境。

（4）单击 File（文件）菜单中的 Save（保存），或单击工具栏中的 Save（保存）按钮，输入文件名，点击保存。一个新路线设计文件即创建成功。

（三）加载背景地图

（1）单击 Background Map（背景地图）菜单中的 Open（打开），选择背景地图，设置好背景地图比例尺，确保其比例尺与路线设计文件一致，点击打开。

（2）单击工具栏中的 Save（保存）按钮，保存。一个新的路线设计项目文件即创建成功。

（3）单击 View（视图）菜单中 Show Entire Map（显示完整地图），或点击工具栏中的 Show Entire Map（显示完整地图）按钮，完整的背景地图将出现在绘图区中。

（四）添加起点、检查点和终点到路线设计项目

1. 添加起点

（1）在符号集中选择 Start（起点）符号。

（2）在工具栏选择任意绘图工具。

（3）在绘图区拟放置起点符号的位置单击。起点符号的代码“S1”就会出现在路线对象对话框中。如果需要，可以请输入不同的代码。

（4）单击 OK 按钮，Start（起点）出现在地图上。

（5）在对象栏中输入起点的检查点说明。

2. 添加检查点和终点

按添加起点的方式为路线设计项目添加检查点和终点。

（五）添加检查点说明表

按添加起点的方式为路线设计项目添加检查点说明表。“Control description place holder”检查点说明表占位符左上角的位置代表检查点说明表左上角的位置。检查点说明表的代码为 D。如果需要，可以请输入不同的代码。

（六）添加标记路线

（1）在符号集中选择 Marked Route（标记路线）符号。

（2）在工具栏选择绘图工具，如曲线工具。

（3）沿参赛者的行进方向从标记路线的起始位置画到标记路线结束位置。例如，从最后一个点开始，按规定的参赛者行进路线画到终点结束。标记路线符号的代码“M1”就会出现在路线对象对话框中。如果需要，可以输入不同的代码。

（4）单击 OK 按钮，Marked Route（标记路线）会出现在地图上，在路线设计工具箱对象栏中检查点说明的位置将出现 Funnel tapes（喇叭形引导通道）勾选框，勾选后点击路线栏中的（Preview）预览模式，喇叭形引导通道符号

将出现在检查点说明表中。

（七）添加发图点

（1）在符号集中选择 Marked Route（标记路线）符号。

（2）在工具栏选择绘图工具，如曲线工具。

（3）画一条由发图点到起点的标记路线。

（4）在工具栏中选择 Corner Vertex（添加角点）工具，点击虚线上拟添加发图点的位置，发图点将出现在地图上。

创建新的路线设计项目和添加对象视频

三、设计一条简单的点对点路线

在设计一条路线之前，须先创建一个路线设计项目，并在项目中添加起点、检查点、终点、标记路线等项目对象。然后在路线设计项目中完成路线设计工作。

（一）创建组别和路线

（1）单击 Course Setting（路线设计）菜单中的 Classes（组别），出现组别对话框（图 9-18）。

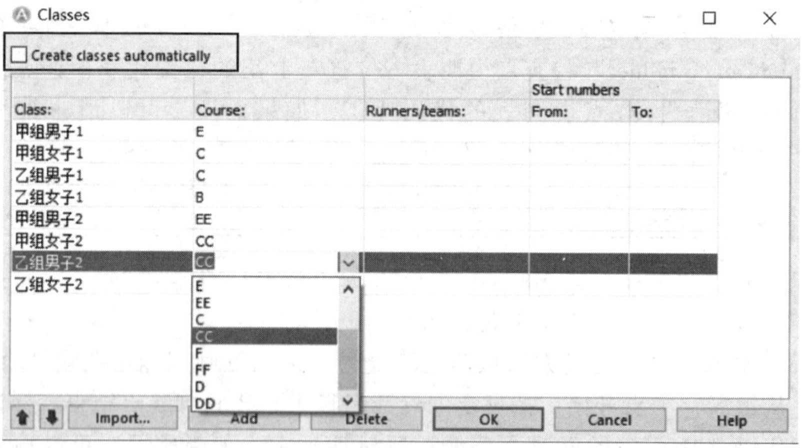

图 9-18　Classes（组别）对话框

（2）取消勾选对话框中的 Create classes automatically（自动创建组别）选项。如果启用这个选项，组别和路线将被默认为是同级的，每个组别只能使用不同的路线。如果取消该选项，不同组别可以使用同一条路线。

（3）在组别对话框中点击 Add（添加）按钮，在新增的组别栏中输入组别名称或代码、路线名称或代码、参赛人数（可以为空）和起止出发序号（可以为空），也可以从下拉列表中选择已经创建的路线（图 9-18）。点击 OK，新的组别和路线即被创建和保存，并返回到 OCAD 路线设计工作环境。

（二）添加检查点到路线

（1）在路线设计工具箱的路线栏中路线列表框的下拉列表中选择要添加检查点的路线。

（2）取消预览模式。

（3）点击路线对象箱的检查点列表中拟插入检查点的位置，将出现一条蓝色的水平插入线。

（4）双击地图上或对象列表中的检查点。

（5）检查点将被插入路线对象箱中蓝色水平插入线的位置。

（三）插入路线对象到路线

通过该功能，可将一个路线对象（起点、检查点、标记路线、终点、强制通过点、强制通道或换图点）插入多个路线中的指定位置。

（1）单击 Course Setting（路线设计）菜单中的 Insert Course Objects to Courses（插入路线对象到路线），出现 Insert Course Objects（插入对象）对话框（图 9-19）。

（2）在 Insert（插入）栏中选择要插入的对象。

① Course Object from Map（从地图中选择路线对象），可从其右侧的下拉列表中选择地图上的检查点来插入。

② 插入强制通过点。

③ 插入强制通过禁区。

④ 插入换图点。

（3）在 Courses（路线）栏中选择要插入对象的路线。通过按住 Ctrl 键或单击 Select all（全选按钮）可选择多条路线。

（4）定义插入条件。在“之后”“之前”和“之间”之间进行选择，然后在下拉列表中选择检查点。

（5）完成后单击 OK 按钮，插入成功并返回到 OCAD 路线设计工作环境。

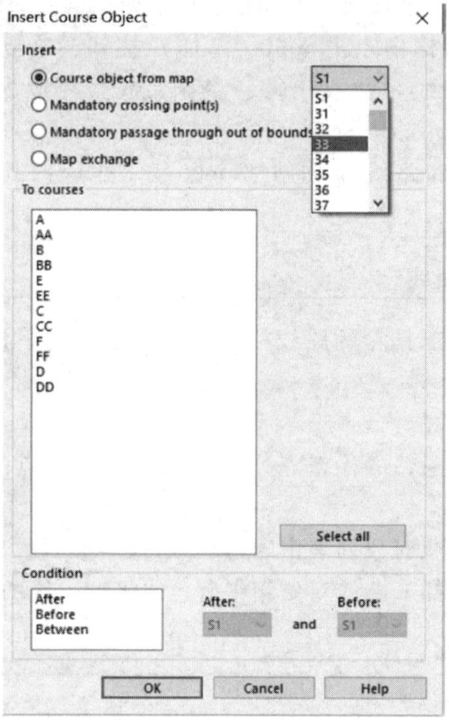

图 9-19 Insert Objects（插入对象）对话框

（四）路线修饰

如果检查点圆圈或连线覆盖了一个地图细节，如一个小丘，就应将检查点圆圈和连线上的该部分剪掉，使路线设计项目中所有被该检查点和连线覆盖的小丘显示出来。如果连线穿过了检查点圆圈，也需要通过给连线添加角点或普通点，调整连线的形状，让连线绕过检查点圆圈（图 9-20）。

查看本图彩图

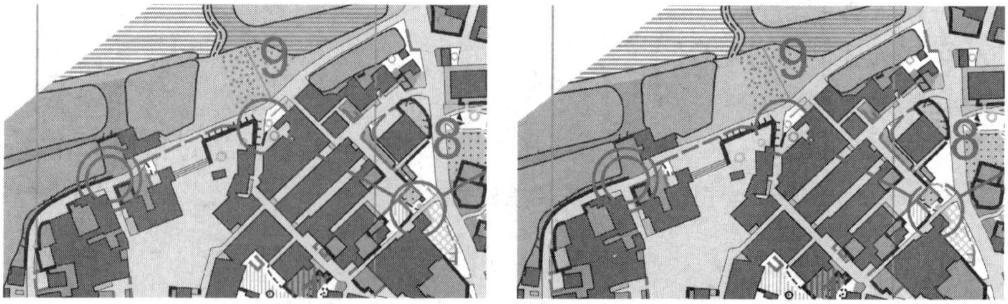

左图：软件自动生成的路线；右图：经过修饰后的路线效果

图 9-20 检查点圆圈切割修饰效果示意图

1. 切割检查点圆圈

（1）关闭预览模式。

（2）选择需要切割的检查点。

（3）在工具栏中选择Cut（切割）工具，切割掉检查点圆圈的一部分。

（4）点击工具栏中的Select and Edit Object（选择和编辑对象）或Select Object and Edit Vertex（选择对象和编辑节点）按钮，关闭Cut（切割）工具。

2. 修改连线和移动检查点序号

（1）在路线栏的路线列表框中选择需要的路线。

（2）点击Preview（预览）按钮进入预览模式。

（3）选择所需的检查点序号或连线。

（4）通过拖动小方块移动检查点序号到所需的位置。

（5）用工具栏中的Cut（切割）工具切割连接线的一部分，将鼠标从需要切割的部分的起点拖动到结束。

（6）用Select Object and Edit Vertex（选择对象和编辑节点）工具选中插入角点图标，并在连线上拟插入角点的位置点击，此时连线上出现一个新角点，然后用该工具移动新角点至适宜的位置（图9-21）。

左图：软件自动生成的路线；右图：经过修饰后的路线效果

图9-21　连线绕过检查点修饰效果示意图

查看本图彩图

创建一条简单的点对点路线视频

路线修饰

（五）打印路线地图和单独的检查点说明表

1. 打印路线地图

（1）在路线设计工具箱的路线栏中选中拟打印的路线。如只打印路线，不打印地图，单击 Background Map（背景地图）菜单中的 Hide All（隐藏所有）隐藏背景地图。

（2）单击 File（文件）菜单中的 Print（打印），或单击工具栏中的 Print（打印）按钮，在出现的 Print（打印）对话框中选定相应选项，在绘图区中调整页面的位置，点击对话框中的 Print（打印）按钮。

2. 打印单独的检查点说明表

Course Setting（路线设计）菜单中 Print（打印）子菜单中的 Print Control Descriptions（打印检查点说明），在出现的 Print Control Descriptions（打印检查点说明）对话框中选定相应选项，点击对话框中的 OK 按钮。

（六）导出路线地图

在 OCAD 中导出路线地图有以下两个途径：

1. 用 File（文件）菜单中的 Export（导出）命令导出

（1）单击 File（文件）菜单中的 Export（导出），在出现的 Export（导出）对话框中选定相应选项，点击对话框中的 Export（导出）按钮。

（2）该途径可以导出多种 OCAD 支持的图形格式文件，但不能导出 .ocd 格式文件。打印地图最常用的格式是 PDF 格式。

2. 用 Course Setting（路线设计）菜单中的 Export（导出）命令导出

（1）单击 Course Setting（路线设计）菜单中的 Export（导出）命令，在出现的子菜单中选择 Export Course Map（导出路线地图），出现 Select Clurses/Classes（选择路线/组别）对话框，选定相应选项，点击 OK 按钮。

（2）该途径只能导出 .ocd 格式文件。

（七）导出路线文档

输出操作视频

路线文档是有关路线的技术参数的文本，包括路线检查点数、路线长度和爬高、检查点顺序、路段长度和爬高等。

（1）单击 Course Setting（路线设计）菜单中的 Export（导出）命令，在出现的子菜单中选择 Classes Version 8. Text（组别文本），点击保存按钮。

（2）导出的格式为文本格式。

第五节　定向运动色级代码路线设计

“色级代码”路线是一套在国际上，特别是定向运动发达国家广泛采用的定向运动路线体系。不同国家的色级代码路线各有特点，近年来，我国一些较有影响的俱乐部也开始在自己的活动和赛事中建构自己的色级代码体系。本节结合我国定向运动发展现状，讨论技术难度 1~4 级的色级代码路线的设计。

一、色级代码路线体系概述

色级代码路线体系使用颜色作为路线的代码，对各种颜色代码对应的路线的技术难度，包括具体的定向技能需求和体能需求（主要体现在路线长度上），以及适用的活动对象和竞赛组别都作出了详细的定义。一般的规律是，颜色越深，技术难度越大；在同一技术难度下，颜色越深，路线长度越长。各种颜色代码的路线在难度、适用对象和组别上呈现出明显的递进和晋级关系，因此被称为“色级代码”路线。色级代码路线体系体现了路线间的系统性、一致性和进阶性，为定向运动教学、活动和竞赛组织的路线设计提供了一套系统化的方案，也为定向活动和竞赛的参与者提供了一套系统化的训练和参赛指南。

（一）色级代码路线体系的结构

图 9-22 显示了色级代码路线体系的三维结构，其中技术难度维度分为 5 个层级，分别为白级、黄级、橙级、绿级和蓝级，本章表 9-10 中详细地描述了各层级的技能需要。“0”级没有在图 9-22 中表示出来，该特殊层级的需求

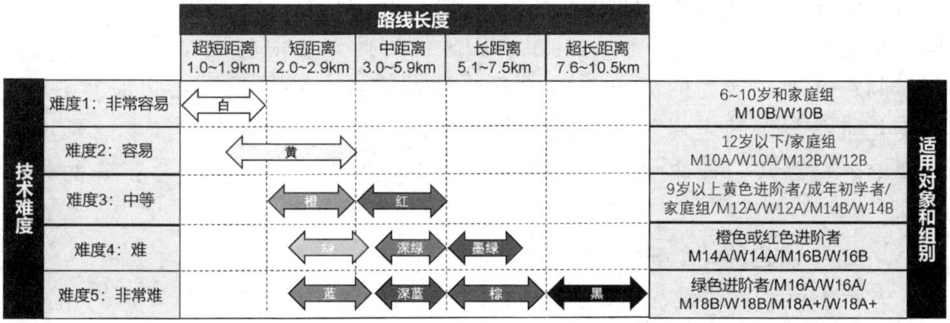

图 9-22　色级代码路线体系的三维结构示意图

查看本图
彩图

是理解地图，习惯在森林中活动。路线长度维度反映了各技术层级下的体能需要，从第三个层级，橙级开始，同一难度层级分别提供了2~4种长度的颜色路线，以适应不同体能水平参赛者的需要，颜色越深，路线长度越长；适用对象和组别维度分别从年龄、技能掌握水平和竞技性比赛的组别三个方面反映了颜色代码路线的应用范围。

（二）色级代码路线体系适用的地形

色级代码路线体系的难度标准是基于森林地形开发的，主要适用于森林、郊野公园，但也可以为城市街区、城市公园和乡镇村落地形中的路线设计提供参考。一般来说，这些地形中的路线难度最大只能达到橙级水平。如果执行路线时有较高的决策率要求，则给参与者的感觉会高于橙级水平。

（三）色级代码路线体系适用的定向形式

色级代码路线体系主要是为点对点路线开发的，也可用于指导积分定向和团队定向赛的路线设计，但难度只能从黄级开始。积分定向赛和团队定向赛的路线设计将在本章第六节详细介绍。

（四）应用色级代码路线体系的难点

色级代码路线体系应用的难点主要是少年儿童和老年人的色级代码路线设计。

1. 少年儿童色级路线的设计

少年儿童色级路线设计的难点在于要为他们提供技术和体力水平适合的路线。少年儿童色级路线设计常见的问题是路线设计得太难或体能要求过高。路线设计者必须牢记，少年儿童正在尝试一项能提供相当大的智力挑战的运动，他们需要各种鼓励才能享受定向运动，长时间迷失在森林中所产生的失败感是抑制他们持续参与定向运动的主要因素。因此，为他们设计的路线不能过分强调符合他们能力的需求。即使是竞技性竞赛，路线设计者也必须注意，少年儿童参与者的表现并不稳定，也应根据正确的技术标准和推荐的长度设计简单的短路线。如路线长度与技术标准发生冲突，路线须符合正确的技术标准。

2. 老年人色级路线的设计

老年人色级路线设计常见的问题是路线设计的技术难度太低，而老年人在技能上可能具备21岁组参赛者那样的水平。如果仅因为推荐的路线长度与少年儿童组相似，就将他们的路线与少年儿童路线结合起来进行设计是完全不合适的，除非地形条件不支持设计高技术难度的路线。

二、白级路线设计

当一个项目的路线设计涉及不同难度水平的路线时，从低难度的路线开始设计通常是最好的程序。就提供技术和体能要求恰到好处的路线而言，设计最低技术难度的路线通常是最困难的任务。

（一）路线设计的目标

1. 目的

（1）学会如何读图将地图的颜色和符号与实地联系起来。

（2）让每个人都获得成功。

2. 技能目标

（1）理解地图颜色和常用符号。

（2）用地形标定地图。

（3）沿大路和小路定向（扶手）。

（4）通过检查点位置识别出决策点，在决策点做出决定。

只要具备以上技能，就能够完成路线。如不能完成路线，那就意味着路线偏难。

3. 体能目标

（1）胜出时间：约 20 min。

（2）路线长度：1.0~2.0 km。

对白级路线而言，更重要的是合适的技术难度，而不是精确的路线长度。

（二）起点和终点

1. 起点

起点应放在小路或大路上，但不能放在路的交汇或交叉上。起点放在路的交汇或交叉上，要求参与者在不知道他们刚刚从哪里来的情况下决定走哪条路。让孩子不得不马上在所有人的关注下做出决定的起点不是好起点。

2. 终点

终点应位于能从最后一个检查点沿路到达的位置上。如果从最后一个检查点到达终点没有路，不能在最后一个检查点看到终点，必须用清晰的引导带标识出来。

（三）从起点到终点

1. 路线选择

白级路线的挑战是从起点沿着路到达终点。所有路线包括起点点标旗位置都应沿着大路和小路设计，没有路线选择。

决策点示例

2. 决策点

（1）决策点是不可以继续朝同一方向前进，必须做出改变方向决策的点。

（2）白级路线要求检查点放在每个决策点上，即在两个检查点之间没有交叉或交汇路口。对于白级路线，可以将决策点的定义延伸为：参与者可能认为他们必须改变方向的点。因此，要在与大路交叉的小路直行路线上设置一个检查点以避免任何可能出现的困惑。另外，可以在两条主要的小路交汇处设置一个检查点来提醒参与者核对地图。

白级路段示例

3. 检查点

（1）白级路线的检查点间应靠得相当近，最大距离在 200 m 左右。但如果在一条长约 200 m 的大路上，能让孩子在一个检查点上停下来会更有趣。

（2）一条典型的白级路线应有 10~15 个检查点。

（3）点标旗定位。点标旗和打卡器的定位应能自动引导孩子向下一个检查点行进。

（4）检查点说明。大多数孩子更感兴趣的是在路线上跑，而不是读说明，除了核对检查点代码，他们不会做更多其他事情。因此，可以提供图形、符号，最好同时提供文字检查点说明。

（5）检查点代码。使用随机的检查点代码，让孩子从一开始就养成在每个检查点核对检查点代码的习惯。

4. 离开小路

小路在某区域中断时，可采取以下应对措施：

（1）设置一条用带子标记的路线穿越一小片森林开阔地。引导带须从检查点的开始到检查点结束。

（2）利用墙和栅栏将路网连在一起。

三、黄级路线设计

（一）路线设计的目标

1. 目的

让参与者冒险离开小路，在没有危险的森林中漫游而获得一些冒险经历，培养他们的技能和自信。

2. 技能目标

（1）沿着明显的线状特征定向（扶手）。

（2）在没有检查点辅助的情况下识别决策点，在决策点做出决定。

（3）离开线状特征到线状特征上可见的检查点位置，然后返回到该线状特征。

黄级路段示例

3. 体能目标

（1）胜出时间：约 25 min。

（2）路线长度：2.0~2.9 km。

对黄级路线而言，更重要的是合适的技术难度，而不是精确的路线长度。

（二）起点和终点

1. 起点

起点应在小路和大路上。起点位置不能让参与者在不知道自己刚从哪里来的情况下决定走哪条路，因此，用小路的交汇作为起点通常是不适合的。如果为了在地图上标记精确的起点，必须用小路的交汇，那么，应将点标旗放在参与者必须顺着走的路上。

2. 终点

终点应容易定位，参与者到达最后一个检查点后肯定能找到终点。

（三）从起点到终点

1. 路线选择

黄级路线的挑战是从起点沿着明显的线状特征到达终点，没有路线选择。

2. 建立自信

从一个相当容易的检查点开始，让参与者建立自信。然后逐步引导他们至大量有适当技术难度的检查点。

3. 从儿童的视角审视路线

在路线设计的过程中应将路线完整地走一遍，并从儿童的视角去审视路线。

4. 决策点

（1）路段两端检查点之间最多可有两个决策点。

（2）决策点在地图和实地都必须明显。可能容易错过的决策点应设为检查点。

（3）挑战是来自沿哪条线路离开决策点，而不是找到决策点。

5. 检查点位置

（1）检查点间应较近，最大距离在 350 m 左右。

（2）10~15 个检查点。

（3）线状特征外的检查点。线状特征外的检查点特征应明显，离线状特征的最大距离为 10~15 m。从线状特征看过去，点标旗清晰可见。要注意的是，判断线状特征外的特征与线状特征距离的适宜性及特征上点标旗的可见性应采取儿童视角，必须蹲下来观察。

（4）小路与冲沟和土墙的相交处通常不明显，在这些位置避开路沿一个线状特征通过森林时，应在相交的位置安排一个检查点作为提示信号。

四、橙级与红级路线设计

橙级与红级路线所需要的技能相同，但红级路线的距离更长。

（一）路线设计的目标

1. 目的

让参与者在没有引导的情况下冒险进入森林中，并在森林的另一端提供一些特征帮助参与者离开森林，培养参与者的爱好、技能和自信。

橙级路线常常是成年初学者或家庭组定向的起步路线。他们可能比儿童更有自信带着地图走进森林中，但他们也可能由于定向技能的缺乏导致过度自信。因此，路线设计应防止他们迷失方向。

2. 技能目标

（1）走捷径。

（2）运用指北针在两个线状特征间走捷径进行短距离穿越。

（3）依靠指北针概略导航在短路段导航到位于拦截特征上或拦截特点前的检查点。

（4）简化有多个决策点的路段。

（5）做出简单的路线选择决策。

3. 体能目标

（1）胜出时间：橙级约 25 min，红级约 35 min。

（2）路线长度：橙级 2.0~2.9 km，红级 3.0~5.0 km。

对橙级路线而言，重要的是合适的技术难度，而不是精确的路线长度。

（二）路线设计要点

1. 路线的基本形式

橙级路线的基本形式主要是沿着明显的线状特征导航，出错后重新定位相当容易。

2. 起点

通常使用与白色和黄色路线相同的起点。

3. 检查点和路段

（1）橙级路线至少有 10 个检查点，红级路线至少有 12 个检查点，路段长度为 100~400 m。

（2）路线中开始的一个或两个路段要简单。

（3）检查点位置与攻击点。检查点应在线状特征上、突出的点状或等高线特征上，并有一个位于线状特征上的攻击点。参与者应能够沿着线状特征到达攻击点。

（4）提供可以走捷径的路段。走捷径是指瞄准一个安全特征，离开小路进入森林中切一个拐角行进。特别是在可跑性良好的森林中，青少年可以很容易地离开小路进入森林中走捷径。

（5）扩展走捷径概念，提供可以利用指北针导航走捷径通过两条线状特征间的地形的路段。

（6）提供需要短距离指北针概略导航到达位于拦截特征上或拦截特征前的检查点的短路段。拦截特性应能确保获得重新定位的机会，出现错误的成本应较小。

（7）提供可以利用多个决策点简化路段的路段。用决策点简化路段可以测试简化读图的能力。如忽略小的/次要的线状特征的交汇，只将注意集中于大的特征。在路段最初的部分概略读图，到达攻击点后再仔细读图。

（8）提供需要做出简单的路线选择决定的路段。利用有 4~5 个决策点的长路段提出路线选择的挑战，同时也向参与者提出导航挑战。

五、绿级路线设计

（一）路线设计的目标

橙级路段示例

1. 目的

为参与者提供更高水平的挑战，检验参与者更高级的定向技能。

有能力选择绿级路线的参与者仍然容易犯错误，但出错后对他们的惩罚应该适度，不能让他们感到灰心。因此，路线在出错后应容易重新定位，不会导致大量的时间损失。

2. 技能目标

（1）长距离指北针概略导航到达拦截特征。

（2）在短路段上运用指北针精确导航技能。

（3）利用简单的等高线特征进行短距离导航。

（4）需考虑多种因素的路线选择。

3. 体能目标

（1）胜出时间：绿级 30 min，深绿级 35 min，墨绿级约 40 min。

（2）路线长度：绿级 2.5～3.5 km，深绿级 3.6～5.0 km，墨绿级 5.1～7.0 km。

（二）路线设计要点

1. 路线的基本形式

路段长度和方向富有变化，两个路段间所需要技能的变化也丰富。例如，在一个需要精确指北针导航的短路段后接一个需要概略指北针导航的长路段。

2. 检查点和路段

绿级路段示例

（1）绿级路线至少有 10 个检查点，深绿级至少有 12 个检查点，墨绿级至少有 15 个检查点。

（2）检查点位置可以是任何不需要读取复杂等高线细节的特征。

（3）使用明显的线状特征作为拦截特征和重新定位特征。

（4）提供需要长距离指北针概略导航到达拦截特征的长路段。利用长距离指北针概略导航通过好跑的森林或开阔地，不仅能培养指北针运用能力，也能培养集中能力。

（5）提供需要短距离指北针精确导航的短路段。该路段要求综合运用指北针精确导航技能和步测技能。参与者必须能选择好的攻击点，然后精确导航向检查点前进。

（6）提供可以利用简单的等高线特征短距离导航的路段。利用等高线导航是定向运动中必须学习的最难的技能。路段应为参与者提供将等高线特征转变为线状特征的机会，如将山凸和山凹转变为线状特征的机会。

（7）提供需要路线选择决策的长路段。对路线选择长路段的基本要求是公平，一个好的路线选择路段应导航越困难，用时越少。

第六节　积分定向赛和团队定向赛路线设计

由于独特的功能和教育价值，积分定向赛和团队定向赛已经成为中国学生定向赛事的主要比赛项目。积分定向赛的主要功能是培养学生的规划能力和时间管理能力，以及让学生懂得取舍；团队赛的主要功能是培养学生的团队协作能力和领导能力。

一、积分定向赛路线设计

（一）路线设计的目标

积分赛的路线应为参赛者提供规划路线和时间管理上的挑战，以检验参赛者让时间和距离与其导航能力协调一致，在规定时间内获得最大积分的能力。参赛者在积分定向中主要将面临以下挑战：

（1）从所有检查点中选择访问的检查点子集。在一个理想的积分定向赛中，任何参与者都不可能在与其能力相适应的路线上，在规定的时间内访问所有的检查点。参与者要做的重要决策之一就是放弃哪些检查点。如果一些参与者可以在规定的时间内访问所有检查点，而不需要选择所要访问的检查点子集，那么，他们将错过积分赛最有吸引力的决策部分。

（2）决定访问检查点的顺序。

（3）选择检查点之间的路线和沿选定路线导航。

（4）随着比赛的进行，对以上规划进行调整。

（二）检查点和路段设置

1. 检查点分布

（1）检查点分布形式。检查点在场地中可以以单独、成对和群聚等多种形式分布，但应该以成对和群聚的方式为主，而不应该均匀分布。以成对和群聚的方式设置检查点具有以下优势：

① 在场地条件适合的情况下，可以使参赛者的路线规划中出现一些长路段。

② 一个检查点可能成为另一个检查点的攻击点。

③ 向参赛者提出一个困难的抉择。例如，单独的检查点 A 为 30 分，距离较远的一对检查点 B 和 C 的分值各为 20 分，选择 A，还是选择 C 和 B。

（2）检查点数量与检查点分布。检查点数量及其分布应保证：即使最好的参与者也不能在规定时间内到访所有的检查点，迫使运动员必须选择到访的检查点子集。

（3）对于少年儿童，应该在起点和终点附近设置一些比较容易的检查点，同时也可以设置一些稍远、比较难的检查点，以鼓励其冒险。

2. 路线设置

（1）应有一条必经路线引导运动员到达终点。

（2）谨防出现以起点、终点为中心的由检查点环组成的路线。尽管参赛者可以从不同的方向出发，但他们在此之后唯一的路线选择将是决定沿顺时针还是逆时针定向。

（三）路线难度

路线难度取决于技术难度和体能难度。技术难度取决于检查点位置和路段难度。体能难度取决于地形、限定时间、检查点分布范围与距离。

（1）从起点开始就应向参赛者提出挑战。大多数检查点都应向参赛者提出挑战，让他们决定下一步该往哪里走。一条设计良好的路线应让参赛者朝着不同的方向出发，而不是让参与者都以特定的方向和顺序访问一系列检查点。

（2）参与者可以从多个方向到达和离开检查点。

（3）检查点位置应与路线的技术难度相适应。

（4）对习惯于技术难度 3 及以上难度的点对点路线的参与者，相邻检查点之间应有路线选择。

（5）积分赛不适合那些习惯于参加难度 1 的点对点路线的少年儿童，因为积分赛的最低技术难度路线超过了技术难度 1 的点对点路线。

（6）如有多个水平不同的组别，应设置两套不同难度的检查点：一套为少年儿童和新手组设置，包含技术难度 2 和 3 的检查点位置和路段；另一套为有经验的参与者组设置，包括技术难度 3~5 的检查点位置和路段。

（四）检查点分值和检查点说明

（1）检查点分值赋值原则。

① 检查点分值不仅与其离起点和终点的距离相关，也与检查点访问难度相关。一般情况下，检查点离起点和终点的距离越远，分值越高；检查点访问难度越大，分值越高。

② 根据功能的需要为检查点赋值，如群聚检查点中可以作为攻击点的检查点分值高，其他检查点分值低或反过来。

③ 通往终点必经路线的检查点分值应明显高于其他检查点的分值。

（2）检查点分值的表示方法。

① 检查点分值用带中括号的数值表示，并紧接在检查点代码后，或通过“-”连在检查点代码后面。例如，31[10] 和 31-[10] 均表示检查点的代码为 31，分值为 10 分。该方法可能会覆盖更多的地图细节。

② 用检查点代码表示分值。一是检查点分值等于检查点代码，这样每个检查点都会被赋予不同的分值；二是使用代码组块，具有同一个代码组块检查点的分值相同，例如，代码在 30 到 39 之间的所有检查点的值都是 30，代码在 40 到 49 之间的检查点值是 40；三是用代码的首位数值（3 位数值代码）或最后一位数值作为检查点分值。

③ 对于涉及两部分的积分定向路线，第一部分和第二部分的检查点应通过它们的检查点代码清晰地区分开来。例如，第一部分检查点代码范围为 31—99，第二部分的范围为 100—199。

（3）检查点说明表。

① 应在检查点说明表中用规定时间替换其表头中的路线长度和爬高量。

② 在检查点说明表中应按检查点代码大小顺序由小到大排列检查点说明。

③ 如果必要，检查点说明表中的第一列或最后一列可以是检查点分值。

（五）规定时间

（1）规定时间应根据活动或参与对象的需求、地形进行设置。

（2）超时罚分原则。超时罚分原则是超时不可能实现积分的“净收益”。例如，如果检查点值在 10~40 分的范围内，则超时 1 分钟扣 30 分。参与者必须清楚这项惩罚是如何实施的：是每超时 1 分钟扣 30 分，还是每超时 2 秒钟扣 1 分。

（六）小场地积分定向赛的路线设计

如果活动或竞赛区很小，最好的参与者可能会在限定的时间内访问所有的检查点。设计路线时可以考虑以下策略：

（1）使用一个足够大的区域。

（2）增加检查点密度。增加检查点密度并不是一种值得推荐的方法，该方法经常会让积分定向赛变为打卡练习赛。

（3）减少规定时间。减少规定时间可能会导致活动和比赛的体验感下降，趣味性降低。

（4）将路线设计为两部分，使用场地两次。参与者通常采用的方法是在第一部分访问所有检查点，然后在第二部分收集尽可能多的检查点。这种方法的缺点是第一部分变成了一个不设路线选择的点对点比赛。最好的办法是将第二部分检查点的分值设计为在总体上高于第一部分，参与者可以在任何时间和地点从第一部分过渡到第二部分；一旦他们打卡了第二部分的检查点，再访问第一部分的检查点将不被记分。

（5）以计时积分赛的形式进行比赛。这种方法有两种形式：一是规定必须获得规定的积分，让参与者在尽可能短的时间内自选检查点和自选访问顺序访问若干检查点，取得规定的积分；二是让参与者在尽可能短的时间内访问全部检查点，无论顺序如何。但这种计时积分赛会减少许多决策需求。

（七）OCAD11 软件在积分定向路线设计中的应用

应用 OCAD11 软件设计积分定向路线可以分为路线设计阶段和检查点说明表编辑两个阶段，各阶段的主要操作步骤如下：

1. 路线设计阶段

（1）创建一个新的路线设计项目并添加项目对象（检查点）。

（2）创建一条新路线。

（3）向路线栏中添加路线对象。添加检查点时要按检查点代码顺序添加（包括起点、终点）。

（4）在路线设计工具箱的路线符号集中选中 Connection Line（连线符号）。

（5）点击右键，在右键菜单中选择 Hide（隐藏）。

（6）在路线设计工具箱的检查点说明符号集中选中 Control Number（检查点序号）。

（7）点击右键，在右键菜单中选择 Hide（隐藏）。

（8）单击 Course Setting（路线设计）菜单中 Options（选项）。

（9）在 Options（选项）对话框的检查点序号和代码栏选择 Code only（仅显示代码）。

（10）变更检查点代码为检查点赋值，如 31→31-[20] 或 31→31[20]；32→32-[10] 或 32[10]，其中方括号内的数值为检查点分值。

（11）修饰路线。

（12）单击 Course Setting（路线设计）菜单中的 Export（导出）命令，导出 .cad 格式的路线地图。

2. 检查点说明表编辑阶段

（1）打开路线地图文件，删去检查点说明表头中的路线长度、爬高量和两者之间的竖线。

（2）在右侧的检查点说明符号集中选中 Control description：Title（检查点

说明：标题)。

(3) 点击右键，在右键菜单中选择 Edit (编辑)。

(4) 在编辑对话框的 Font (字体) 下拉列表中选择相应的中文字体 (如宋体)。

(5) 在工具栏中选择任意绘图模式工具，在检查点说明表表头中原路线长度、爬高量位置点击，输入规定时间。点击工具栏中的保存图标。

用 OCAD11 设计积分定向赛路线视频

二、团队定向赛路线设计

(一) 路线设计的目标

团队定向赛路线应检验团队队长的领导能力和队员间分工协作完成比赛的能力。参赛团队在团队定向赛中主要将面临三个方面的挑战：

(1) 快速、合理地分配自由点。队长在队员的配合下，按队员的能力准确、快速地分配自由点，确保所有的队员都能在几乎相同的时间内完成比赛。

(2) 队员独自或协作决定访问检查点的顺序。

(3) 队员独自或协作选择检查点之间的路线和沿选定路线导航。

(二) 必经路线的设计

(1) 必经路线按点对点路线设计，并与整个路线的难度要求一致。

(2) 必经点旁应标出其序号，在不影响地图细节清晰、易读的情况下，可以在序号后标上检查点代码，并用“-”与序号相连。

(3) 如场地条件允许，应在最后一个必经点附近安排一个集结区。在竞赛中心应能看到团队成员在集结区交流，到达最后一个检查点打卡、集体冲刺的过程。

(三) 自由点的设计

(1) 自由点应以必经路线的路段为单位，围绕着路段展开设计，并与整个路线的难度要求一致。

(2) 以路段为参照，自由点在场地中可以以单独、成对和群聚等多种形式分布，但应以成对和群聚的方式为主，而不应均匀分布。

(3) 自由点旁应标出其检查点代码。

(四) 检查点说明表

(1) 必经路线和自由点的检查点说明表应分开排列。

(2) 必经路线的检查点说明表采用点对点路线的检查点说明表模式，并用“必经路线”替换检查点说明表表头中的路线长度和爬高量。

(3) 自由点采用积分定向检查点说明表的模式，其最上面一行中的标题为“自由点”。

(五) OCAD11 软件在团队定向路线设计中的应用

应用 OCAD11 软件的路线设计模块设计团队定向路线可以分为路线设计阶段和路线与检查点说明表编辑两个阶段，各阶段的主要操作步骤如下：

1. 路线设计阶段

(1) 创建一个新的路线设计项目并添加项目对象（检查点）。

(2) 创建一条新路线。

(3) 向路线栏中添加路线对象。首先按必经路线的顺序添加检查点（包括起点、终点）、检查点说明表占位符、标记路线等。然后，按自由点代码顺序添加自由点。

(4) 单击 Course Setting（路线设计）菜单中 Options（选项）。

(5) 在 Options（选项）对话框的检查点序号和代码栏选择 Number and code（显示序号和代码）。

(6) 单击 Course Setting（路线设计）菜单中的 Export（导出）命令，导出 .cad 格式的路线地图。

2. 路线与检查点说明表编辑阶段

(1) 打开路线地图文件，在右侧的符号集中选中 Connection Line（连线符号）。

(2) 点击右键，在右键菜单中选择 Duplicate（复制），在原连线符号右侧生成一个新的连线符号。

(3) 在地图上的路线中选择一条必经路线上的连线，再选中右侧的符号集中选新的 Connection Line（连线符号），点击工具栏中 Change Symbol（Selected Objects）（改变选中的符号）工具。以此类推，将必经路线上的所有连线改为新连线符号。

(4) 在右侧的符号集中选中原 Connection Line（连线符号）。

(5) 点击右键，在右键菜单中选择 Hide（隐藏）。

(6) 删除地图上的路线中的自由点上的检查点序号及其后的“-”。

（7）点击工具栏中的 Select and Edit Object（选择和编辑对象）按钮，用该工具框选地图上的检查点说明表。

（8）点击工具栏中的 Duplicate Objects（复制对象）按钮，复制一个新的检查点说明表。

（9）将一张检查点说明表中的自由点部分删去，并用“必经路线”代替换检查点说明表表头中的路线长度和爬高量，得到必经路线的检查点说明表。

用 OCAD11 设计团队定向赛路线视频

（10）将另一张检查点说明表中的必经路线部分删去，并用“自由点”代替换检查点说明表表头中的路线长度和爬高量，删除表中的检查点序号，得到自由点的检查点说明表。

（11）调整两张检查点说明表到适当位置。

第七节　短距离、中距离和长距离定向赛路线设计

国际定联的定向运动项目按竞赛地形分为城镇定向和森林地形定向。城镇定向项目主要有短距离、短距离接力、短距离淘汰赛，森林地形定向项目主要有中距离、长距离和接力赛。短距离淘汰赛的路线设计可以按照短距离淘汰赛的规格，参照短距离定向路线设计进行；中距离和长距离赛路线设计可以按照中距离和长距离赛的规格，参照色级代码路线设计进行。接力定向路线设计在第八节中讨论。

一、短距离赛路线设计

（一）短距离赛的特点

1. 短距离赛的操作定义

对于高水平参赛者，短距离定向是在城镇或可跑的公园环境中的高速导航，要求参赛者在整个比赛过程中必须全神贯注。短距离定向检验参赛者在复杂环境下阅读和转换地图的能力，以及在高速奔跑中选择并执行路线的能力，而不是找到检查点。

2. 短距离赛的规格

（1）技术上容易的检查点，非常高的跑速。

（2）路线选择的难度较大，要求参赛者全神贯注。

（3）适合高速奔跑的公园或城镇地形，也可以包括一些可以快跑的森林。

（4）允许观众沿途观看。

（5）地图比例尺 1∶4 000 或 1∶3 000。

（6）出发间隔 1 min。

（7）胜出时间 12～15 min。

3. 短距离路线设计的质量要求

（1）公平。

（2）以短路段为主，平均路段长度 120～180 m。

（3）长路段要求在执行过程中进行高效决策。

（4）每个路段都有路线选择的挑战，特别是在城镇地形中。

（5）定向中频繁地改变方向，特别是使用小交叉环来改变方向。

（6）离开检查点最明显的路不一定是最好的路线。

（7）锐角路段也能提供良好的挑战，但要能避免跑进跑出的运动员间发生冲撞。

（二）短距离赛路线设计要考虑的主要问题

1. 识别地形块的粒度

粒度是一个景观与区域生态学术语，是指根据特定研究对象和目的而确定的描述景观特征及其变化的最小单元。粒度可分为空间粒度和时间粒度。空间粒度是指景观中最小可辨识单元所代表的特征长度、面积或体积。对于景观空间数据或图像资料而言，粒度指图像最大分辨率或像元大小。相对而言，像元越大，空间分辨率越低，粒度越粗；反之，像元越小，空间分辨率越高，粒度越细。在短距离赛路线设计中，用空间粒度来描述城镇地形对路段设计质量的影响。

如图 9-23 左所示的大型、规则的地形区域为“大粒度”地形块，其中的路线选择很简单，只能设计出质量较差的短距离赛路段。而图 9-23 右所示的来自同一张地图的地形区域为“小粒度”地形块，其中短的复杂的路线选择非常多，可以设计出质量较好的短距离赛路段。

设计短距离赛路线时，应首先从粒度的视角概览地图，选择地形中某几个小粒度区域作为主要的竞赛区。

2. 体现短距离赛的特点

设计短距离赛路线时，要体现短距离赛高速奔跑、难的中小范围路线选择、频繁的决策点和在压力下定向等特点。

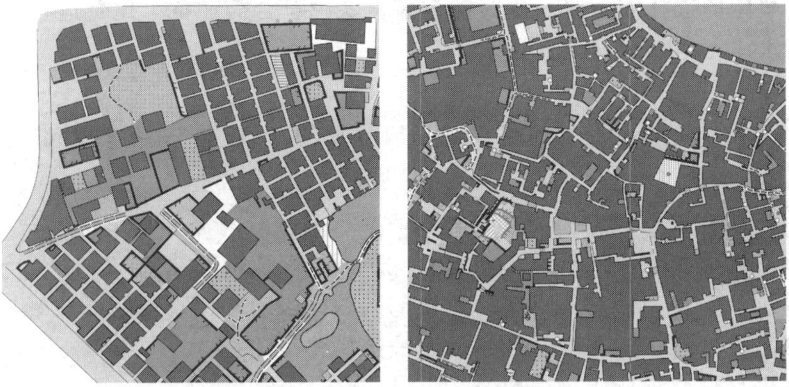

左图：大粒度地形块；右图：小粒度地形块

图 9-23 短距离地形粒度示意图

查看本图彩图

3. 关注比赛的观赏性

为了让观众可以沿着路线观赏比赛，短距离赛路线设计时应考虑以下两个方面的因素和措施：

（1）选择适合观众沿路线观赏比赛的地形区域，并通过一定的措施确保参赛者在比赛中不受观众阻碍。

（2）起点设在竞赛中心，沿比赛路线设置观赏位置，必要时设置临时看台。

4. 应避免的路段

设计短距离赛路线时应考虑避免具有如下特点的路段：

（1）诱导参赛者走捷径通过私属区域和其他禁区，包括危险区的路段。

（2）迫使参赛者步行的爬坡路段。

（3）参赛者可能不能高速读图的复杂区域的路段，特别是复杂多层平面结构地形中的路段。

（4）让参赛者在两个检查点之间走直线的路段。

（5）可跑性差的长路段。

（三）短距离赛路段设计的要求和技巧

1. 好路段的操作定义

就短距离赛而言，好路段可以从两个方面来定义：

（1）好路段是能提供多种路线选择或有挑战性的路线执行的路段。也就是说，短距离赛路线应尽量减少不能提供任何重要的路线选择的路段或所有的运动员都采用相同路线的路段。

（2）好路段是一个有多个决策点的路段。决策点是路线上运动员必须作出向哪里跑的选择的位置。决策点越多，就越符合需在整个比赛过程中全神贯注的要求。

2. 设计好路段的技巧

（1）设计不规则形状的路线选择或 S 形的路线选择让参赛者难以找到最佳路线。

（2）让参赛者沿 180°方向离开检查点或从检查点后面攻击检查点。

（3）设计在两个检查点之间只有一条完美路线的路段。

（4）让参赛者沿对角方向穿过住宅区的路段通常比直角路段更好。

（5）设计有不同爬高量选择的路线选择路段。

（6）尽量避免使用多层建筑。

（7）让参赛者斜着穿过马路提高穿过马路的安全性。

（8）对于规定的通过点，应确保没有参赛者在同一个路口朝相反的方向奔跑。

（9）避免让最明显的离开检查点的路线成为最好的路线。

（10）避免最快的路线成为看起来最明显，快速扫一眼就能看出来的路线。

（11）测量路段的每条路线选择，将路线长度或用时差异控制在 20 m 或 4~5 s 左右。

（12）通过“轻推”检查点圆圈最大化路线选择的挑战。如图 9-24 左所示，顺时针路线看起来明显快于逆时针路线（63 m 对 91 m），特别是当参赛者从西边到达并沿着相同的方向离开 1 号检查点时。将 2 号检查点圆圈“轻推”到如图 9-24 左所示的不可通过的墙的内拐角时，初看起来顺时针和逆时针路线似乎没有什么区别，但实际上顺时针和逆时针路线长度有很大的差异（91 m 对 77 m）。通过这种方法，路段得到了明显的改进，满足了以上（9）和（10）的要求。

查看本图彩图

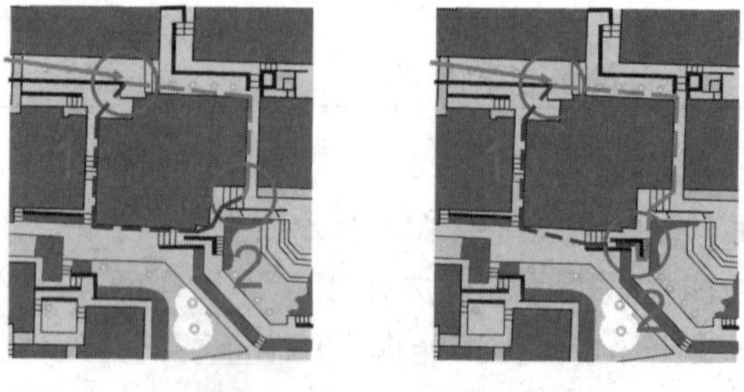

图 9-24　“轻推”检查点圆圈最大化路线选择的挑战

（改编自：IOF Foot Orienteering Commission. Guidelines for course planning footO forest competitions）

（13）通过换图在路线中多次利用最难的和最好的地形区域。

3. 地形重塑

设计短距离赛路线时，为了提供更好的挑战性和观赏性，或为了保护公共区域，可以使用栅栏或隔离带对地形进行重塑，隔离出若干禁区从而改变地形。

短距离定向路线鉴赏

二、中距离赛路线设计

（一）中距离赛的特点

1. 中距离赛的操作定义

对于高水平参赛者，中距离赛主要是在森林环境中快速、精确地导航。中距离赛检验参赛者的定向技术和找到检查点的能力，要求参赛者持续专注于读图。路线选择是必要的要素，同时也提供路线执行技术的挑战。

2. 中距离定向的规格

（1）技术难度较困难的检查点。

（2）具有中、小范围的路线选择。

（3）技术上复杂的地形，需要参赛者快速地根据地形的复杂性调整速度。

（4）地图比例尺 1∶10 000。

（5）出发间隔 2 min。

（6）胜出时间 30~35 min。

3. 中距离路线设计的质量要求

（1）公平。

（2）参赛者从一开始就被迫读图。

（3）富有节奏变化的不同的路段组合，包括地形、方向、技术和速度等众多变化。

（4）起决定性作用的检查点通常位于充满压力的路段上，如开始出现生理压力的后半程路段、竞赛中心附近有观众和广播压力的路段。

（5）参赛者须在整个比赛过程中保持高度敏捷，专注于导航。

（二）中距离赛路线设计的技巧

中距离定向路线鉴赏

设计中距离赛路线时，应首先从在技术和路线选择难度的视角概览地图，区分出定向困难的多细节地形区和能提供具有挑战性的路线选择路段的地形区。设计多细节地形区中的路段时，路段长度不能太短，以避免一个检查点成为下一个检查点的攻击点。设计路线选择地形中的路段时，路线选择和路线执行都应具有挑战性。

三、长距离赛路线设计

(一) 长距离赛的特点

1. 长距离赛的操作定义

对于高水平参赛者，长距离赛主要是在艰难的森林环境中选择路线和导航。长距离赛检验参赛者在有体能要求的长时间运动中阅读地图、作出有效路线选择的能力，以及根据耐力计划比赛的能力。长路段是长距离赛路线设计的必要要素。

2. 长距离赛的规格

(1) 技术上难易结合的检查点。

(2) 具有重要意义的路线选择，包括一些大范围的路线选择。

(3) 对体能要求高，需要耐力和速度判断。

(4) 艰难、有良好路线选择的地形。

(5) 地图比例尺 1∶15 000。

(6) 出发间隔 3 min。

(7) 胜出时间 90~100 min（男）或 70~80 min（女）。

3. 长距离赛路线设计的质量要求

(1) 公平。

(2) 对耐力和速度判断等体能要素有较高要求。

(3) 起决定性作用的路线选择路段要求考虑多个因素，要求全神贯注地投入到决策中。

(4) 检查点位置难易结合，清晰可读。

(5) 在路线的开始部分没有起决定性作用的路线选择路段，在技能上起决定性作用的检查点位于体能要素已开始产生重要影响的后半程路线上。

(6) 在路线的开始部分没有可能导致参赛者群聚的短的技术路段或检查点，在路线中有适宜的方法和手段分散群聚的参赛者。

(7) 水站位置合理，不会降低路线选择路段的质量。

(二) 长距离赛路线设计的要求和技巧

1. 地形的划分与路段设计

设计长距离赛路线时，应首先从技术和路线选择两个视角概览地图，区分出定向困难的多细节的地形区和适合非常长且有挑战性的路线选择路段的地形区。设计长路段时，既要提供路线选择的挑战也要提供路线执行的挑战，但要避开细节非常多的地形区。在长路段后通常接着几个较短的具有更高技术要求的路段，以迫使参赛者改变技术。

2. 路线选择路段和长路段的设计

在长距离赛路线设计中，路线选择路段的设计具有重要的意义，特别是长路段的设计。长路段是指既有路线选择挑战，又有一定的路线执行挑战，长度为 1.5~3.5 km 的路段。通常，一条长距离赛路线至少应有两个长路段。

高质量的路线选择路段通常具有以下特点：

（1）提供多个明显不同的路线选择。

（2）最佳的选择可能第一眼看上去并不明显。

（3）同一路段上，选择不同路线的参赛者看不到彼此，不同路线的用时有足够大的差异，最容易执行的路线通常不是最快的路线。

（4）最快的路线上也存在着路线执行的挑战。

（5）对于长路段，检查点通常只是其终点，应容易找到。

（三）分散路线设计的要求和技巧

长距离赛路线设计中，另一个具有重要意义的要素是防止参赛者群聚和打散群聚的参赛者的分散路线设计。分散参赛者的途径和方法可以分为两类：一是让路线穿过能见度低的地形区，利用地形分散参赛者；二是通过路线设计技术分散参赛者，如利用蝶形环、Φ 形环和不同难度和长度的路段组合分散参赛者。

1. 利用地形分散参赛者

让路线通过能见度低的地形区域，如分布有众多浓密植被、山丘或洼地的区域，特别是有技术难度的地形区域能让参赛者减少彼此间的视觉接触，从而分散参赛者。利用地形分散参赛者时，为了取得最佳的分散效果要使用具有明显不同选择的长路段。

2. 利用路线设计技术分散参赛者

（1）蝶形环。蝶形环（图 9-25 左）是长距离路线设计中常用的分散路线，如果在其后接一个长路段，特别是在开始部分能见度低的长路段可以更好地分散参赛者。蝶形环路线设计常见的问题是使用小的短蝶形环。短蝶形环有可能导致更多的参赛者群聚。

（2）Φ 形环。Φ 形环（图 9-25 右）是长距离路线设计中另一种常用的分散路线。与蝶形环相比，Φ 形环能更有效地减少锐角问题，特别是在蝶形环中心检查点出现的锐角问题。要注意的是，在能见度高且技术难度低的地形中，蝶形环和 Φ 形环有时并不一定能发挥分散作用。

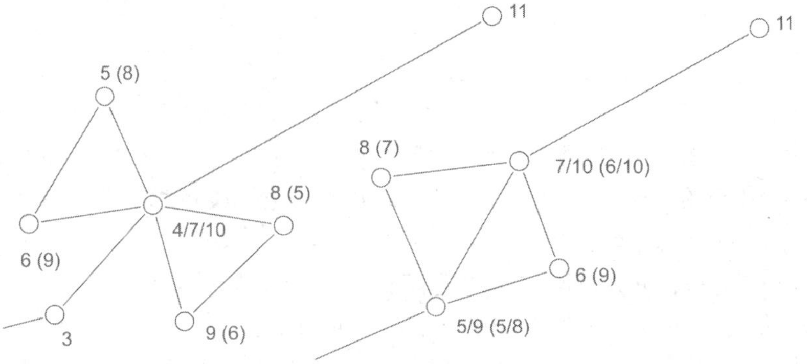

图 9-25 蝶形环（左）和 Φ 形环（右）路线示意图

（3）利用不同难度和长度的路段组合分散参赛者。在地形条件适宜的情况下，将第一个路段设计为有技术要求的短路段，第二个路段设计为通过低通视度地形的长路段。短路段能帮助参赛者熟悉地图和地形，但可能会增加参赛者群聚的机会，接着是一个低通视度的长路段可以让优秀的参赛者摆脱跟随者。

第八节 接力赛路线设计

接力赛是团队竞争。接力赛路线设计的关键是为参赛者创造你追我赶、齐头并进的机会，创造更多的令人激动和兴奋的团队竞争场景，进一步提高接力赛的刺激性和观赏性。

一、接力赛路线的结构和设计原理

接力赛是点对点定向与接力的结合。接力定向的路线通常由 3~5 赛段组成，每个赛段通常由 2~4 个路段组成。赛段是接力赛路线的基本结构单元。每个赛段有若干个赛段变式（团队变式或棒次变式）随机分配给各队各棒次运动员。通常，每个赛段的赛段变式数量与棒次数量相同或少于棒次数量。每个队都必须跑完每个赛段的每个变式。这样，虽然每棒可能由于赛段变式的组合不同而路线不同，但所有队的路线是相同的。如图 9-26 所示的接力赛路线由两个赛段组成，两个赛段分别有 A、B、C 和 a、b、c 三个赛段变式。每一棒所跑的路线组合可以有 Aa、Bb、Cc、Ab、Ac、Ba、Bc、Ca、Cb 等，也就是说每棒所跑的路线可能相同也可能不同，但每个队所跑的总的路线组合都相同，都是 ABCabc。

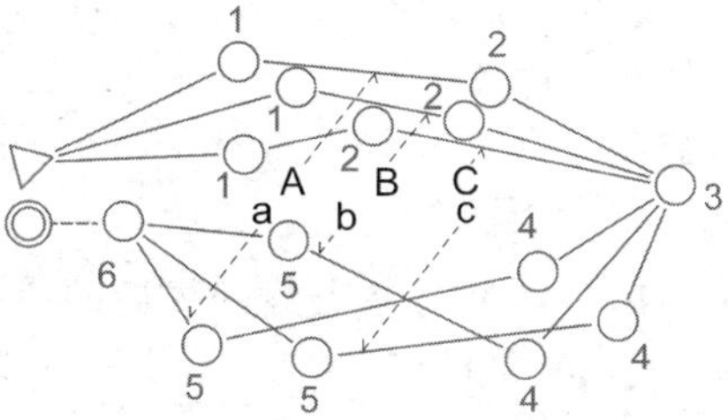

图 9-26 接力赛路线示意图

二、常见接力赛路线的类型和特点

在国际定联项目体系中，接力赛包括（经典）接力赛和短距离接力赛两种类型。

（一）（经典）接力赛

1. 接力赛的操作定义

接力赛由三棒组成。对于高水平参赛者，接力赛主要是在分布有众多浓密植被，山丘或洼地的森林地形环境中进行的团队比赛，访问同一个或不同检查点的参赛者常常紧邻在一起快速导航，展开你追我赶的挑战。接力赛路线在技术上的要求更接近中距离定向，但也包括一些长距离定向的元素，如较长的路线选择路段允许竞争对手在无接触的情况下互相超越。

2. 接力赛的规格

（1）检查点难易结合。

（2）中、小范围的路线选择。

（3）参赛者快速访问检查点。访问同一或不同检查点的参赛者常常紧邻在一起。

（4）有一定路线选择可能性和适度复杂的地形。

（5）地图比例尺 1∶10 000。

（6）集体出发，按最后一棒通过终点线的先后顺序排名。

（7）每棒胜出时间 30～40 min，总胜出时间 90～105 min。

（二）短距离接力赛

1. 短距离接力赛的操作定义

对于高水平参赛者，短距离接力赛是短距离定向与四棒混合接力的结合，其中第一棒和第四棒为女子参赛者。

2. 短距离接力赛的规格

（1）每棒的规格同短距离定向。

（2）集体出发，按最后一棒通过终点线的先后顺序排名。

（3）总胜出时间为 55~60 min。

三、接力赛路线设计的要求和技巧

接力赛的基本要求是在公平的基础上充分展现团队竞争。为了展现团队间面对面的竞争，接力赛的每一个赛段都应有决定性的意义，所有棒次都应通过竞赛中心，所有棒次的最后一个赛段都应相同，最后一个检查点都应设置在竞赛中心。

（一）赛段的质量要求

（1）赛段变式能迫使参赛者独自定向，而不只是跟随前面的参赛者。

（2）能力相同的参赛者完成同一赛段各变式的用时相等。

（3）同一赛段各变式的最佳路线不同。

（4）每棒由 3~5 个赛段变式组成。

（5）最后一个赛段的最后部分没有变式。

（二）接力赛路线设计的要求和技巧

（1）地形与赛段变式。应先确定多细节、低通视度的区域，然后将赛段变式安排在这些区域中。对接力赛路线而言，这些区域中有好的路线选择变式比有较多的检查点更重要。好的赛段变式应能让参赛者互相超越以增加比赛压力。

（2）检查点和路线选择。相对于中距离赛路线，接力赛的每棒次路线上的检查点要稍少一些，要更加关注赛段变式上的路线选择。

（3）视频直播和观赏性。基于视频直播和观赏性的需要，应在通视度非常好的地形中安排视频直播赛段，这些赛段中的检查点难度要低一些，以让后面的参赛者更容易追上前面的参赛者。

（三）短距离接力赛路线设计的要求和技巧

（1）女子参赛者的路线（第一棒和第四棒）长度应比男子参赛者的路线（第二棒和第三棒）短。

（2）如条件允许，应以竞赛中心为中心设计双环形路线，以提高比赛的观赏性。

接力赛路线鉴赏

四、OCAD11 软件在接力赛路线设计中的应用

应用 OCAD11 软件设计接力定向路线可以分为路线设计和打印输出两个阶段。其中，路线设计阶段由创建接力赛路线、赛段设计、（独立）路段设计和路线修饰四个环节组成，以赛段设计为主要内容，（独立）路段设计穿插在赛段设计之间。

（一）创建接力赛路线

（1）创建一个接力赛路线设计项目。

（2）添加接力赛路线设计项目对象。除了添加起点、检查点、终点、标记路线、检查点说明表占位符等对象到项目中外，接力赛路线设计还要添加赛段变式组合和出发编号+棒次对象到项目中。

（3）创建一条新路线。单击 Course Setting（路线设计）菜单中的 Courses（路线），出现 Courses（路线）对话框（图 9-27）。在 Course type（路线类型）栏中选择接力，在 Legs（棒次）栏中选择棒次。

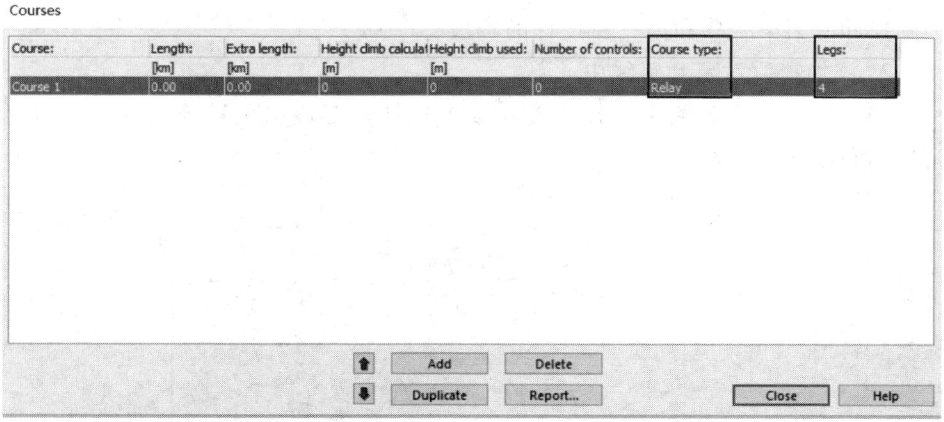

图 9-27 Courses（路线）对话框

（4）创建一个新组别。单击 Course Setting（路线设计）菜单中的 Classes（组别），在 Classes（组别）对话框中勾选 Create classes automatically（自动创建组别），在 Runners/teams（运动员/队）栏输入接力队的数量，并为各队分配 Start numbers（起始编号）（图 9-28）。

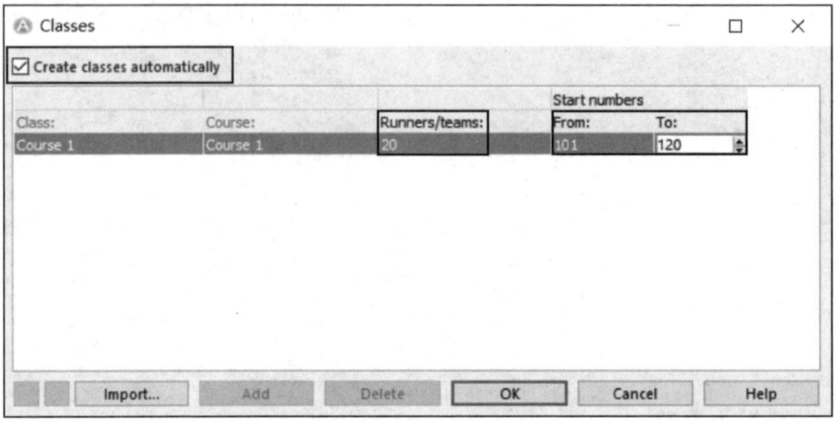

图 9-28　Classes（组别）对话框

（5）添加起点、终点对象到路线中。

（二）赛段设计

1. 赛段变式的类型

赛段设计实质上是赛段变式设计。赛段变式包括团队变式和棒次变式两种类型。团队变式会随机分配到参赛队所有的棒次中。棒次变式则只会分配到参赛队的某个或某几个指定棒次中，如短距离接力赛中专为第一棒和第四棒设计的赛段和专为第二棒和第三棒设计的赛段。

2. 添加赛段对象到路线中

（1）在路线对象箱中的接力赛路线上拟插入赛段的位置插入一个位置标记（蓝色横线）（图 9-29 左）。

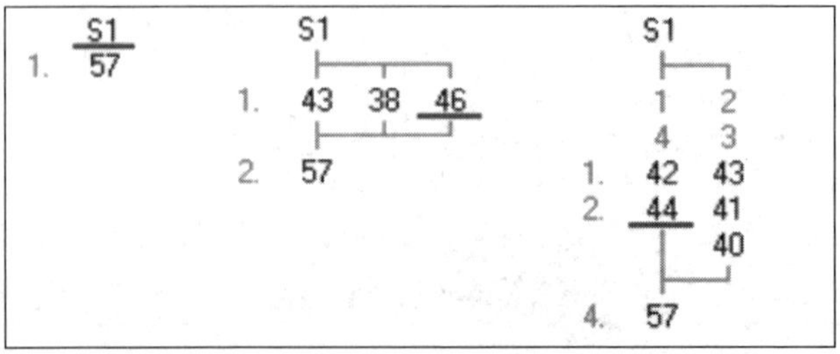

图 9-29　插入赛段对象示意图

（2）单击路线栏中的 Insert（插入）按钮，出现 Insert Course Object（插入路线对象）对话框（图 9-30 左）。

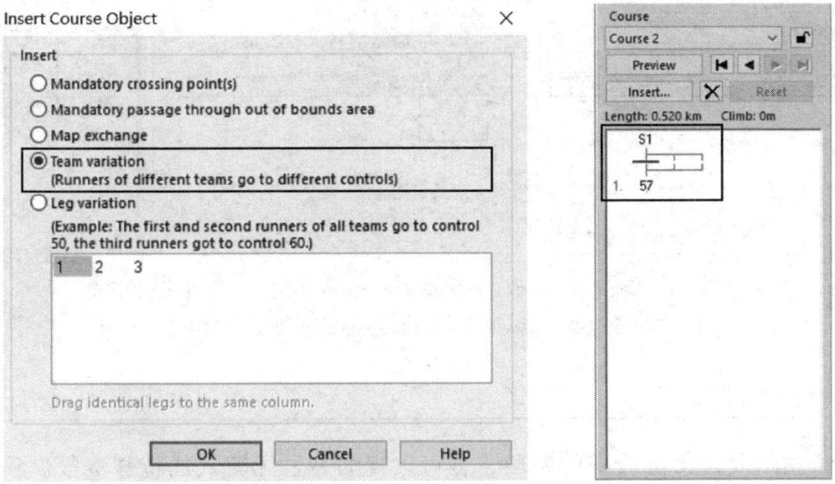

图 9-30 Insert Course Object（插入路线对象）对话框（左）和路线对象箱中的团队变式（右）

3. 插入团队变式对象到路线中

（1）在 Insert Course Object（插入路线对象）对话框中选择 Team Variation（团队变式）选项（图 9-30 左）。

（2）单击 OK 按钮。团队变式出现在路线对象箱中（图 9-30 右）。

（3）添加检查点到团队变式中。在路线对象箱中拟插入检查点的位置插入一个位置标记，双击对象列表中的检查点或地图上的检查点将它们添加到标记的位置上（图 9-30 右和图 9-29 中）。

4. 插入棒次变式对象到路线中

（1）在 Insert Course Object（插入路线对象）对话框中选择 Leg Variation（棒次变式）选项（图 9-31 左）。

（2）调整棒次变式配置方案。拖动图 9-31 左中的棒次到拟定位置调整棒次配置方案。如在第一和第四棒之间，在第二和第三棒之间随机分配棒次变式（图 9-31 中）。

（3）单击 OK 按钮。棒次变式出现在路线对象箱中（图 9-31 右）。

（4）添加检查点到棒次变式中。在路线对象箱中拟插入检查点的位置插入一个位置标记，双击对象列表中的检查点或地图上的检查点将它们添加到标记的位置上（图 9-31 右和图 9-29 右）。

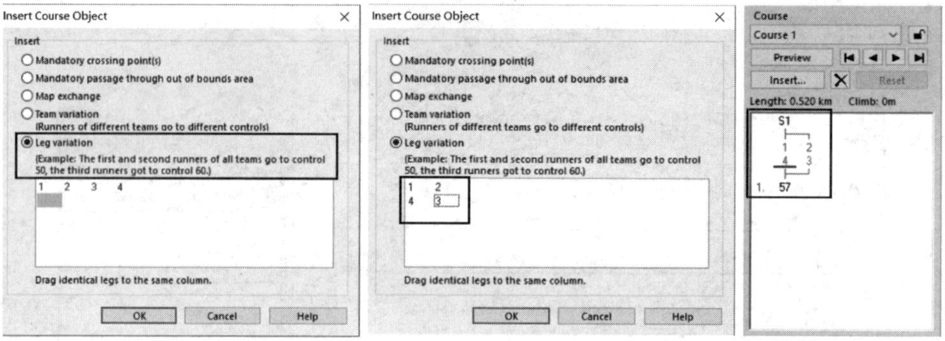

图 9-31　Leg Variation（棒次变式）选项（左）、调整棒次变式配置（中）和路线对象箱中的棒次变式（右）

（三）独立路段设计

独立路段是指赛段外的路段，也可以视为一种无变式的特殊赛段。独立路段会分配到所有参赛队的每一棒中。独立路段的设计与点对点路线相同。在拟插入检查点（路段）的位置插入一个位置标记，双击对象列表中的检查点或地图上的检查点将它们添加到标记的位置上。

（四）路线修饰

路线修饰与点对点路线相同。由于绘图区中的接力赛路线要复杂得多，修饰路线要更加仔细，工作量也大得多。

（五）打印输出

1. 选择打印路线和打印选项

点击文件菜单中的打印或点击工具栏中的打印按钮，在出现的 Print Course（打印路线）对话框中选择拟打印的组别、路线及相应选项。

2. 选择打印内容

点击 Print Course（打印路线）对话框中的 Print（打印）按钮，在出现的 Print（打印内容）对话框（图 9-32）中选择打印内容。

（1）Variants（变式）对话栏。选择拟打印的赛段变式组合。

① All（全部）：所有赛段变式组合。

② Variants（变式）：下拉列表中显示的赛段变式组合。

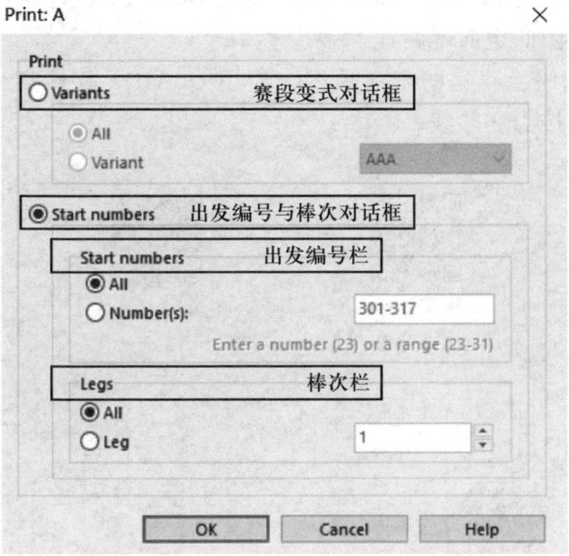

图 9-32 Print（打印内容）对话框

用 OCAD11 设计接力赛路线视频

（2）Start numbers 出发编号与棒次对话栏。

① Start numbers（出发编号）栏。选择拟打印的参赛队。

- All（全部）：所有参赛队。
- Number（s）（编号）：输入框中显示的参赛队。

② Legs（棒次）栏：选择拟定打印的棒次。

- All（全部）：所有棒次。
- Leg（棒次）：选择框中显示的棒次。

3. 打印

单击 OK 按钮，打印机将输出选定的打印内容。

复习、思考与实践

1. 与同学一起讨论定向运动路线设计应避免出现的路段，并举例说明。

2. 尝试从网络上收集点对点定向路线地图，测量并计算其修正后的路线长度，并按路线难度标准评定其路线难度。

3. 尝试用网络上收集的定向地图，应用 OCAD11 软件路线设计模块设计一条白级路线和一条橙级路线。

4. 尝试用网络上收集的定向地图，应用 OCAD11 软件路线设计模块设计一条难度为 3 的积分定向赛路线。

5. 尝试用网络上收集的定向地图，应用 OCAD11 软件路线设计模块设计一条难度为 2 的团队定向赛路线。

6. 尝试用网络上收集的定向地图，应用 OCAD11 软件路线设计模块设计一条难度为 3 的接力赛路线。

本章小结（思维导图）

本章动态更新

第十章　简易定向地图制作

本章导读

本章以简易校园定向地图的制作为例介绍了简易定向地图制作。校园定向地图是开展校园定向教学和活动不可缺少的教具。对于初学者特别是幼儿园和低年级小学生，没有必要使用规范的专业定向地图。本章介绍适用于幼儿园、中小学，特别是小学校园定向地图的制作方法，主要包括制作流程、具体制作过程和技巧，并解读校园定向地图符号集（SSSOM 2019）。

学习目标

1. 了解定向运动地图制作的基本流程。
2. 掌握校园定向地图测制底图的基本准备方法。
3. 掌握校园定向地图现场勘测的简易方法。
4. 掌握使用 OCAD 地图绘制模块绘制简易定向地图的基本方法。
5. 掌握校园定向地图整饰的基本方法。
6. 掌握定向地图输出的基本方法。

第一节　简易定向地图制作概述

定向地图制作是制约定向运动发展的主要因素。对于幼儿园和中小学，特别是幼儿园和小学阶段开展定向运动并不一定要求使用规范的定向地图。因此，中小学体育教师只需要掌握简易定向地图的制作方法就可以顺利地开展定向运动教学、比赛以及其他活动。

一、简易定向地图制作的定义

简易定向地图的制作是指采用步测、卷尺和目测法，为占地面积较小、地物简单、地势平缓或局部稍有起伏的地形制作简单的定向地图。这类地图的制作具有以下特点：

（1）可以用地理北或虚拟北定向。

（2）地图符号参照国际定联校园定向地图符号集（SSSOM 2019），并可以添加一些自定义符号。

（3）A4 及以下图幅，地图比例尺主要分布在 1∶250 至 1∶2 500 之间。

（4）主要采用步测、卷尺和目测法进行现场勘测，强调正确反映地物间的相对位置关系。

（5）除舍去少量地物以外，几乎不经过制图综合处理。

（6）通常没有等高线。

（7）地图配有距离尺和图例。图例中表示不可通行、禁止通行、不可穿越和不可翻越地物的符号的文字说明通常用透明的紫红色或粉红色高亮突出显示。

二、简易定向地图的制作流程和制图目标

（一）简易定向地图的制作流程

定向地图制作的流程由确定制图目的和目标、底图准备、现场勘测、地图绘制、地图整饰、地图验收和地图输出等 7 个基本环节组成。简易校园定向地图的制作也由这 7 个环节组成。本章将具体介绍底图准备、现场勘测、地图绘制以及地图整饰、验收和输出。

（二）简易定向地图的制图目的与目标

定向运动地图具有专用性，是一种专为定向运动制作的专题地图。因此，定向地图制作的第一步是确定制图目的，并根据制图目的确定具体的制图内容、质量标准等目标。然后在目标的引领下开展制作工作。最后，以制图目标为依据开展地图验收和输出。例如，为小学定向教学制作的不涉及指北针教学的校园定向地图，其基本目标应包括：

（1）用地理北或虚拟北定向。

（2）用 SSSOM 2019 表示制图对象。

（3）地图图幅小于或等于 A4。

（4）根据校园大小使用适宜的比例尺，并尽可能使用 1∶1 000 的比例尺。

（5）地图整饰包含图解比例尺和图例等辅助要素，不可通行或不可翻越

的图例说明要突出显示，整饰风格要符合小学生的审美习惯等。

第二节　底图准备

定向地图现场勘测的实质是在已有地图的基础上进行现场填图。用来开展现场填图的地图称为底图。一张高质量的底图不仅是制图质量的基础保障，还能提高地图制作的效率。定向地图制作对底图的基本要求是，比例尺正确、伸缩变形小、内容大致符合实地情况。校园地图制作常用的底图主要有校园平面图、规划图和影像图。下面以天地图高清影像图为例，介绍底图的准备过程。

一、天地图高清卫星影像图的处理

（一）天地图高清影像图的获取

天地图高清影像图可以用地图下载器，如用 BIGEMAP、水经注地图下载器等获取。这些下载器都提供带水印的免费高清影像图下载。其中，水经注地图下载器还提供按流量计费的无水印地图下载服务。

（二）投影转换

天地图高清卫星影像图使用的是以经纬度定位的 WGS-84 地理坐标，必须经 UTM 投影转换为以平面坐标定位的平面坐标才可以用于定向地图的测制。投影转换常用软件主要有上述地图下载器授权版中的投影转换工具和 Global Mapper 软件。

（三）创建地图制作文件

为了保证制图质量和制图效率，底图的处理和地图绘制应在同一个制图文件中进行。因此，在底图处理前就应创建制图文件，在制图文件中处理底图。

1. 定向地图制作软件简介

定向地图制作软件主要有 OCAD 和 OOM（Open Orienteering Mapper）。本节只介绍 OCAD 软件。OCAD 是一款支持 Windows 系统的专业地图制图软件，其中与定向地图制作有关的模块主要有 Orienteering、Starter 和 Viewer 三个模块。Orienteering 具有强大的定向地图制作和路线设计功能，Starter 是专门为初学者开发的，最多可以操作 10 000 个对象和 5 个背景图（光栅文件），适用于简单校园和公园地图的制图。Viewer 是一个免费的 OCAD 文件查看模块，可以打开 OCAD 格式文件，显示和隐藏地图符号，保存、打印和导出 OCAD 文件。OCAD 还提供了免费的短期试用版。本教材主要以 OCAD11 或 OCAD 2019 为例介绍定向地图的绘制。

2. 在 OCAD 中创建制图文件

创建制图文件的操作

单击 File（文件）菜单中的 New（新建），或单击工具栏中的 New（新建）按钮，就会弹出一个 New File（新建文件）对话框；在 Map Type（地图类型）选项选中 Orienteering Map（定向地图），在 Load Symbol Set From（加载地图符号）选项框中选中相应的地图规范符号，如 1∶1 000 的 SSSOM 校园定向地图符号集；单击 OK 命令，进入 OCAD 地图绘制工作环境（图 10-1）；单击 File（文件）菜单中的 Save（保存），或单击工具栏中的保存按钮，按对话框提示为新文件命名，输入文件名称后点击保存，新建地图文件的工作完成。

（四）卫星影像图导入

1. OCAD 地图绘制工作环境

OCAD 地图绘制工作环境主要包括标题栏、菜单栏、工具栏、符号集、绘图区和状态栏（图 10-1）。

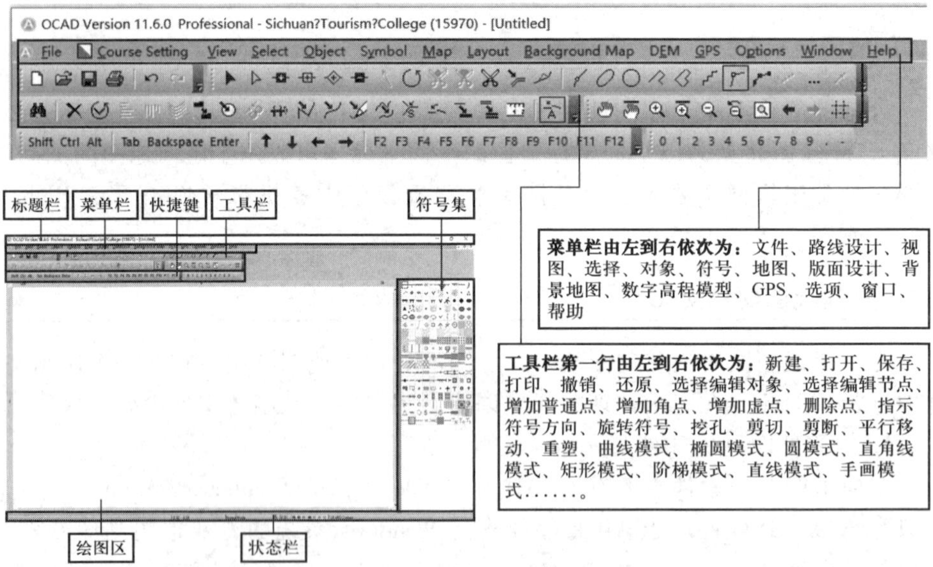

图 10-1　OCAD 地图绘制工作环境示意图

2. 设置地图比例尺和坐标网格大小

在 Map（地图）菜单中选中 Set Scale and Coordinate System（设置比例和坐标），出现 Set Scale and Coordinate System（设置比例和坐标）对话框。由于在创建制图文件时加载了 1∶1 000 的地图符号集，因此对话框中地图比例尺（Map Scale）显示为 1∶1 000。可以根据实际需要选择或输入比例尺。坐标（Coordinate）提供了两个网格选项，其中图纸网格（Paper Coordinates）指在图纸上以毫米为单位表示的网格，如拟在 1∶1 000 的底图上采用 10 mm×10 mm 或 20 mm×20 mm 的网格，则在图纸网格（Paper Coordinates）项中输入 10 mm 或 20 mm；实地网格（Real-world Coordinates）指在图上以实地实际水平距离表示的网格，如输入 10 m 或 20 m。设置好后，点击 Show Screen Grid（显示屏幕网格）图标，可在工作区窗口显示或隐藏网格线。

设置地图比例尺、坐标网、导入影像图和输出底图视频

3. 导入卫星影像图

在 Background Map（底图）菜单中选中 Open（打开）命令，选择底图文件，点击 OK 完成底图导入。天地图高清影像图带有坐标，导入时软件会自动将底图与制图文件的坐标和比例尺进行匹配，并以地理北定向，不需要输入相关参数。

（五）底图输出

底图调整好后，可以打印出来进行现场勘测。现场勘测的比例尺一般应比成图比例尺大一倍。例如，成图比例尺为 1∶1 000，则底图应按 1∶500 的比例尺输出。点击打印图标，出现打印对话框。在对话框的 Print Scale（打印比例）中设置为 500，勾选 Print Screen Grid（打印网格）设置坐标网格线和底图一同打印，并选择网格线颜色，然后点击打印按钮。

二、校园平面图和规划图处理

（一）底图比例尺校正

底图比例尺的校正是选取实地和底图上相对应的线状地物或面状地物的直线边界进行长度测量，计算和核准地图的比例尺的过程。例如，某一地物在底图上和实地中的长度分别为 30 mm 和 14 m，则该底图的实际比例尺为 1∶467。通常至少应该选取三个沿不同方向延伸的地物进行测量，取平均值作为底图的比例尺。如果底图上沿不同方向测得的比例尺间的最大差值超过 10%，则说明底图的质量差，不宜用作校园定向地图的简易制作。另外，选取的地物应是

沿直线边呈水平状态延伸的。

（二）网格线绘制

简易校园地图制作中，底图上的网格线主要用于在导入底图后给底图定向。如果用地理北定向，则只需先在底图上与地理北平行的两侧按拟用制图网格的整倍数各画一条平行线，如拟用 20 mm×20 mm 的网格，则平行线的间距应该是 20 mm 的整倍数。然后在底图上与地理北垂直的两侧各画一条线与地理北垂直的线与前面画好的两条平行线垂直相交。这两条线间的间距也应为拟用网格的整倍数。

（三）底图导入

先按第一节介绍的方法设置成图地图比例尺与坐标。然后按以下方法用 OCAD 软件扫描直接导入底图。

在 Background Map（底图）菜单中选中 Scan（扫描）命令，设置扫描参数，扫描分辨率不低于 300dpi，保存的格式一般为 bmp、tiff 或者 jpg 格式。也可以用其他扫描软件，如扫描仪自带的扫描软件扫描，然后按导入影像图的方法导入底图。最好用平板扫描仪扫描。用简易滚轴扫描或者用手机拍照图片会产生较大变形。

（四）调整或校正底图

调整底图的目的是调整底图的网格使其与工作区网格相吻合，从而保证底图的比例尺与成图的比例尺相一致，底图的定向与成图的定向相一致。

按 Adjust（调整/校正）快捷键 F9 启动底图调整命令，鼠标光标变为十字形光标。在底图中某一角选中一个栅格线的交点作为定位点并点击，然后点击邻近的工作区网格线的交点。按此对其他三个角的栅格线交点进行操作，然后按 Enter 键，软件将自动完成底图的调整，底图上的栅格与工作区栅格重合。

调整底图

一些情况下，OCAD 软件中设置的快捷键会与电脑中其他软件相冲突，这种可以用 Background Map（底图）菜单中选中 Adjust（调整/校正）命令调整底图。

调整后如果仍然存在偏差，应重复以上过程进行再次调整。

第三节　现场勘测

现场勘测实际上就是现场填图，对已有地图上的地貌和地物及其属性进行校检和补充。

一、现场勘测工具准备

（一）现场勘测基本材料与工具

简易校园定向地图制作所需要的基本勘测工具如下：

（1）绘图托板。A4 大小左右，非金属的不易变形板。

（2）绘图薄膜。半透明磨砂聚酯薄膜，要求防水、可反复擦写。

（3）活动铅笔。0.5 mm，黑、红、绿、蓝、黄。

（4）橡皮擦。

（5）笔袋。内含短尺、小剪刀、透明胶带等。

（6）卷尺。量程为 30 m 或 50 m 卷尺。

其中（1）（2）用于制作绘图作业板，（3）（4）（5）用于绘制手绘图，（6）用于距离测量。

（二）绘图作业板制作

如图 10-2 所示，经典的绘图作业板由绘图托板、底图、防水膜和绘图膜 4 个部分构成。如果用半透明磨砂聚酯薄膜作为绘图膜，可以省去防水保护层。

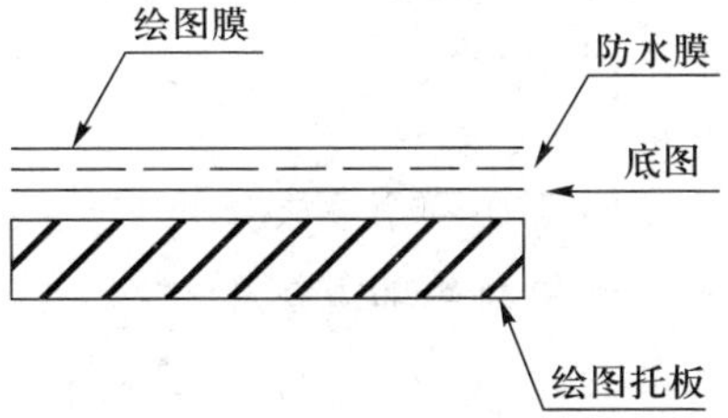

图 10-2　绘图作业板结构图

二、现场勘测方法与步骤

现场勘测的目的：一是对底图上已有的制图对象及其属性，如定位、大小、可通行性、可跑性和可通视性等属性进行现场确认和校正；二是对底图上没有的对象进行有选择性的增补。由于不使用指北针，简易校园地图制作中现场勘测的实质是地物间相关位置关系的判断与测量。因此，现场勘测能力主要体现在灵活利用测量对象间相对关系的能力，如测量对象在两个建筑物拐角连线上，在两个线状地物的延长的交点上，在两条地物间连线的交叉点上等。

（一）测量方法

1. 卷尺测量

卷尺测量具有精度高的优点，需要两个人配合。在校园地图简易勘测中，通常先用卷尺测量出主要定位点的位置，然后以主要定位点作为测量控制点，用步测或目测定位细节的位置。使用卷尺时要注意测量时保持卷尺平直。

2. 步测

步测是以复步步长为基本单位，即以两步为一个长度单位，通过计算复步数，即同一支脚着地次数来测量两点间水平距离的距离测量方法。步测适用于站立点与所测点可直线通行的情境，具有简单易行的优点，但需要通过一定的练习才能掌握。

身高 1.7 m 的人，其复步步长约为 1.5 m，但此数据具有个体差异。即使是同一个人在同一种环境中，此数据也具有动态差异。因此，步测首先需要通过练习将每 100 m 步数的动态变化控制在两步以内，然后测量每 100 m 复步数的平均值，以此确定自己的复步步长。

3. 目测

目测法是通过目测测量对象在两个主要定位点连线上的相对位置，或在多条连线交汇点上的位置定位测量对象的方法。

（二）测量步骤

简易校园定向地图测量通常分为三个步骤：

1. 校园边界、建筑物和操场测量

用卷尺或步测测量、校正和调整底图上校园边界、建筑物和操场的尺寸和相对位置关系。

2. 测量控制点测量

用卷尺或步测测量、校正和调整底图上沿校园、建筑物、操场边界分布，沿建筑物、操场边界延长线分布和沿建筑物某一局部特征间，或建筑物与操场某一局部特征间连线上分布的，可为其他细节定位提供参照的对象。例如，沿操场边界分布的树，沿一幢教学楼左拐角与另一幢教学楼右拐角连线分布的石凳。

3. 细节测量

用步测或目测测量、校正底图上的细节或为底图增补细节。如图 10-3 中的独立树，可以量度与花坛距离 a、b，即可定位，标记独立树后量度与走廊距离 c 复核。

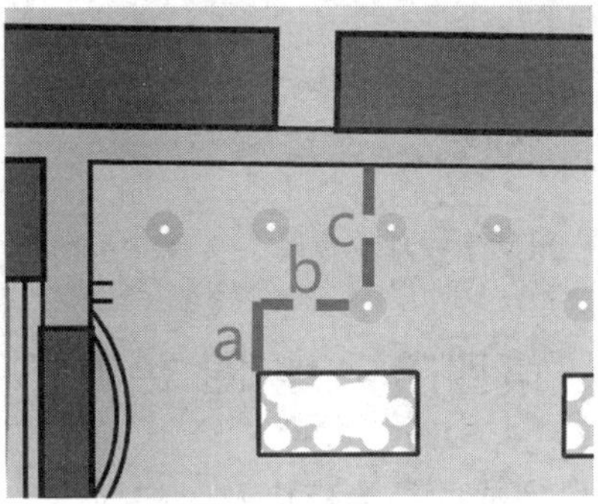

图 10-3　细节步测或目测勘测示意图

查看本图彩图

（三）简记符号

现场勘测时，使用不同颜色的符号和文字说明绘制手绘稿，有助于保证手绘稿上的信息在电脑绘图时清晰易懂，提高绘图质量和效率。例如，建筑物用黑色，植被用绿色，道路阶梯用红色；绿斜线网代表慢跑植被，反斜线网代表慢行植被，交叉线网代表不可通行植被；在面状区域中标记 O 表示开阔地，标记 SO 表示稀树开阔地。当然，也可以只用一种颜色完成简易定向地图手绘稿的绘制（图 10-4）。

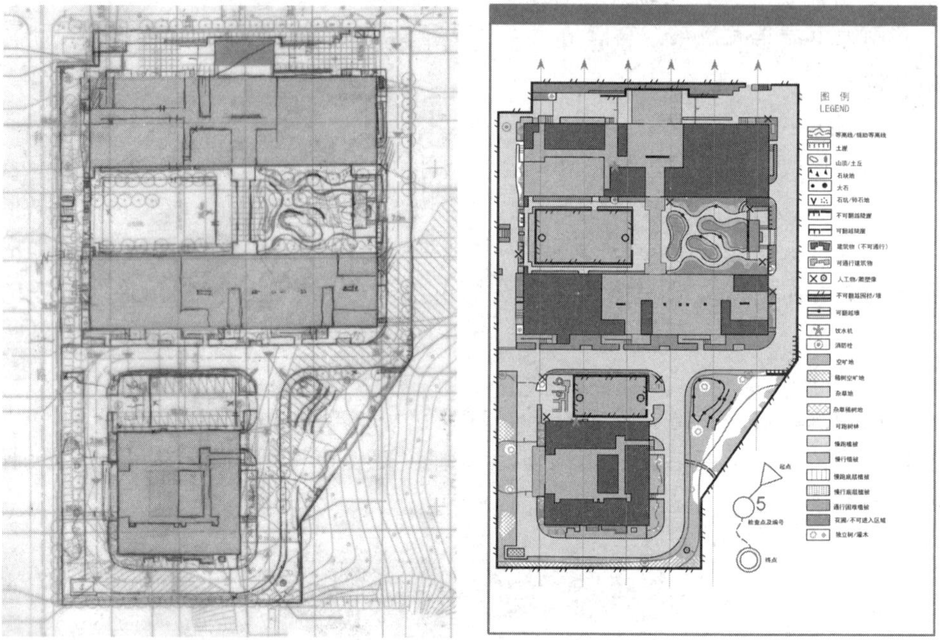

比例尺：1∶750 等高距：2 m

图 10-4 广州某学校现场填图手绘稿（左）及成图（右）

查看本图彩图

第四节 地 图 绘 制

每天或每个工作时段完成的手绘稿应及时扫描导入制图文件中，并及时进行地图绘制。

一、手绘图导入

（一）单张底图的导入

使用本章第二节介绍的底图扫描导入方法导入手绘稿。

（二）多张底图的导入与选用

当需要导入多张手绘稿时，可重复单张扫描方法将所有手稿导入并调整好手稿位置。在 Background Map（底图）菜单中选中 Manage（管理）命令，使用其中的上下箭头图标可调整手稿叠放顺序；也可选择显示或者隐藏某些手稿，勾选“T”项可以令手稿底图变成透明，从而显示其下层图层。

二、OCAD 绘图工具及其基本操作程序

本节以 OCAD 2019 为例，介绍地图绘制的基本操作程序。其主要功能的操作程序与目前国内常用的 OCAD11 几乎完全相同。

（一）编辑和绘画工具

OCAD 2019 的 Editing and Drawing Toolbar 编辑和绘画工具栏提供了 8 种基本绘图模式或绘图工具和 3 种辅助绘图模式（图 10-5）。

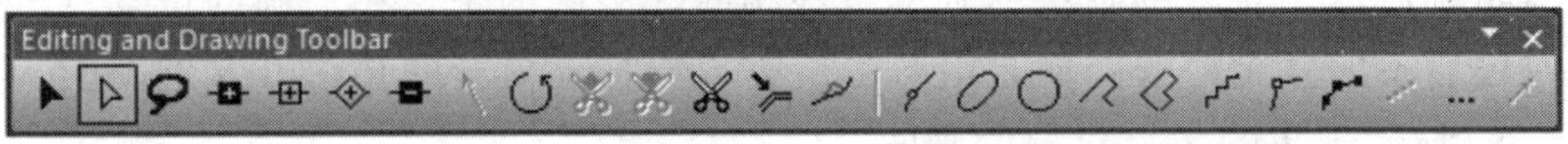

图 10-5 Editing and Drawing Toolbar 编辑和绘画工具栏示意图

1. 编辑和绘画工具栏

编辑和绘画工具栏由左至右依次为：选择和编辑对象、选择节点编辑、套索选择、增加普通点、增加角点、增加虚线节点、删除点、指示符号方向、旋转符号、挖孔、剪切、剪断、平行移动、重塑。

2. 绘制基本模式

绘制的基本模式由左至右依次为：曲线模式、椭圆模式、圆形模式、直角线模式、矩形模式、楼梯模式、直线模式、手画模式。

3. 辅助绘图模式

辅助绘图模式由左至右依次为：多点排列模式、数值绘图模式、激光测距仪绘图模式。

4. 编辑和绘画工具的共同操作特点

以上工具在绘图功能、操作和显示上虽然明显不同，但也有以下共同特点：

（1）基本操作程序相同。

① 从符号集中选择符号。

② 从编辑和绘画工具栏中选择绘图工具。

③ 用绘图工具绘图。

④ 绘图完成后在绘图工作区任意位置单击左键结束绘图。绘图对象将以适当的形状出现。

（2）对象的起点和终点标识相同。对象的第一个节点（起点）用矩形框

“□”标示，最后一个点（终点）用叉“×”标示。对于封闭路径，“×”将套在“□”中。

（二）点状对象的画法

1. 普通单点对象的画法

（1）在符号集选定点状对象。

（2）选择任意一种绘图工具。

（3）在点状对象的拟定位置单击鼠标左键完成绘画，点状对象的重心将定位在点击位置上。

2. 有方向的单点对象的画法

与普通单点对象的画法的基本步骤相同，不同的是，在正确的位置点击鼠标左键后不能立刻松开，而是沿符号所需方向拖动鼠标后再松开左键。

3. 均匀排布的多点对象的画法

（1）在符号集选定点状对象。

（2）选择辅助绘图工具多点排列模式（Drawing Multiple Point Objects）图标。

（3）在首个点的位置点击鼠标左键，并沿多点的排列方向拖动鼠标移动到最后一个点的位置，松开鼠标左键出现对话框，在对话框输入点状符号数量后确认，即可生成排列均匀的点状符号。该功能只能用于呈直线排列的点状对象。

（三）Curve Mode（曲线工具）与线状对象的画法

曲线可以看成由许多半径不同的圆弧组成，每个圆弧有两个控制手柄，通过控制手柄可调整圆弧的属性。画曲线实际上是在两个圆弧的交点处画切线。

1. 简单曲线的画法（图 10-6）

（1）在符号集选定线状对象。

（2）选择曲线工具。

（3）在线或面边界的起点画切线（图 10-6A）。

（4）在线或面边界的终点画切线（图 10-6B）。

（5）在绘图工作区任意位置单击左键，曲线将以适当的形状出现（图 10-6C）。

2. 复杂曲线的画法（图 10-7）

（1）在起点画切线。

（2）依次在前三个半径变化处画切线。

（3）为了控制山谷的深度，在山谷的谷底画切线。

（4）继续依次在半径变化处画切线。

（5）在终点画切线。

（6）在绘图工作区任意位置单击左键完成绘画。

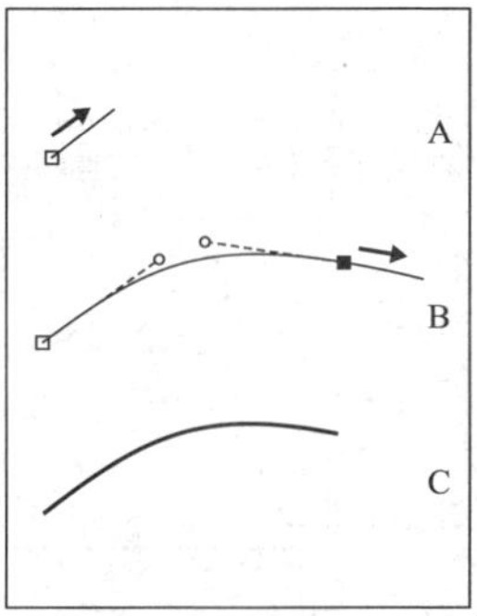

图 10-6 简单曲线的画法

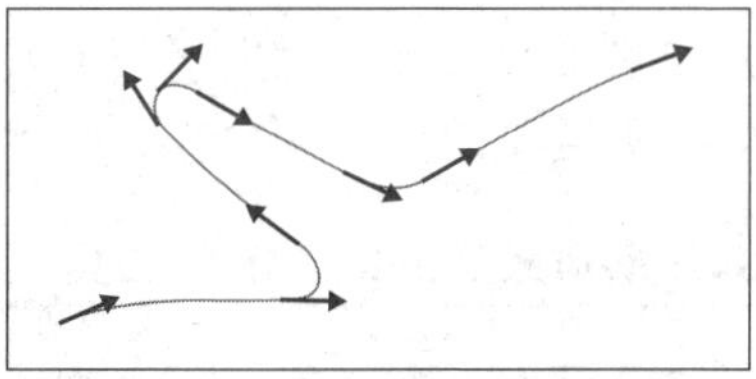

图 10-7 复杂曲线（山谷）的画法

3. 曲线中拐角（角点）的画法

曲线中的拐角是由角点控制的，具体画法是在前一条切线的同一位置沿拐角方向再画一条切线以形成一个角点。如图 10-8 中，切线 2 和 3 的方向不同，但起点在同一位置。

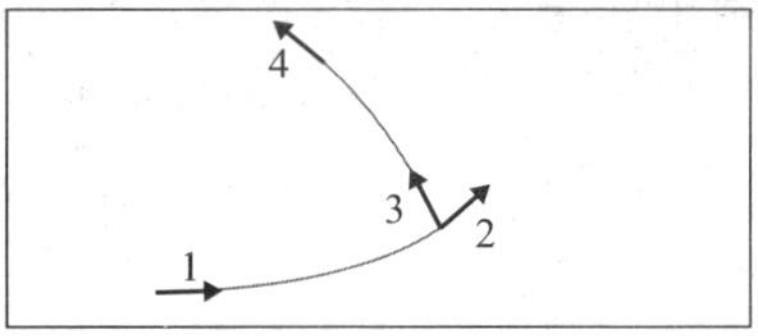

图 10-8 曲线中拐角的画法

4. 在已有的曲线对象上画曲线

在已有的曲线对象描画曲线，可在符号集中选择对象后，选择曲线工具，然后按下 Ctrl 键，在原曲线起点点击左键后将鼠标移动至原曲线终点，松开 Ctrl 键，软件会自动跟踪原曲线，再次点击左键，与原曲线吻合的新曲线自动生成。

（四）Ellipse Mode（椭圆工具）与线状对象的画法

椭圆有两种画法：

（1）点击鼠标左键拉出一轴长度，松开左键后再次点击左键拉出另外一轴长度后松开左键即可。

（2）在椭圆中心处点击，将出现 Draw Ellipse（画椭圆）对话框。在对话框中输入两半轴长度及倾斜角度，即可绘制出所需椭圆。

（五）Circle Mode（画圆工具）与线状对象的画法

圆有三种画法：

（1）按需要的方向画直径得到所需要的圆。

（2）从圆心开始画圆：按下“Shift”键并保持按下状态，画半径得到所需要的圆。

（3）在圆心处点击，将出现 Draw Circle（画圆）对话框。在对话框中输入半径得到所需要的圆。

（六）Rectangular Mode（矩形工具）与线状对象的画法

矩形工具用来画有 4 个和 4 个以上直角的线状对象。

（1）点击鼠标左键画面状对象最长的边后松开（图 10-9A）。

（2）点击鼠标左键画相连的边，虚线显示出整个对象将呈现的形状（图 10-9B）后，松开鼠标。

（3）点击鼠标左键画第三条边，虚线显示出整个对象的将呈现的形状（图 10-9C）后，松开鼠标。

（4）点击鼠标左键画第四条边，虚线显示出整个对象将呈现的形状（图 10-9D）后，松开鼠标，在绘画工作区任意位置单击左键结束画图。

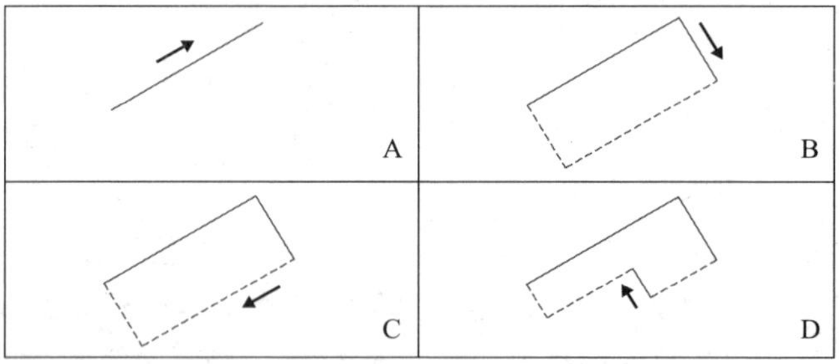

图 10-9　画矩形对象

（七）Stairway Mode（阶梯工具）

阶梯模式适合画直线阶梯、楼梯。

（1）点击鼠标左键拉出阶梯长度后松开左键。

（2）点击鼠标左键拉出阶梯宽度，虚线显示出整个阶梯将呈现的形状，松开左键。

（3）点击鼠标左键沿阶梯长度方向拉阶梯，虚线显示出整个阶梯将呈现的阶梯密度，拖动鼠标调整阶梯密度到所需密度后松开左键，阶梯生成。

（八）Straight Mode（直线工具）

（1）画普通直线，在起点按下鼠标左键拖动至终点松开左键，再点击一次左键即可。

（2）画有方向的直线。对于有方向的直线对象如栅栏、陡崖等，有以下两种画法：

① 通过控制鼠标的拖动方向来控制直线的方向，如由左向右拖动，直线的齿线朝下；由右向左拖动，直线的齿线朝上；由上向下或向左下、右下拖动，直线的齿线朝左或左上、左下；由下向上拖动或向左上、右上拖动，直线的齿线朝右或右上、右下。

② 按画普通直线的方法画出直线，如果对直线的方向不满意，用鼠标左键点击 Reverse Object（反转工具）图标，就可以反转直线的方向。

（3）画折线。折线由多条直线组成，画折线就是画多条连续的直线。

① 在起点按下鼠标左键拖动至折点松开左键，在折点再按下鼠标左键拖动到下一折点。

② 点击折线最后一点后松开左键，再次点击左键即可。

（九）线状对象剪断与剪裁

1. 剪断线状对象

选中需要剪断的对象，然后选择剪断工具，在需要剪断的地方点击即可，该线段将会被分为两部分。

2. 剪裁线状对象

用剪断工具在线状对象上剪裁的起始位置按下左键后拖动到终止位置松开，该线段会被剪下并删除。

（十）面状对象的画法与剪裁

1. 面状对象的基本画法

面状对象实质上是由线围成的面，因此，面状对象的基本画法与线状对象基本相同。不同的只是选择的符号为面状符号，即先在符号集中选取面状符号，然后在绘图工具栏选择绘图工具进行绘画。

2. 面状对象的剪裁

面状对象的剪裁主要有挖孔和剪切两种模式。

（1）挖孔模式。点击需要挖孔的面状对象，选择任意绘画工具并点选挖孔工具，在面状符号内进行挖孔。

（2）剪切模式。点击需要剪切的面状符号，选择任意绘画工具并点选剪切工具，在面状符号边缘开始裁剪，主要开始点和结束点都必须在面状符号边缘线上。

3. 面状对象的填充

面状符号的填充包括对闭合曲线和将已经挖好的孔进行填充。

（1）点选闭合曲线或者面状对象的孔。

（2）在符号集中点选需要填充的面状符号。

（3）点击填充工具。

OCAD 绘图工具及基本操作

4. 面状对象的加框

（1）点选面状对象。

（2）在符号集中点选用来加框的线状符号。

（3）点击填充工具图标。

三、简易定向地图绘图步骤与技巧

（一）绘图步骤

简易定向地图描绘通常先描绘点状和线状符号，再描绘面状符号。

（二）绘图技巧

（1）铺装路面通常采用先画铺装边线，然后用铺装面符号填充的方法绘制。

（2）绘制面状符号时，应该在 View（视图）菜单中选中 Hatch Areas（填充区域）显示模式。这样可以观察面状符号下是否有漏画的细节。

第五节　地图整饰、验收与输出

地图整饰、验收与输出是简易地图制作的收尾工作，也是地图质量控制的关键环节，同时也是一项锦上添花的工作。

一、地图整饰

地图整饰是指在完成地图绘图后为地图添加必要的辅助要素和商业要素，

如地图名称、数字比例尺、等高距、地理北方向箭头、地理北方向线、图例、距离尺、地图制作日期，以及活动主办方、承办方、协办方、赞助商的名称和/或 LOGO 等；并进行布局和装饰设计的过程。

（一）添加指北箭头和图解比例尺

在 OCAD 软件中绘制地理北箭头或图解比例尺。地理北箭头可以用适宜颜色的面状、线状符号绘制有箭头指示方面的图形作为地理北标识。在绘图图解比例尺之前要先设置好网格大小，如 25 m 一格，点击显示网格后，用不同色块画出图解比例尺单元，并标注数字及文字，一般来说，指北箭头和图解比例尺在成图后绘制，不建议在预制后导入成图中。

（二）添加图例

用 OCAD 软件将图例做成图片或单独的 OCAD 文件。使用时，将相应的图片或 OCAD 文件作为底图导入，然后用校正命令调整底图的大小和位置。要注意的是，初中和小学校园地图的图例应该用半透明的紫红色或粉红色突出显示禁止进入区域、不可通行树篱、栅栏、围墙、水体等不可通行或翻越特征的符号的文字说明（图 10-16）。

指北箭头、图解比例尺和图例制作、导入与调整

二、地图验收

地图验收是指根据地图制作目标对地图制作成果进行检查验收，主要包括室内验收（或内业验收）和现场验收（外业验收）两个方面。

（一）室内或内业验收

室内或内业验收是对室内绘图质量、地图整饰效果及成图效果进行验收。

1. 绘图质量验收

绘图质量验收主要是在软件上，通过放大地图检查地图的绘制质量，如线条的平滑性、面状特征衔接处的吻合性等，并且用 OCAD 的检查功能找出不符合规范尺寸的地方。

2. 地图整饰效果验收

地图整饰效果验收主要是检查文字内容是否正确，配图分辨率是否适合印刷打印效果要求。

3. 成图验收

成图验收是指成图打印输出后的效果验收，主要验收内容包括地图的易读

性、可读性和地图颜色的准确性。

（二）现场或外业验收

现场或外业验收是指在实地对绘图质量进行验收，主要内容包括比例尺核查、内容的完备性（制图综合的合理性）、地图内容的准确性、相对位置关系、植被可通过性表示是否准确。

三、地图输出

地图输出

地图输出一般采用 OCAD 软件直接打印，打印时要注意比例尺的设置。如果交给打印社打印，一般应将地图文件导出为 PDF 文件，导出时要注意比例尺的设置。OCAD 导出的 PDF 文件是矢量文件，具有不失真的特点。打印时选择应选择按 100%范围打印，以保证地图比例尺的正确性。

地图也可根据需要输出为 JPEG、BMP、TIFF、AI、DXF 等 10 多种格式。

第六节　国际定联校园定向地图符号集要点解读

校园定向地图符号集（SSSOM）是国际定联为推动青少年和地区性定向运动的发展，基于短距离地图规范而开发的一套符号集。

一、SSSOM 的特点

（一）以 ISSOM 为基础

SSSOM 2019 由三个部分组成，分别为放大的 ISSOM 2007 符号、定义拓展后的 ISSOM 2007 铺装地面符号和六个新增符号。

（二）以最新版 ISSOM 为母板

除 6 个新增的符号外，SSSOM 中所有符号是最新版 ISSOM 符号的放大版，即将其符号放大到 125%的结果。SSSOM 2019 中使用的母板是 ISSOM 2007。随着 ISSOM 最新版 ISSprOM 2019-2 在 2022 年 1 月 15 日开始生效，应用 SSSOM 2019 时，应该以 ISSprOM 2019-2 符号替换 ISSOM 2007 符号。

（三）地图比例尺 1∶1 000 至 1∶2 500

SSSOM 2019 适用的主要比例尺范围为 1∶1 000 至 1∶2 500。如果将 SSSOM 2019 应用于 1∶500 的地图，可以考虑将符号进一步放大。当然，也可以保持符号大小不变。

二、铺装地面符号的定义

（一）ISSprOM 2019-2 中铺装地面符号的定义

铺装地面是一个表面坚实的区域，如沥青、硬碎石、瓷砖、混凝土或类似材料铺装的区域。其边界或框架用铺装地边缘或边界符号表示。如果可用于导航，铺装地面内的明显差异可以用铺装地边缘或边界符号表示。在合理情况下，铺装地可以省略边界，如边界不清晰/从碎石到草地的过渡。

铺装地面上的交通状况用不同纯度的棕色表示，30%棕色表示稀疏的交通，50%棕色表示拥挤的交通。

（二）SSSOM 2019 中铺装地面符号的定义

SSSOM 2019 对 ISSprOM 2019 中铺装地面符号的定义做了如下拓展：田径场中的多彩塑胶跑道用 50%棕色表示。

三、新增符号

（一）消防栓

消防栓、手泵或显著的水体参考点（图 10-10），蓝色，定位点在符号的重心。

查看本图彩图

图 10-10　消防栓符号及其可表示特征示例

（二）游戏和运动设施

儿童游戏和运动设施（图 10-11），黑色，最小长度 1.8 m。较小的设施可以用显著的人造特征符号表示。

查看本图彩图

图 10-11 游戏和运动设施符号及其可表示特征示例

（三）桌子

如乒乓球桌、野餐桌等桌子（图 10-12），黑色，最小占地面积为 2.25 m^2。

查看本图彩图

图 10-12 桌子符号及其可表示特征示例

（四）长凳、长椅

如长凳、长椅等固定的坐凳和座椅（图 10-13），黑色，最小长度为 1.5 m。

查看本图彩图

图 10-13 长凳、长椅符号及其可表示特征示例

（五）杆、小塔

旗杆、交通标志、方向标志、篮球筐等杆状和小塔状特征（图 10-14），黑色，定位点在符号的重心。

图 10-14 杆、小塔符号及其可表示特征示例

查看本图彩图

（六）灯柱

街灯或交通灯，黑色，符号朝北，定位点在符号的重心（图 10-15）。巨大的灯柱，如标准足球照明灯柱一般用高塔符号表示。

图 10-15 灯柱符号及其可表示特征示例

查看本图彩图

校园定向地图符号集 2019

国际短距离定向地图制图规范 2019-2

四、地图整饰建议

（一）辅助要素

简易定向地图应包括图例、图解比例式，并在地图的北侧用红色色条突出

显示地图的北，以方便使用者标定地图（图 10-16）。

（二）图例表示方法

简易定向地图的图例应用半透明的紫红色或粉红色突出显示禁止进入区域、不可通行树篱、栅栏、围墙、水体等不可通行或翻越特征的符号的文字说明（图 10-16）。

查看本图彩图

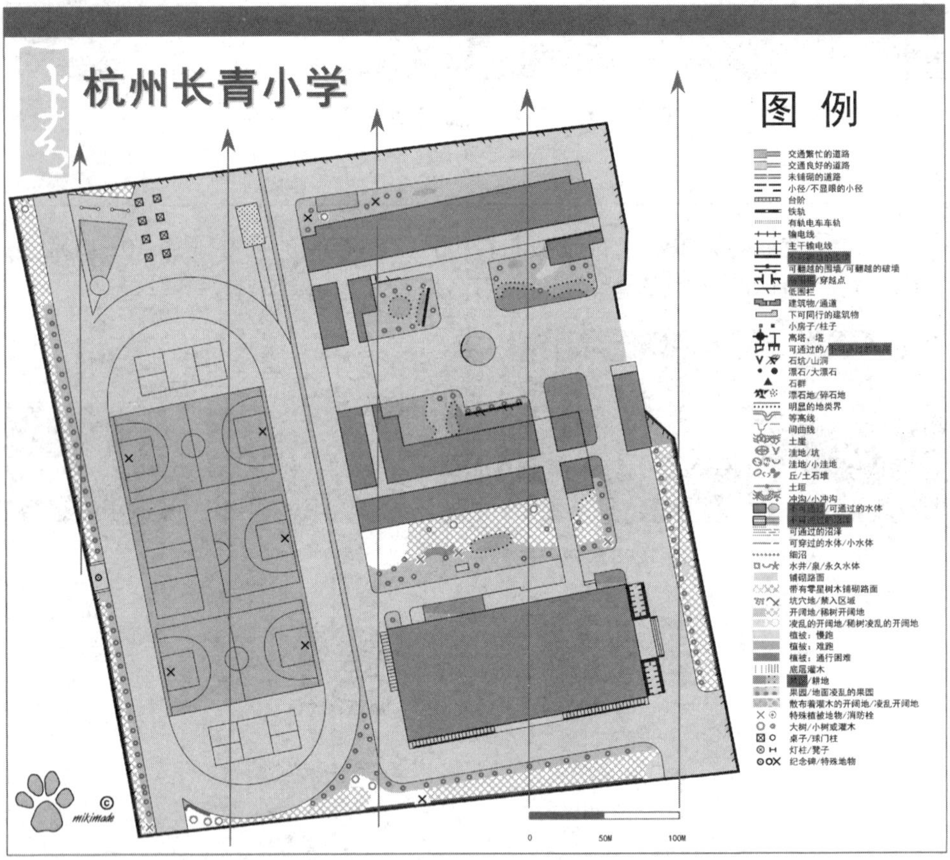

比例尺：1∶1 000 等高距：2.5 m

图 10-16 简易校园定向地图示例

复习、思考与实践

1. 简易定向地图与正式定向地图的差别有哪些？
2. 如何用简易校园定向地图教学生定向入门？

3. 尝试画出你学校的简易校园定向地图。

4. 制作一份简易校园定向地图图例。

本章小结
（思维导图）

本章动态
更新

第十一章　短距离定向地图制作

本章导读

短距离定向的适宜地形主要有校园、城市公园和村落。短距离定向地图必须严格按照《国际短距离定向运动地图规范》ISSprOM 2019 勘测绘制，以确保比赛的公平性。本章先介绍定向地图制图基本理论，主要包括定向地图制作的特点，地图信息传递理论，确定地面点位的原理和制图综合理论，并重点讨论了制图综合理论。然后讨论短距离定向地图的制作流程、具体制作过程和技巧，并对 ISSprOM 2019-2 进行解读。

学习目标

1. 了解定向运动地图制作的基本理论。
2. 了解地面点位的定位原理及其与地图坐标系的关系。
3. 掌握短距离定向地图现场勘测的方法。
4. 掌握使用 OCAD 绘制短距离定向地图的方法与技巧。
5. 掌握 ISSprOM 2019-2 规范的特点。

第一节　短距离定向运动地图制作概述

定向运动地图是一种专为定向运动开发、制作的专题地图。定向地图的使用者是定向运动员或定向爱好者，其制作的关键要素是“运动员视角”。定向地图制作过程中的所有环节都必须坚持从运动员视角来分析和表达地理要素及其属性。

一、定向运动地图制作的特点

定向地图是一种向使用者提供地形特征及其属性，包括地表状态、可通行性、可跑性和通视性、定位与导航等信息，用磁北方向线定向的大比例尺专题地形图。定向地图的绘制具有以下特点：

（一）专用性

定向地图是专为定向运动制作的专题地图，具有明显的专用性。

1. 制图规范专用性

规范的定向运动图是按 ISOM 2017-2、ISSprOM 2019-2 或 SSSOM 2019 三个适用性不同的规范制作的。ISOM 2017-2 主要用于制作比例尺 1∶10 000 和 1∶15 000 的野外或郊野定向地图，制作的地图主要用于长距离、中距离和接力赛；ISSprOM 2019-2 主要用于制作比例尺 1∶4 000 和 1∶3 000 的城市公园、校园、村落、街区或城乡结合区域的地图，制作的地图主要用于短距离赛、短距离接力赛和淘汰赛。而 SSSOM 则主要用于制作 1∶250 至 1∶2 500 的校园地图，制作的地图主要用于校园定向。

制图规范的专用性是随着定向运动的发展而产生的。随着主要在城市、村落、公园和校园举行的短距离定向、短距离接力和淘汰赛的诞生，ISOM 已不能满足定向运动发展的需要，从而促使 ISSprOM 体系的诞生。ISSprOM 是基于 ISOM 但又具有自身鲜明个性和特点的制图规范。而 SSSOM 则是为了满足定向运动推广和发展，专为校园定向开发的 ISSprOM 校园版。

2. 与竞赛规则一致性

对竞技性定向而言，竞赛规则规定了竞赛项目的技术规格。不同的技术规格决定了对竞赛地图的易读性、详细程度、可跑性、可通过性和通视性表示的要求（表 11-1）。地图比例尺决定了地图的精度，而等高距决定了地图表示地貌的详细程度。随着比例尺和等高距的变化，制图综合的取舍标准也随之相应地变化。因此，不同项目对定向地图测绘具有不同的要求，定向地图的测绘必须与竞赛规则保持一致。

表 11-1　不同项目对于地图的要求

项目	短距离	中距离	长距离	接力
比例尺	1∶4 000/1∶3 000	1∶10 000	1∶15 000	1∶4 000/1∶10 000
等高距	2/2.5 m	2.5/5 m	2.5/5 m	2/2.5/5 m
地图特点	对通行起限制作用的区域着重刻画	复杂地形中特征的刻画	复杂地形中特征的刻画	对通行起限制作用的区域/复杂地形中特征的刻画
地图规范	ISSprOM 2019-2	ISOM 2017-2	ISOM 2017-2	ISSprOM 2019-2/ISOM 2017-2

3. 内容专用性

定向地图作为一类专题地图，其内容必须满足定向运动的需求。定向地图的内容包括地理要素形态特征及其定位、导航、可通过性、可跑性、通视性 5 个方面的属性。

（二）国际性

定向运动是一项国际化运动，ISOM 与 ISSprOM 是两个国际化地图规范。但是，两个规范的编制主要基于欧洲，特别是北欧的地形图制图理论与制图经验，不一定完全适合我国地形。因此，应用规范时必须用国际化视角去解决定向地图制作中遇到的本土化问题。制图员不仅要充分理解地图语言（符号）的内涵，还要充分掌握地图语言的外延。为了实现这一目标，制图员需要通过参加各类定向赛事积累更多的地图使用经验。

（三）运动员视角

任何地图制作的终极目标均是为了更好地使用地图。对定向地图，这一目标体现在“运动员视角”上。定向地图是运动员的主要导航工具，运动员对于实地情境的预判均基于其对地图的认知。制图员在制图过程中应从运动员视角去观察制图对象，在保证地图清晰易读的前提下，将可能被比赛中运动员所感知、所应用的特征以运动员所期望的方式表示或突出表示在地图上。为了实现这一目标，也需要制图员通过参加各类竞赛积累更多的地图使用经验。

（四）相对性

1. 精度的相对性

地图的用途决定了对地图精度的要求。定向运动对地图精度的基本要求是，比赛中运动员对地图没有任何不准确的感觉。要实现这一目标，定位精度应与运动员用指北针和步测得到的结果一致。这是定向地图制作的基本原则。按照经验原则，测量误差不超过 5%，在地图上的绘图偏差不超过 0.5 mm 就可基本实现这一目标。

2. 高程的相对性

对运动员而言，绝对高程并不重要，重要的是相邻特征间的相对高度。良好的相对高度表达能够更好地展现运动员将面临的地貌特征。因此，必要时可对高度进行适当地夸张，但是不能超过等高距的 25%。例如，地形（细节）等高线的高程可以在 1/4～3/4 等高距之间调整。

（五）季节时效性

定向地图中植被的可跑性、水体的可通过性受季节影响。例如，同一片植被的可跑性在夏季和冬季可能完全不同。定向地图所表达的植被状况必须与比赛季节、时间相同。因此，比赛前必须对定向地图进行现势性修测。

二、地图信息传递理论

地图信息传递理论解释了制图对象的信息通过定向地图在制图员和运动员之间的传递过程和影响因素（图 11-1）。

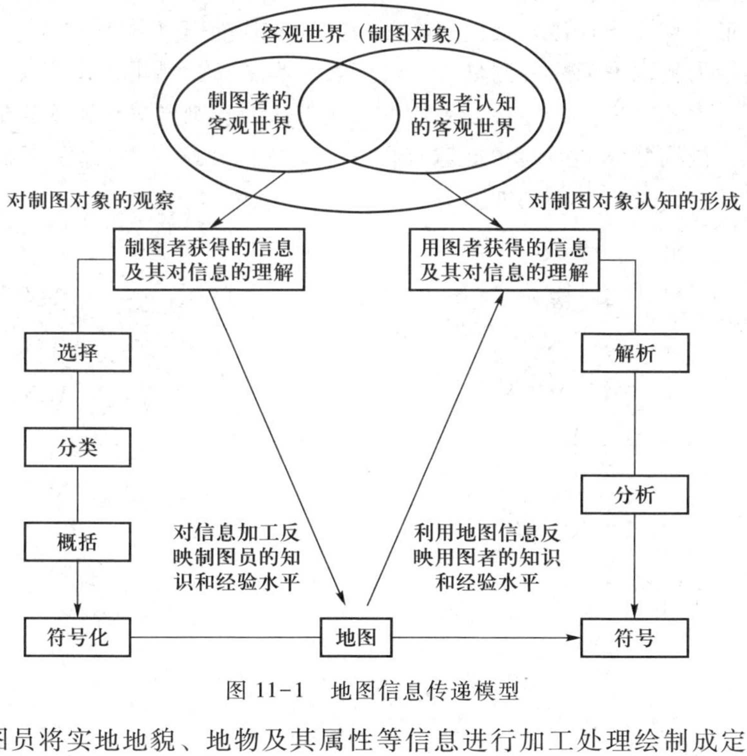

图 11-1　地图信息传递模型

制图员将实地地貌、地物及其属性等信息进行加工处理绘制成定向地图。运动员通过读图形成其对实地地貌、地物及其属性的认识和预期。这种信息的传递是单向不可逆的，只有高质量的基于运动员视角的定向地图，才能够保证不同水平运动员都能够得到其所需要的实地地形及其属性信息。地图信息传递质量和效率也取决于制图员与运动员对现地和地图语言认知能力的一致性，两者能力越接近，希望传达的信息与预期的信息符合程度越高，反之则越低。为提高信息传递质量和效率，制图员和运动员都要深入理解和掌握定向地图规范，制图员要经常参加定向运动比赛以加深对运动员视角的理解，运动员要参与定向地图测制实践以加深对制图规范和地图表示方法的理解。

三、确定地面点位的原理

（一）地球的形状

地球是一个表面 71% 被海水所覆盖的球体，陆地仅占 29%，因此可以把海水所覆盖的地球形体看作地球的形状。海水面向陆地延伸形成一个包围地球的封闭曲面称为水准面。其中，平均海水面称为大地水准面。大地水准面所包围的地球形体称为大地体。大地水准面是测量的基准面（图 11-2 右）。

直接用大地水准面开展测量工作难度大。为了简化测量工作，可以选用一个非常接近大地水准面，并可以用数学公式表达的规则椭球体来代表地球的形状和大小，该椭球体称为参考椭球（图 11-2 左）。测量中，以参考椭球面代替大地水准面作为测量的基准面。

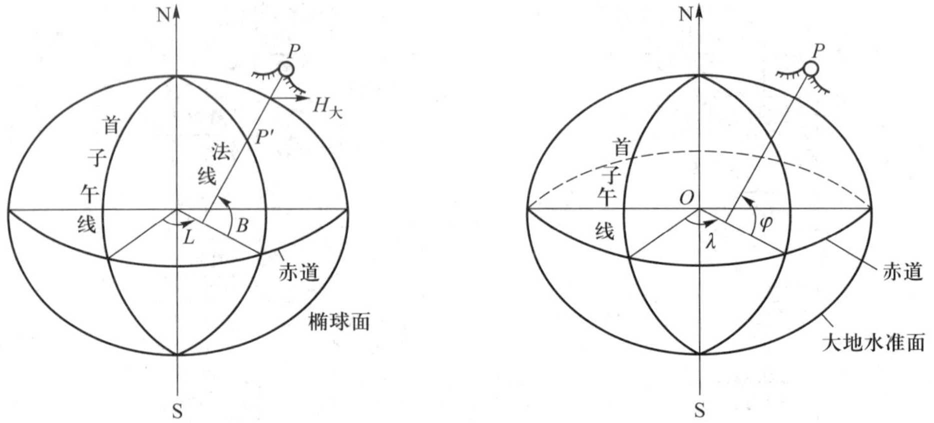

图 11-2 大地地理坐标示意图

（二）地球坐标系

地球坐标系是指为方便地描述地球上任意一固定点的位置建立的与地球形体相关联的坐标系，包括空间直角坐标系和大地坐标系两种形式。而按坐标原点和坐标轴的指向，地球坐标系又可分为地心坐标系、参心坐标系等。

1. 地心坐标系与 WGS-84 大地坐标系

地心坐标系是指以地球质心为原点的坐标系，包括地心空间坐标系和地心大地坐标系两种形式。地心空间直角坐标系不涉及椭球及其定位，而地心大地坐标系涉及椭球的大小和定位，其椭球中心与地球质心重合。其中，地心空间直角坐标系是卫星定位中采用的基本坐标系统。

WGS-84 大地坐标系是美国国防制图局 1984 年建立的一个全球统一的地心坐标系统（世界大地坐标系，英文缩写为 WGS）的最新版本，是 GPS 导航所采用的坐标系统。

2. 参心坐标系

参心坐标系指以参考椭球的中心，即参心为原点的坐标系，该参心与地心无法重合，又称为非地心坐标系。我国的 1980 年国家大地坐标（1980 西安坐标系）就是参心坐标系。

（三）测量坐标与地面点位的表示方法

一个点在空间的位置需要三个量来表示。传统测量中，常将地面点的空间位置用其在投影面上的位置（如经纬度或高斯平面直角坐标和高程）来表示。当使用卫星大地测量时，则可采用三维空间直角坐标表示。定向地图的测制，通常用下面几种坐标系来确定地面点位：

1. 地理坐标系

以经度和纬度为参数表示地面点的位置，称为地理坐标。其中以地球椭球面为基准面，以通过地面点的地球椭球法线与赤道平面交角确定纬度的球面坐标系称为大地地理坐标系，简称为大地坐标。

如图 11-2 所示，与地球北极 N 和南极 S 相连的轴为地球的自转轴。通过自转轴的平面称为子午面。子午面与椭球面的交线称为子午线，又称经线。通过英国格林尼治天文台的子午面和子午线分别称为首子午面和首子午线，以它们作为经度的起计点，向东从 0°~180°称为东经，向西从 0°~180°称为西经。通过地心垂直于地球自转轴的平面称为赤道面，赤道面与椭球面或水准面交线称为赤道。地面上某点的铅垂线或法线与赤道面的夹角称为该点的纬度，赤道以北从 0°~90°称北纬，赤道以南从 0°~90°称南纬。地面点的大地地理坐标用大地经度 L 和大地纬度 B 来表示。某点 P 的大地经度为过 P 点的子午面与首子午面的夹角 L；某点 P 的大地纬度为通过 P 点的法线与赤道平面的夹角 B。

2. 高斯平面直角坐标系

地理坐标是球面坐标，不便于直接进行各种测量计算，在实际工作中通常将地面点位表示在平面上，即将球面坐标转化为平面坐标。这种转化需要采用适当的投影方法进行。定向地图制图中常用的投影方法有高斯-克吕格投影（简称高斯投影）和通用横轴墨卡托投影（简称 UTM 投影）。高斯平面直角坐标系是采用高斯投影建立的坐标系。

高斯投影是按一定经差将地球椭球面划分为若干带，然后将每带投影到平面上（图 11-3a）。

（1）六度投影带。六度投影带是从 0°起，每隔 6°划分为一带，称为 6°带，自西向东将整个地球划分成经差相等的 60 个带。用阿拉伯数字 1，2，3，…60 表示。位于各带中央的子午线称为该带的中央子午线（图 11-3b）。我国位于第 13 带~第 23 带。

（2）三度投影带。测绘大比例尺地图时，六度投影带不能满足精度的要求。这时需要采用三度投影带。三度投影带是从 1°30′起，每隔 3°划分为一带，称为 3°带，自西向东将整个地球划分成经差相等的 120 个带（图 11-3b）。我国位于第 24 带~第 45 带。

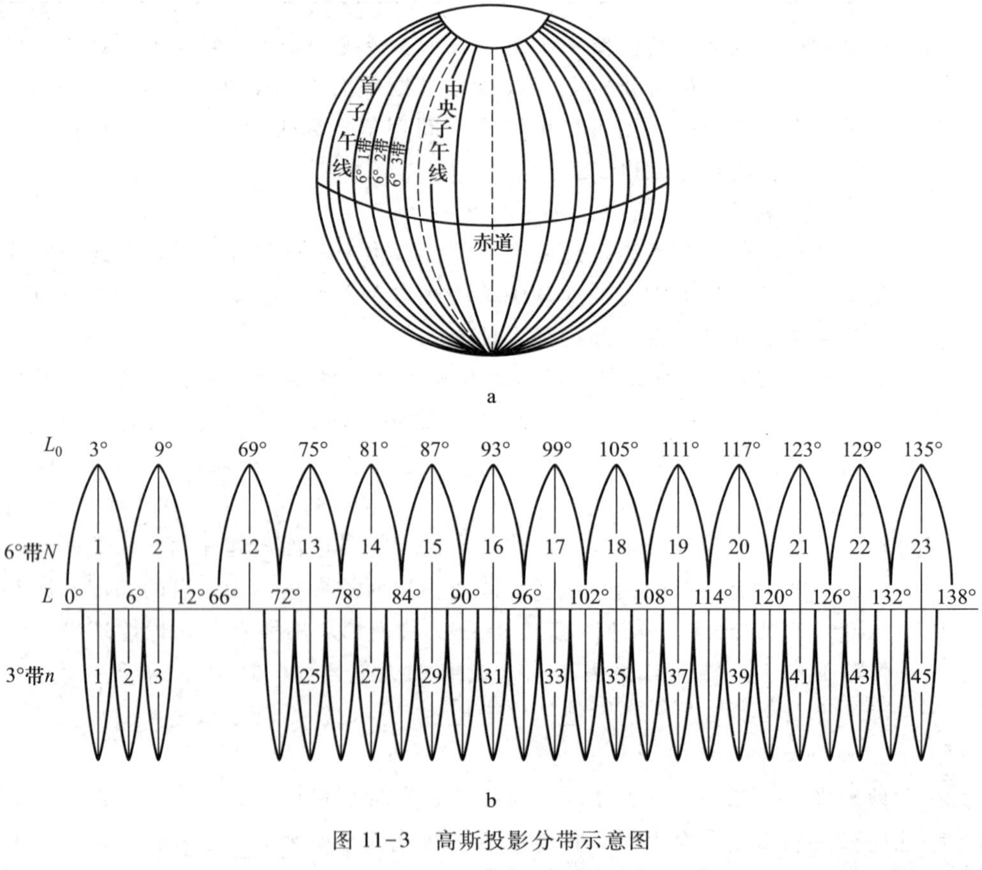

图 11-3　高斯投影分带示意图

（3）高斯平面坐标系与国家统一坐标。在各带上中央子午线的投影为一条直线，赤道的投影为一条与中央子午线垂直相交的直线。以中央子午线和赤道交点的投影为原点，中央子午线的投影线为纵坐标，赤道的投影线为横坐标构成高斯平面直角坐标系。由该坐标系确定的点位坐标称为自然坐标。

我国位于北半球，纵坐标均为正，横坐标有正有负。为了避免横坐标出现负值，规定将坐标纵轴西移 500 km 作为起始轴，带内的横坐标值均加 500 km。为了避免不同投影带内的点出现相同的坐标值，也为了标明其所在的投影带，规定在横坐标值前加上带号，这样得到的坐标称为国家统一坐标。例如，A 点位于六度带第 15 带，则其国家统一坐标为：$X_A = 231\ 458$ m，$Y_A = 15\ 221\ 458$ m。

3. 通用横轴墨卡托投影与 UTM 坐标系

通用横轴墨卡托投影是一种应用得较广泛的六度带投影，由其得到的平面直角坐标系称为 UTM 坐标系。UTM 投影与高斯投影没有实质性差别，其投影条件与高斯投影相比，除中央线长度比为 0.999 6 外，其他条件相同。由于定向地图制图软件 OCAD 不支持高斯投影，通常用通用横轴墨卡托投影将 WGS-84 投影到平面上。Orienteering Mapper 支持高斯投影，可直接用高斯投影将 WGS-84 投影到平面上。

4. 平面坐标系

当测区较小时，可以将该测区的球面当作水平面，将地面点直接沿铅垂线投影到水平面上。传统定向地图测制使用的坐标系主要是平面坐标系。

5. 地面点的高程

（1）绝对高程。地面上某点到大地水准面的铅垂距离，又称海拔。我国目前使用的是以黄海平均海水面作为高程基准面建立的 1985 年国家高程基准。国家水准原点位于青岛市观象山附近，原点高程为 72.260 m。

（2）相对高程。地面上某点到任意水准面的铅垂距离。定向地图测制使用的高程主要是相对高程。

（四）水准面曲率对测量结果的影响

当测区面积不大时，可把球面视为平面用水平面代替水准面，从而简化测量工作。因此，需要了解用水平面代替水准面对水平距离和高差测量的影响，明确用水平面可以代替的水准面的范围大小。

1. 水准面曲率对水平距离的影响

由表 11-2 可知，当测区的半径为 20 km 时，以水平面代替水准面所产生的距离误差为 6.57 cm，相对误差为 1/30 万。该距离误差可以忽略不计。

表 11-2 用水平面代替水准面对距离和高差测量的影响

距离/km	0.5	1.0	3.0	5.0	10.0	20.0
距离误差/cm		0.001	0.022	0.103	0.821	6.57
高程误差/cm	1.96	7.85	70.63	196.2	784.8	

2. 水准面曲率对高差的影响

由表 11-2 可知，当测区的半径为 10 km 时，用水平面代替水准面，高程误差为 784.8 cm。由于定向地图主要关注相邻特征间的相对高差，该误差也可以忽略不计。

四、制图综合理论

(一) 制图综合的概念

地图是以缩小的图形反映客观世界。由于地图面积的关系，仅仅根据地图的数学法则是无法将制图对象主要的特征和分布规律表达出来的。为了在保证地图的易读性的同时，地图能反映制图对象的基本特征和典型特点及其内在联系，必须根据地图的用途和比例尺，对地图内容按照一定的规律和法则进行选取和概括，这个过程就是制图综合，又称地图概括。

制图综合是制图过程中最具创造性的环节，主要包括取舍与概括两个方面：取舍是指根据地图的用途和比例尺，选择并保留那些对制图目的有用的信息，舍弃掉不需要的信息；概括是指根据地图的用途和比例尺，对制图对象的形状、数量和质量特征运用删除、合并、分割等方法进行化简。例如，去掉制图对象的复杂轮廓形状中的某些细碎部分，保留或夸大重要的特征，代之以总的形态轮廓。

由于实施了制图综合，不论多大的制图区域，都可以按照制图目的将读者感兴趣的内容一览无遗地呈现出来。

(二) 影响制图综合的因素

制图综合主要受以下 4 种因素影响：

1. 地图的用途

尽管所有的定向地图最终都是为运动员提供服务的，但由于存在竞赛项目和活动目的的差异，使得地图内容的侧重点具有差异性。

2. 地图比例尺

比例尺的大小决定了地图内容的详细程度。

3. 制图区域的地理特征

不同制图区域的地理特征分布情况可能存在巨大差异，如斯堪的纳维亚地形与我国喀斯特地形间的差异，因此制图综合需要依据制图区域的特点进行。

4. 制图员风格

虽然制图员都按照定向地图规范制作定向地图，但不同的制图员为同一个区域制作的地图不可能完全一样。因为地图规范并不是一个完全量化的规范，制图员在根据地图规范勘测时，制图综合总会融入个人判断和个人标准的因素。

（三）制图综合的主要方法

1. 取舍

取舍程度主要取决于比例尺大小，通常比例尺越小，地图能够表现的细节就越少。因此，长距离比赛的地图与短距离比赛的地图在取舍标准上是不同的。在制图时，首先要根据比赛项目来确定能够被保留下来的地物的最小尺寸，在地图上仅保留达到和超出该尺寸的地物。在具体操作过程中需要充分结合现地特点来进行，一般来说，现地地物越稀少，取舍的标准（最小尺寸）就越低，反之亦然（图 11-4）。在同一张地图的整个制图过程中，这种取舍标准应该保持高度的一致性。

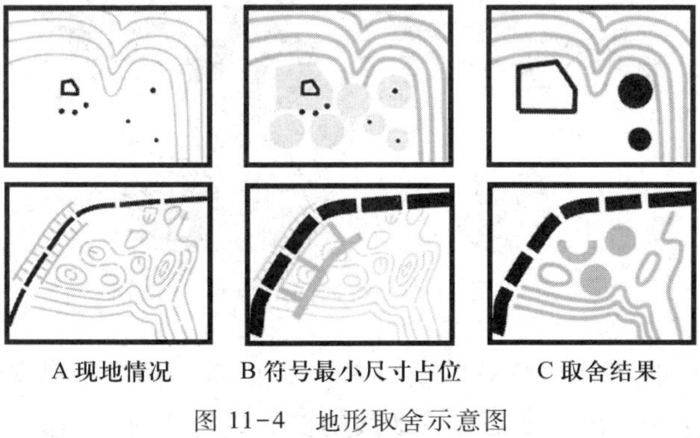

图 11-4　地形取舍示意图

此外，也要充分考虑选取内容的重要性和指示性，特别是在现地特征分布不均匀的情况下，有时可以适当放松选取标准，将那些具有定位和导航意义但低于最小尺寸标准的特征纳入地图之中。

2. 概括

为了更好地表达现地的情况，满足运动员视觉辨别的要求，须对定向地图上的线状及面状符号进行必要的概括处理。有目的和有意识地突出那些主要的、具有代表性的信息，删除那些次要的、非典型性的信息，主要包括简化细小弯曲及碎部、夸张那些细小但反映特征的弯曲。在具体操作过程中需要采用以下几种方法：

（1）舍去。随着比例尺缩小，某些细碎特征无法在成图上清晰表现，应该舍去，如图 11-5 所示。

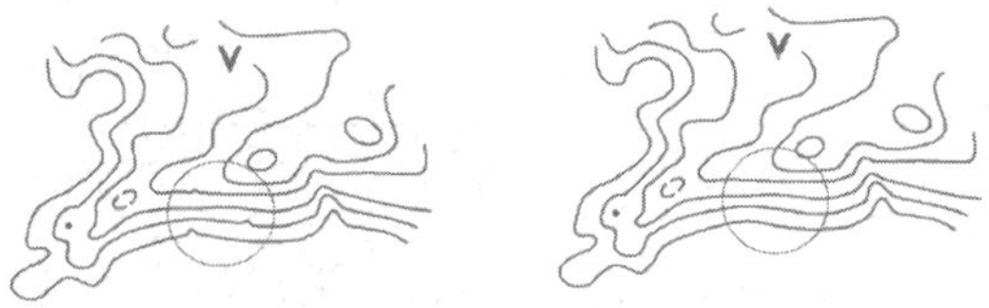

图 11-5　舍去

（2）合并。随着地图比例尺的缩小，同类特征间的间距缩小到无法详细区分时，可采用将其合并的方法着重体现特征的主要方面，如图 11-6 所示。

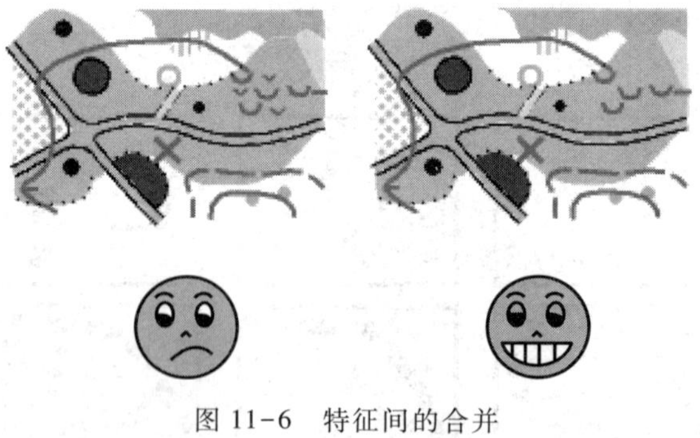

图 11-6　特征间的合并

（3）夸大。为了突出具有重要导航及定位意义的实地特征，对于依比例无法表达的特征、特征的细部、特征间的差异进行夸大，如图 11-7 所示。

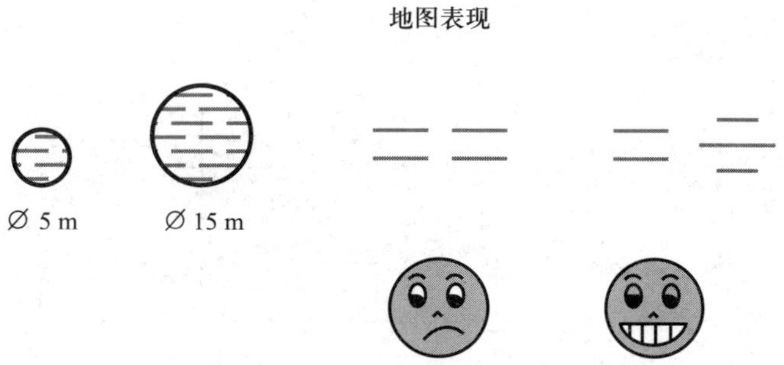

图 11-7 夸大特征间差异

3. 移位

（1）定位优先级。随着地图比例尺的缩小，一些不依比例尺或半依比例尺符号在地图上的占位空间超过其代表的特征在实地中的占位空间时，就会在地图上出现占位矛盾。在这种情况下要通过定位优先级，即从特征在定位或导航上的重要性出发来安排符号占位的优先等级。

（2）双方位移。当两个特征同等重要时，采用相对位移，使符号保持必要的间距，如图 11-8 所示。

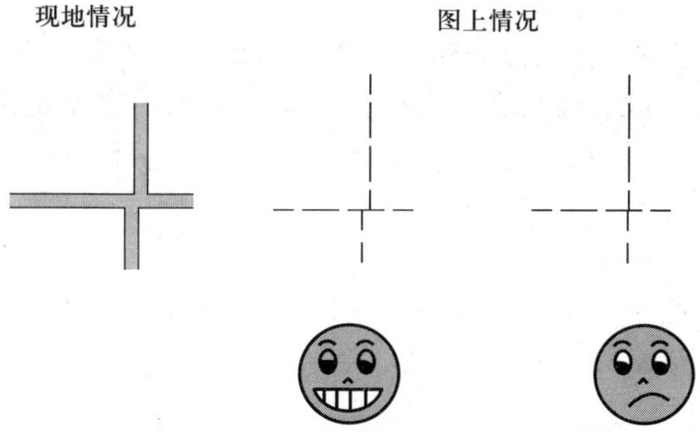

图 11-8 双方移位

（3）单方位移。当两个特征的重要性不同时，次要特征应以重要特征为参照进行单方移位，保持符号之间正确的拓扑关系，如图 11-9 所示。

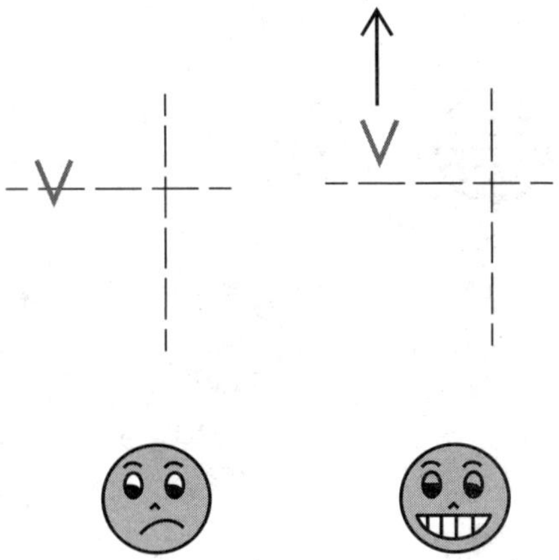

图 11-9　次要特征（土坑）相对于重要特征道路单向移位

但在进行这类操作的过程中，要注意这些细小特征的排列走向，保持其分布特征。具有定位意义的点状及线状地物不能位移，应尽可能地保持几何相似性以及面积对比的关系。

第二节　短距离定向地图现场勘测

短距离定向地图是指执行 ISSprOM 2019-2 而制作的定向地图。主要包括校园、城市公园和村落定向地图。其中，校园定向地图主要是指比例尺在 1∶2 500至 1∶4 000，等高距 2 m 或 2.5 m 的高中和大学校园定向地图。城市公园和村落定向图主要指比例尺在 1∶3 000 至 1∶4 000，等高距 2 m 或 2.5 m 的城市公园和自然村落定向地图。

对于执行 ISSprOM 2019 的定向地图，无论是校园、城市公园还是村落，其适用的定向项目主要是短距离定向。

一、步距尺制作与磁北线标注

（一）步距尺制作

短距离定向地图制作中的距离主要由步测确定。步测是根据复步量测出两点间距离或线段长度的方法，其准确性取决于步距的稳定性。在现实中，地形的起伏变化和工作时的体能状态都会影响到步距，制图员需要具有丰富的经验才能将这种误差降至最低。为了提高步测的准确性，需要使用步距尺。步距尺制作以自我感觉最为舒适的复步数为基础，通过在平地、上下坡等不同的情况下往返完成固定距离（如 100 m）的方式取得基础数据。根据不同的比例尺换算出 1~15 个复步在地图上的实际绘制长度，然后制作出一张复步数与绘制距离一一对应的表格做成制图员个人的步距尺。一般情况下，制图员都将步距尺制成与底图比例适应的便签并粘贴在绘图板上或制图指北针上，这样不仅能够节省具体换算的过程，更能提高效率。

一般外业勘测底图的比例尺是成图比例尺的两倍，中距离定向地图步距尺的比例尺一般为 1∶5 000，短距离定向地图步距尺的比例尺一般为 1∶2 000 或者 1∶1 500。一些专业制图员会练习自己勘测时的步幅，如单步 1 m 或者复步 1.5 m，以便直接换算成毫米。

（二）磁方位角读取

定向地图制作中的方位由磁方位角确定。磁方位角测量与步测一样，是实地勘测的基本手段。

磁方位角是指沿顺时针方向，某点的目标方向线与磁子午线间的水平夹角。磁方位角的读数可以由制图指北针读出。在现地任何已知点，将制图指北针水平放置在与眼部同一高度，并将指北针指向待测目标物体，待指北针读数稳定之后，可以通过读数窗口获得磁方位角数据（图 11-10）。

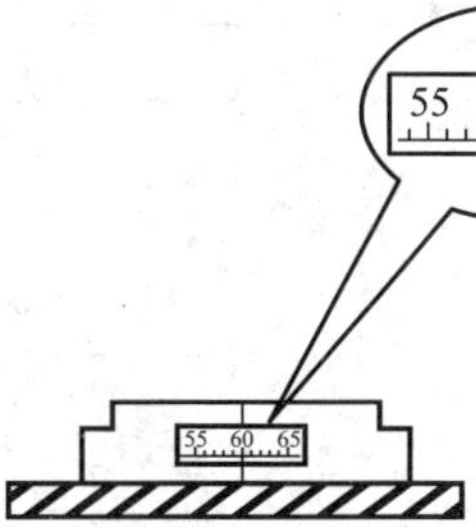

图 11-10　磁方位角读取示意图

（三）底图质量检查与磁北线标注

底图质量检查和磁北线与地理坐标夹角的校正应同步进行。底图上的特征，甚至大的线状特征都可能存在错误。因此，在进行磁北线标注之前，应先对底图上大的特征，尤其是那些显著的线状特征进行检查。

定向地图用磁北定向，与底图所采用的地理坐标系存在一定的角度偏差，在制作定向地图之前必须在底图上标定实地的磁北线方向。具体操作方法是先在底图上选取两个实地中存在的点状特征并连线，在实地测得该连线与磁北线的夹角，然后按图 11-11 所示的步骤操作，即可在底图上标定磁北线（图 11-12）。在实际操作的过程中，通常通过测量多条连线来校正误差。磁北线的标定要注意几个问题：

（1）点状特征必须在底图上选取。

（2）选取 2~3 条连线通过测量夹角来校正误差。

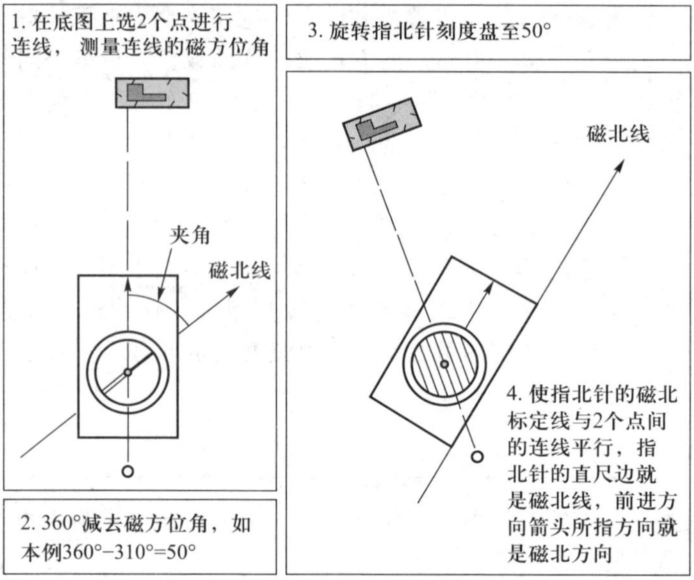

图 11-11 磁北线标注示意图

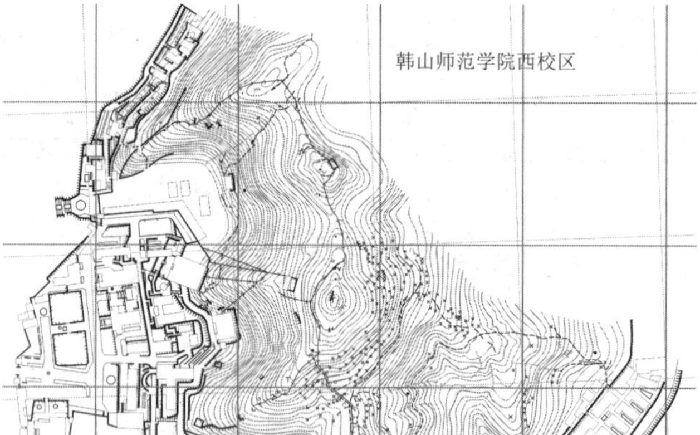

图 11-12 带有以磁北线定向的栅格的底图

查看本图彩图

二、现场勘测方法

（一）主要勘测方法

校园、城市公园和村落定向地图的主要勘测方法有角度偏转和步测距离两种。这两种方法的基本要素是用方向和距离来确定被勘测物体的位置和形态。

1. 角度偏转

角度偏转是指利用指北针测量出地物的磁方位角。角度偏转主要用于确定线性地物及点状地物的方位（图 11-13）。应用角度偏转进行测量时要注意两个问题：

（1）精确性应控制在±1°。

（2）最远测量距离不能超过 150 m。

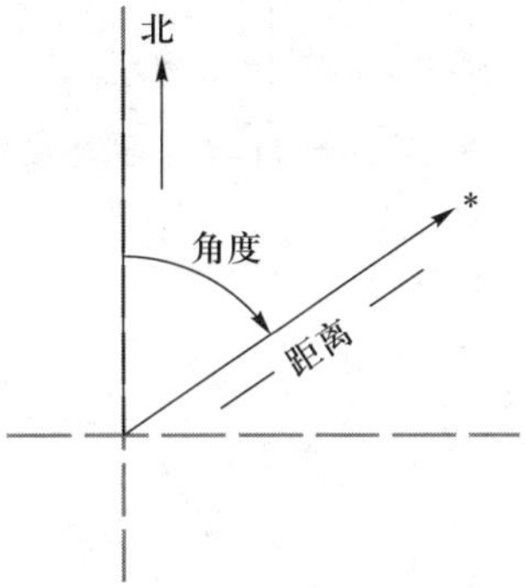

图 11-13　角度偏转示意图

2. 步测距离

步测指利用步距测量出两者之间的距离。应用步测测定距离时也要注意两个问题：

（1）要根据地面的起伏情况对步测距离进行校正。

（2）步测距离应分段进行，每段距离不得超过 100 m。

（二）勘测方法应用

实际测量过程通常是通过角度偏转和步测距离综合应用来完成的。

1. 向前偏转（方向+距离）

首先确定站立点，然后利用指北针测出目标地物的磁方位角，再利用步测确定目标地物与站立点之间的距离（图 11-14）。

2. 曲线偏转（方向+距离）

对于弯曲的线状地物，可以将它分成若干段直线来进行测量。测量时，站立点应位于线状地物的中央，利用指北针测出第一个拐点的磁方位角，再利用步测获得站立点到第一个拐点的距离。依次测出第二个拐点、第三个拐点，直至完成整个弯曲的线状地物的测量（图 11-15）。用这种方法进行勘测时，要注意误差的累积会影响线状地物终点的正确位置，必要时需要校正。

曲线地物的测量还可以用折点法和切线汇点法，这两种方法可准确确定曲线的两端点及重要弯折点，较大的弯弧用切线相交点作为参考点绘制弧线（图 11-16）。这两种方法绘制的曲线与实地地物形似，也能确保端点和重要弯折点准确。

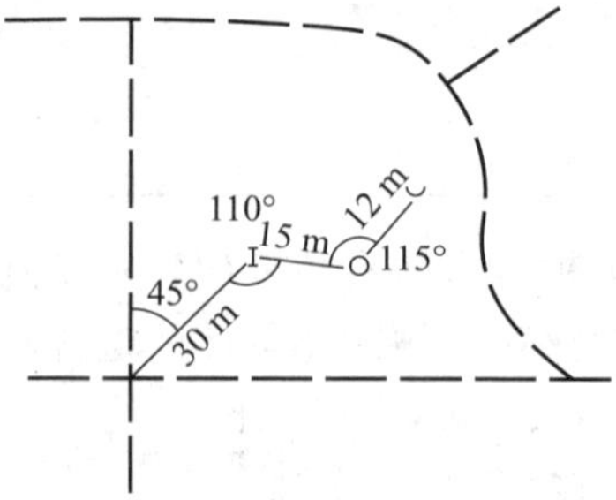

图 11-14　向前偏转示意图

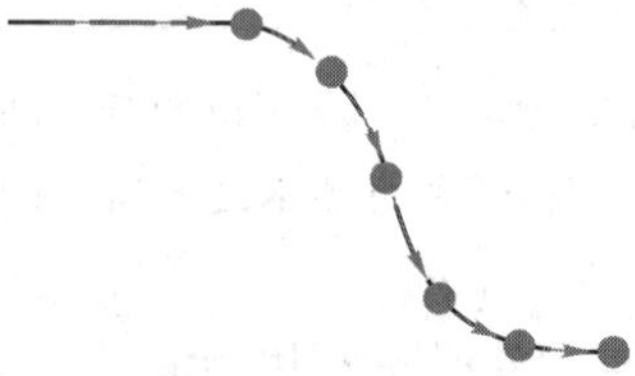

图 11-15　曲线偏转示意图

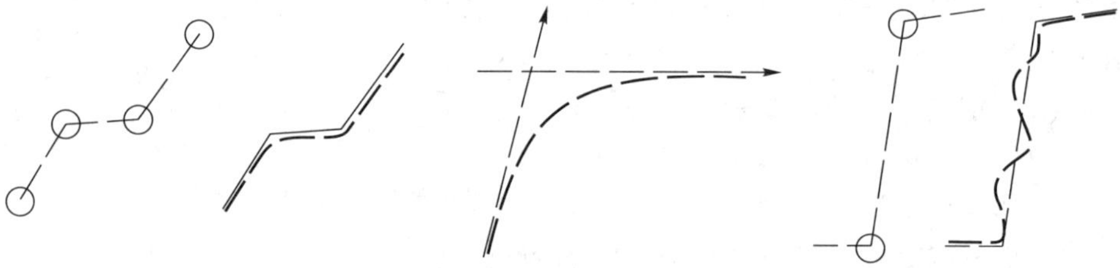

图 11-16　切线法和折点法绘制的曲线

3. 交叉法（方向+方向+距离）

（1）正向交叉法。正向交叉法是分别站在两个已确定方位的特征处测量目标的磁方位角来确定目标在地图上位置的方法。站立点到目标标点的磁方位线的交点即为目标点在地图上的位置（图 11-17）。

（2）反向交叉法。反向交叉法是站在待测点测量两个已定位特征的磁方位角来确定目标点在地图上方位的方法。将待测点到已定位点的磁方位线反向延长，延长线的交点就是待测点在图上的位置（图 11-18）。

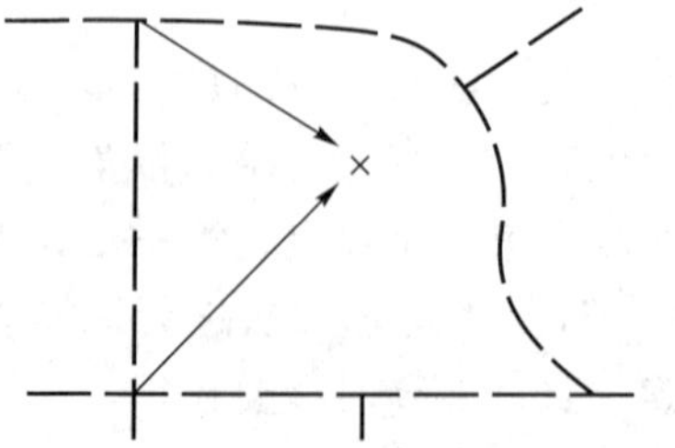

图 11-17　交叉法示意图

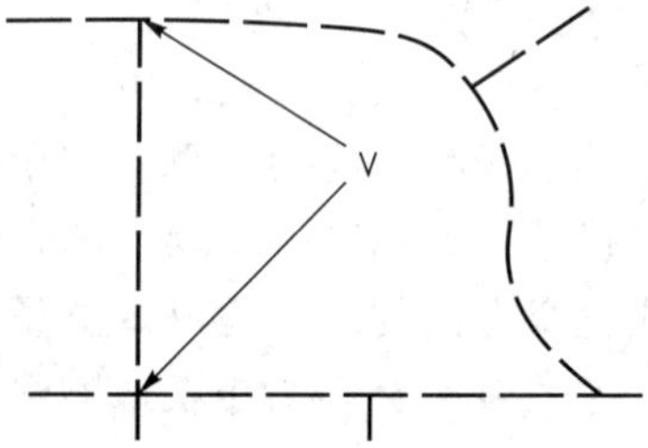

图 11-18　反向交叉法示意图

无论使用哪种方法，在条件允许情况下，标定好地物点位后，要用其他标志物复核其准确性，也需要考虑经制图综合后，标定地物和周边其他地物的相对位置关系是否正确。

（三）大等高线特征的测量

短距离定向地图的等高距为 2 m 或者 2.5 m。等高线在短距离地图中的主要意义是反映物体高差位置的关系和行进路线的高低方向。除非是在山地树林中，等高线不会表现出太多的细节。如果底图有等高线信息，制图员可通过目测判断地物相对位置高差是否合理来修订等高线位置。如果底图缺少等高线信息，制图员可通过用自己的视高测量地物高差位置关系来添加等高线信息。这种方法能体现等高线的大致形态，测量时需要注意等高线的延续和闭合。

（四）勘测流程

1. 定位线状特征

选定当天测绘的区域后，从最显著的线状特征开始，沿着线状特征封闭一块区域（图 11-19a）。

2. 定位点状特征

首先在底图上定位线状特征附近的点状特征，然后定位远离线状特征的点状特征（图 11-19b）。点状特征可以是具体的点状地物，可以是建筑的拐角或其他面状特征的拐角。

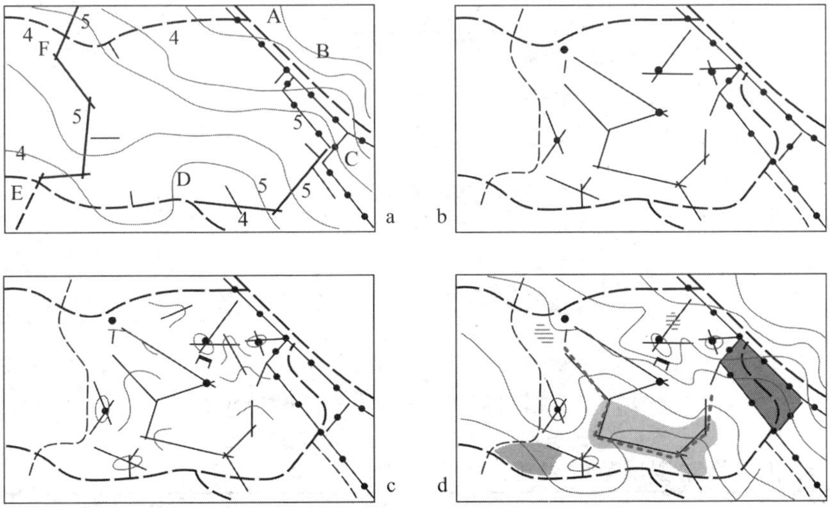

图 11-19　城市公园勘测步骤

查看本图彩图

3. 定位等高线变化控制点

利用线状和点状特征对可以控制等高线变化的控制点进行定位（图 11-19c）。

4. 完成等高线和植被的勘测

依该区域的地形走势完成最终等高线的定位，同时定义植被区的边界、拐点和类型，最终确定植被区的分布空间（图 11-19d）。

三、勘测误差的校正

（一）点状地物勘测误差的校正（图 11-20）

由于指北针精度（±1°）及步测精度的限制，一般情况下，利用磁方位角进行角度测量不能超过 150 m，步测距离测量不能超过 100 m。任何长距离的测量都必须通过已知点状地物的校对来实施。

在何种情况下都须使用制图指北针，与步测相比，它的精确性更高。制图指北针的精度也限制着其使用范围，随着站立点与待测目标间距离的增加，误差也随之增加。指北针测量的夹角也影响精度。60°~120°的夹角是最佳测量角度，夹角太小或太大误差都会增加。例如，以图 11-20 中右图所示的三个已知位置确定一个目标点为例，a 表示三条连线汇聚于一点，这种情况在实际操作中很少出现；通常出现的情况是 b，这时，目标点可以被定位于两个交点的中心处。但当出现 c 情况时，交汇后形成的区域面积太大，不能用于确定目标点，需要再次核查。

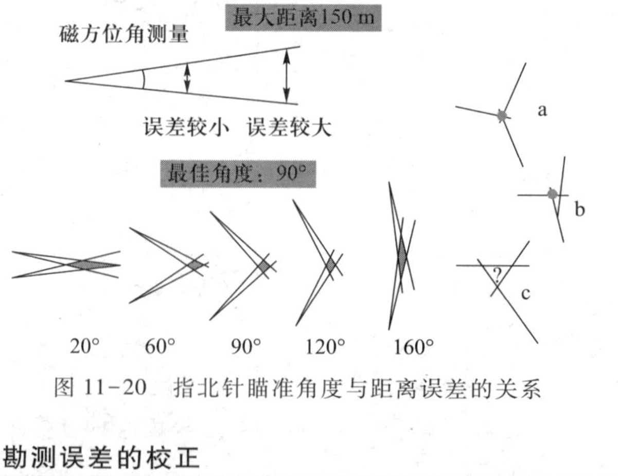

图 11-20　指北针瞄准角度与距离误差的关系

（二）线状地物勘测误差的校正

线状地物可以被视作由若干个连续的直线段构成。当线状地物是间断的或者较短（小于 100 m）时，可以采用磁方位角加上步测的方法来测量。在这种测量过程中，通常会出现误差，而且误差会逐渐累积，最后导致出现很大的误差。因此，必须对误差进行修正，其修正的原则是：将累积的误差分配到各个阶段，而不能一次性地将累积误差分配给最后一个阶段。

如图 11-21 所示，误差 a-a′是线段 abcde 上各点误差的总和，每个点都必须借助 a-a′连线进行校正，校正率是各点与 e 的距离与误差总量的比值。

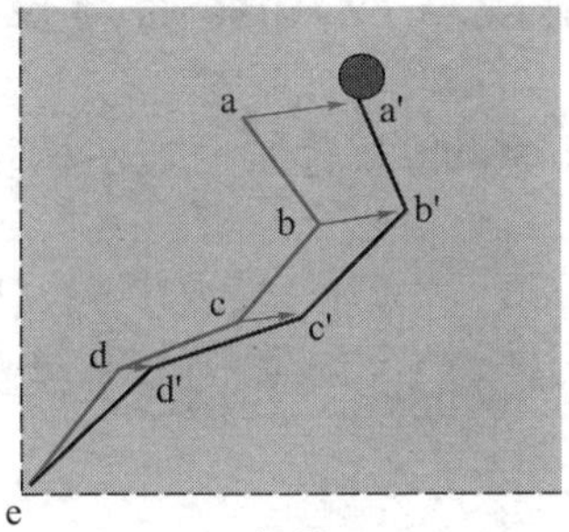

a-a'=20 m

a-e=80 m

修正b、c、d点

每个点像a-a'一样方向修正。

点b、c、d需要按以下公式进行移动修正：

$$a-a' = \frac{b-e}{a-e} \times a-a' = \frac{60}{80} \times 80 = 15\ \mathrm{m}$$

$$c-c' = \frac{c-e}{a-e} \times a-a' = \frac{40}{80} \times 20 = 10\ \mathrm{m}$$

$$d-d' = \frac{d-e}{a-e} \times a-a' = \frac{20}{80} \times 20 = 5\ \mathrm{m}$$

图 11-21　线状地物误差修正

四、短距离定向地图现场勘测要点

（一）校园定向地图现场勘测要点

在校园中进行定向运动教学、比赛或活动不能干扰其他教学活动，因此，校园中有可通行楼层的教学楼应考虑定义为不可通行的建筑。必要时，可以考虑测制两套适用于不同情境的校园地图。另外，当校园面积不足以绘制 1∶4 000 或 1∶3 000 的地图时，要考虑使用 SSSOM 2019 校园定向图符号集。

（二）城市公园定向地图现场勘测要点

城市公园定向地图绘制要注意不可进入和不可踩踏绿化区的定义，要做好这种定义需要跟公园管理者进行充分沟通。对于一些临时性的绿化性的装饰，要考虑其在比赛期间是否还会存在，否则不要标绘在底图上。对于人流量比较大的道路，或者经常聚集游客的广场，要用交通繁忙铺装地面表示。

（三）村落定向地图现场勘测要点

村落定向一般选择呈不规则布局的村落。村落为居民聚居地，因此，村落定向地图绘制的一个重要前提是不能干扰到居民的生活，私人活动区域需要严格按照禁区绘制，围闭的建筑群内部不要勘测细节，按整片建筑处理。横街窄巷的通行宽度需要按 ISSprOM 2019 规范绘制，实际过窄的街道，可按规范放宽表达。一些不必要的、过于狭窄不适合比赛的建筑物之间过道可以忽略，以提高地图的可读性。

第三节 OCAD 软件定向地图模块应用基础与技巧

本节是在第十章的基础上，系统地介绍 OCAD 软件定向地图模块的基础知识与操作技巧。

一、OCAD 矢量图形绘制基础

（一）绘图模式

计算机图形绘制软件主要有位图和矢量图两种模式。位图模式是给每个点分配一个色彩值的过程。而矢量图绘制则是创建若干图形，并为每个图形赋予各种属性的过程。

OCAD 是一种矢量图形绘图软件。在 OCAD 中，各种图形可用绘图工具栏中的各种绘图工具创建，创建出的图形包括直线、曲线、矩形、圆形、字符和文本等都称为矢量对象。OCAD 是一种符号化的矢量绘图软件，可通过对符号箱中符号的编辑来改变符号的属性从而改变图形的属性。

（二）矢量图形的结构

矢量图形由路径构成，路径的线条为图形的轮廓，而路径围绕的内部则为图形的填充。路径由节点来定位，通过调整节点可实现对路径的调整。节点是通过控制点和控制线来控制的。控制点和控制线称为手柄。通过鼠标调节手柄的长度和方向或移动节点可以实现对节点的编辑。OCAD 中的节点有多种类型，不同的节点对其两端的路径影响不同（图 11-22）。

1. 曲点（基本点/普通点）

曲点是定位曲线对象和由曲线路径围绕的面状对象的节点。当对象被“选择节点编辑”工具选定后，对象上的曲点将被实心的矩形■标记出来。曲点两侧的曲线总是平滑的。曲点的两个手柄是联动的，但手柄长度可以独立伸缩。手柄长度相同时，节点两侧曲线半径相同。手柄长度不相等时，节点两侧曲线半径不同（图 11-22）。

2. 角点

角点是定位直线对象和矩形对象的节点。当对象被“选择节点编辑”工具选定后，对象上的角点将被空心的矩形□标记出来。角点的两个手柄可以分别独立地移动。因此路径段能够在节点两侧急剧改变方向。手柄越长，节点两侧的曲线变化越平缓，半径越大（图 11-22）。

3. 虚点

虚点是一种用来调整虚线结构的节点。当对象被“选择节点编辑”工具选定后，对象上的虚点将被空心的菱形◇标记出来（图 11-22）。

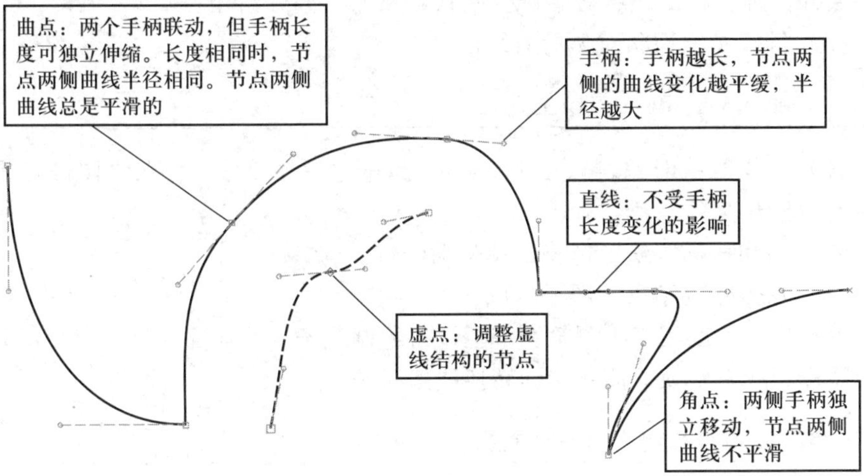

图 11-22　节点功能示意图

（三）节点的编辑

OCAD 中，通过编辑模式中的“选择节点编辑”工具可以使选中对象中的节点被标记出来，从而实现对节点的编辑。另外，通过编辑模式中的曲点、角点、虚点及删除点图标还可以实现改变节点类型，增加或删除节点的操作。

节点编辑技巧

二、地图绘制的常用方法与技巧

（一）画水平或垂直线

为了画出精确的水平线或垂直线，画线时可以按住“Alt”键。

（二）跟踪已有对象

面状对象通常被线状对象限制起来，画面状对象时可以利用 OCAD 的追踪功能沿已有线状对象的边界自动进行填充，或自动生成面状对象的部分边界。

（1）选择面状对象。

（2）选择曲线或直线工具。

（3）当画到拟跟踪的线状对象时，按下“Ctrl”键，左键单击线状对象，线状对象上的节点将显示出来。

（4）在线状对象上拟结束跟踪的位置松开“Ctrl”键，左键单击结束跟踪，放开鼠标，将沿线状对象产生面状对象的一部分路径。

（5）继续画完面状对象的后续部分。

（三）Freehand mode（手绘工具）

（1）选择线状对象，点选 Freehand mode（手绘工具），在绘图区点击鼠标左键后松开。

（2）移动鼠标，绘图区将出现移动轨迹。

（3）点击左键结束，图形生成。

手绘模式一般用于手写笔在平板设备绘制线条，绘制完成后可以使用转换折线图标，或者转换成曲线图标转换线条状态。

（四）将曲线和直线组合为一个对象

如果在画一个对象时，在画直线的过程中需要画曲线，或在画曲线的过程中需要画直线，可以在画完直线或曲线松开鼠标后，按一下 Tab 键，再选择需要转换的绘图工具，然后接着原来的线段用新的绘图模式继续绘制。

（五）虚拟剪断

虚拟剪断是指线状对象被剪去一部分后，余下的部分仍然为一个对象的剪断操作。具体的操作方法如下：

按 Ctrl 键进行剪裁编辑，剪掉的区域不再显示，而余下的线状对象仍然为一个整体。这一功能主要用于等高线的剪裁编辑。

（六）快捷选取不同的编辑对象

在同一编辑工具下选择不同对象进行编辑，可以按住 Alt 键进行选择后，松开 Alt 键，继续对新选择的对象进行同一编辑功能。

（七）按自己的操作习惯设置快捷键

按自己的操作习惯设置快捷键，绘图速度会有明显提高。

（1）在 Options（选项配置）菜单中点击 shortcuts（快捷键）。

（2）在对话框中选择需要设置的功能后，在快捷键区选择快捷键方式，然后关闭对话框即可，如图 11-23 所示。

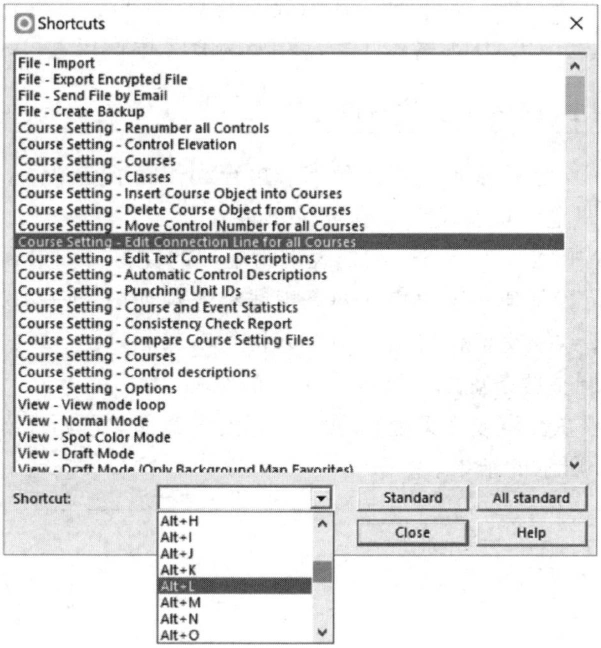

图 11-23 快捷键编辑对话框

常用地图绘制技巧

三、地图符号的编辑方法与技巧

（一）分解符号图标

分解符号图标可用于将某些符号分解成其构成成分，然后单独调整符号各构成成分，从而实现对符号形态的调整。应用该功能时，要在规范允许范围内调整符号形态。

1. 高陡崖面齿线延长

遇到需要延长或者缩短陡崖齿线时，点选需要编辑的陡崖对象符号，然后点击分解符号工具，这时，陡崖的主线和齿线被分解，可以单独调整每根齿线长度。

2. 果园、葡萄园符号更改

果园和葡萄园在 OCAD 符号集里是黄色开阔地叠加绿点或者绿短线构成的符号。如果果园和葡萄园是凌乱空旷地，则需要把黄色替换成浅黄色。这时，可通过分解符号图标将该符号分解为黄色和绿色符号两个部分来单独处理。最新的 OCAD 符号集中已新增了凌乱空旷地上的果园和葡萄园符号，可以直接使用这两个符号。如果 OCAD 的版本是 OCAD11，可以先将 OCAD 2019 中的符号集导出为 OCAD11 格式，然后在 OCAD11 中调用。

（二）节点编辑工具的使用方法与技巧

节点编辑工具包括添加曲点、角点、虚点和删除节点图标。

1. 用角点调整两条虚线交叉或交汇处的结构

图 11-24A 中，两条小路交汇处表现为虚部的交汇，如果在水平虚线上与垂直虚线交汇位置创建一个角点，两条虚线将实现如图 11-24B 所示的实部交汇。同时，水平线上交汇位置出现两个邻接的实部。

2. 用虚点调整两条虚线交叉或交汇处的结构

如果不希望在交汇或交叉处出现两个邻接的实部，可用虚点代替角点，得到如图 11-24C 所示的结果。

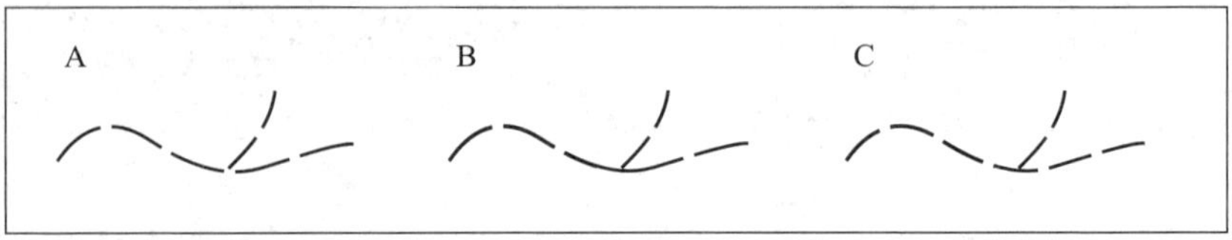

图 11-24 用角点或虚点调整两条交汇处的结构

3. 创建"角点符号"

角点符号是指线状符号上带有角点的一种特殊符号，用角点符号画线状对象时，对象的每个角点位置上将出现相应的角点符号，如输电线符号就是一个角点符号，用来表示输电线电杆的位置。

用角点符号画线状对象时，角点符号并不会总是出现在所需要的位置。在这种情况下，可以在线状对象上需要添加角点符号的位置添加一个角点，或将其他的点改为角点，角点符号将随之出现。

（三）符号的编辑和新增

严格按照地图规范制图时，不应修改符号的颜色、形状和大小。但在绘制用于教学的校园定向地图和其他一些用于教学、休闲娱乐而非竞技的定向地图时，可以适当地对地图符号进行修改，甚至设计制作一些特殊符号。

1. 颜色修改及增加

修改颜色时一定要慎重。修改颜色会影响到符号的颜色及覆盖性。

在 Map（地图）菜单中点击 Colors（颜色），可以调整原有颜色的参数和覆盖顺序，也可以点击 Add（新增）进行新增颜色的设置。

2. 符号的修改及增加

将鼠标移动至符号集中拟修改的符号处，点击右键出现对话框。在对话框里点击 Edit（编辑），即可对该符号进行编辑，编辑好后，整体地图中的该符号都会被更新。点击对话框里的 New（新建）则可以新建符号。

常用地图符号编辑技巧

四、绘图质量的检查

地图质量检查按第十章第五节介绍的方法进行。要注意的是，对于比赛用图，为保证地图的易读性，要严格地按地图规范进行符号大小及间距的检查。

第四节　国际短距离定向运动地图制图规范 2019-2 解读

国际定向运动地图规范 2017-2（ISOM 2017-2）与短距离定向运动地图规范 2019-2（ISSprOM 2019-2）是目前国际定联颁布的两个适用于徒步定向运动的制图规范。其中，ISSOM 是国际定联在莱布尼茨会议后，将短距离定向作为一个新兴项目推广后的产物。ISSOM 于 2007 正式颁布，目前最新的修订版 ISSprOM 2019-2 于 2022 年 1 月颁布，2022 年 1 月 15 日起实施。ISSOM 源于 ISOM，但又具有自身独有的特征，在它身上深深地烙刻着短距离项目的特有特征。

一、ISOM 2017-2 与 ISSprOM 2019-2 的共性

（一）规范性

由国际定联举办或授权举办的任何定向运动赛事，都必须严格按照上述两个地图规范进行竞赛地图的制作。若出现特殊符号或与上述规范内容不符的情况，必须经过国际定联地图委员会批准才能被绘制在地图上。任何国际定联会员单位的特殊地图规范都不能凌驾于上述规范之上。

（二）地图内容

定向地图规范对地图内容的基本要求是，运动员在不同跑动速度下能够用视觉感受到的明显特征和能对运动员定位与导航起作用的特征都应表示在地图上。

（三）精确性

定向地图规范对地图精度的基本要求是，运动员对于地图没有任何不准确的感受。总体上，定向地图的定位精度应与指北针和步测的结果一致，以确保运动员在采用相同的方式进行定向和导航时无任何错误的感受。对运动员而言，绝对高程的意义不大，重要的是要着重刻画相邻特征的相对高差。

（四）易读性

地图内容丰富性与地图易读性是矛盾的，在定向地图中首先需要满足的是易读性，在易读性得以保证的基础之上，才能尽可能地丰富地图的内容。瑞士著名地图学家 Eduard Imhof 指出“一张经过合理取舍，带着少量特征的地图要比一张带着许多杂乱且无意义特征的地图要好得多”，这体现了定向地图对易读性的追求。

二、ISSprOM 2019-2 的特性

2001 年，在芬兰举行的世界定向锦标赛中，短距离赛（当时称为超短距离，Sprint-O）首次作为单独的项目被引入赛事。较传统定向运动，短距离赛具有鲜明的个性，如赛场位于公园和城区，使得选手必须考虑更多的影响路线选择的因素；城区中，特别是老城区中，具有导航意义的细节比森林中更丰富；运动员在比赛中跑速更高，胜出时间更短；对于地理要素对跑速的影响，包括程度与范围的影响的表示要求更精确；城区中，多层复杂结构的建筑也对赛事结果有很大的影响。基于上述特性，对 ISOM 进行简单的修订已难以满足短距离赛的需要，从而促使了国际短距离定向地图规范的诞生。短距离定向地图规范的第一个正式版本是 ISSOM 2007。近二十多年来，定向运动的发展对定向运动地图的制作提出了更高的要求，国际定联为适应这些要求发布了 ISOM 体系的最新版本 ISOM 2017-2。ISSprOM 2019-2 就是基于 ISOM 2017-2 开发的 ISSOM 最新版本。ISSprOM 2019-2 对双层可跑平面的表达方法进行了进一步的完善。

（一）黑色线段的粗细反映实地的可通行性

在 ISSprOM 2019-2 中，黑色粗线段用来表示不能或者不应通行的障碍物。如高围墙、高栅栏和高岩壁等影响路线选择的不可通行的障碍物要清晰地用显眼的粗黑线段表示出来；如栅栏和小的岩壁等可通行的障碍物要用显眼的但比表示不可通行的障碍物细的黑色线段表示出来；如台阶、铺装地边缘等很容易通行或不影响通行的特征则需要用更细的黑色线段来表示。

（二）表示为不能通行的特征禁止通行

为了对所有的参赛者一视同仁，保证短距离定向的公平性，地图上表示为不能通行的特征禁止通行，这一原则与参赛者的实际通行能力无关。

（三）要求表示两层可跑平面，并详细表示其中的一个可跑平面

ISSprOM 2019-2 要求表示两层可跑平面，并详细表示其中的一个可跑平面。在城市中，如天桥、天棚、地下通道或建筑物下的可达区域等复杂结构是常见结构，尽管地图更适合表示一个可跑平面，但当两个可跑平面对运动员都有重要意义时，两个平面上的通道（如地下通道、有照明的隧道、桥梁）都要表示在地图上。ISSprOM 2019-2 中有三个符号涉及多层平面的可跑性。

1. 较低铺筑地面的台阶或边缘（符号 501. 2）

当大面积的铺筑地面中有两个高低不同的铺筑面时，用该符号表示较低的铺筑面的台阶或边缘。

2. 桥梁或隧道入口（符号 512. 1）

该符号用来表示可从其下面通过的桥或类似结构。如果桥下不能通过，则要用不能通过的墙表示。

短距离定向地图中复杂城市结构表示与路线设计指南

3. 双层可通过区域（符号 512. 3）

该符号用来表示可以通行的平面结构的上层结构。

（四）不能通行植被

在 ISSprOM 2019-2 中，表示不能通行植被的符号有如下两种：

1. 不可通行植被（符号 410）

该符号表示通行速度几乎为 0 的不能通行的植被，符号的颜色为绿色（100%绿）。

2. 禁止通行植被（符号 411）

该符号表示穿越时私人财产或植被本身可能被损坏的植被，与植被实际的

通行性无关，符号的颜色为深绿色。

（五）铺筑面的分级

ISSprOM 2019-2 中，城区街道都被定义为铺筑地面。铺砌地路的行人和交通繁忙程度影响运动员的奔跑速度。ISSprOM 2019-2 用棕色的深浅来表示铺砌面的交通情况，深色代表交通繁忙，浅色表示行人和车辆稀少。

（六）地图内容与易读性

短距离定向场地中特征十分丰富，取舍时应严格遵循从高速奔跑中的运动员的视角出发的原则来进行取舍，仅选取对导航具有重要意义的特征并充分反映特征对奔跑的影响。诸如垃圾桶、消防栓、独立的灯杆、公园座椅等对导航没有重要意义的特征都要舍去。

复习、思考与实践

1. 跟同学一起讨论短距离定向地图的特点。

2. 找一张短距离定向地图，跟同学一起到现地考察，讨论其中应用了哪些制图综合的方法。

3. 尝试跟同学一起画一张自己学校或学校附近公园的规范短距离定向地图。

本章小结（思维导图）

本章动态更新

第十二章　野外定向地图制作

本章导读

野外定向地图制作的基本方法和短距离定向地图大同小异，基本步骤和勘测方法也一致，不同的是野外定向图的测制面积要比短距离定向地图大得多，常常需要团队合作才能完成制作任务。另外，小比例尺对地图细节的取舍和综合提出了更高的要求。底图信息越丰富，越有利于制图员进行野外勘测工作，综合不同信息的底图，能让勘测工作事半功倍。等高线是野外勘测的一个难点，准确描述相对高差和复杂地形，需要制图员从视觉感官和实际测量结合，用二维线条反映三维空间。定向地图最终的使用者是运动员，制图员应从运动员的视角来制作定向地图。

学习目标

1. 了解影响定向地图绘制进度的因素，了解团队制图计划编制要点，掌握团队制图质量控制的方法。
2. 掌握多底图叠加方法。
3. 掌握等高线的勘测方法。
4. 理解 ISOM 规范的基本术语，理解 ISOM 规范的特点和制图要求。

第一节　野外定向地图制作概述

野外定向地图制作的特点是团队协作。团队协作计划和技术方案是保证野外定向地图制作质量的基础。

一、野外定向地图团队制作计划

中距离和长距离赛涉及的定向地图为大面积野外场地地图，中距离场地的面积一般有 4 km^2以上，长距离场地面积一般在 6~10 km^2之间。这类地图的制作通常需要由一个制图员团队来完成。为了保障比赛按时进行和地图风格的一致性，需要制订团队的地图制作计划。

（一）制订团队制图计划前的准备工作

在制订团队制图计划前，需完成以下准备工作：

1. 校正磁北线

磁北线校正要到现场进行，要从不同角度复核磁偏角。磁北线校正大约需要半天时间。

2. 确定制图范围，统一制图标准

制图范围一般根据比赛规程和规则的要求、成图大小来确定。一般成图的大小为 A4 幅面，最大不超过 A3 幅面。

当所有制图员抵达制图地点后，制图员要一起带着底图进入制图范围内进行初步考察，了解制图范围中各类地貌和地物的分布情况，分析、讨论并统一各类地貌和地物的取舍和概括标准、表示方法。尽管每个制图员都会按制图规范进行制图，但每个制图员都有自己的风格。因此，在团队制图开始前必须统一地貌和地物的取舍和概括标准、分类分级标准和表达方式。这项工作大约需要一天时间，可以与磁北线校正一起进行。

3. 底图资料整合

制图员得到的底图资料可能有多种形式。对于野外地图的制作来说，用地形图作为底图是最基本的要求。如有航拍正射影像图或质量较高的卫星影像图，最好是把底图资料整合叠加起来使用。随着无人机的普及，制图员也可以利用无人机拍摄来生成正射影像图和等高线信息。这个过程一般需要 2~3 天时间。

（二）估算工作量，制订工作进度计划

制订团队工作计划时要考虑到以下几个方面的因素：

1. 制图员的个人能力

团队中制图员的能力会有所差异。作为计划制订者，需要了解他们的制图能力及制图效率。一般来说，野外地图的制作，每平方千米需要 5~10 天的时间，具体时间要根据底图资料及现场情况进行估算。

2. 底图质量

底图质量越高，有用细节越多，制图员勘测的速度越高。前期多花一点时间来制作高质量的底图具有事半功倍的作用。

3. 天气与环境

天气是影响野外勘测、影响制图进度的主要因素，特别是在多雨和高温季节制图更是如此。因此，在开展野外定向地图制作工作前有必要做一些有针对性的准备。

多雨季节可以备置一些可以在小雨或阴雨天进行勘测的装备，如头伞、防水服装、防水鞋履。从制图员人身安全和手稿或电子制图装备安全的角度考虑，如果是中雨天气，特别是雷雨天气应停止勘测。在高温季节制图，每天的勘测应该尽早开始，中午休息以避开高温时段，下午 3 点左右再继续工作至太阳下山。

驻地和制图区域之间的通勤时间也是一个影响制图效率的重要因素，制图团队应要求委托方将食宿安排在制图区域内或附近。如果无法安排，最好能安排专用交通车辆，以节省通勤时间。

4. 比赛时间

比赛的开赛时间是影响制图工作计划的决定性因素之一。国内赛事通常留给制图员的时间为半年到一个月不等，有时甚至更短。对于一些时间仓促的制图项目，要在制图范围和比赛路线用图范围之间综合考虑，将制图精力和时间花在重点范围上。如果时间实在太紧，可采取先设计路线，再根据路线涉及的范围进行勘测绘制。这种方法对路线设计有很大的约束性，且路线不能太复杂。

5. 预留时间

一般来说，制图员至少留两天时间给路线设计员设计路线，如果有试跑环节，预留时间还需要增加。具体的预留时间需要与路线设计员进行充分沟通。另外，至少还要预留一天时间，用于在路线设计完成后根据线路情况修图。

印刷地图需要 1~2 天时间，具体时间取决于参赛人数及印刷设备。最后，还要一天的机动时间。也就是说，至少应在比赛开赛日前 5~7 天完成制图（电子版）工作。

（三）制图工作区分割与分配

通常沿明显的线状边界对工作区进行分割，如沿道路、溪流等。各工作区的边界应有必要的重叠（图 12-1）。工作区的分割与分配需要考虑底图上特征的多少，实地特征的多少和复杂性，制图员的能力和特点。

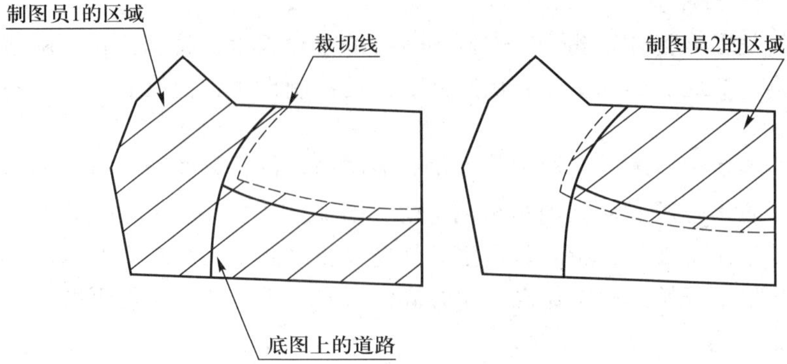

图 12-1 工作区分割示意图

二、地图质量的控制

在制图过程中，制图团队负责人要对制图员地图的勘测和绘制质量进行控制，各制图员也要多交流各自绘制区域遇到的问题和解决的办法，尽快对测绘过程中遇到的共性问题形成统一的解决标准，对非共性问题提出取得共识的建议，避免在最后拼图阶段才发现问题。地图质量可以通过以下方法进行控制：

（一）统一制图综合标准

（1）要求制图员严格按照地图规范及团队基于场地踏勘形成的制图综合标准进行勘测和绘制。

（2）加强制图过程中的质量检查，发现不符合规范或者不符合制图综合标准的情况，及时提出更正意见，并督促落实。

（二）勘测手稿成图化

简记符范例

虽然每个制图员都有各自的野外填图简记符号和简记风格，且通常已成为个性化的习惯，但制图团队的负责人应对制图员的勘测手稿提出具体的要求，如手稿表达信息清晰完整，线条流畅，边界明确不含糊，最好是手稿可以当作成图使用。这一要求称为勘测手稿成图化（图 12-2）。制图员也应主动按这一质量要求来要求自己。勘测手稿成图化不但方便电脑描图，提高描图速度，在某些情况下也是一种保障措施，如某制图员因故中途退出制图团队，这样，接手的制图员无论从勘测，还是描图上来说，都容易接续工作。

在制图计划中设 1~2 个成图提交时间，也有利于对制图计划进展情况进行把握。另外，还可以用绘图软件中的易读性检查功能对成图质量进行控制。

图 12-2 勘测手稿成图化

查看本图彩图

第二节 野外定向地图现场勘测

野外定向地图现场勘测技术的核心内容是等高线的勘测。尽管随着地图测绘技术的发展，由数字高程模型生成的等高线质量越来越高，但就目前国内定向运动地图的测绘而言，基于海拔表、步测和目测的等高线测绘技能仍然是衡量制图员水平的核心指标。

一、底图的准备

与校园、城市公园底图相比，野外地形图包含的信息比较少，而且野外地形图的更新周期比较长，通常现势性较差，不能提供快速变化的实地信息。另外，森林覆盖区域下的信息也无法从航拍影像图里获取。因此，制图员需要运用不同的方法，尽可能地将各种底图提供的有用信息叠加在一起使用，提高现场勘测的精确度和速度。

（一）卫星图导入

目前已有很多软件都可以提供时效性较高的高清卫星影像图下载，有些软件还能选择不同季节卫星影像图下载。制图员可以选择及下载包含有用信息的卫星影像图，通过软件处理地理信息后，导入 OCAD 软件中。

在 OCAD 中新建文件，在菜单栏的底图中选择打开卫星图。对话框提示按地理坐标导入数据，选择按数据偏移即可。

OCAD 软件若不支持下载卫星影像图的坐标。如 GEO 坐标，可以用 Global Mapper 将影像图的 GEO 坐标转换成 UTM 坐标后，再导入 OCAD 软件（图 12-3）。

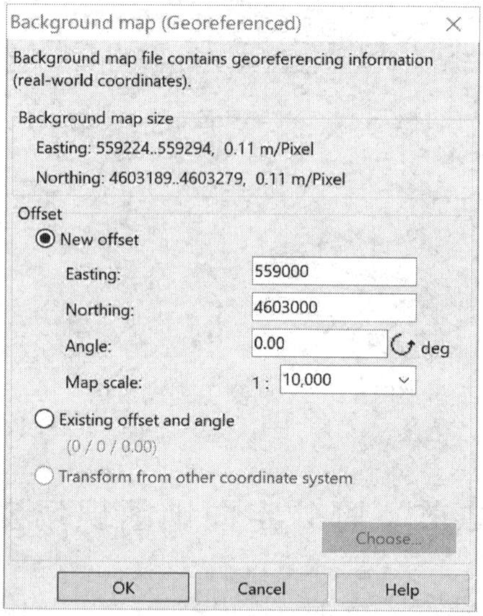

图 12-3 新建地图按地理坐标导入底图

（二）无人机航拍正射影像图导入

很多情况下，卫星影像图无法及时反映实地新增加的路或建筑物，清晰度不足，小路和一些地物具体的边界不清晰。而地形图表现的主要是等高线和路网信息，其他各类地物不够详细。这些情况下，采用无人机航拍出现势性强的影像图，生成正射影像图能及时更新信息，放大后可以清晰地看到各种地物的属性及其分界。

整张正射影像图的文件较大，通常无法导入 OCAD，即使能导入，绘图的流畅性也会受到很大影响。因此，利用无人机航拍的照片经图像处理得到的正射影像图在输出时应设置为瓦片模式。瓦片模式附带网格坐标文件，OCAD 导入图片时会自动拼接，自动适应比例尺。

（三）地形图和影像图的叠加

（1）根据“一、(一) ”设置坐标网格。

（2）导入处理好的带坐标网格的卫星影像图或正射影像图

（3）导入地形图（dxf 格式），调整磁偏角，底图准备完成。

二、野外勘测的步骤

（一）填图顺序

1. 连接 GPS

如果利用 GPS 辅助填图，野外填图的第一步是连接 GPS。打开 OCAD 菜单栏中的 GPS 栏目，选择连接 GPS，如是蓝牙连接外置 GPS，则需要使用 32bit 版本的 OCAD 才可连接。GPS 信号连通后，有光标显示实时位置，如电脑是平板，即可在野外进行勘测（图 12-4）。

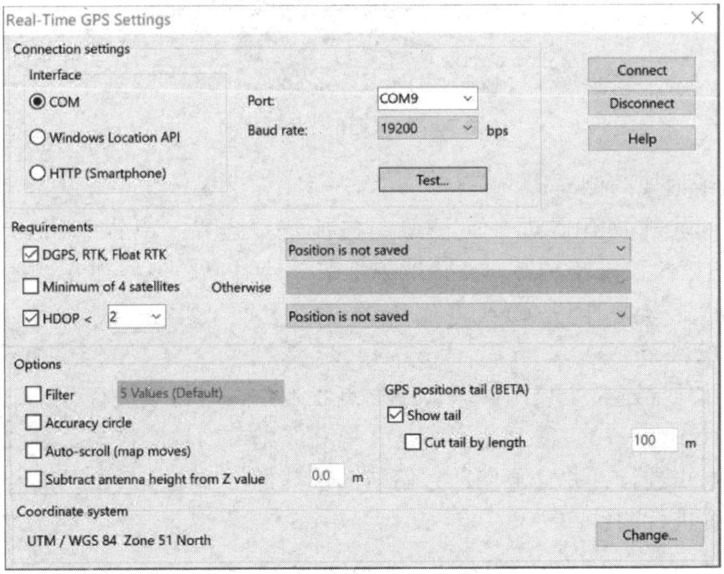

图 12-4　GPS 连接设置界面

OCAD 的 GPS 定位功能存在一定的误差或者偏移，所以 GPS 只是勘测的辅助工具，还是需要制图员在实地进行准确勘测，提高测绘的精确性。

野外勘测填图按以下三个步骤进行：

2. 填绘填图框架

对于要填图的区域，最好从确定边界入手。首先填绘对绘图区域起控制作用的显著线状和点状地物的位置与方向，并对道路进行分级以形成填图框架（图 12-5）。

查看本图彩图

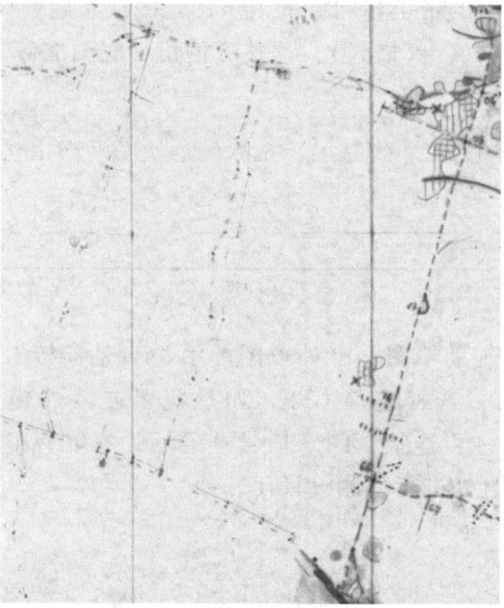

图 12-5 构建填图框架

3. 填绘框架两侧地形

沿着线状地物开展进一步填绘，包括植被边界、山背（山凸）与山谷（山凹）的地性线以及显著的点状地貌细节，还可以顺便添加在上述线状地物附近的点状地物（图 12-6）。

4. 填绘细节

系统性地穿越整个填图区域，添加点状地物，对植被进行分类，完成所有的等高线（图 12-7）。需要注意的是，等高线细节的填绘应与上述线状或点状地物填绘同步进行，并且须借助它们与图上其他已确定位置细节的相对位置关系对其位置进行调整。

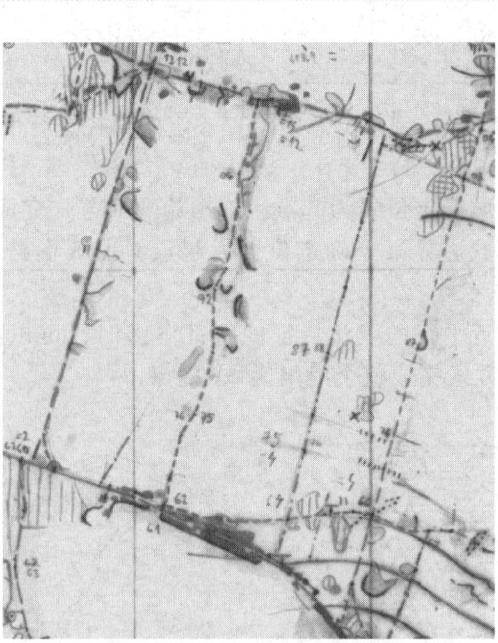

图 12-6　添加线性、点状细节

查看本图
彩图

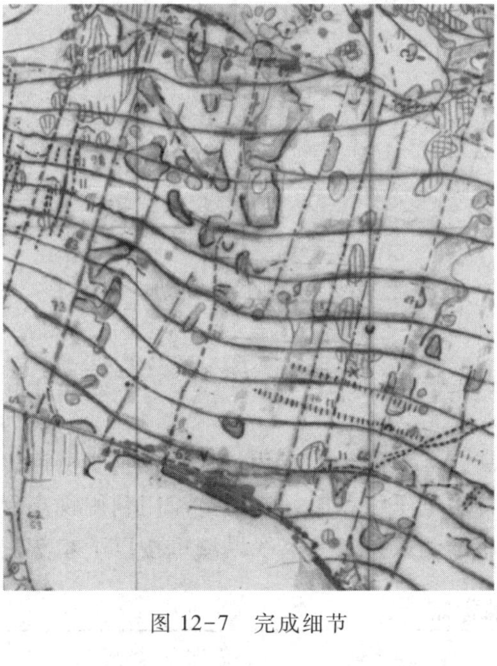

图 12-7　完成细节

查看本图
彩图

（二）勘测路径

在现地勘测过程中，制图员总是沿着一定的路径进行勘测。制图员经常采用的路径有三种（图 12-8）：

（1）以封闭区域确定位置为起点，以螺旋式的方式完成整个区域的勘测。

（2）以封闭区域边界某个确定位置为起点，以 S 形路线完成整个封闭区域的勘测。

（3）当两条接近平行的线状特征间特征不多时，可以由线状特征的一端开始以往返行进的方式完成整个封闭区域的勘测。

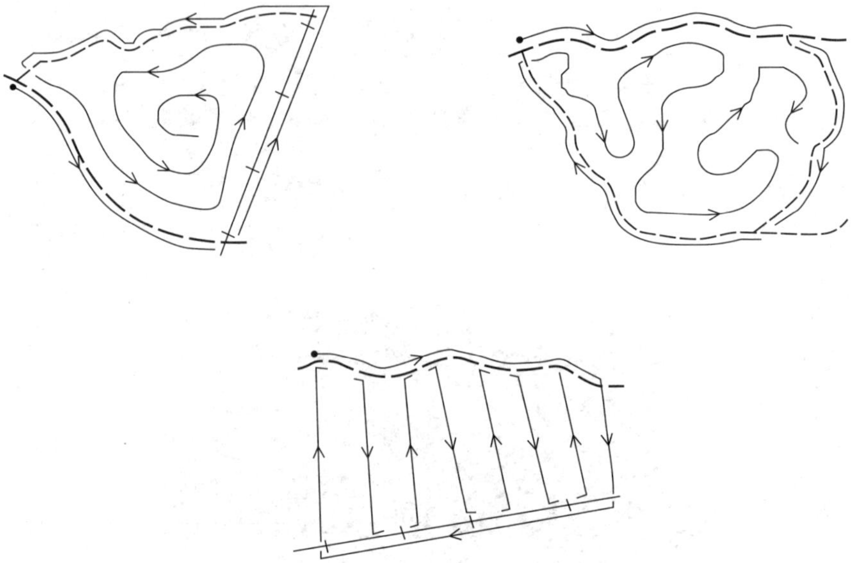

图 12-8　三种常用的勘测路径

三、等高线勘测技术

地形图质量不高，甚至缺少等高线信息时，制图员可以使用气压海拔表辅助勘测等高线。在使用电子设备时，制图员需用利用视高目测复核海拔表的数据是否正确，以减小勘测误差。等高线勘测可按以下步骤进行：

（一）准确高程点的标定

在底图和实地中，选定一些高程准确且相互间有一定高差的高程点

（图 12-9）。

图 12-9 准确高程标定

（二）框架网络勘测

在准确高程点的分布范围内，通过勘测生成多边形的框架网络作为等高线勘测的框架。框架一般由山脊、山谷的地性线和道路等构成（图 12-10）。

（三）添加高程点

在框架网络上，按等高距初步添加一些可定位的高程分隔点，并标记好高程（图 12-11）。

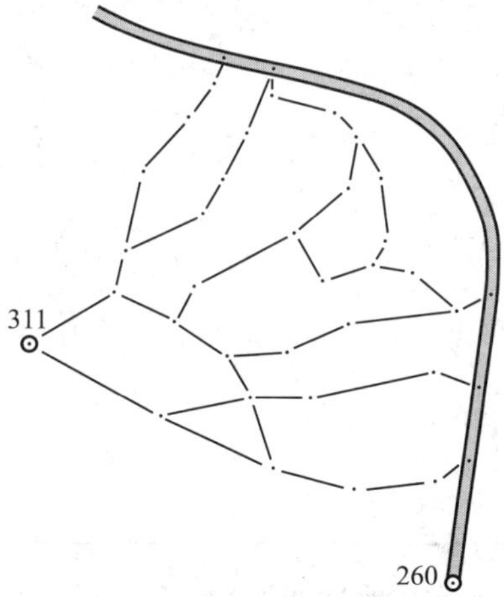

图 12-10 绘制多边形骨架

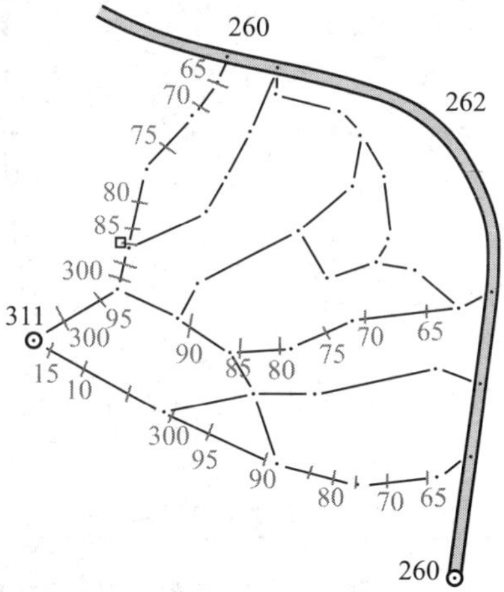

图 12-11 添加高程点

（四）修正高程点

在勘测区域内仔细考察地形变化，利用海拔表修正等高线的高程分隔点（图 12-12）。然后保留正确的等高线信息，并标注好高程（图 12-13）。

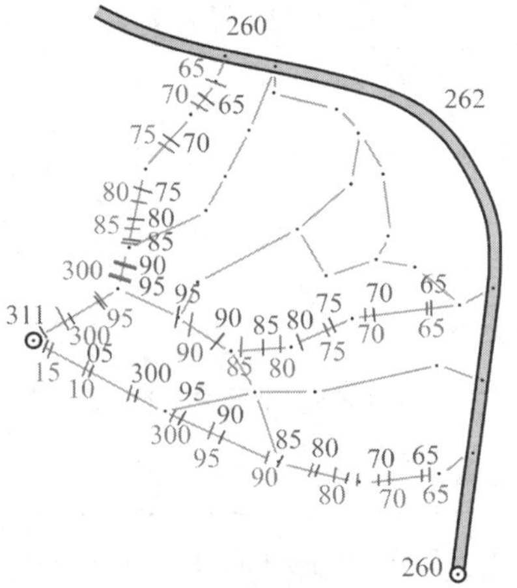

图 12-12 修正高程点

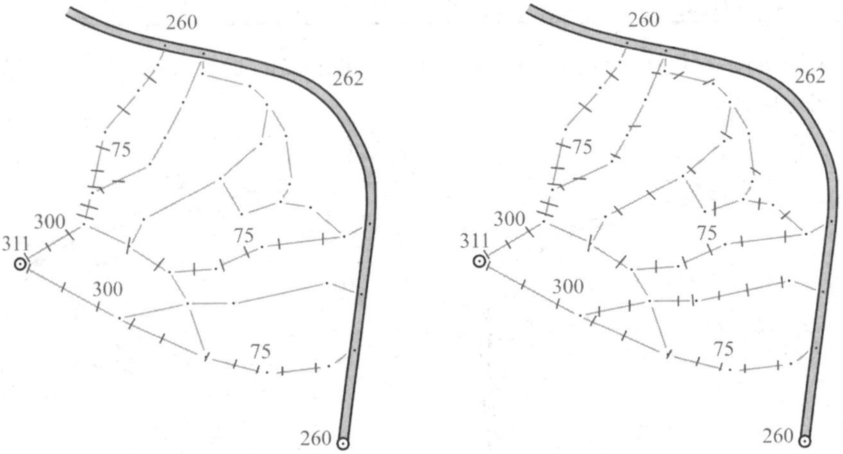

图 12-13 确定并保留正确的高程信息

(五) 添加等高线走向细节

通过勘测，添加陡崖、山谷、山脊的辅助线（地性线），地形转折点（地性点），按地形中的等高走向画出等高线的走向线段（图 12-14）。

(六) 完成等高线勘测

连接等高线线段，并参考相邻等高线形态和高程标注，检查等高线的准确性（图 12-15）。

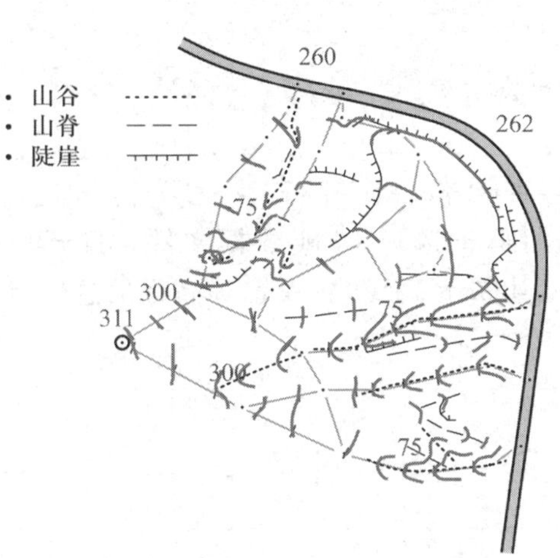

图 12-14 添加等高线走向细节

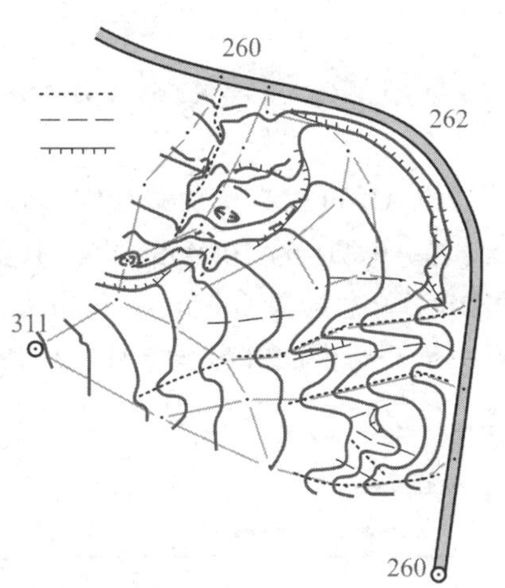

图 12-15 完成等高线勘测

等高线勘测技术彩图

以完成勘测的等高线图作为新底图，添加其他地形信息（图 12-16）。

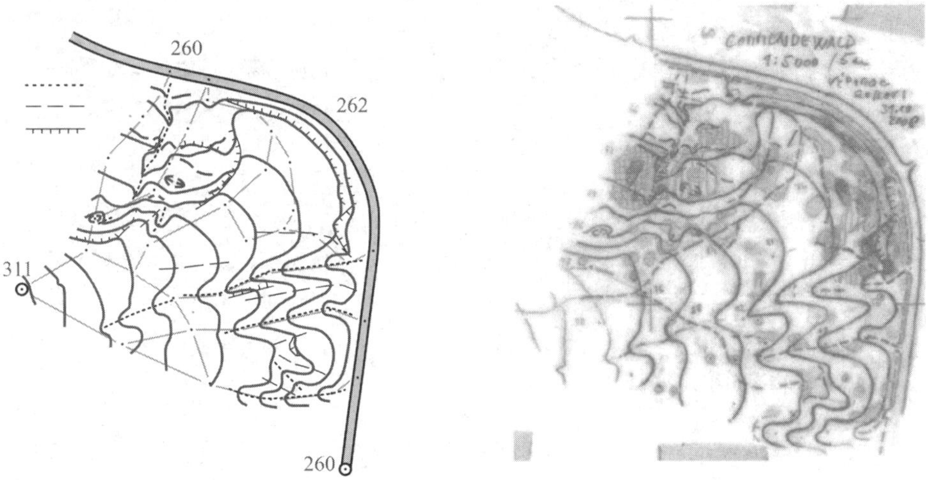

图 12-16 添加其他地形信息

第三节 OCAD 在野外定向地图绘制中的应用

随着测量技术的不断发展，一些地理信息系统（GIS）数据可以直接运用到 OCAD 软件中，使得定向地图的制作越来越简单方便。

一、用数字高程模型（DEM）生成等高线

OCAD 可以直接加载数字高程模型生成等高线。

在 OCAD 的 DEM 菜单栏中点击打开，选择 DEM 数据文件，打开后在 DEM 菜单栏选择 Create Contour Lines（生成等高线），设置等高距信息，点击下一步开始生成等高线（图 12-17）。

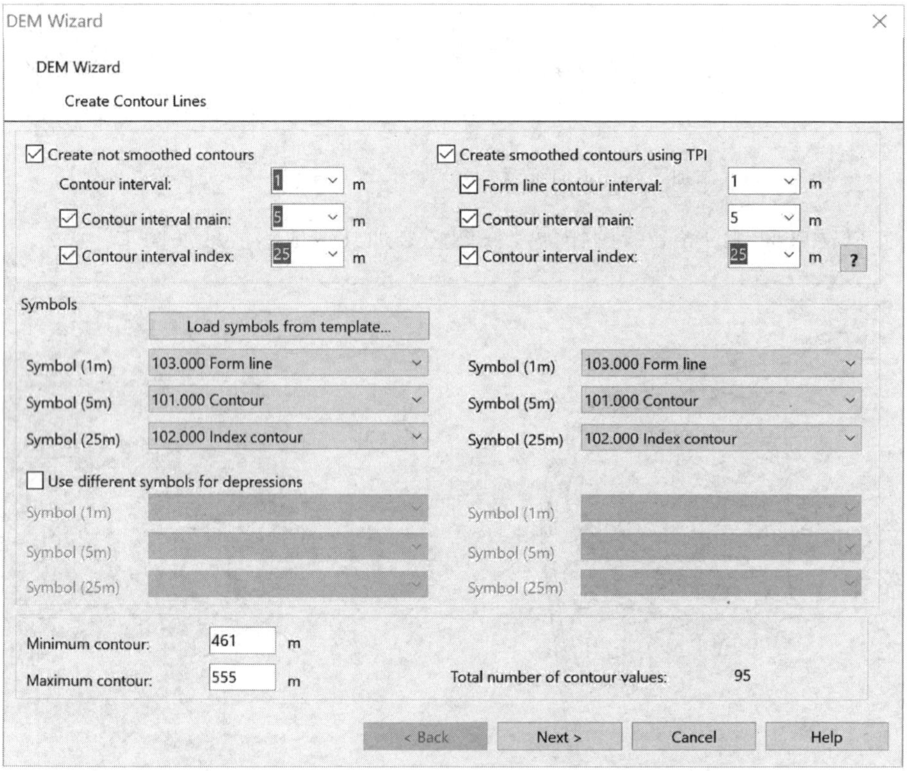

图 12-17　设置等高距

二、地图整饰

（一）地图整饰的概念

地图整饰指在完成地图绘图后为地图添加必要的辅助要素和商业要素，如地图名称，数字比例尺，等高距，磁北线及磁北线距离尺，磁北方向箭头，地

图制作日期，活动主办方、承办方、协办方、赞助商等的名称和/或 LOGO 等，并进行布局和装饰设计的过程。如果地图使用对象是初学者，还应加上图例和距离尺。地图整饰应重点注意以下问题：

（1）用图范围、检查点说明表位置、辅助要素和商业要素的位置等。

（2）突出地理要素。

（3）与地图的用途相适应。

（4）与使用对象的特点相适应。

（5）简洁、自然，避免华而不实的外观。

（二）地图整饰对象的编辑

在 OCAD 的 Layout（版面设计）菜单中点击 Edit Layout Objects（编辑版面设计对象），在软件视窗右侧出现编辑版面设计对象对话框（图 12-18）。

1. 添加线条、色块与文字对象

（1）在对话框里的 Type（类型）选择线条、色块或者文字。

（2）点击 Color（颜色）选取需要的颜色，并在 Opacity（透明度）设置颜色透明度。需要注意的是，OCAD11 不支持透明度的设置。

（3）如添加的是线条，则在 Line width（线粗）中设置线条粗细。如果是文字，则在文字属性中设置字体和字号。

（4）点击绘图工具，在绘图区绘制对象或输入文字。

2. 添加和删除图片

（1）点击对话框中的 Images（图像）的 Add（添加）。

（2）选择需要添加的图片文件，打开后绘图区出现加载的图片。

（3）选中图片所在的图层，点击对话框中的 Images（图像）的 Remove（删除）。

3. 编辑版面设计对象

在输入一系列线条、色块、文字、LOGO 图片等版面设计对象后，这些对象的图层信息会出现在

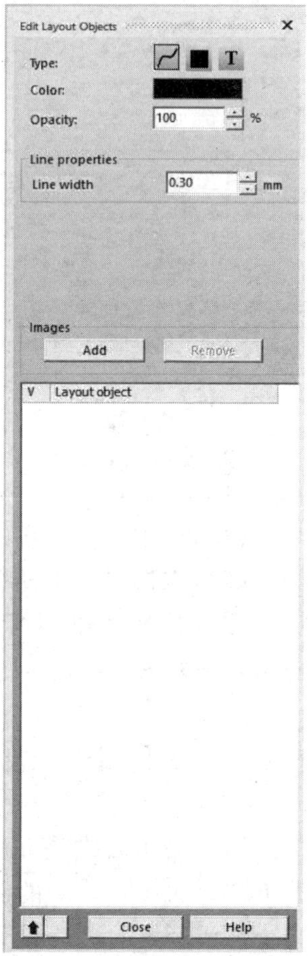

图 12-18　编辑版面设计对象对话框

版面设计对话框下部的对象图层列表中（图 12-19）。

图 12-19　版面设计对象图层表

（1）选中对象所在的图层，可在绘图区对该对象进行编辑。

（2）点击上下移动箭头图标，可调整选中对象在图层的叠放顺序。

（3）点击 Visible 栏（V 栏）的图标，可隐藏选中对象所在的图层。再次点击可恢复显示。

第四节　国际定向运动地图规范 2017-2 解读

国际定向运动地图规范（ISOM）的目的是提供一种适用于世界上各种适合开展定向运动地形的制图规范。该规范是其他定向运动项目（山地自行车定向、沿径定向运动和滑雪定向）和形式（短距离定向）地图规范的基础。

从 ISOM 的第一个正式版本于 1969 年颁布至今天的 ISOM 2017-2 版，ISOM 先后经历了 1975 年、1982 年、1990 年、2000 年和 2017 年共五个版本，这些版本的修订与地图测绘技术的进步和定向运动的发展伴随在一起。在这个过程中，定向运动对地图制作的基本要求没有改变，地图的易读性是定向运动地图最重要的方面。

一、ISOM 基本术语的定义

ISOM 2017-2 在第一章第一节对定向运动地图规范中的几个基本术语进行了定义。

- 必须/应该/要求（Must/Shall/Required）：定义是，该条款是绝对要求。
- 不得/不应该（Must not/Shall not）：定义是，该条款绝对禁止。
- 可以/推荐（Should/Recommended）：定义是，在特定情况下，可能存在忽略特定条款的正当理由，但在选择不同的处理方法之前必须理解并仔细权衡其全部含义。
- 不宜/不推荐（Should not/Not recommended）：定义是，在特定情况下，可能存在有效理由，特定行为是可接受的甚至是有用的，但应理解全部含义并在实施带有此标识的任何行为/行动之前仔细权衡案例。
- 可能/可选（May/Optional）：定义是，该条款是真正可以选择的。

制图员必须熟知这些词汇的限定意义，特别是绝对要求和绝对禁止。

二、ISOM 解读

真正使用定向地图的只有运动员和线路设计员两种人。从运动员的角度来看，要作出适宜的路线选择，必须有清晰准确的地图能够让其运用适合的导航技能和身体能力沿着所选择的路线行进。如果地图不能良好地描述地表情况，比如地图的可读性差，地图不准确或过时，那么路线选择和地图阅读的技巧将失去所有意义。在理想情况下，任何竞争对手都不应因地图上的错误而获得优势或处于劣势。

线路设计员的目标是设计一条由导航技能决定比赛成绩的线路。在比赛条件下，只有地图清晰易读，并且足够准确、完整和可靠，才能实现这一目标。检查点是路线的结构单位。检查点位置的选择，设置和检查都对地图提出了明确的要求。路线设计员拥有的地图越好，他们就越有机会设计出高质量的、公平的路线。

对于定向地图制图员而言，其任务是基于运动员的角度和路线设计员的要求，知道哪些特征要表示及如何表示在地图上。制图员的地图既能帮助出题者

（路线设计员）设计题目和提出挑战，又能为答题者（运动员）提供准确的线索。持续参与定向运动实践对掌握定向运动地图的要求非常重要，包括内容、精度、详细程度，尤其是易读性的要求。

地图规范的内容概括起来可从以下几方面来解读。

（一）符号分类

在规范中，符号按形状和比例关系被分为点状、线状、面状和文本符号，分别用字母标注，即 P-点状、L-线状、A-面状、T-文本。但在应用时要注意的是符号尺寸与实地尺寸间的比例关系。例如，符号 502（铺装道路）被标注为线状符号，但规范还规定，如果道路的路面宽度超过最低的宽度要求，要按实际宽度依比例尺表示。这种情况下，道路可以用面状符号 501（铺装地面）配合符号 501.002（铺装面边线）来表示。

（二）符号颜色

颜色对于读图很重要，运动员在读图时最直接的视觉感官刺激就是颜色，这些感官刺激能给运动员传递最直接的信息，如蓝色与水相关；黄色与开阔地相关；绿色与植被相关；棕色与地形相关；紫色与路线信息相关；黑色和灰色用于其他，包括岩石和陡崖、道路以及大多数人造物体。根据制图规范，地形符号可分为 5 类。5 类地形符号加上技术符号和路线符号的颜色配置如下：

（1）地貌：棕色。

（2）岩石和石块：黑色、灰色。

（3）水体和沼泽：蓝色。

（4）植被和开阔地：绿色、黄色。

（5）人造地物：黑色、灰色、棕色。

（6）技术符号：黑色+蓝色。

（7）路线符号：紫色。

在 5 类地形符号中，点状和线状符号的颜色通常都是 100%的纯色，而面状符号的颜色则按颜色百分比，例如，100%、75%、60%、50%、30%、25%等进一步细分为几种深浅不同的颜色来表示地形特征的属性。例如，60%绿表示难跑林，30%绿表示慢跑林。只有两种符号的颜色由两种颜色混合而成：不可通行植被符号（ISSprOM 2019-2，411）（100%绿+30%黑）和禁止通行区域符号（520）（100%黄+50%绿）。

（三）符号尺寸

规范中，符号尺寸标注说明如图 12-20 所示。

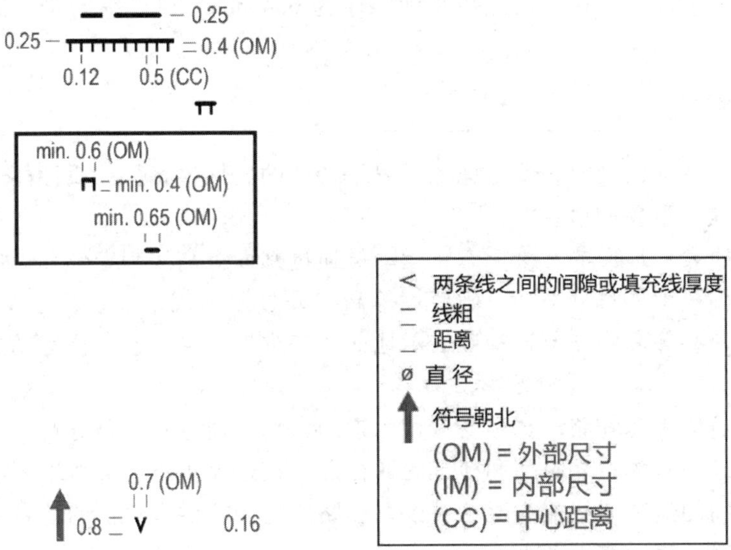

图 12-20　规范中符号尺寸标注说明

（四）特征选取

地图应只包含对奔跑中的参赛者而言，地面上显而易见的特征。地图应表示可能影响读图或路线选择的特征，如地貌，岩石特征，地表植被对奔跑的影响（可跑性），主要土地使用状况，水文，居民区和独立建筑，路网及其他交通网线等从导航角度看起来有用的特征。

最重要的是，要通过制图综合来保持地图的清晰易读。地图绘制者必须始终考虑定向地图的特殊读图条件。首先，奔跑使得读图变得更加困难；其次，定向运动常常在森林和各种天气中进行。在树冠密集的森林中，即使在白天光线也会变暗。还有许多其他因素影响读图，如雨水、灰尘和地图或地图袋损坏。因此，易读性对定向地图的绘制具有重要意义。制图员必须遵守最小图形尺寸，并避免不必要的细节。在最新的规范中，对符号最小尺寸有了更明确的说明。定向地图上表示的特征物应突出，并便于定向运动员在奔跑中辨识。规范中许多符号提供了最小的地面尺寸，必须遵守这些尺寸要求。最小尺寸并不意味着所有大于该尺寸的特征都要表示在地图上。对于复杂地形，通常需要选定更大的最小尺寸标准，以获得清晰的地图。

在选取特征时，制图员也要考虑符号间的最小间距。符号间的最小间距对识别各个符号很重要。两个符号之间的最小间距是符号轮廓之间的最小距离，一般情况下，最小间距为 0.15 mm。代表无法通过/无法穿越特征物的符号之间的通道必须清晰可辨，因此最小间隙应为 0.4 mm。更详细的符号间距请参见地图规范。

（五）特征属性

在选取特征的同时，要考虑如何表示特征的属性。特征的属性能为定向中的参赛者提供重要的信息。

等高线表示地面的三维形态，运动员通过判读等高线判定位和做出路线规划。但制图员不能过分强调正确使用等高线来显示地面的三维形态和高度差，有时夸大一些等高线细节比精确表示地面的三维形态更有益于让运动员获得有用的信息。

运动员的跑速和路线选择受多种因素的影响。通过对小路进行分类，通过显示沼泽地、水体、岩石面和植被的通行性，通过显示不同类型地表和不同类型植被之间的清晰界线能为运动员读图和路线选择提供有价值的信息。所有这些信息都必须表示在地图上。

地图规范按奔跑速度的百分比对植被的可跑性进行了分级。可跑性取决于地形的性质、地表植被的分布以及地表上其他特征的属性。可跑性按跑速分为 5 个等级，如果通过平坦和开阔的可跑林的配速为 4 min/km，则可跑性划分标准如表 12-1 所示。

表 12-1 ISOM 2017-2 可跑性划分标准

等级	百分比	说明	实例	配速/min · km^{-1}
1	>100%	易跑	草坪、铺砌区、路径	<4
2	80%~100%	正常跑速	易跑林，白色	<5
3	60%~80%	慢跑	慢跑植被（30%绿）、慢跑底层植被	5~6：40
4	20%~60%	走/难跑	步行植被（60%绿）、步行底层植被	6：40~20
5	<20%	难通行	难通行浓密植被（100%绿）	>20

绿色符号和碎石地符号的组合意味着可跑性比单独的每个符号都差。地形的陡峭程度也影响可跑性（地形越陡，可跑性越差）。

障碍对路线选择非常重要，须在地图上清楚地表示出来。定向地形中，障碍包括建筑物、围栏、围墙、高陡崖，不可涉水通过的水体，不可穿越的沼泽和非常茂密的植被，以及禁止进入的环境敏感区和私人空间。在理想的情况下，所有使用障碍符号表示的特征都不能通过或穿越。实际情况是，对某些运动员而言，一些被表示为障碍的特征是可通过或穿越的。反过来，对某些运动员而言，一些没有被表示为不可通行的障碍的特征也可能是无法通过的。但对优秀运动员而言，他们都应能够通过这些特征。

（六）附加信息

地图规范对一些必要的附加信息也进行了规范，其核心是为运动员读图提供有益的信息和帮助。这些规范主要包括两根磁北线间的间距表示实地水平距离为 300 m，地名和附加文字字头应朝北定向，地图内的文字应避免遮挡重要特征，字体应简洁等。

国际定向运动地图规范 2017-2

复习、思考与实践

1. 团队制图计划制订前的准备工作有哪些？影响制图计划的因素有哪些？

2. 尝试加载同一地方不同类型底图，合成勘测底图。

3. 尝试用海拔表和目测制作一张简单的等高线地图。

4. ISOM 从哪些方面规范了定向地图的易读性？如何保持定向地图的易读性？

本章小结（思维导图）

本章动态更新

参考文献

参考文献